—— 撰稿人 ——

（按姓氏笔画排序）

丁广宇　于　蒙　马　岚　王　赫　王丽英　王雨晴
王展飞　王朝辉　王智锋　王毓莹　方　芳　方颉琳
尹晓春　邓江源　石海朝　白雅丽　司艳丽　朱　婧
朱　燕　乔　宇　仲伟珩　刘　建　刘　琼　刘小飞
刘少阳　刘丽芳　刘牧晗　刘慧慧　江建中　孙　超
苏　萌　李　洋　李　越　杨　迪　杨小利　肖　芳
何　利　何　鹏　谷国艳　汪　军　沙永梅　宋建立
张　娜　张　颖　张玲玲　陈泽宇　陈梦群　邵长茂
金殿军　周　波　周伦军　赵文艳　姚宝华　格根其日
徐　猛　高　岸　高燕竹　高曈辉　郭超群　曹　实
曹凤国　龚　隽　戢太雷　程　立　曾　志　谢　勇
詹　晖　潘勇锋　戴怡婷　鞠成伟

—— 执行编辑 ——

邵长茂　乔　宇

民法典

重点修改及新条文解读

MINFADIAN ZHONGDIAN XIUGAI JI XINTIAOWEN JIEDU

下 册

人格权编 · 婚姻家庭编 · 继承编 · 侵权责任编

江必新 ◎ 主编

中国法制出版社
CHINA LEGAL PUBLISHING HOUSE

目 录

Contents

下 册

第四编 人格权

第五编　婚姻家庭

第六编　继　承

第七编 侵权责任

第四编 人格权

概 述

作为一部具有中国特色的现代民法典，人格权编是其最为突出的亮点之一。在传统大陆法系的立法体系中，人格权的保护模式主要有两种：一种是在列举人格权主要类型的基础上通过侵权法对人格权加以保护；另一种则是直接在民法总则或者人法中加以规定。但无论哪种立法模式，人格权都未得到充分的重视。随着社会经济、文化的发展，人格权在现代社会中的重要性日益凸显。在物质文化生活得到逐步满足、小康社会即将全面建成的历史大背景下，如何确保广大群众过上更有尊严的生活，成为《民法典》制定过程中必须直面的问题。党的十九大报告在明确社会主要矛盾发生转变的同时，也特别强调要“保护人民人身权、财产权、人格权”。因此，贯彻《宪法》关于“公民的人格尊严不受侵犯”的要求，在《民法典》中设立独立的人格权编，不仅能够更好地总结人格权保护的成功经验，而且可以通过权利确认的方式为民事主体在市场经济中更好地行使和利用人格权提供有效指引。而人格权的独立成编，也有利于人民法院在具体案件中，从人格权的体系化规定中推导出人格权保护的一般原则和基本理念，发现和确认新型人格权法益，从而更加充分地保护民事主体的人格权。

此外，人格权独立成编，也能够更好地将《民法典》总则编中对民事权利的规定加以细化，摆脱传统民法典“重物轻人”的体系缺陷。[①]

就条文的具体内容看，《民法典》人格权编主要是在现行有关法律法规和司法解释的基础上，从民事法律规范的角度规定自然人和其他民事主体人格权的内容、边界和保护方式，不涉及公民政治、社会等方面的权利。[②] 全编共6章、51条，主要内容包括：

1. 关于一般规定。第四编第一章是对人格权的一般规定。相对于此前《民法总则》第110条以两款方式分别对自然人以及法人、非法人组织所享有的人格权予以分别列举的立法方式，《民法典》第990条的规定在立法技术上更加成熟，它不仅抽象出了人格权的定义，而且以另起一款的方式强调自然人享有基于人身自由、人格尊严产生的其他人格权益，从而为自然人人格权预留出了进一步发展的空间，体现出《民法典》面向未来、包容开放的品格特色。第993条的规定明确了人格权的积极利用功能，从而扩展了人格权的基本内容，使其兼具了消极防御和积极利用的双重属性，适应了现代市场经济活动中民事主体许可他人使用自己姓名、名称、肖像等人格性符号的实际需求。第994条则是在司法实践的基础上，对死者人格利益的保护作出了规定；第995条至第1000条明确规定了人格权受到侵害后的救济方式。

2. 关于生命权、身体权和健康权。第四编第二章首先规定了生命权、身体权和健康权的具体内容，在此基础上，第1006条吸收行政法规的相关规定确立了器官捐献的基本规则，第1009条规定了与人体基因、人体胚胎等有关的医学和科研活动所应当遵守的规则，第1010条规定了性骚扰的认定标准，以及机关、企业、学校等单位防止和制止性骚扰的义务。

---

① 王利明：《人格权重大疑难问题研究》，法律出版社2019年版，第157页。

② 全国人民代表大会常务委员会王晨副委员长2020年5月22日在第十三届全国人民代表大会第三次会议上所作《关于〈中华人民共和国民法典（草案）〉的说明》。

3. 关于姓名权和名称权。第四编第三章规定了姓名权、名称权的具体内容，并对民事主体尊重保护他人姓名权、名称权的基本义务作了规定：第1015条规定了自然人选取姓氏的规则；第1017条则明确了对于具有一定社会知名度，被他人使用足以造成公众混淆的笔名、艺名、网名、译名、字号、姓名和名称的简称等，参照适用姓名权和名称权保护的有关规定。

4. 关于肖像权。第四编第四章规定了肖像权的权利内容及许可使用肖像的规则，同时明确了禁止侵害他人的肖像权。针对新技术不断发展带来的肖像权保护方面遇到的新问题，第1019条针对利用信息技术手段"深度伪造"他人的肖像，侵害他人人格权益，甚至危害社会公共利益的特殊情形作出了规定，明确禁止任何组织或者个人利用信息技术手段伪造等方式侵害他人的肖像权。第1023条则将对肖像权的保护范围扩展到自然人的声音上，规定对自然人声音的保护，参照适用肖像权保护的有关规定。为了合理平衡保护肖像权与维护公共利益之间的关系，第1020条规定了肖像权的合理使用规则；第1021条、第1022条则从有利于保护肖像权人利益的角度，对肖像许可使用合同的解释、解除等作了规定。

5. 关于名誉权和荣誉权。第四编第五章规定了名誉权和荣誉权的内容。第1025条、第1026条对行为人实施新闻报道、舆论监督等行为涉及的民事责任承担，以及行为人是否尽到合理核实义务的认定等作了规定，以便更好地平衡个人名誉权保护与新闻报道、舆论监督之间的关系。第1028条规定了民事主体有证据证明报刊、网络等媒体报道的内容失实，侵害其名誉权的，有权请求更正或者删除。第1029条将信用评价异议纳入名誉权的调整范围，规定民事主体可以依法查询自己的信用评价；发现信用评价错误的，有权提出异议并请求信用评价人采取更正、删除等必要措施。

6. 关于隐私权和个人信息保护。第四编第六章在现行有关法律规定的基础上，进一步强化对隐私权和个人信息的保护，并为下一步制定个人信息保护法留下空间。[①] 第 1032 条规定了隐私的定义；第 1033 条列明了禁止侵害他人隐私权的具体行为；第 1034 条界定了个人信息的定义；第 1035 条明确了处理个人信息应遵循的原则和条件；第 1036 条至第 1038 条则构建起自然人与信息处理者之间的基本权利义务框架，明确了处理个人信息不承担责任的特定情形，合理平衡保护个人信息与维护公共利益之间的关系；第 1039 条规定国家机关、承担行政职能的法定机构及其工作人员负有保护自然人的隐私和个人信息的义务。

（周波　撰写）

① 全国人民代表大会常务委员会王晨副委员长在第十三届全国人民代表大会第三次会议上所作《关于〈中华人民共和国民法典（草案）〉的说明》，2020 年 5 月 22 日。

凡 例

全 称	简 称
《民法典各分编（草案）》（征求意见稿）	《人格权编（草案）》（一审稿）
《中华人民共和国民法典人格权编（草案二次审议稿）》（征求意见稿）	《人格权编（草案）》（二审稿）
《民法典人格权编（草案三次审议稿）》（征求意见稿）	《人格权编（草案）》（三审稿）
《中华人民共和国民法典（草案）》（征求意见稿）	《民法典（草案）》（征求意见稿）
《全国人民代表大会常务委员会关于维护互联网安全的决定》	《关于维护互联网安全的决定》
《全国人民代表大会常务委员会关于加强网络信息保护的决定》	《关于加强网络信息保护的决定》
《全国人民代表大会常务委员会关于〈中华人民共和国民法通则〉第九十九条第一款、〈中华人民共和国婚姻法〉第二十二条的解释》	《姓名权立法解释》
《最高人民法院关于贯彻执行〈中华人民共和国民法通则〉若干问题的意见（试行）》	《民通意见》
《最高人民法院关于确定民事侵权精神损害赔偿责任若干问题的解释》	《精神损害赔偿解释》
《最高人民法院关于审理名誉权案件若干问题的解释》	《名誉权解释》
《最高人民法院关于审理名誉权案件若干问题的解答》	《名誉权解答》
《最高人民法院关于审理利用信息网络侵害人身权益民事纠纷案件适用法律若干问题的规定》	《利用信息网络侵害人身权益规定》
《最高人民法院关于审理不正当竞争民事案件应用法律若干问题的解释》	《反不正当竞争解释》
《最高人民法院关于审理注册商标、企业名称与在先权利冲突的民事纠纷案件若干问题的规定》	《商标、企业名称权与在先权利冲突规定》

第一章　一般规定

第九百八十九条　【调整对象】本编调整因人格权的享有和保护产生的民事关系。

【立法背景】

本条属于新增加的内容，对本编即“人格权编”的调整范围进行了明确。

1986年《民法通则》专章规定各项民事权利，并用8个条款规定了人身权，其中主要是人格权的内容。自《民法通则》颁布以来，各级法院积极探索和实践，通过个案裁判积累经验，不断加强对人格权的司法保护。同时，《最高人民法院关于确定民事侵权精神损害赔偿责任若干问题的解释》（以下简称《精神损害赔偿解释》）、《最高人民法院关于审理人身损害赔偿案件适用法律若干问题的解释》等司法解释相继发布实施，人格权保护裁判规则逐渐完善。2017年《民法总则》用4个条款规定人格权，彰显了民事立法对人格尊严的高度重视和保护。2016年，全国人大常委会法工委在向党中央汇报民法典编纂工作时，提出民法典各分编包括：物权编、合同编、侵权责任编、婚姻家庭编和继承编等。[①] 各方面对民法典各分编包括上述五编的内容，意见是一致的。还有一些意见建议在五编基础上增加人格权编。关于是否设立人格权编。人格权是民事主体对其特定的人格利益享有的权利，关系到每个人的人格尊严，是民事主体最基本、最重要的权利。保护人格权、维护人格尊严，是我国法治建设的重要任务，近年来加强人格权保护的呼声和期待较多。

---

① 全国人大常委会法制工作委员会民法室：《新时代应运而生的民法典各分编草案》，载中国人大网 http://www.npc.gov.cn/npc/c183/201808/46f0799a684d46118eac8e1a37f5dea9.shtml，最后访问日期：2020年6月11日。

为了贯彻党的十九大和十九届二中全会关于“保护人民人身权、财产权、人格权”的精神，落实宪法关于“公民的人格尊严不受侵犯”的要求，综合考虑各方面意见，总结我国现有人格权法律规范的实践经验，在民法典中增加人格权编是较为妥当、可取的。人格权编这一部分，主要是从民事法律规范的角度规定自然人和其他民事主体人格权的内容、边界和保护方式，不涉及公民政治、社会等方面权利。《人格权编（草案）》（一审稿）就单设了人格权编，并一直延续至其正式通过。人格权编坚持以人民为中心，顺应人民群众对人格权保护的迫切需求，在现行有关法律法规和司法解释基础上，对各种具体人格权作了较为详细的规定，为人格权保护奠定和提供了充分的民事请求权法律基础。

关于本条的具体表述，《人格权编（草案）》的一审稿、二审稿为“本编调整因人格权产生的民事关系”，三审稿修改为“本编调整因人格权的享有和保护产生的民事关系”。

【条文解读与法律适用】

本条是人格权的一般性规则之一。规定调整对象是我国立法的一个特色，本条就对人格权编的调整范围进行了高度概括。

一、关于人格权的客体

人格在法律上是一个极为抽象的概念。具体来说，“人格”一词包括两种含义：第一种含义是指一种抽象与平等的法律地位，是权利取得的资格。第二种含义是从人格权的客体角度来理解，认为它是一种应受法律保护的利益。从比较法上看，各国也都区分了人格权与人格。人格是指主体资格，一般与民事权利能力相对应，而人格权是民事主体所享有的民事权利。我国自《民法通则》颁布以来，就严格区分了人格与人格权。《民法通则》中与“人格”相对应的概念是民事权利能力，规定在主体制度中，而人格权规定在“民事权利”一章。《民法总则》沿袭了这一传统。民法典人格权编单独规定人格权，而没有将其作为主体资格规定在民事主体部分，也是基于人格与人格权概念的区分。

在我国民法中，民事权利分为人身权利和财产权利，人身权利包括人格权和身份权。人格权者，以与权利人之人格不得分离之利益为标的之权利也。[①] 人格权作为一种独立的民事权利类型，以人格利益为客体，而非以“人格”为客体。人格权客体的人格利益，是构成人格的各个要素所体现的民事利益，这些人格的构成要素及体现的利益才是人格权的客体。人格利益构成要素之于自然人的人格的重要性，在于保持人格的完整性。具体人格权保护具体人格构成要素的完整性，一般人格权保护其他人格构成要素的完整性。[②] 人格权的客体是人格利益，意味着人格权主体支配其人格利益并排除他人侵害。

二、关于人格权编的调整对象

任何法律都要调整一定的社会关系。人格权编是人格权法律规范的集合，是民法的组成部分。根据本条的规定，本编调整因人格权的享有和保护产生的民事关系，具体可从以下几个方面理解：

第一，本编调整的是平等主体之间的关系。人格权具有基本权利属性，一方面它受到民法调整，同时也受到行政法、刑法等部门法调整。比如，侵害生命权、健康权，不仅构成民事违法，同时也可能构成行政违法乃至刑事犯罪，由《治安管理处罚法》乃至《刑法》进行调整。民法调整的人格权关系，以平等民事主体为特征。

第二，本编调整的是人与人之间的关系。人格权法律关系的主体包括自然人、法人和非法人组织。人格权虽然表现为主体对自身人格利益的关系，但法律通过调整人与人之间的社会关系使人格利益转化为人格权法律关系。[③] 人格权法律关系与物权法律关系一样，都是一种对世性的法律关系。第三人主要负有不侵害的消极义务。

第三，人格权的取得方式具有独特性。人格权因自然人的出生或法人、非法人组织的成立而当然取得，其取得的方式是先天的和与生俱来的，与主体的意思、行为无关。人格权的获得是静态的“享有”。这与其他民事权利的取得方式（后天基于特定行为或事实取得）的动态特征明显不同。“人格权就是民法调整特定社会关系即人格保护关系的结果，而不是民法（人格权法）的

---

① 史尚宽：《民法总论》，中国政法大学出版社2000年版，第23页。

② 杨立新：《民法分则设置人格权编的法理基础——对人格权编不能在民法分则独立规定四个理由的分析》，载《中国政法大学学报》2018年第4期。

③ 王利明：《人格权重大疑难问题研究》，法律出版社2019年版，第99页。

调整对象。”[①] 因此，本条最终修改，将因人格权的享有和保护产生的民事关系作为调整对象，更为准确。

三、需要注意的问题

人格权分为宪法人格权、公法人格权和私法人格权。人格作为人之所以作为人的资格，也是一个宪法问题，表现为人在国家社会生活中的地位。在《宪法》所规定的公民的基本权利中，很多是人格权的内容。比如，《宪法》第 37 条规定，中华人民共和国公民的人身自由不受侵犯。第 38 条规定，中华人民共和国公民的人格尊严不受侵犯。禁止用任何方法对公民进行侮辱、诽谤和诬告陷害。《宪法》规定的人格权，其权利主体是公民，反映了权利主体的宪法地位，国家保障公民这一基本权利不受侵害。《民法典》规定的人格权，是作为民事权利的人格权。权利主体是自然人，义务主体是权利人之外的自然人、法人、非法人组织。私法上人格权受到损害之后有民法上的救济措施。只有将人格权规定为民法上的权利，其才具有可操作性和司法适用性。

（白雅丽　撰写）

第九百九十条　【人格权的类型】人格权是民事主体享有的生命权、身体权、健康权、姓名权、名称权、肖像权、名誉权、荣誉权、隐私权等权利。

除前款规定的人格权外，自然人享有基于人身自由、人格尊严产生的其他人格权益。

【法条链接】

《民法总则》第 109 条、第 110 条；《精神损害赔偿解释》第 1 条

【立法背景】

本条是有关人格权类型的规定，其中第 1 款规定具体人格权，第 2 款规

---

① 温世扬：《我国民法典草案的完善研究》，载《政治与法律》2019 年第 3 期。

定的是一般人格权。

1986 年《民法通则》第一次在立法上对人格权实行了法定化，列举了生命健康权、姓名权、名称权、肖像权、名誉权、荣誉权、婚姻自主权等具体人格权类型。《精神损害赔偿解释》第 1 条规定："自然人因下列人格权利遭受非法侵害，向人民法院起诉请求赔偿精神损害的，人民法院应当依法予以受理：（一）生命权、健康权、身体权；（二）姓名权、肖像权、名誉权、荣誉权；（三）人格尊严权、人身自由权。违反社会公共利益、社会公德侵害他人隐私或者其他人格利益，受害人以侵权为由向人民法院起诉请求赔偿精神损害的，人民法院应当依法予以受理。"这条规定从侵权损害赔偿的角度对人格权和人格利益进行保护，并对具体人格权的范围作出了列举规定。《民法总则》第 109 条规定，自然人的人身自由、人格尊严受法律保护。第 110 条规定，自然人享有生命权、身体权、健康权、姓名权、肖像权、名誉权、荣誉权、隐私权、婚姻自主权等权利。法人、非法人组织享有名称权、名誉权、荣誉权等权利。本条是对上述规定进一步的概括和明确。在《人格权编（草案)》（二审稿）的审议过程中，有的常委会组成人员和社会公众提出，人格权是人格权编中的核心概念，建议对这一概念的定义予以界定，明确哪些权利属于人格权。宪法和法律委员会经研究，建议采纳这一意见①，在三审稿中增加第 1 款规定。

【条文解读与法律适用】

一、具体人格权

本条第 1 款并非对人格权所做的抽象的概念界定，而是通过列举具体权利的方式来说明人格权这种权利类型。第 1 款对民事主体的人格权采取了概括列举的方式。同时，为了防止民事权利的不断发展变化，维持民法典的稳定性，在几种权利后增加了"等"，为人格权类型的扩展预留了空间，也便于司法实践的操作。这里的民事主体，既包括自然人，也包括法人、非法人组

---

① 《全国人民代表大会宪法和法律委员会关于〈民法典人格权编（草案)〉修改情况的汇报》(2019 年 8 月)。

织。自然人作为人格权主体，其享有的权利是全面的，包括物质性人格权和精神性人格权。物质性人格权，是指自然人对于物质性人格要素的不可转让的支配权，包括生命权、身体权、健康权、劳动能力权等。精神性人格权，是指自然人对其精神性（心理性）人格要素的不可转让的支配权，包括标表型人格权（姓名权、肖像权），自由型人格权（身体自由权、内心自由权），尊严型人格权（名誉权、荣誉权、隐私权、信用权）。[①] 第1款列举了9项权利，自然人对这9项权利乃至没有列举的人格权都享有。关于人格权是自然人专有的权利还是民事主体普适性的权利，曾长期存在争议。法人、非法人组织享有某些种类的人格权，在20世纪以来逐步得到了司法实践和部分国家立法的确认。我国立法，从《民法通则》《侵权责任法》到《民法总则》均承认法人、非法人组织享有人格权。虽然法人、非法人组织享有人格权，但其享有的人格权的类型是有限的。根据《民法总则》第110条第2款，法人、非法人组织享有名称权、名誉权、荣誉权等权利。第一，法人、非法人组织对于以生理或心理为基础的人格权无法享有。比如生命权、健康权、身体权等物质性人格权。法人、非法人组织可以享有以权利主体的尊严及价值为保护内容的人格权。法人、非法人组织的人格权受到侵害后，法人、非法人组织不会产生精神痛苦，因此无法主张精神损害赔偿。第二，自然人是具有伦理意义的主体，而法人、非法人组织是非伦理意义的主体。由于法人、非法人组织并非伦理主体，所以并不享有一般人格权。这也是本条第2款，将一般人格权的主体限定于自然人的原因。法人、非法人组织只能享有与其自身特性相符的人格权。

二、一般人格权

本条第2款与《民法典》总则编第109条相呼应，规定了一般人格权，对于人格权保护是一个兜底性条款。按照第2款的规定，除了第1款规定的人格权，自然人还享有基于人身自由、人格尊严产生的其他人格利益。这种一般人格权对自然人具有普适特征，任何自然人，不论其性别、年龄、民族、身份都平等地享有。第2款作出这样规定的原因在于：人格尊严在不同时期是不断发展和演变的，人对于自身的认识也随着时代发展而不断深化，为了

① 张俊浩主编：《民法学原理》（上册），中国政法大学出版社2000年版，第142—158页。

保障人的自由发展和人格尊严的完整性，需要在具体人格权之外规定一般人格权。第 2 款的规定，一是当第 1 款规定的具体人格权保护存在不足或漏洞时，可以依据第 2 款予以保护，进行弥补。二是认可自然人基于人身自由、人格尊严享有广泛的人格利益，使人格权体系并不固化在有限的人格权类型上，可以形成一个开放的人格权体系，不断扩大人格权的保护范围。

三、人格权的法定性与开放性

本条第 1 款和第 2 款体现了人格权法定性与开放性的关系。人格权的法定性，是指人格权的类型、内容和效力、行使方式、救济方式，原则上由法律加以规定。第 1 款列举了 9 项具体人格权名称，这些人格权的具体内容、对其设定的限制、遭受侵害予以的救济都在本编下面的条款中逐一进行了规定。如果法律没有将某种人格利益明确规定为“权利”，则其在性质上就属于人格权之外的其他人格利益，受第 2 款的保护。人格权的法定性，有利于全面确认和保护人格权。法律对人格权的类型和内容作出规定，细化各项人格权的规则，使权利的内容和边界更加清晰，有利于权利的正当行使和司法裁判的统一。法律明确规定各项人格权，可以降低信息成本，保障个人的行动自由。[①] 人格权的开放性，是指人格权是一个发展变动的体系，在法律上无法列举穷尽。人格权的法定性与开放性是相辅相成的。开放性以法定性为基础，是为了给新生的人格利益提供制度空间。法定性以承认开放性即一般人格权的存在为前提，是为了将已经形成共识的权利固定下来。这样，第 1 款与第 2 款组合就形成了一个相对周密、完整的人格权保护体系。

四、需要注意的问题

根据本条第 1 款和第 2 款的规定，具体人格权和人格利益都受到法律的保护，但是两者的保护程度与适用规则是不同的。第一，在侵权民事责任的客观要件方面，需要加害行为的违法。在侵害人格权的情况下，判断行为的违法性比侵害财产权的情形复杂。“侵害名誉、隐私等人格权时，因此类权利未具明确的保护范围，违法性常须就个案依利益衡量加以认定。”[②] 而在侵害其他人格利益的情况下，判断行为违法性更加困难，需要考虑行为自由问题。

---

① 张平华：《人格权的利益结构与人格权法定》，载《中国法学》2013 年第 2 期。

② 王泽鉴：《侵权行为》，北京大学出版社 2009 年版，第 87 页。

如果人格利益不是那么重要，则行为违法性就会排除掉。第二，具体人格权明确了相对人的义务和范围，而其他人格利益的义务范围是不明确的，通常需要结合具体个案的情形加以判断。第三，具体人格权以权利的形式出现，法律在一定程度上要强化对其保护。而法律对人格利益的保护相对较弱。总体而言，法律对权利的保护程度高于对利益的保护。

（白雅丽　撰写）

第九百九十二条　【人格权的专属性】人格权不得放弃、转让或者继承。

【法条链接】

《民法典》第 994 条；《民法通则》第 99 条；《企业名称登记管理规定》

【立法背景】

本条是关于人格权专属性的规定。

相较于之前的法律，本条是新增的内容。虽然人格权编之前的立法并未对此明确规定，但承认人格权的专属性是理论界的通说。《民法通则》有关人格权的条款中，第 99 条规定，企业法人、个体工商户、个人合伙有权使用、依法转让自己的名称。这条规定在明确依法转让权利的同时也意味着，法律允许的转让只是特例。人格权编增加本条规定是基于特定的时代背景——人格权的商业化利用。人格权的商业化利用，是指人格权的某些权能可以依法转让或授权他人使用，以及在其遭受侵害之后通过财产损害赔偿的方式获得救济。19 世纪，一些广告宣传中开始使用个人的姓名、肖像。随着人格权商业化利用的实践，人格权的经济价值逐渐获得法律的认可和保护。人格权的商业化利用已经成为人格权发展的重要趋势。人格权的商业化利用，导致人格权的专属性和非专属性界限日渐模糊，也给人格尊严的保护带来一定风险。在人格权编的起草和讨论过程中，也存在如何看待人格权专属性与商品化利用的问题。本条的规定是对现有争议的积极回应，意在强调人格权的专属性是人格权的本质特性。本条规定在人格权编一般规定中，说明其具有一般性意义和普遍适用价值。

【条文解读与法律适用】

一、对人格权专属性的理解

人格权是具有专属性的权利，它是与个人的人格始终相伴、不可分离的权利。人格权原则上只能由人格权人享有。人格权的专属性是其与其他权利的重要区分。人格权的专属性，在于人格权与主体资格不可分离。作为人格权客体的人格利益主要是一种精神利益，其以自然人的人身和法人、非法人组织的组织体为依附。离开了人身或组织体，精神利益就无从附着，保障精神利益的权利也就失去了存在的基础。因此，人格权以权利主体的存在而存在。只要自然人、法人、非法人组织的主体资格存在，其就享有相应的人格权。自然人一旦出生就应当享有人格权，这是对个人进入社会的资格的确认。不管个人是否意识到这些权利存在，也不管个人是否实际参与了各种法律关系，人格权都是客观存在的。且对于个人来讲，都平等地享有人格权。人格权的权利主体与权利的不可分离性，决定了权利主体不能仿照财产权的行使方式来行使人格权利。本条是对人格权固有性的确认。具体表现在：

1. 人格权不得放弃。人格权是权利人作为民事主体在社会生活中不可缺失的权利。人格权的享有与权利人的主体资格关系密切，比如生命权、身体权、健康权，如果允许权利人放弃将使得主体资格无法存续，也与社会公序良俗相违背。人格权不能放弃，是私权自由处分原则的一个例外。人格权不得放弃，但是否可以剥夺呢？如果相对人违反民事义务，则只能追究民事责任，而不能剥夺其生命权、身体权、健康权或限制行使。荣誉权的依法剥夺除外。如果相对人因违法行为需承担行政责任或刑事责任，则相应的国家机关有权依法剥夺或限制人格权的行使。

2. 人格权不得转让。目前人格权编规定了，法人、非法人组织享有名称权，有权依法转让。关于名称权的转让，有两种不同的立法例：一种是绝对转让主义，即名称权的转让应当随同营业一并转让，或者在营业终止时转让；

另一种是相对转让主义，即名称无需和营业一并进行转让，可以单独转让名称。从我国《企业名称登记管理规定》来看，采取的是后一种方式。在名称权与营业一并转让的情况下，意味着转让人商人格终止。除名称权之外，人格权一般不得转让。部分人格权比如自然人的姓名权、肖像权可以许可他人使用，是对其人格权的利用，并非将人格权转让，人格权与主体并未永久分离。需要注意的是，人格权受到侵害之后所产生的损害赔偿请求权，本质上属于债权，如果赔偿数额已经确定，则可以通过债权让与的方式转让。

3. 人格权不得继承。对于自然人而言，其死亡意味着民事权利能力终止，不再具备主体资格，也无法享有人格权。与财产权不同，自然人死亡后，人格权也归于消灭，无法成为继承的对象。本编第 994 条规定，死者的姓名、肖像、名誉、荣誉、隐私、遗体等受到侵害的，其配偶、子女、父母等近亲属有权依法请求行为人承担民事责任。这条规定的依据是承认死者仍享有一定的人格利益并依法予以保护，并非请求权的主体对死者人格权的继承。人格权中包含精神利益和财产利益。自然人死亡之后，如果其人格权中的精神利益受到保护，那么相应的人格权中的财产价值仍然存在。与人格权的财产利益相关的权利转由继承人取得。继承人可以根据死者的明示或推测的意思行使该权利。人格权上的财产利益可以继承。人格权不能通过继承、转让等方式获得，进一步表明人格权是一种原始权利。

二、需要注意的问题

本条强调的人格权的专属性，但人格权的专属性与主体资格是两个不同的问题。即使对于自然人来讲，生命、健康、身体是绝对不能与主体相分离的，这些具体的生命权、健康权、身体权也不等于主体资格。随着时代的发展，人格权开始与主体资格发生分离。一是人格权的商品化利用，某些人格权的权能转让或出于经济目的加以利用。二是一些新的人格权利益和人格权出现，它们与主体资格之间并没有密切的联系。比如，日本判例中出现了作为环境的人格权（包括通风、采光、道路通行），欧洲出现了“形象代言人权利”等。

（白雅丽　撰写）

第九百九十三条　【人格标志的许可使用】民事主体可以将自己的姓名、名称、肖像等许可他人使用，但是依照法律规定或者根据其性质不得许可的除外。

【法条链接】

《民法典》第1182条；《民法通则》第99条、第100条；《侵权责任法》第20条

【立法背景】

本条是关于姓名、名称和肖像等人格标志的许可使用的规定，也是我国民事立法首次对人格权的商业化利用作出专门规定。人格权具有一般人格权和具体人格权之分，姓名权、名称权和肖像权均归属于具体人格权范畴，作为具体人格权，其保护的是人格权人的人格利益及衍生的商业化利益。[①] 人格权的商业化利用是近代民法理论的产物，指在市场经济社会，人格权的某些权能可以依法转让或授权他人使用，以及在其遭受侵害以后可以通过财产损害赔偿的方式获得救济。[②]

在现代社会，随着社会发展和科技进步，加之社会财富形态的变化，财产越来越多地表现为非物质的和无形的形式，具体人格权尤其是姓名权和肖像权已经进入市场进而商业化，具有一定经济利益的内涵，这对传统民法人身权和财产权二分体系也提出了挑战，但不可否认的是，这种特定的人格权兼具财产权的性质。[③] 从比较法上看，可商业化利用的人格权益的范围都呈现出不断扩张的发展趋势，人格权的专属性和非专属性概念之间的界限也逐渐模糊。德国最初通过最高法院的判例承认了肖像权、姓名权等少数类型的人格权具有财产价值成分，可以成为商业化利用的对象，后来可商业化利用的

---

① 参见王利明：《人格权法研究》，中国人民大学出版社2018年版，第362页。

② 德国学者基尔克最早提出人格权商业化利用的理论，认为某些具体人格权同时也是财产权，参见王利明：《人格权重大疑难问题研究》，法律出版社2019年版，第288页。

③ 参见王泽鉴：《民法总则》（增订版），中国政法大学出版社2001年版，第134页。

人格权益范围不断扩张，又通过一般人格权调整人格权商业化利用现象，一般人格权除了对姓名权、肖像权进行补充保护外，后又逐渐扩张调整个人的个人信息 、信件和录音 、声音以及其他一些人格特征的商业利用行为。《日本商法典》第 23 条规定，允许他人使用自己的姓氏、姓名或商号进行商业活动，但同时还规定，姓名许可人对使用其姓名作为商号的，要与被许可人一起就交易产生的债负连带赔偿责任。美国法通过公开权调整个人人格标志的商业化利用行为。公开权最初仅调整姓名与肖像的商业化利用行为，而随着市场经济的发展，尤其是大众传媒业的发展，公开权的保护范围日益扩展。目前，只要具有可识别性，几乎任何人格标志都可以受到公开权的保护。

人格权的商业化利用既是市场经济发展的产物，也是民法理论不断发展的结果。传统人格权法理论认为，人格权不包含财产价值，具有消极防御效力，但不能积极利用，进而不能成为商业利用的对象，针对人格权的侵权行为，也不能主张财产性质的损害赔偿，否则，将会物化民事主体的人格。但市场经济和信息技术的发展对传统理论进行了冲刷和创新，事实上，人格权人可以通过契约方式许可他人使用权利人的某些人格利益，并从中获取一定收益。传统民法观点还认为，人格权依附于权利主体，具有很强的专属性，须臾不可分离，允许商业利用自然不妥，随着认识的深化，新的理论认为人格权可以从内部进行细分，某些具体人格权的专属性并非牢不可破，尤其人格权的具体权能也可以与权利主体相分离，不仅权利人自己可以行使和支配，也可以许可他人依法利用。从市场经济发展看，一定范围内的标志性人格利益具有商业利用的价值，可以用金钱进行衡量，王泽鉴教授认为："人格权上财产利益的肯定，非谓将人格权本身加以财产化，而是肯定个人的一定特征具有财产价值。"① 人格权财产利益在司法判例上的确认，使人格权的自主行使和商业化利用成为立法上的必然。我国司法实践中，因姓名、名称、肖像、个人信息的商业性利用而引发的纠纷案件数量日益增长，呼唤在实证法上对这种商业实践作出明确规定，民法典作为市场经济的基本法，理应对人格权商业化利用的实践需求进行回应。对传统上并不被认为是财产或财产权利的权利给予越来越多的关注，要求法律对其进行充分的保护。对具体人格权的

① 王泽鉴：《人格权法》，北京大学出版社 2013 年版，第 296 页。

商业使用尽管在理论上已经逐渐达成共识，但长期以来缺少规范层面的法律规定，在人格权财产利益的保护上立法供给严重不足，民法典在制定过程中也要求明确通过具体条文确定下来。

【条文解读与法律适用】

本条对人格标志的许可使用主要有四层含义：一是法律允许对外许可使用人格标志的主体，法律并未予以限制，不仅社会名人有权许可使用人格标志，普通人也可对外许可使用人格利益。二是许可使用的对象也不限于明确列举的姓名权、名称权和肖像权，对于隐私权、信息权和其他人格利益如声音权、死者的姓名和肖像等，也可成为商业化利用的对象。个人信息也可以作为商业化利用的对象，个人信息权法律保护的目的旨在保护个人对其个人信息的自主决定，个人对与人格利益有关的事务的决定权包含了对个人信息的利用。同理，权利人对自己隐私的利用也体现了对隐私权的支配和行使。比如，在网络直播平台上，只要不违反法律和行政法规的强制规定，不违反公序良俗，可以自愿放弃自己的隐私，以付费为前提进行直播。三是许可使用人格利益一般通过签订许可使用人格标志合同的方式实现；四是法律规定或者根据其人格权的性质不得许可适用的，权利人不得许可他人使用。

一、人格权商业化利用的立法模式

人格权商业化利用，大陆法系采用统一保护模式，理论上，不认为商业化利用可以产生独立人格权，仅仅是人格权中财产利益的实现；英美法系则采用所谓公开权保护模式，认为人格标志利用产生的经济价值属于独立的公开权，具有财产权属性，可以对外转让。一般认为，公开权作为抽象人格权之一种，又称人格商品化权利或者商事人格权，是民事主体包括自然人、法人和其他组织对自己的具有标志性的人格利益进行商业化利用并享有利益的人格权类型。对商事人格权的性质至今众说纷纭，有新型人格权说、财产权说、特殊知识产权说、无形财产权说和边缘权利说等众多学说，远未能达成共识。

我国立法上沿用大陆法系的统一保护模式，并不将人格标志的许可使用作为独立的权利对待，不承认其为独立的新型人格权或者商业化利用权。

二、人格标志许可使用的范围

主体范围上，人格商业化利用权作为人对其人格方面予以积极商业化利用的权利是人格权的一项重要权能。在人格商业利用权的制度构造上，其主体为自然人、法人及其他组织，对象为法律和道德不禁止的对外许可的人格利益。权利人可通过许可合同将其人格权的使用权能分离出来授予他人，成为一种人格的商业化用益权，这种用益权为债权性用益权而非物权性用益权。在继承性方面，人格权的权利人死亡后，其人格商业化利用权可由其继承人予以继承，但在权利行使方面要受到死者人格精神性利益的限定。

客体范围上，本条采用了列举可以许可他人使用人格标志类型的立法模式。有观点认为，可以在立法技术上采用反面排除的体例，即由法律明确划定哪些人格权益为禁止许可使用的对象，除此之外的人格权益原则上都可以许可他人使用。无论是名人还是普通人，都有许可他人使用自己人格标志的权利。理论上，除了生命、健康、身体等少数物质性人格权益以外，权利人都有自主决定权，其他所有的人格利益都可以成为商业利用的对象。一般认为，人格权根据其客体的不同，分为物质性人格权、标志性人格权、评价性人格权和自由性人格权，只有属于标志性人格权的姓名权、名称权、肖像权、形象权、声音权以及部分评价性人格权和自由性人格权允许权利主体对外许可他人进行商业化使用，物质性人格权和其他的评价性、自由性人格权因性质特殊，不允许依当事人意思自治进行许可。

本条指向的姓名的许可使用，就是被许可人为增强和促进特定商品或服务的销售，经权利人授权许可，在其商品或者服务中使用自然人的姓名标志从而使该人格标志发挥其商业价值，姓名权的权利人获得相应报酬。立法旨意在于保护权利人有权决定授权他人使用的自由。姓名本身并不会给人格权主体带来财产利益，但其与权利人代表的人格一起进入商业领域，姓名的物质成分与姓名的精神价值就构成了独立的商业价值，具有了财产权属性。

关于名称的许可使用。名称权的许可使用曾经一度被禁止，2002 年国家工商行政管理总局《关于对企业名称许可使用有关问题的答复》（工商企字［2002］第 33 号）认为，《民法通则》将企业名称列在人身权范畴，故企业不得许可他人使用自己的企业名称，更不得许可他人使用第三方的企业名称或未经核准登记的企业名称。《民法通则》第 99 条第 2 款规定了法人、个体工商户和个人合伙的名称权，权利人可以通过转让的方式利用名称权。名称权作为法人、非法人组织享有的权利，不仅具有标志法人和其他组织身份的功能，也具有商业化的价值。司法实践中对名称权的商业化利用一般予以肯定。

关于肖像的许可使用。《民法通则》第 100 条规定："公民享有肖像权，未经本人同意，不得以营利为目的使用公民的肖像。"这实际上认可了肖像可以成为商业化利用的对象。肖像权和姓名权在权利性质、保护、行使等方面存在相似之处。正常社会活动需要对人的姓名或肖像进行利用，司法实践中关于侵犯肖像权的判例，基本肯定了权利人有权许可他人使用自己肖像的权利，未经许可使用肖像，权利人可以要求精神损害赔偿和财产损害赔偿。

三、人格标志许可使用的方式

人格标志的许可使用，是权利主体行使人格权的体现，不能完全通过合同法予以规范，也就是说，人格权的商业化利用并不能归属于纯粹的合同法和侵权法领域，但人格标志的许可使用一般通过许可使用合同实现双方的权利义务关系。所谓人格权许可使用合同，是指人格权的权利主体与他人依据法律规定，约定许可他人在约定的期限和范围内适用其某些具体人格权的合同。该合同为双务有偿合同的典型合同，人格权许可使用合同除成立、生效、解除和违约判断等之外，不能完全适用合同法的规则。除名称权等特殊人格权之外，姓名、肖像等只能许可使用而不能转让，而对于生命权、健康权、身体权等特定人格权，法律原则上禁止签订许可使用合同。人格权许可使用合同还有如下特征：第一，人格权许可使用合同可以采用口头、书面或者其他形式订立；第二，姓名、肖像的许可使用应订有期限，避免签订无固定期限的许可使用合同变相转让人格利益；第三，为防止人格标志脱离人格权主体的控制，损害人格权人的人格尊严，被许可人应按照合同约定的方式和期限使用人格权，而不能将对人格标志的使用权进行再次转让。

四、禁止物质性人格权的许可使用

本条规定了人格标志许可使用的除外条款，这是对人格权商业化利用的限制性规定。姓名、名称和肖像等人格标志只能许可使用而不能转让，此外，物质性人格权是自然人对于物质性要素的不可转让的支配权，其包括生命权、身体权、健康权，物质性人格权存在于生命的有机体之中，亦不得成为商业利用的对象。因为精神性人格权存在于无形的精神价值之中，物质性人格权存在于生命有机体之中，其难以与主体相分离，客观上难以成为商业利用的对象，允许物质性人格权成为商业化利用对象，可能危及个人的主体地位。如果允许个人对其身体权、健康权进行商业化利用，可能会使个人基于经济方面的需要而放弃自己的身体权、健康权，不利于对个人人格尊严的保护，“以市场为导向的无形财产权的创造将不可避免地对抗个体的人格并将其人格交由第三人来处置”，如果放任物质性人格权也被转让或许可使用，那么作为主体的人将沦为权利客体，丧失民事法律关系的主体地位。因此，法律明确禁止或者根据人格权的性质判断不得许可使用的人格标志，则不得以合同方式进行许可。

五、需要注意的问题

人格权许可使用合同所适用的法律规则具有特殊性，在解除权的配置和行使方面，人格权许可使用合同的法定解除不能严格适用合同法关于解除的一般规则。出于人格尊严保护的需要，合同法的法定解除规则是以财产交易合同为原型而设计的，其鼓励商业交易的价值导向没有充分考虑到人格标识许可利用的特殊性。因此，为了保障人格尊严，体现权利主体对人格利益的控制和支配，如果被许可人行为影响权利人人格发展的需要，应当允许其单方解除合同，[①] 这就需要赋予人格权人单方合同解除权，人格权的主体因行使任意解除权造成受许可人财产损失时，应当承担损害赔偿责任。具体的司法裁判中，可以在保护个人人格尊严和自由的前提下，适当兼顾交易安全的保护。

人格权许可使用纠纷涉及多种法律关系，可以通过人格权请求权、侵权损害赔偿请求权、不当得利以及合同法的规则予以救济。另外，人格权许可使用关系中，未经许可进行商业化利用或者超越许可范围利用人格标识均构成侵权，因人格权中的财产利益成为商业化人格利益的重要组成内容，侵权人可能获得巨额非法经济利益，故对权利人的救济也应当包括精神损害赔偿和财产损害赔偿。目前司法实践中存在重精神损害赔偿而轻财产损害赔偿的倾向，应予改变。《侵权责任法》第 20 条和《民法典》侵权责任编第 1182 条

---

① 参见姚辉：《人格权法论》，中国人民大学出版社 2011 年版，第 395 页。

都规定了侵害人身权益造成财产损失赔偿数额的确定，后者对前者进行了修改。依据《民法典》侵权责任编第1182条的规定，侵害他人人身权益造成财产损失的，按照被侵权人因此受到的损失或者侵权人因此获得的利益赔偿；被侵权人因此受到的损失以及侵权人因此获得的利益难以确定，被侵权人和侵权人就赔偿数额协商不一致，向人民法院提起诉讼的，由人民法院根据实际情况确定赔偿数额。

（曹凤国　撰写）

第九百九十四条　【死者人格利益的保护】死者的姓名、肖像、名誉、荣誉、隐私、遗体等受到侵害的，其配偶、子女、父母有权依法请求行为人承担民事责任；死者没有配偶、子女且父母已经死亡的，其他近亲属有权依法请求行为人承担民事责任。

【法条链接】

《民法总则》第185条；《精神损害赔偿解释》第3条、第7条；《名誉权解答》

【立法背景】

死者人格利益是指自然人死亡后，姓名、肖像、名誉、荣誉、隐私、遗体等应当保护的利益。死者人格利益是否需要立法专门保护，曾有过较大争论。反对的观点认为，自然人死亡后，死者姓名、名誉受损害的事实，不能视为死者亲属的权利受损，人格权应始于出生，终于死亡。但从比较法上看，对死者人格利益进行保护，已经得到各国立法和案例的肯定。经过长时间司法实践的洗礼，2001年《精神损害赔偿解释》第7条规定，自然人因侵权行为致死，或者自然人死亡后其人格或者遗体遭受侵害，死者的配偶、父母和子女向人民法院起诉请求赔偿精神损害的，列其配偶、父母和子女为原告；没有配偶、父母和子女的，可以由其他近亲属提起诉讼，列其他近亲属为原告。目前，对死者人格利益应当给予保护已经达成理论上的共识。

死者人格利益保护的方式与死者人格利益的定性是分不开的，在民法典人格权编的起草中，如何保护死者人格利益以及保护的期限问题，不无争议。人身权延伸保护说认为，人格权作为一种无限期的权利，根据民事主体的生前和死亡时间段不同，可以将民事主体享有的法益区分为先期法益与延后法益，而向后延伸保护的就是死者的人格利益。[①] 死者权利保护说认为自然人死亡后其民事权利能力仍继续存在，我国法律没有明确规定民事权利能力终于死亡。即使自然人死后其民事权利能力终止，但仍然能在死亡后享有某些民事权利，民事权利能力与民事权利相分离也未尝不可。法益保护说避开了民事权利与自然人死亡之间的关系而直接从法益入手，认为死者的人格利益可定性为法益，法律应予保护的其实不是个人利益而是社会利益。

纯粹侵害死者名誉时，因死者人格已不存在，很难从死者视角认定存在侵权行为，但不等同于立法上对侵害死者人格利益行为不予追究，放任侵权行为人的不法行为。因此，在考虑死者生前人格利益的保护时不能仅仅从死者出发，而需要考虑到死者近亲属的利益保护。从死者近亲属的权利保护视角出发，死者不再是民事权利的主体。但是，基于身份关系、情感联系等因素，死者的姓名、肖像等人格利益会对死者近亲属产生精神及经济上的特定利益，行为人对死者姓名、肖像的侮辱、诽谤等不当使用会降低其社会评价，造成近亲属的精神痛苦；另外，死者的姓名、肖像等因其生前的特定身份可能具有一定的商业价值，由此产生的财产利益也应归属于近亲属，禁止他人以此牟利。理论上，死者人格利益遭受侵害，近亲属可以基于自己的权利要求行为人承担侵权责任，有权作为侵权案件的原告提起诉讼。《民法总则》第185条仅对侵害英雄烈士的姓名、肖像、名誉、荣誉的行为规定应承担民事责任，调整范围未能扩展到其他死者的一般人格利益，这就需要《民法典》对侵害死者人格利益行为的构成要件作出明确规定，使得当事人和法官在该类案件的起诉和审理中具有明确的规范基础作为支撑。

---

① 参见杨立新、王海英、孙博:《人身权的延伸法律保护》，载《法学研究》1995年第2期。

【条文解读与法律适用】

一、死者人格利益的保护范围

自然人死亡前和死亡后所享有的人格利益存在较大差别，也就是说，并非自然人所有的人格利益，在其死后都要进行保护。物质性人格权和精神性人格权中的部分人格利益，自然人死亡后都难以受到保护。

死者人格利益的保护范围在司法实践中不断扩展，对死者人格利益保护的认识也经历了一个不断深化的过程。最高人民法院1989年制定的司法解释将保护死者人格利益的客体只定性为名誉权，后司法解释不再将死者法益作为权利对待，从最初只保护死者的名誉到后来保护死者的隐私、肖像、荣誉等利益。《精神损害赔偿解释》第3条规定，自然人死亡后，其近亲属因下列侵权行为遭受精神痛苦，向人民法院起诉请求赔偿精神损害的，人民法院应当依法予以受理：一是以侮辱、诽谤、贬损、丑化或者违反社会公共利益、社会公德的其他方式，侵害死者姓名、肖像、名誉、荣誉；二是非法披露、利用死者隐私，或者以违反社会公共利益、社会公德的其他方式侵害死者隐私；三是非法利用、损害遗体、遗骨，或者以违反社会公共利益、社会公德的其他方式侵害遗体、遗骨。该司法解释其实已经将死者姓名、肖像、名誉和荣誉、遗体纳入了侵权法的保护范畴。《民法典》总结了司法解释施行后实践的成熟经验和做法，将司法解释的规定上升为民事法律的明确规定。

本条明确了法律所保护死者人格利益的客体包括死者姓名、肖像、名誉、荣誉、隐私、遗体等。公民享有名誉权，公民死后其名誉利益应受法律保护。造成社会公众对死者评价降低，损害死者名誉，应承担民事侵权责任。在死者姓名保护上，审判实践认为姓名权因主体死亡而归于消灭，不能继承，但是由其延伸的人格利益仍然可以归于其近亲属，包括精神利益与财产利益。侵犯死者姓名所延伸的财产性利益的，死者的近亲属对此享有损害赔偿请求权。①

在保护期限上，比较法上，对死者人格利益的保护也大都有一定期限的

---

① 参见石冠彬：《姓名权侵权纠纷的裁判规则研究》，载《当代法学》2018年第3期。

限制，但民事立法是以配偶、子女、父母及其他近亲属设定保护的期限，还是就某些死者人格利益专门规定一个保护死者人格利益的固定期限，比如就死者肖像利益的保护进行期限上的限制。应当说，不同的选择都有其合理性，但也存在问题。一是将法律保护取决于死者近亲属的存在及其生存期限。如果死者是一个知名度极高的公众人物，死后人格利益受到侵害，但由于侵权发生时已无近亲属，则法律因欠缺损害赔偿请求权的主体而失于保护，只能由第三人或者有关机构提出公益诉讼。二是主张固定期限的观点认为，死者财产利益的保护期限可采取著作权的模式，不论有无近亲属，一律规定为死后 50 年，这样既简便易于操作，具有可预见性，也符合平等原则。

本条并未明确死者人格利益保护的固定期限，而是将死者人格利益请求权的主体限定于配偶、父母、子女以及其他近亲属，这间接达成了对死者人格利益保护的期限进行限制的目的。如果死者已经没有近亲属，一般情况下不予保护，但如果死者人格利益直接关系社会公共利益和公序良俗，即使没有近亲属，也确有保护的必要，此时可由检察机关或法律规定的其他机构、个人代为提起诉讼维护死者的人格利益不受侵害。

二、有权主张赔偿请求权的主体

（一）死者近亲属作为请求权的主体

民法典在请求权的主体方面采取了“近亲属保护说”，由近亲属主张对死者人格利益的保护，行使损害赔偿请求权。我国的司法实践中，也对请求死者人格利益保护的主体的范围作出了限定，《最高人民法院关于审理名誉权案件若干问题的解答》（以下简称《名誉权解答》）规定，死者名誉受到损害的，其近亲属有权向人民法院起诉。近亲属范围包括：配偶、父母、子女、兄弟姐妹、祖父母、外祖父母、孙子女、外孙子女。该解答只是规定了死者名誉受到侵害的原告资格，对其他死者人格利益没有作出规定。

（二）行使侵权请求权主体的顺位

《民法通则》对可以提起诉讼的近亲属并没有规定顺位，《精神损害赔偿解释》则作了顺位的规定，将配偶、父母和子女作为第一顺位的主体，其他近亲属作为第二顺位的主体，如果第一顺位范围内的主体不提起诉讼，则第二顺位的主体无权提起诉讼。尽管有观点认为，死者人格利益保护主要是对生者对死者感情利益的保护，如果对起诉资格进行顺位规定，未免与死者人格利益保护制度的目的相悖，故原则上不应采取近亲属按序主张请求权的模式，[①] 但《民法典》延续了司法解释的立场，对死者人格利益的请求权主体进行了顺位安排。

（三）非近亲属及死者人格利益的公益诉讼

本条未明确非近亲属能否因死者人格利益受到侵害进而主张权利。实践中，非近亲属行使请求权，如果当事人仅为死者后人，不在近亲属的范围内，不具有诉权，人民法院不予支持。对于长期与死者一起生活的人，是否可以作为原告基于死者人格利益受到侵害的事实主张权利，仍需要在司法实践中进一步探索。另外，死者人格利益的保护也会出现公益诉讼的问题，《民法总则》第 185 条已经规定，侵害英雄烈士的姓名、肖像、名誉和荣誉，损害社会公共利益的，应当承担民事责任。如果英雄烈士没有近亲属，则可以由有关机关提起公益诉讼，对涉及公共利益的死者人格利益予以保护。

三、侵害死者人格利益的损害赔偿

死者人格利益受到损害的，其近亲属有权向人民法院起诉，要求侵权人承担停止侵害、赔礼道歉，消除影响、恢复名誉和赔偿损失的民事责任。对于侵害死者人格利益，是否能够适用精神损害赔偿，不少国家如美国只承认财产损害赔偿而否定精神损害赔偿。我国实践对精神损害进行赔偿的前提是，对死者人格利益的侵害，造成了近亲属的精神损害，这是对死者人格利益的间接保护模式的体现。我国最初的司法解释文件采用直接保护死者本人的直接保护模式，从《最高人民法院关于死亡人的名誉权应受法律保护的函》（［1988］民他字第 52 号，已失效）的内容可以推导出，死者仍然具有名誉权。此后司法解释则不再承认死者具有人格权，认为近亲属虽然有基于死者人格利益受到损害的事实，但实际上是要求弥补自身受到的损害。间接保护模式下，近亲属如果遭受了精神损害，也应给予精神赔偿。

四、需要注意的问题

一是正确识别侵害死者人格利益行为的构成要件。在侵害死者人格利益的侵权行为构成要件上，要判断分析死者名誉及荣誉的历史事实，是否构成了社会公共利益的组成部分，分析和识别所要保护的法益的规范基础。人民

---

① 参见王利明：《人格权重大疑难问题研究》，法律出版社 2019 年版，第 277 页。

法院应在侵害死者人格利益的个案中审慎把握，既要保护个人权益，也要防止司法裁判对言论自由、新闻自由作出不当的干预，法官要在不同的利益和权利之间合理界分和权衡。

二是死者的近亲属对死者人格利益进行了侵害，也构成侵权并允许其他近亲属提起侵权损害赔偿之诉，《民法典》对侵权行为人的主体范围不做限制。

三是如果同一针对死者人格权的侵害行为，也同时侵害了近亲属自身的人格权，则产生了两种不同的侵权法律关系，权利主体可以分别要求行为人进行损害赔偿，而不应将两种损害赔偿请求权予以混淆。

（曹凤国　撰写）

第九百九十五条　【人格权请求权】人格权受到侵害的，受害人有权依照本法和其他法律的规定请求行为人承担民事责任。受害人的停止侵害、排除妨碍、消除危险、消除影响、恢复名誉、赔礼道歉请求权，不适用诉讼时效的规定。

【法条链接】

《民法典》第 179 条；《民法通则》第 120 条；《侵权责任法》第 15 条

【立法背景】

人格权请求权是指民事主体在其人格权受到侵害、妨害或者有妨害之虞时，有权向加害人或者人民法院请求停止侵害、排除妨碍、消除危险、消除影响、恢复名誉、赔礼道歉，以恢复人格权的圆满状态。[①] 德国学者拉伦茨认为，人格权请求权具有特殊性，人格权的产生和发展也是人格权制度完善的重要标志。[②] 从比较法上看，德国和法国均未在民法典中规定人格权请求权制

---

① 参见王利明：《人格权重大疑难问题研究》，法律出版社 2019 年版，第 359 页。

② 参见［德］卡尔・拉伦茨：《德国民法总论》（上册），谢怀栻等译，法律出版社 2004 年版，第 169—170 页。

度，主要通过司法判例在隐私权等保护上承认了诸如排除妨害请求权和消除危险请求权，《瑞士民法典》第 28 条第 1 款在侵权请求权之外，规定了独立的人格权请求权制度，从是否需要证明行为人的过错、应否罹于诉讼时效以及责任承担的侧重点方面实现了与侵权请求权的分离。

《侵权责任法》以所谓的大侵权立法模式，规定了 8 种侵权责任的承担方式，实际上已经将人格权请求权的基本内容囊括在内，即以侵权责任吸收人格权请求权。人格权的保护是侵权责任法所重点保障的对象之一，侵害人格权也需要通过侵权法加以救济，似乎也没有疑问。而且，这种以侵权责任承担方式吸收人格权请求权的模式给受害人多种侵权责任形式以供选择，受害人可以选择其中某一种责任形式，也可以请求侵权人同时承担数种不同的责任。问题在于，对所有民事责任适用统一的责任构成要件，对人格权的保护就略显薄弱。那么，《侵权责任法》已经规定侵害人格权责任承担的前提下，是否也要在人格权编规定人格权请求权，立法过程中曾出现过重大争议。北京大学已故魏振瀛教授认为，人格权独立成编可以提高全民的民事权利观念，加大权利保护，应当赞成，但反对在民法典中规定人格权请求权，因为人格权请求权与民法的体系存在冲突，我国民法不应完全采用德国民法的请求权体系。事实上，《民法典》中的人格权立法如果独立成编，也必然要求人格权请求权从侵权责任法中脱离出来单独作为人格权编的总则部分予以规定。在侵害人格权的场域中，侵权责任法的主要功能是对已经造成的实际损害提供救济，而对于人格权即将遭遇的危险和正在发生的侵害行为，可以通过行使人格权请求权予以解决。

从民事权利理论上看，作为绝对权的物权和作为相对权的债权具有独立的请求权，人格权作为对人格利益的支配权，赋予其请求权也顺理成章，这也是保护人格权的现实需要。人格权请求权除具有支配、控制和利用人格利益的积极效力外，还具有消极效力。人格权请求权主要基于其绝对性和排他性的消极效力产生，这一点与物权请求权非常相似，在人格权遭受侵害后通过人格权请求权的行使可以使权利恢复到侵害前的圆满状态。《侵权责任法》第 15 条仅规定了侵权请求权，没有单独规定人格权请求权，实践中对人格权主要通过侵权请求权进行保护，法官虽然能够“曲线救国”，但也要面临法律适用上的诸多困境。且人格权的类型繁多，各项权利的权能也较为复杂，侵权责任法虽然可以规定侵害人格权的一般构成要件、责任形式等内容，但无法穷尽规定人格权的全部内容，必然给侵权责任认定的司法裁判造成困难。同时，人格权请求权和侵权请求权属于两种性质不同的请求权，个性大于共性，如果将人格权请求权纳入侵权法，会削弱以过错为归责原则的侵权法的基础，造成侵权制度的混乱。①

另外，妥善解决民事纠纷是制定民法典的宗旨之一，在具体案件审理中，应当为法官准确适用法律提供明确的请求权基础。《人格权编》不仅要对民事主体的行为规范进行大量的规定，也应对审判机关提供裁判规范，为法院审理人格权纠纷提供明确的依据，让法官在处理纠纷中有据可查、有法可依。民法典对于请求权基础规范的涵盖程度，也从侧面印证与检验民法典的体系周延程度。人格权请求权在《民法典》中的确立，不仅有利于强化人格权的保护，对我国请求权体系的完善具有重要意义，也必将对人格权纠纷的民事诉讼案件的司法审判带来重大变化。综上，《民法典》应在人格权编对人格权的请求权作出明确规定。

【条文解读与法律适用】

本条首次在立法上确认了人格权请求权，完善了人格权的保护方法和请求权保护体系，使人格权法和侵权责任法相互之间的边界更加清晰。

一、人格权请求权与损害赔偿请求权的分离

本条采用了人格权请求权与侵权损害赔偿请求权相分离的立法模式。人格权请求权具有预防和停止侵害以及损害填补的功能，侵权损害赔偿请求权主要针对侵害人格权造成的财产损害。人格权遭受侵害后，权利人依据侵权法主张损害赔偿，自无不可，但该损害赔偿作为侵权法上的请求权与人格权请求权不能互相替代。从责任承担方式上看，停止侵害、消除危险、恢复名誉等既是损害赔偿的责任承担方式，也是人格权请求权的内容。

人格权请求权的行使，并不要求受害人证明自身损害，也不需要证明行为人具有过错。当人格权益存在受损的风险或危险时，权利人即可以主张要

① 参见杨立新：《人格权法》，法律出版社2015年版，第66页。

求行为人消除危险。如果侵权行为正在发生，但还未产生实际损害，权利人亦可以要求行为人停止侵害。由此可见，人格权请求权并不以构成侵权为前提，适用于各种妨害人格权的行为，不论此类行为是否造成了现实的损害后果，权利人都有权主张人格权请求权。侵权损害赔偿请求权则主要是针对已经现实发生的、客观存在的损害，受害人请求行为人承担损害赔偿责任时，其应当证明损害的具体程度和数额，否则可能难以获得救济。在行为人妨害他人人格权时，权利人如果依据侵权请求权提出请求，则需要证明行为人的侵害行为构成侵权，如果举证不足则往往难以界定，造成权利人在保护人格权方面遇到障碍。不法行为本身仅造成了权利受侵害的风险，或者说造成了人格权的妨害，但尚未造成损害，甚至不符合侵权的构成要件，权利人通过主张人格权请求权来预防权利被侵害的风险，权利保护更加周到。

二、人格权请求权的基本内容和类型

人格权行使条件是人格权受到妨害，目的是回复人格权的圆满状态。[①] 人格权请求权的行使只针对特定人，即非法干扰者，使人格权受损的状态重新恢复。与侵权损害赔偿适用过错原则显著不同的是，停止侵害人格权诉讼的目的在于排除妨害行为，不需要考虑侵权行为人的过错之有无。只要行为人影响人格权的圆满实现状态，就可以主张人格权请求权，从而消除即将到来的危险和已经存在的不法行为。诉讼过程中也不需要权利人举证证明行为人的主观心理状态和注意义务之违反。另外，人格权请求权的行使也不需要证明损害已经实际发生，人格权具有遭受侵害的危险时，权利人有权要求消除危险，即使侵权行为正在发生，但没有产生损害结果，权利人也可以要求停止侵害。人格权请求权的行使，虽一般以加害人的侵权行为存在为前提，但并不以构成侵权行为作为行使请求权的前提条件，这与侵权责任法上的损害赔偿请求权迥异其趣，可以说，人格权请求权针对损害的预防时间大大提前，具有防患于未然的功效。

人格权请求权作为现实存在的民事主体保护自己人格权的必要方法和手段，包括哪些请求权，在理论上出现了较大的分歧。关于人格权请求权的类型，有观点认为，不应扩大该请求权的范围，应仅限于停止妨害和排除妨害

① 参见杨立新：《人格权法》，法律出版社2015年版，第64页。

请求权，其他消除影响、恢复名誉、赔礼道歉针对的是损害结果而非妨害行为，仍属于事后救济措施而非事前预防措施，本质上是恢复原状的变异形式，人格权一旦遭受损害，就无法恢复原状，故不应纳入人格权请求权范围。[①] 但《民法典》考虑到对人格权的全面救济，消除危险、消除影响、恢复名誉、赔礼道歉等请求权的行使，仍可以达成回复人格权圆满状态的事实效果，最终仍将上述请求权作为人格权请求权予以规定。

需要说明的是，《民法典》未将精神损害赔偿作为人格权请求权，因精神损害赔偿救济的是对精神的损害结果，本质属于侵权请求权，应纳入侵权责任编进行规定。

三、人格权请求权的行使与竞合

本条选取停止侵害、排除妨碍、消除危险、消除影响、恢复名誉、赔礼道歉作为人格权请求权的具体内容。实践中，应当区分人格权受到侵害的不同性质决定适用哪种请求权进行救济。如果人格权受到持续侵害，或者可能受到妨害，应当适用人格权请求权；如果人格权已经受到侵害且造成了事实上的损害，应当适用侵权责任编的侵权损害赔偿请求权。比如，侵权行为人侵害权利人的名誉、肖像以及公开隐私等情形，应适用人格权请求权条款而不是侵权责任规定。在人格权既受到妨害又受到侵权行为的实际损害时，如果仅仅适用人格权请求权条款，会导致权利人难以受到全面救济，此时应发生人格权请求权和侵权损害赔偿请求权的聚合，权利人此时可以提出双重请求权主张。而对于只有实际损害而无妨害之情形，则权利人仅主张侵权损害赔偿请求权就足以实现救济的目的。实践中，人格权请求权可能与预防性的侵权责任承担方式发生竞合，依据民法的意思自治原则，权利人有权选择主张何种请求权维护自身利益，权利人未明确行使请求权的规范基础时，法官应当适当进行释明。如果选择主张侵权请求权，需要通过诉讼的方式围绕侵权责任的构成要件举证证明侵权的成立，人格权请求权则可以直接向行为人主张，即使需要提起诉讼，也无须承担侵权行为的举证责任。

人格权请求权的行使也不得滥用，权利人基于人格权请求权提出排除妨害的请求后，行为人也可以持正当的抗辩理由予以抗辩。如果行为人依法行

---

① 参见杨立新：《人格权法》，法律出版社2015年版，第68页。

使言论自由和新闻自由的权利，可以对抗人格权请求权的行使，在司法实践中，需要法官依据诚实信用原则和权利不得滥用原则对不同权利主体的利益予以识别和衡量。王泽鉴教授认为，人格权第一次被侵害之后，其后有侵害之虞，可以进行推定。对于生命、身体、健康、自由的侵害之虞，应从宽认定，而对于名誉、隐私、姓名和肖像的侵害，一般涉及言论自由，事先干预应更加审慎。①

四、人格权请求权不适用诉讼时效

《侵权责任法》第 15 条规定了承担侵权责任的方式主要有：停止侵害，排除妨碍，消除危险，返还财产，恢复原状，赔偿损失，赔礼道歉，消除影响、恢复名誉。《民法典》第 179 条则规定了停止侵害，排除妨碍，消除危险，返还财产，恢复原状，修理、重作、更换，继续履行，赔偿损失，支付违约金，消除影响、恢复名誉，赔礼道歉共 11 种承担民事责任的方式。从侵害人格权应适用的责任方式来看，除了恢复原状，返还财产，修理、重作、更换，继续履行和支付违约金之外，其他 6 种责任形式都可以适用于侵害人格权的案件中。

人格权请求权具有绝对请求权属性。停止侵害、排除妨害等请求权所指向的是持续的妨害行为或妨害状态，或可能发生的妨害，因此在实践中难以判定诉讼时效的起算点。人格权请求权的功能在于维护权利人对其人格利益的圆满支配状态，只要这种圆满支配状态受到不当影响，权利人就可向行为人提出请求，人格权请求权作为一种绝对权请求权属性的权利，本身不应受到诉讼时效的限制。在人格权受到妨害或者可能受到妨害的情形下，权利人应当有权随时提出请求，以恢复权利人对其人格利益的圆满支配状态。而赔偿损失作为损害赔偿之债，支付违约金作为人格标志许可使用的合同之债，性质上非属人格权请求权。侵权损害赔偿之债作为债的关系之一种，无疑应当适用诉讼时效制度。如果权利人没有在时效期间内主张权利，债务人将享有时效利益，可以对权利人履行债务的请求提出抗辩。

本条明确规定停止侵害、排除妨碍、消除危险、消除影响、恢复名誉与赔礼道歉请求权，作为人格权请求权的基本内容，不适用诉讼时效的规定。

---

① 参见王泽鉴：《人格权法》，北京大学出版社 2013 年版，第 390 页。

在《民法典》正式提交第十三届全国人民代表大会第三次会议的审议过程中，有的代表提出，要求侵害人赔礼道歉是保护人格权的一种重要方式，为了更好地保护自然人的人格权，赔礼道歉请求权也不应适用诉讼时效。全国人大宪法和法律委员会经研究，采纳了这一意见，[①] 增加赔礼道歉作为人格权请求权之一种，不罹于诉讼时效。人格权请求权不适用诉讼时效制度意味着对人格权利更完善和周全的保护，如果人格权遭受妨害或侵害，依据诉讼时效制度，侵权损害赔偿请求权已过诉讼时效而丧失胜诉权时，权利人依然可以依据人格权请求权主张行为人排除妨害或停止侵害。

五、需要注意的问题

实务中，赔礼道歉、消除影响的适用范围应当与侵权行为发生的范围相当。在法院判令侵权人承担民事责任时，还应考虑公开赔礼道歉、消除影响是否可能会在客观上对被侵权人造成二次损害。如果赔礼道歉形成了二次侵权，则判令侵权人对权利人承担赔偿经济损失及给予精神损害赔偿等其他民事责任较为妥当。若侵权人拒不履行赔礼道歉、消除影响的判决义务，权利人申请执行后，一般由法院强制以侵权人的名义履行判决主文明确的赔礼道歉、消除影响义务，所产生的费用由侵权人承担。

另外，个人信息也应当作为人格权请求权保护的内容，个人信息遭受侵害后，权利人有权要求侵权人更正和补充正确信息资料，这一点与返还原物等物权请求权以及恢复原状的债权请求权明显不同。

（曹凤国　撰写）

第九百九十六条　【违约精神损害赔偿】因当事人一方的违约行为，损害对方人格权并造成严重精神损害，受损害方选择请求其承担违约责任的，不影响受损害方请求精神损害赔偿。

【法条链接】

《民法通则》第120条；《民通意见》第150条；《精神损害赔偿解释》

① 《第十三届全国人民代表大会宪法和法律委员会关于〈中华人民共和国民法典（草案）〉审议结果的报告》，2020年5月26日。

【立法背景】

“中华人民共和国成立以后，由于民事立法一直受苏联民法的影响，侵权损害赔偿仅限于财产损害赔偿，而不包括精神损害赔偿。民法学界也一直认为，精神损害赔偿是将人格等同于商品，与社会主义法律的基本原则不符合。”[①] 1986 年《民法通则》第 120 条规定：“公民的姓名权、肖像权、名誉权、荣誉权受到侵害的，有权要求停止侵害，恢复名誉，消除影响，赔礼道歉，并可以要求赔偿损失。”由于《民法通则》对于侵害人格权的精神损害赔偿没有作出明确规定，对于赔偿损失如何进行理解，是否包含精神损害赔偿，曾经产生争议。1988 年《最高人民法院关于贯彻执行〈中华人民共和国民法通则〉若干问题的意见（试行)》（以下简称《民通意见》）第 150 条规定：“公民的姓名权、肖像权、名誉权、荣誉权和法人的名称权、名誉权、荣誉权受到侵害，公民或者法人要求赔偿损失的，人民法院可以根据侵权人的过错程度、侵权行为的具体情节，后果和影响确定其赔偿责任。”2001 年《精神损害赔偿解释》确定了精神损害赔偿的范围、标准，同时规定精神损害赔偿不仅适用于人格权，而且适用于一般人格利益、身份权、具有人格象征意义的特定纪念物品的侵害等，扩大了精神损害赔偿的范围。

由于我国此前对人格权并没有专门的法律规定，因人身权益被侵害造成精神损害的救济途径被规定在《侵权责任法》第 22 条中，对于我国民法应否承认违约中的精神损害赔偿则一直存在争议。否定观点认为，精神损害是合同当事人在订约时难以预见的，在违约责任中为精神损害提供补救违反了合同法的可预见性规则，将会给缔约当事人带来极大风险，增加交易成本，不利于鼓励交易。而且如果因为一方的违约给另一方造成人身权益的损害，受害人可以通过选择侵权之诉使其精神利益得到补救。[②] 肯定观点则认为，违约方在缔约时可否以及应否预见到违约造成的精神损害，与法律是否规定了并进而广为宣传违约方的精神损害赔偿有关。在违约同时构成侵权的情况下，

---

① 王利明：《人格权法研究》，中国人民大学出版社 2018 年版，第 706 页。

② 参见王利明：《人格权法研究》（第三版），中国人民大学出版社 2018 年版，第 728—731 页。

守约方援用关于侵权责任及精神损害赔偿的规定，自违约方处获得精神损害的赔偿，只不过请求权基础不同，而非否定违约方应承担精神损害赔偿责任。在有些场合，允许违约方请求精神损害赔偿，守约方可在一个诉讼中一并请求违约金和精神损害赔偿，或一并请求普通的损害赔偿和精神损害赔偿，而不是在违约之诉中请求违约金或普通的损害赔偿，再另行起诉请求违约方（侵权行为人）承担侵权的精神损害赔偿，将大大降低诉讼成本，使守约方的合法权益得到完全保护。[①] 司法实践中也出现了支持违约精神损害赔偿请求的案例。《民法典》在人格权编首次确认违约中的精神损害赔偿请求权，既是对实践经验的总结，也顺应社会形势的发展需要，具有开创性意义。

【条文解读与法律适用】

一、本条的适用范围

在比较法上，精神损害赔偿的合理性一直存在争议。主要原因是精神损害赔偿难以用金钱衡量，而且精神损害赔偿可能导致诉讼的泛滥。因此，许多国家都对精神损害赔偿作出了一定程度的限制，比如精神损害赔偿的法定化。本条借鉴了其他国家的立法经验和司法实践中的已有经验，明确了受害方因对方的违约行为导致人格权受损并致严重精神损害的情况下，选择请求对方承担违约责任时不影响主张精神损害赔偿。这就意味着主张违约方构成精神损害赔偿责任，需要证明因对方的违约行为，受害人的人格权受到了损害，并因此遭受精神损害。而且，人格权受到侵害未必会造成精神损害的后果，只有违约行为侵害人格权的同时还造成严重精神损害后果时，精神损害赔偿才是有适用余地的。

二、需要注意的问题

无论是否定观点还是肯定观点，都认可本条规定的请求精神损害赔偿需造成严重的精神损害后果，“一方当事人违约，极有可能使得相对人精神痛苦（对于心胸狭隘之人而言），也有可能不影响相对人的情绪（对于心胸豁达之人来说），假如一律准予精神损害赔偿，非但不好把握，更为严重的是

---

① 崔建远：《精神损害赔偿绝非侵权法所独有》，载《法学杂志》2012 年第 8 期。

阻碍交易"①。精神损害具有主观性，其严重程度因人而异。判断精神损害后果的严重性，通常可以从以下方面进行判断：精神痛苦的严重性是否超出社会一般人容忍限度，是否带来一般人难以忍受的精神痛苦和肉体痛苦，是否对受害人的正常工作、生活及社会交往带来负面影响。而且这种痛苦具有一定的持续性，而非瞬时性的。换句话说，如果违约行为只是给受害人带来了心理上的不愉悦或偶然不适，则受害人不能仅因这种不愉悦主张精神损害赔偿。

（杨迪　撰写）

第九百九十七条　【行为禁令/禁令制度】民事主体有证据证明行为人正在实施或者即将实施侵害其人格权的违法行为，不及时制止将使其合法权益受到难以弥补的损害的，有权依法向人民法院申请采取责令行为人停止有关行为的措施。

【立法背景】

与财产利益一般具有有形特征不同，人格利益大多数表现为一种精神利益。在财产权受到侵害的情况下，可以通过赔偿填补损害，但在人格权遭受侵害的情形下，作为事后救济的赔偿损失，难以有效恢复丧失的名誉、信用。在进入互联网和大数据时代后，侵犯人格权的方式越来越多样化，由于互联网的受众具有无限性，侵害人格权的后果往往会被放大，具有不可逆转和难以恢复原状的特性。因此，允许民事主体在其人格权受到侵害或者有受到侵害之虞时，有权向人民法院请求加害人停止侵害，以恢复人格权的圆满状态，就具有重要的现实意义。

从现代社会的发展来看，对于人格权的保障来说，预防侵权具有越来越重要的作用。在德国允许采用禁止令保护人格权，如名誉权或其他人格权有受不法侵害的危险或有继续受侵害的危险，受害人可申请诉前保全，制止行

① 崔建远：《精神损害赔偿绝非侵权法所独有》，载《法学杂志》2012年第8期。

为人在一定期限内为一定行为。《法国民事诉讼法》也规定了临时裁定制度，允许法官根据一方当事人的请求，在紧急情况下发布命令制止侵权行为的继续。[①]《瑞士民法典》第28a条第1款规定了三种类型的防御性诉讼，包括预防损害诉讼（对即将发生的、对人格的不法损害而提起的诉讼）、停止侵害诉讼（针对正在持续的不法侵害行为而提起的诉讼）和确认权利之诉（针对侵害行为虽已结束但造成损害仍未完全消除，权利人所提起的请求确认侵害行为不法性的诉讼）。[②] 在日本，对人格权的停止侵害请求，在民法上没有规定。但司法实践中有判例认可了人格权受到违法侵害时的请求停止侵害的可能性。在《北方月刊》诉讼案中，日本最高法院认为，“名誉受到违法侵害者……依据作为人格权的名誉权，为了排除正受到的侵害行为或预防即将发生的侵害，理解为加害人应当可以请求停止侵害的做法是恰当的”，“大概名誉与生命身体一样，是极其重要的受法律保护的利益，作为人格权的名誉权，应该说是具有和物权一样的排他性的权利”。[③]

在《民事诉讼法》修改之前，知识产权领域相关法律已经规定了诉前责令停止侵权相关制度。[④]当侵害他人权益的行为已经发生或即将发生，如果不及时制止，将导致损害后果扩大或难以弥补，则人民法院得依受害人申请，责令行为人停止侵权相关行为的规则在知识产权领域已经得到广泛的适用。《民事诉讼法》第100条第1款规定，“人民法院对于可能因当事人一方的行为或者其他原因，使判决难以执行或者造成当事人其他损害的案件，根据对方当事人的申请，可以裁定对其财产进行保全、责令其作出一定行为或者禁止其作出一定行为；当事人没有提出申请的，人民法院在必要时也可以裁定采取保全措施。”司法实践中，在人格权纠纷运用了预防性的救济方式的案件也已经出现。[⑤] 本

---

① 王利明：《论侵害人格权的诉前禁令制度》，载《财经法学》2019年第4期。

② 王利明：《人格权法探微》，人民出版社2018年版，第256页。

③ 参见［日］五十岚清：《人格权法》，铃木贤、葛敏译，北京大学出版社2009年版，第207页。

④ 《著作权法》第50条第1款规定：“著作权人或者与著作权有关的权利人有证据证明他人正在实施或者即将实施侵犯其权利的行为，如不及时制止将会使其合法权益受到难以弥补的损害的，可以在起诉前向人民法院申请采取责令停止有关行为和财产保全的措施。”《专利法》和《商标法》中亦有类似规定。

⑤ 在“钱钟书书信案”中，北京市第二中级人民法院在充分考虑该案对社会公共利益可能造成的影响后，准确地做出了司法禁令，禁止被告从事拍卖书信的行为，既有效保护了著作权人权利，又保护了原告的隐私权。参见王利明：《人格权法探微》，人民出版社2018年版，第262页。

条规定将实践经验总结上升为立法规定，明确了人格权遭受侵害或有遭受侵害可能时受害人享有的预防性请求权。

【条文解读与法律适用】

一、责令停止有关行为的适用条件

作为人格权编新增的制度规定，责令停止有关行为依当事人申请而适用，通常在时间紧迫需及时制止不法行为的场合下提出，并需要人民法院对此进行必要的审查。一是行为人正在实施或者即将实施侵害人格权的违法行为。本条规定的适用，要求必须存在行为人正在实施侵害他人人格权的行为或者行为人可能实施侵害他人人格权的行为，即未来侵害的具体危险具有高度的可能性。为防止法院禁令的滥用，申请人须提交相应证据证明行为人正在实施或者即将实施侵害行为，且这种行为必须是违法行为。二是如不及时制止正在实施或者即将实施的侵害行为，将会造成难以弥补的损害。这种损害通常具有急迫性，通过正常的诉讼程序主张权利，可能导致损害迅速扩大或难以弥补。如果损害后果的发生不具有急迫性，或者即便发生，也可以通过其他方式弥补，则应当对此种情形进行严格审查。①

二、责令停止有关行为与停止侵害

责令停止有关行为与作为侵权责任形式的停止侵害具有相似性，其功能均在于防止侵害结果的发生和扩大。但二者也存在明显的区别：一是二者性质不同。责令停止侵权具有临时措施的特征，其功能在于临时制止行为人的侵害行为或进一步实施侵害行为，而停止侵害是侵权责任的承担方式。二是二者适用条件不同。停止侵害的适用需要受害人证明遭受了实际损害，即需证明侵害行为正在进行。而责令停止侵权目的在于“防患于未然”，并不必然需要损害已经发生，当有证据证明行为人即将实施侵害其人格权的行为，人格权存在受侵害的风险时，也可以适用本条规定。三是是否考虑过错不同。作为侵权责任的承担方式，根据侵权责任编的相关规定，除法律规定情形外，行为人因其过错承担侵权责任。而在人格权遭受侵害或者有遭受侵害的风险

---

① 王利明：《论侵害人格权的诉前禁令制度》，载《财经法学》2019 年第 4 期。

时，并不可考虑行为人是否有过错，受害人均可适用本条规定，主张人格权请求权，以回复人格权的圆满状态。

（杨迪　撰写）

第九百九十八条　【侵权责任的确定】认定行为人承担侵害除生命权、身体权和健康权外的人格权的民事责任，应当考虑行为人和受害人的职业、影响范围、过错程度，以及行为的目的、方式、后果等因素。

【立法背景】

作为一项重要的民事权利，人格权具有固有性、专属性、对世性等特征。对于侵犯人格权的民事责任如何认定，如何协调人格权与其他权利关系的冲突，需要在民法典中加以规定。本条规定依据人格权的特殊属性，列举了对于侵害物质性人格权以外的精神性人格权的民事责任认定时需要参考的多种具体因素。

对于本条所规定的受侵害的人格权的范围，《人格权编（草案）》（一审稿）第779条第1款表述为："认定行为人承担侵害人格权的民事责任，应当考虑下列因素：（一）人格权的类型；（二）行为人和受害人的职业、社会身份、影响范围等；（三）行为的目的、方式、地点、时间、后果等具体情节。"二审稿中删除了一审稿中第一项"人格权类型"的表述，增加了"除生命权、身体权和健康权以外的人格权"的表述，并对后两项表述进行了修改和合并。其后，三审稿将二审稿中的"可以"修改为"应当"。《民法典》最终沿袭了三审稿的规定方式，条文规定上更加明确，为司法实践中法官裁判提供了具体的指引。

【条文解读与法律适用】

一、本条的适用范围

与一审稿相比，本条现有规定增加的"除生命权、身体权和健康权外的人格权”的表述，实际上是对一审稿“人格权类型”的具体化，明确了本条适用于“生命权、身体权和健康权”物质性人格权之外的精神性人格权。生命权、身体权、健康权作为物质性人格权，是指自然人对于其生命、身体、健康等物质性人格要素享有的不可转让的支配权。精神性人格权是指不以具体的物质性实体为标的，而是以抽象的精神价值为标的的不可转让的人格权，如名誉权、隐私权、肖像权等。[①] 物质性人格权负载在自然人人身之上，具有强烈的固有性，是不得克减的基本人权。物质性人格权并不因权利主体的身份不同而差别保护。与物质性人格权相比，精神性人格权大多是以抽象的精神性价值为客体，而针对精神性人格权的侵害后果往往是不涉及生理上疼痛的精神痛苦。精神性人格权的保护和救济方式则可能存在差别，在责任的认定和损害计算等方面也会存在差别。[②] 本条的规定将物质性人格权与精神性人格权区别对待，明确“此类所谓的物质性人格权是人的最基本、最重要的权利，有别于其他类别的人格权（所谓的精神性人格权），不适用比例性原则”，“相当于承认了物质性人格权的特殊性与极端重要性。”[③]

在本条中，特别规定了侵犯精神性人格权责任的认定除应考虑过错程度，及行为的目的、方式、后果等因素外，还需要考虑行为人和受害人的职业和影响范围等因素，这一规定有利于解决公众人物人格权保护与限制的问题。1964 年美国“纽约时报诉萨利文”案中提出“公共官员”的概念，并创设了“真实恶意”（Actual Malice）原则。其后真实恶意原则的适用范围从“公共官员”扩大到“公众人物”，并借由 Gertz v. Robert Welch，Inc. 一案，确立了认定公众人物的两项基准原则，自愿主动接近媒体和自承风险，即自愿使自己涉入意见公共争议，因而成为一定范围争议事物的公众人物。[④] 在《民法典》出台之前，随着《民法通则》《侵权责任法》等法律的实施和人格权法理论与实务的发展，在侵犯名誉权等人格权的案件中，对包括公众人物在内

---

① 王利明：《人格权法研究》，中国人民大学出版社 2018 年版，第 39 页。

② 参见王利明：《人格权法研究》，中国人民大学出版社 2018 年版，第 40—41 页。

③ 石佳友：《人格权立法的进步与局限——评〈民法典人格权编草案（三审稿）〉》，载《清华法学》2019 年第 5 期。

④ 王泽鉴：《人格权法：法释义学、比较法、案例研究》，北京大学出版社 2013 年版，第 322—324 页。

的精神性人格权内容和行使进行一定的限制的观念逐渐得到了理论和实务界的接受和采纳。由于公众人物从事的活动更多关涉公共利益，也更容易发挥社会影响作用，更应受到社会舆论的监督，以保障公民最大限度从新闻媒体中获取真实信息。公众人物身份所带来的利益必然要求其忍受对于部分人格利益的限制，“行为人主观上出于诚意，依据基本属实的事实发表对事不对人的评论，即使用词有所不当，被评论人也应适当容忍”。[①]

二、需要注意的问题

需要注意的是，本条规定的认定侵权责任应当考虑行为人和受害人的职业和影响范围，并非意味着公众人物的精神性人格权不应得到保护。对于公众人物而言，基于平衡公共利益、公众需要的考量，对涉及公共利益和公众需要的部分人格权加以限制。但公众人物与社会政治利益、公共利益、公众兴趣完全无关的事务，应当受到保护。在具体案件的裁判过程中，“公众人物抗辩”的适用应结合行为的目的、方式、后果等具体案件事实予以认定。对于纯粹私人领域、公众人物私人空间的侵害；为了商业目的而利用公众人物的肖像、隐私等；恶意侵害他人名誉权、隐私权等人格权，严重贬损他人人格尊严，均应构成人格权侵权。[②]

（杨迪　撰写）

第九百九十九条　【人格权的合理使用】为公共利益实施新闻报道、舆论监督等行为的，可以合理使用民事主体的姓名、名称、肖像、个人信息等；使用不合理侵害民事主体人格权的，应当依法承担民事责任。

【法条链接】

《民法通则》第120条；《名誉权解释》第9条

---

① 丁宇翔：《人格权侵权中“公众人物抗辩”的裁判规则》，载《法律适用》2016年第6期。

② 王利明：《公众人物人格权的限制和保护》，载《中州学刊》2005年第2期。

【立法背景】

《民法通则》第120条规定了侵害人格权的民事责任，公民的姓名权、肖像权、名誉权、荣誉权受到侵害的，有权要求停止侵害，恢复名誉，消除影响，赔礼道歉，并可以要求赔偿损失。“自从《民法通则》颁行以来，人身权第一次获得了民法的确认和保护，侵害人格权包括新闻侵害人格权的纠纷迅速增多。”① 为进一步细化新闻报道侵犯人身权益的认定和责任承担，最高人民法院相继于1993年和1998年公布实施了《名誉权解答》《名誉权解释》，2013年“两高”联合发布了《最高人民法院、最高人民检察院关于办理利用信息网络实施诽谤等刑事案件适用法律若干问题的解释》，2014年公布施行了《利用信息网络侵害人身权益规定》，为司法实践中人身权益纠纷案件的法律适用作出指引。为了平衡好保护个人权益和发挥新闻报道、舆论监督作用之间的关系，本条规定立足于新闻媒介的多样化和传播行业迅速发展的现实状况，明确在为公共利益实施新闻报道、舆论监督过程中，新闻媒体有权合理使用当事人的姓名、个人信息等，但不合理使用造成民事主体人格损害时，应当承担相应的民事责任。

本条规定在《民法典》制定过程中历经修改，《人格权编（草案）》（一审稿）第779条第2款表述为“行为人为维护公序良俗实施新闻报道、舆论监督等行为的，可以在必要范围内合理使用民事主体的姓名、名称、肖像、隐私、个人信息等”。二审稿、三审稿则将其列为草案第781条之一，在内容上删除了“公序良俗”的表述，并增加了对民事主体人格权不合理使用的责任承担内容，强调了舆论监督权的边界。《民法典》的规定在沿袭三审稿内容的同时，将其从原条款中独立出来，作为独立的条文内容加以规定，并进一步完善了立法表述，增加了“为公共利益”的目的限定，这种修改是对现实生活中新闻侵权案件频发的回应。

① 王利明：《论人格权保护与舆论监督的相互关系》，载《法学家》1994年第5期。

【条文解读与法律适用】

一、人格权合理使用的界限

新闻媒体经常需要将社会上发生的重要事实迅速加以报道，这种报道经常与当事人的人格权密切相关。如果不能利用当事人的肖像、信息等，新闻报道和舆论监督将无法进行。由此产生了新闻报道、舆论监督与人格权保护之间的冲突。“在信息日益丰富的情况下，舆论批评显得越来越重要，通过人们对普遍关心的问题进行论辩、辩驳乃至争论，即众多个体意见的充分互动，最终达到某种为一般人普遍赞同、且能在心理上产生共鸣的一致性意见，从而推动人类社会的进步。”① 但是任何权利的行使都是有边界的，新闻媒体的舆论监督权也不能例外，新闻监督权必须依法行使、不能被滥用，否则就可能会对被报道对象的合法权利产生损害，进而可能形成新闻侵权之诉。“法律若过分强调对个人人格权的保护，则必须适当限制新闻工作者在从事新闻活动中的某些自由；反之，如果法律对舆论监督活动实行优先保护，则必然要求受害人对新闻侵害人格权的行为特别是轻微的侵害人格权的行为予以容忍。”② 比如，在媒体刊载当事人照片的情形下，如果使用人是出于舆论监督的正当目的而使用他人肖像，其新闻价值与公共利益相关，且报道属实、评论正当，就不应当认定使用人对他人的肖像权构成侵害。此外，公众人物所从事的活动往往与社会公众生活有关，并且构成了社会公众生活的一部分，刊载必要的公众人物形象是大众传媒应尽的社会责任，因此与公共利益相联系的公众人物的肖像权在新闻报道中的使用可以不经过其本人同意。再如，新闻报道因其时效性、实时性特征，难免存在细节性错误问题，目的正当、主要内容属实，细节不当一般不能认为构成侵权。在这个问题上，既往司法解释也采用了这一观点。《名誉权解释》第 9 条规定：“新闻单位对生产者、经营者、销售者的产品质量或者服务质量进行批评、评论，内容基本属实，

---

① 毛玉勇：《论人格权与新闻舆论监督权的法律保护及冲突》，载《赤峰学院学报（汉文哲学社会科学版）》2013 年第 7 期。

② 王利明：《人格权法研究》，中国人民大学出版社 2018 年版，第 203 页。

没有侮辱内容的，不应当认定为侵害其名誉权；主要内容失实，损害其名誉的，应当认定为侵害名誉权。”除了前面提到的姓名权、肖像权之外，新闻媒体的舆论监督与人格权保护发生冲突的另一个领域是隐私权，因新闻报道使用民事主体的姓名、个人信息等，可能会造成对当事人隐私权的侵害。但如果是行为人正当行使舆论监督权，可以以正当的舆论监督为理由提出抗辩。①

二、需要注意的问题

本条规定在认可新闻媒体合理使用民事主体人格权内容的同时，明确了不合理使用应承担相应责任。新闻报道和舆论监督必然涉及他人和社会事务，如果不受约束，会导致对他人“私人领域”的过度侵入。在具体个案中认定是否构成对于不合理使用侵害民事主体人格权，需要结合使用目的、内容和方式，媒体获知信息途径以及当事人是否同意公开等情节加以判断。对于新闻报道、舆论监督与人格权保护的协调，“系一件困难的工作，只有确实斟酌考量其相关因素，作具体的说理，避免空泛抽象的论述，始能做成可供检验的判断，而对人格权保护及言论自由作出合理的调和。”②

（杨迪　撰写）

第一千条　【侵权责任的承担】行为人因侵害人格权承担消除影响、恢复名誉、赔礼道歉等民事责任的，应当与行为的具体方式和造成的影响范围相当。

行为人拒不承担前款规定的民事责任的，人民法院可以采取在报刊、网络等媒体上发布公告或者公布生效裁判文书等方式执行，产生的费用由行为人负担。

【法条链接】

《民法典》第179条、第995条；《民法总则》第179条；《民法通则》第120条；《侵权责任法》第15条；《消费者权益保护法》第50条；《名誉权解

① 参见王利明：《人格权法研究》，中国人民大学出版社2018年版，第454页、第509页、第605页。

② 王泽鉴：《人格权法：法释义学、比较法、案例研究》，北京大学出版社2013年版，第374页。

答》第10条；《精神损害赔偿解释》第8条；《利用信息网络侵害人身权益规定》第16条

【立法背景】

行为人的行为构成侵害人格权的，应当承担具体的法律后果。从立法例看，对于侵害人格权责任应承担各种责任，大陆法系国家采取了以恢复原状为主和以金钱赔偿为主两种不同的责任制度。德国民法对侵害人格权的态度采取了恢复原状主义，在人格权受到侵害的情况下，通过恢复名誉等补救措施使受害人的损失尽可能得到恢复。德国法院在一些判例中也承认了在毁损名誉的场合可以采纳金钱赔偿的方法，但通常是在恢复名誉难以实现或不能保护受害人的情况下才适用。日本民法对于侵害人格权的态度则采取了金钱赔偿主义，认为金钱赔偿兼具补偿和制裁功能，在很大程度上可以取代恢复原状的责任，充分保护受害人的利益。受害人选择金钱赔偿还是恢复原状，实际上只是损害赔偿的方法问题。[①] 上述两种立法模式都有其合理性。但随着社会的发展，侵权责任方式需要适应人们多元化的需求，相较于德日民法侵权责任方式的规定，在人格权受到侵害的场合，我国法律规定了多样化的责任方式。《民法通则》第120条第1款规定："公民的姓名权、肖像权、名誉权、荣誉权受到侵害的，有权要求停止侵害，恢复名誉，消除影响，赔礼道歉，并可以要求赔偿损失。"《民法总则》第179条第1款规定了11种民事责任承担方式。《侵权责任法》第15条规定了停止侵害、排除妨碍、消除危险、返还财产、恢复原状、赔偿损失、赔礼道歉和消除影响、恢复名誉的侵权责任承担方式，同时规定侵权责任承担方式可以单独适用，也可以合并适用。《民法典》第179条规定了承担民事责任的方式，第995条规定："人格权受到侵害的，受害人有权依照本法和其他法律的规定请求行为人承担民事责任。"从而构建了我国民法上侵害人格权的责任体系。根据《民法典》的规定，侵害人格权的民事责任承担方式和侵害财产权的民事责任承担方式并不完全相同。本条通过规定多样的救济方式，旨在强化对受害人的全面救济。

① 王利明：《人格权法研究》，中国人民大学出版社2018年版，第670页。

【条文解读与法律适用】

一、侵害人格权承担民事责任的范围

本条第1款规定的是侵害人格权承担民事责任的范围。消除影响是指行为人因侵害了民事主体的人格权而应在影响所及的范围内消除不良后果的责任方式；恢复名誉是指行为人因其行为侵害了民事主体的名誉，应在影响所及范围内将受害人的名誉恢复至未受侵害时的状态；赔礼道歉是指责令违法行为人向受害人公开认错并表示歉意。消除影响、恢复名誉作为主要的责任承担方式，常常一起适用。《民法典》第179条第1款第10项中将“消除影响、恢复名誉”一并规定。一般来说，消除影响、恢复名誉应当公开进行。赔礼道歉是否公开和公开程度，可根据受害人的请求或双方约定，并结合案件的具体情况，由人民法院决定。消除影响、恢复名誉和赔礼道歉可以采用书面形式，也可以采用口头形式，在具体措施的适用上，应当考虑到侵害行为影响的范围、侵害行为的具体情节等多种因素来确定。在适用消除影响、恢复名誉的责任方式时，应当明确消除影响、恢复名誉的范围和方式。此外，消除影响、恢复名誉、赔礼道歉存在与其他责任形式合并适用的问题，当单独适用某种责任形式不足以保护受害人时，应当同时适用其他责任形式。

二、侵害人格权民事责任的强制执行

本条第2款规定的是侵害人格权民事责任的强制执行问题。对于消除影响、恢复名誉，尤其是赔礼道歉的强制执行问题，有观点认为，赔礼道歉作为一种民事责任方式，其心理基础是良心或自向性的负罪感和他向性的悔恨情感。法院判决赔礼道歉并强制执行，有可能和公民的宪法权利（如表达自由）发生冲突，并且违反了文明法律保护人格尊严之一般价值追求，不符合比例原则，更非寻求两全其美手段之正确途径。[①] 但自《民法通则》将消除影响、恢复名誉、赔礼道歉作为民事责任方式规定以来，在后来的法律法规和司法解释中得到了进一步规定，从法律和司法解释制定历程来看，《民法通则》第120条、《名誉权解答》第10条、《精神损害赔偿解释》第8条、《消

---

① 吴小兵：《赔礼道歉的合理性研究》，载《清华法学》2010年第6期。

费者权益保护法》第 50 条等法律与司法解释，均规定了赔礼道歉所适用的权利范围。

三、需要注意的问题

人身权与民事主体的人身不可分离，人身权被侵害，主要是给被害人在声誉上或者精神上造成损害，但是人身权往往又与财产存在一定联系，因此侵害人身权案件的执行方式应当是精神安慰式的执行方式和财产赔偿式的执行方式相结合。本条规定当事人拒不执行生效判决，不为受害人消除影响、恢复名誉，不履行赔礼道歉判决时，人民法院可以采取公告、登报方式，将判决的主要内容和有关情况公之于众。近年来，司法实践中亦有人民法院通过将判决书的内容在媒体上予以公开，并由加害人承担公开费用，以保障强制执行的方式。可以说，本条规定来自实践经验支撑基础上的规范化，是侵犯人身权案件财产与非财产执行并用的法律保障。

（杨迪　撰写）

第二章　生命权、身体权和健康权

第一千零五条　【法定救助义务】自然人的生命权、身体权、健康权受到侵害或者处于其他危难情形的，负有法定救助义务的组织或者个人应当及时施救。

【法条链接】

《民法典》第1198条；《侵权责任法》第37条；《消防法》第44条；《执业医师法》第3条；《道路交通安全法》第70条、第72条、第75条；《海商法》第38条、第174条；《合同法》第301条；《民用航空法》第48条

【立法背景】

本条内容属于《民法典》新增内容。近年来，公交车司机及工作人员对遭到抢劫的乘客是否负有救助义务，旅游服务机构及其导游对其带领的游客是否负有救助义务，结伴旅游的“驴友”在同伴遇险时是否应当救助等社会现象和问题不断涌现。与此同时，也在法律领域引起了激烈争论，法律是否要确定人们对他人的救助义务，如何处理法律与道德的关系，如果规定救助义务，应当规定到什么程度，如何规定，这成为民法典编纂过程中关注的重要问题。关于是否规定危难救助义务的问题，存在不同的观点。一种观点认为，就目前中国的实际状况而言，一般救助义务属于道德规制的范畴，不应该上升到法律的高度。另一种观点则认为，危难救助义务符合人文主义的精

神，危难救助义务的设定符合社会发展的需要，是进步性的规定。①

《人格权编（草案）》（一审稿）第786条规定："自然人的生命权、身体权、健康权受到侵害或者处于其他危难情形的，负有法定救助义务的机构和人员应当依法及时施救。"二审稿和三审稿相较于一审稿，除将机构改为组织以外，删除了"依法"。在编纂过程中，也有观点提出，草案规定了有关机构和人员的"施救"义务，但其义务主体并非其他民事主体，而是公安机关、卫生防疫部门等公权力机关及其工作人员，性质上也不属于民事义务而是公法上的义务，因此不具有民法规范属性，建议删除。② 但即使是负有法定义务的机构或者个人，未尽到法定救助义务，仍然要承担民事责任，因此，《民法典》仍将法定救助义务予以规定。考虑到一般民众对施加救助义务的承受力和接受程度，立法并未规定公民的一般救助义务，未将救助道德义务上升为法律义务，但规定了负有法定救助义务的组织或者个人的救助义务。本条规定自然人的生命权、身体权、健康权受到侵害或者处于其他危难情形的，负有法定救助义务的组织或者个人应当及时施救。

【条文解读与法律适用】

一、义务主体——负有法定救助义务的组织或者个人

本条规定的救助义务主体为负有法定救助义务的组织或者个人，但是对于哪些属于负有法定救助义务的组织或者个人，并未作出明确规定。

笔者认为，本条规定的负有法定救助义务的组织或者个人主要包括以下情形：

一是法律法规规定负有救助义务的。目前，我国有关救助义务的法律规定主要有：《消防法》第44条第4款规定："消防队接到火警，必须立即赶赴火灾现场，救助遇险人员，排除险情，扑灭火灾。"《执业医师法》第3条规定医师应当承担的救死扶伤义务；第24条规定："对急危患者，医师应当采

---

① 郑丽清：《对危难救助义务功能的考察与反对立法理由的回应》，载《福建师范大学学报（哲学社会科学版）》2012年第6期。

② 温世扬：《民法典人格权草案评议》，载《政治与法律》2019年第3期。

取紧急措施进行诊治；不得拒绝急救处置。”《道路交通安全法》第70条规定了发生交通事故的车辆驾驶人对受伤人员的立即抢救义务；第72条规定了交通警察对交通事故受伤人员的先行组织抢救义务；第75条规定了医疗机构对事故受伤人员的及时抢救义务。《海商法》第38条规定：“船舶发生海上事故，危及在船人员和财产的安全时，船长应当组织船员和其他在船人员尽力施救……”；第174条规定，在不严重危及船舶和船上人员安全的前提下，船长有义务尽力救助海上人命。《合同法》第301条规定，在运输过程中，承运人对患有急病、分娩、遇险的旅客负有尽力救助的义务。《民用航空法》第48条规定：“民用航空器遇险时，机长有权采取一切必要措施，并指挥机组人员和航空器上其他人员采取抢救措施……”法律法规定明确规定了有救助义务的情形，较好判断。

二是负有安全保障义务的。《侵权责任法》第37条规定了宾馆、商场、银行、车站、娱乐场所等公共场所的管理人或者群众性活动的组织者的安全保障义务。《民法典》第1198条对安全保障义务作出了规定，其中第1款规定宾馆、商场、银行、车站、机场、体育场馆、娱乐场所等经营场所、公共场所的经营者、管理者或者群众性活动的组织者，未尽到安全保障义务，造成他人损害的，应当承担侵权责任。通常情形下，安全保障义务也包括了在遭受危险时应当及时救助的义务，比如储户到银行存钱遭到歹徒抢劫受伤，银行应当采取适当措施履行紧急救助义务。是否负有安全保障义务，如何判断是否尽到安全保障义务中的救助义务等问题，则应结合具体情形进行判断。

三是其他负有法定救助义务的主体。除上述情形以外，基于特定关系也可能存在法定的救助义务，比如监护人负有保护被监护人的义务。夫妻之间是否负有法定救助义务，基于合同关系是否产生法定救助义务，均需要结合具体情况在实践中进一步探讨。

二、应当及时施救的情形

本条规定应当及时施救的情形为自然人的生命权、身体权、健康权受到侵害或者处于其他危难情形的。自然人的生命权、身体权、健康权属于物质性人格权，是民事主体享有各项民事权利的前提，其价值具有不可衡量性，应当首先被保护。为了保护自然人的首要的人格权益，赋予特定组织或者个人一定程度的作为义务。因此，本条规定的应当及时施救的情况并不包括财产权益受到侵害或者处于危难的情形。

三、实践中需要把握与相关制度之间的关系

与无因管理制度的区别。《民法总则》第 121 条和《民法典》总则编第 121 条内容相同，都是关于无因管理的规定。该条规定，没有法定的或者约定的义务，为避免他人利益受损失而进行管理的人，有权请求受益人偿还因此支出的必要费用。无因，指没有法定的或者约定的义务。没有法定的或者约定的义务是无因管理成立的重要条件。如果行为人负有法定的或者约定的管理义务，则不能构成无因管理。[①] 而本条规定的义务主体是负有法定救助义务的组织或者个人。

与自愿救助行为的关系问题。《民法总则》第 184 条和《民法典》总则编第 184 条内容相同，均规定，因自愿实施紧急救助行为造成受助人损害的，救助人不承担民事责任。该条规定的自愿实施紧急救助行为的救助人通常为见义勇为或者乐于助人的志愿人员。而本条规定的义务主体是负有法定救助义务的组织或者个人。前者强调的救助人的主观状态为自愿，这与本条规定的救助义务有所不同。

（高燕竹　撰写）

第一千零六条　【人体捐献】完全民事行为能力人有权依法自主决定无偿捐献其人体细胞、人体组织、人体器官、遗体。任何组织或者个人不得强迫、欺骗、利诱其捐献。

完全民事行为能力人依据前款规定同意捐献的，应当采用书面形式，也可以订立遗嘱。

自然人生前未表示不同意捐献的，该自然人死亡后，其配偶、成年子女、父母可以共同决定捐献，决定捐献应当采用书面形式。

【法条链接】

《民法典》第 658 条、第 1007 条；《人体器官移植条例》第 8 条

---

① 李适时主编：《中华人民共和国民法总则释义》，法律出版社 2017 年版，第 376 页。

【立法背景】

根据学理观点，所谓器官捐献，是指自然人自愿、无偿地捐献自己的器官、血液、骨髓、角膜等身体的组成部分甚至捐献遗体的行为。[①] 国务院和原卫生部分别在2007年和2009年颁布了《人体器官移植条例》和《关于规范活体器官移植的若干规定》，并在法规和规章中开宗明义地规定，器官捐献应当遵循自愿原则，同时在《关于规范活体器官移植的若干规定》中还强调公民享有自主捐献权，任何组织或者个人不得强迫、欺骗或者利诱他人捐献人体器官。从我国情况来看，器官移植在我国起步于20世纪60年代，但近年来发展很快，通过器官移植挽救了数以万计病人的生命，但同时实践中产生了不少纠纷。[②] 在这种背景下，《民法典》对器官等捐献做出了规定。起草过程中，《人格权编（草案）》（二审稿）增加规定器官捐献应当采用书面形式或者有效的遗嘱形式，但就自然人生前未表明是否捐献遗体，去世后家人能否替其作出捐献决定的问题，二审稿未予明确。就此，有观点提出，死后遗体捐献有利于医疗卫生事业的发展，有利于弘扬社会主义核心价值观，应当予以鼓励，建议吸收国务院《人体器官移植条例》的相关内容。《人格权编（草案）》（三审稿）采纳相关意见，增加一款规定，自然人生前未表示不同意捐献的，该自然人死亡后，其配偶、成年子女、父母可以采用书面形式共同决定捐献。[③]

【条文解读与法律适用】

一、人体捐献需满足的条件

（一）捐赠者须为完全民事行为能力人

本条规定捐赠者必须是完全民事行为能力人。该规则主要是为了保护未

---

① 王利明：《人格权重大疑难问题研究》，法律出版社2019年版，第408页。

② 参见王利明：《人格权重大疑难问题研究》，法律出版社2019年版，第408页。

③ 王博勋、田宇：《民法典人格权编草案三审：进一步强化对人格权的保护》，载《中国人大》2019年第17期。

成年人。未成年人因其不具有完全行为能力，且身体正处于发育状态，允许未成年人捐赠器官可能影响其未来身心发展，因此法律将捐赠者限于完全民事行为能力人，是为了强化对未成年人的保护。2007 年《人体器官移植条例》第 8 条规定，捐献人体器官的公民应当具有完全民事行为能力。公民捐献其人体器官应当有书面形式的捐献意愿，对已经表示捐献其人体器官的意愿，有权予以撤销。公民生前表示不同意捐献其人体器官的，任何组织或者个人不得捐献、摘取该公民的人体器官；公民生前未表示不同意捐献其人体器官的，该公民死亡后，其配偶、成年子女、父母可以以书面形式共同表示同意捐献该公民人体器官的意愿。第 9 条规定，任何组织或者个人不得摘取未满 18 周岁公民的活体器官用于移植。

（二）人体捐献须为自愿捐献

我国立法采明示同意模式，规定无论是活体器官捐献还是遗体器官捐献均需当事人作出明确同意的意思表示，体现了对于器官捐献人自由和尊严的维护以及身体权的保护，也是意思自治原则在器官捐献领域的体现。作为规范器官捐献和器官移植行为的立法，其立法目的：一方面是为了促进器官捐献，增加器官捐献数量，保证器官移植手术所需要的捐献器官的来源；另一方面也要同时保障器官捐献人的生命和健康利益。因为，在器官移植中，器官捐献接受者是最终利益的承受者，在别无他法的情况下，其甘愿承担器官移植手术带来的风险接受手术，恢复健康、挽救生命。因此，从这一点来说，器官捐献接受者是利益与风险共存。可是，对于器官捐献人来说，进行器官捐献，对其没有任何利益，即使获得一定的补偿和事后关照，也大都是出于人道的角度，而非与其所付出成法律上对价。尤其是对于活体器官捐献人来说，其所获利益甚小，更多的是精神上的愉悦和褒奖，而其所面临的风险则甚大，尤其是身体健康利益的受损。① 因此，要充分尊重器官捐献者的人格尊严和意愿。

由于人体捐献涉及对个人身体的处分，必须要充分体现本人的意愿，任何组织和个人不得强迫、欺骗或者利诱自然人捐献。② 活体细胞组织器官捐献

---

① 霍原：《论〈民法典〉对器官捐献自己决定权的规范回应》，载《学术交流》2017 年第 6 期。

② 王利明：《人格权重大疑难问题研究》，法律出版社 2019 年版，第 408 页。

须由器官捐献人自主决定；在遗体器官捐献中，虽然器官摘除行为本身不会给器官捐献人带来健康利益和生命利益的损害，但是这关系到死者遗体的完整性，以及近亲属的精神利益，甚至是人类整体的尊严和社会公序良俗。由此，无论是活体器官捐献，还是遗体器官捐献，自然人都享有器官捐献同意权。① 遗体器官组织捐献中，主要是通过两种方式作出意思表示：一是捐献人生前明确作出同意捐献的意思表示；二是自然人生前未表示不同意捐献的，该自然人死亡后，其配偶、成年子女、父母可以共同决定捐献。如前述，这是吸收了2007年《人体器官移植条例》第8条规定的内容，目的是鼓励死后遗体捐献。须注意的是，最近亲属所为书面同意，不得与死者生前明示之意思相反，乃是尊重死者的自主决定权。② 即自然人死亡后，其配偶、成年子女、父母共同决定捐献的前提是死者生前未表示不同意捐献。

（三）捐献意思表示应当采用书面形式，也可以订立遗嘱

因人体捐献涉及自然人重大人格利益，为确保体现捐献人真实意思，法律规定，决定无偿捐献其人体细胞、人体组织、人体器官、遗体，应当采用书面形式，也可以订立遗嘱，配偶、成年子女、父母共同决定捐献的，亦需以书面方式作出。在遗体器官组织或者遗体捐献中，如果是采用遗嘱方式捐献的，审判实践中需注意审查遗嘱的效力如何，是否为有效遗嘱。

（四）人体捐献须为无偿捐献

这里所说的无偿主要是强调两者之间不存在对价关系，否则将使捐献行为成为实质上的买卖行为。自然人的生命身体健康等人格利益是无价的，无法用金钱衡量。如果以金钱来衡量器官价值，将人体器官视为可以被等价交换的物，将违背器官捐献的伦理性和道德性，有违人格尊严这一基本价值，也有违公序良俗。同时，也会引发道德风险，甚至诱发犯罪行为。从比较法上看，许多国家法律禁止人体组织、器官的交易。《民法典》第1007条明确规定，禁止以任何形式买卖人体细胞、人体组织、人体器官、遗体。2007年《人体器官移植条例》第7条规定，人体器官捐献应当遵循无偿原则。

---

① 霍原：《论〈民法典〉对器官捐献自己决定权的规范回应》，载《学术交流》2017年第6期。

② 王泽鉴：《人格权法：法释义学、比较法、案例研究》，北京大学出版社2013年版，第106页。

二、捐献的撤销

关于捐献者在作出捐献意思表示之后，能否撤销其捐献的问题。笔者认为，在任何情况下，法律都不能强制自然人处分其身体，尤其是对其身体存在不利益风险的情况下，否则即是对人的尊严的侵害。《民法典》第658条规定，赠与人在赠与财产的权利转移之前可以撤销赠与。经过公证的赠与合同或者依法不得撤销的具有救灾、扶贫、助残等公益、道德义务性质的赠与合同，不适用前款规定。器官捐献是器官捐献人的一种无偿赠与行为，因此器官捐献人享有撤销的权利。虽然本条未对此未作出明确规定，但2007年《人体器官移植条例》第8条对此作出了规定，对已经表示捐献其人体器官的意愿，有权予以撤销。

（高燕竹 撰写）

第一千零七条 【禁止人体细胞、组织、器官、遗体买卖】禁止以任何形式买卖人体细胞、人体组织、人体器官、遗体。

违反前款规定的买卖行为无效。

【法条链接】

《民法典》第153条、第506条；《刑法》第234条之一；《人体器官移植条例》第3条、第10条

【立法背景】

随着医疗技术的不断进步，人体器官移植技术成为挽救和保护患者生命健康的重要手段。但同时，随着人体器官移植需求的迅猛增加，人体器官供体面临严重短缺，由此催生了人体器官买卖等问题。有观点提出开放人体器官买卖，将器官市场置于一个有监督更为透明的市场之下。但禁止器官买卖

目前仍是国际伦理学界的一致观点。[①] 本条所规定的禁止买卖的范围包括人体细胞、人体组织、人体器官、遗体。

【条文解读与法律适用】

一、禁止人体细胞、人体组织、人体器官、遗体买卖的理论依据

（一）禁止人体细胞、人体组织、人体器官、遗体买卖是对人格尊严的维护

人之所以为人，就在于人具有区别于物的人格与尊严。人的身体是无价的，不能用金钱来衡量。如果以经济利益来衡量人体器官价值，将人体器官视为可以被等价交换的物，则不能被称为器官捐献，而是器官交易或者器官买卖，这是对人类整体尊严的违背，是对人类尊严的亵渎，有违于器官捐献的基本伦理。[②] 禁止买卖人体器官是公认的伦理原则，许多国家法律禁止器官买卖。我国法律法规严格禁止器官买卖，《刑法》第 234 条之一规定："组织他人出卖人体器官的，处五年以下有期徒刑，并处罚金；情节严重的，处五年以上有期徒刑，并处罚金或者没收财产。"《人体器官移植条例》第 3 条规定："任何组织或者个人不得以任何形式买卖人体器官，不得从事与买卖人体器官有关的活动。"因此，在我国从事器官买卖的行为是非法的。

（二）禁止活体组织器官买卖是对身体权的保护

如前所述，身体权是指自然人保持其身体组织完整并支配其肢体、器官和其他身体组织的权利。身体权以维护公民身体完整性为基本内容。人体各组成部分完整地运转，是维持生命和安全的前提。身体的某个器官或组织都是身体的组成部分，毫无疑问，在人体的器官或组织没有与人体分离时，其自然属于身体权的客体。人们可能因为生活所迫而出卖自己的器官，甚至可能会无视自己的身体健康，为谋取一时的利益而进行身体器官移植，以致给自己身体造成严重损害。[③] 买卖人体细胞、人体组织、人体器官，非法破坏公

---

① 陈丽如、张艺腾：《浅谈人体器官买卖的现实挑战》，载《法制博览》2019 年第 21 期。
② 霍原：《论〈民法典〉对器官捐献自己决定权的规范回应》，载《学术交流》2017 年第 6 期。
③ 王利明：《人格权法研究》，中国人民大学出版社 2018 年版，第 299 页。

民身体的完整性，就构成对公民身体权的损害。禁止人体细胞、人体组织、人体器官买卖是对自然人身体权的保护。

（三）禁止遗体买卖是对死者近亲属人格利益的保护和善良风俗的维护

人在死亡后，即丧失权利能力，不能再作为权利主体，因此遗体不能成为身体权的客体，但其也不同于一般的物，不能成为财产权的客体，不能适用物权的一般规则，否则意味着其近亲属对遗体可以自由占有、使用、收益、处分，这显然是违背法律和公共道德的。但遗体本身体现了一定的精神利益，因为遗体寄托了近亲属的个人感情、对死者的怀念、死者和生者的尊严，也体现了一定的善良风俗。[①] 各国法律出于维护善良风俗的考虑，大多规定不能自行使用和处分遗体，但允许死者近亲属对遗体进行管理。

（四）禁止人体细胞、人体组织、人体器官、遗体买卖避免道德风险

现代医学的发展，使人们可以通过植入器官或安置人工替代器官来延续生命或提高生存质量。人体器官移植成为了挽救生命的一个极为重要手段之一。但由于“供体”短缺，需求大于供应，导致了一系列非法买卖人体器官活动的产生。面对这样的情况，在巨额利润的诱导下，卖方、中介与买方形成了一条黑色的链条，“器官买卖中介”悄悄地形成，并不断地规模化、组织化。[②] 法律如果不对器官遗体买卖加以禁止，无疑会引发极大的道德风险，催生大量违法犯罪行为。

二、禁止以任何形式买卖人体细胞、人体组织、人体器官、遗体

现实生活中，存在一些变相买卖人体细胞、人体组织、人体器官、遗体的情况。比如买卖血液的问题，我国一直都致力于倡导无偿献血，并通过1998 年生效的《中华人民共和国献血法》将无偿献血明确规定为一项基本法律原则。不仅如此，在 1997 年修订的《刑法》中，还专门增加规定了有关血液买卖方面的犯罪，将无偿献血的制度保障提升到了刑事立法的层面。然而，近年来，无偿献血工作的开展却遭遇到了诸如“血荒”等在内的诸多问题的挑战。在此背景下，医疗临床上时常被曝出变相买卖血液或有偿献血的情况，

① 王利明：《人格权法研究》，中国人民大学出版社 2018 年版，第 310 页。

② 侯卫鹏：《论非法买卖器官与器官捐献之认定》，载《法制与社会》2013 年第 17 期。

给我国无偿献血事业的健康发展带来了严峻挑战。[①] 比如非法采血组织通过倒卖献血证等方式非法牟利。[②] 部分卖血人员频繁卖血、流动卖血、冒名顶替卖血，这种种行为造成了大量社会问题。2007 年《人体器官移植条例》第 10 条规定，活体器官的接受人限于活体器官捐献人的配偶、直系血亲或者三代以内旁系血亲，或者有证据证明与活体器官捐献人存在因帮扶等形成亲情关系的人员。但由于活体器官严重短缺，滋生了大量地下器官买卖，实践中存在假冒亲属关系进行非法器官买卖的情况。以上这些变相买卖人体细胞、人体组织、人体器官、遗体均为法律所禁止。

三、违反规定的买卖行为无效

根据《民法典》第 153 条的规定，违反法律、行政法规的强制性规定的民事法律行为无效。违背公序良俗的民事法律行为无效。第 506 条规定，合同中的下列免责条款无效：造成对方人身损害的；因故意或者重大过失造成对方财产损失的。买卖人体细胞、人体组织、人体器官、遗体的行为，违反刑法、民法以及献血法等多部法律法规的强制性规定，违背善良风俗，本条明确规定此类买卖行为无效。

四、需要注意的问题

实践中，对于某些从人体分离开的部分，如头发等，按照一般的社会观念都已经将其作为一般的物对待，且这些物大多与精神利益之间没有直接联系，因此，一般可以将这些物视为物权的客体而非人格权的客体。这些分离出来的物可以通过合法的转让归属于他人。[③] 具体情况则应当结合案情予以判断。

（高燕竹　撰写）

第一千零八条　【医学人体试验】为研制新药、医疗器械或者发展新的预防和治疗方法，需要进行临床试验的，应当依法经相关主管部门批准并经伦理委员会审查同意，向受试者或者受试者的监

① 刘长秋：《无偿献血的正当性分析与制度完善》，载《上海政法学院学报》2018 年第 4 期。

② 韩浩：《暗访血液买卖隐秘行为 走近变相卖血特殊人群》，载网易新闻 http：//news.163.com/2003w12/12411/2003w12_1072327405164.html，最后访问时间：2020 年 6 月 3 日。

③ 王利明：《人格权法研究》，中国人民大学出版社 2018 年版，第 307 页。

护人告知试验目的、用途和可能产生的风险等详细情况，并经其书面同意。

进行临床试验的，不得向受试者收取试验费用。

【法条链接】

《药品管理法》第 20 条；《药品管理法实施条例》第 29 条；《药物临床试验质量管理规范》

【立法背景】

我国当前对人体试验立法包括《执业医师法》和《药品管理法》的相关规定。在行政规章层次，主要有《药物临床试验质量管理规范》和《涉及人的生物医学研究伦理审查办法》。现代医疗进步离不开人体临床实验，但人体临床实验是一柄“双刃剑”，它既可能促进医学的发展，也可能对受试人造成伤害；它不仅可能危及受试人的生命，还有可能因病毒的传染而危及他人的健康。因此，人体临床实验也成为生命伦理学研究的重要课题。[①] “实验”和“试验”，两者是两个语义相近却略有区别的词。《民法典》采用了“试验”一词。由《民法典》对受试者的知情同意权做出具体的规定，可以从民事基本法的高度加强对受试者权利的保护，以此为基础建立我国受试者权利保护法制，促进生命科学研究的有序发展，同时完善我国的人格权利体系。[②]

【条文解读与法律适用】

一、为研制新药、医疗器械或者发展新的预防和治疗方法

根据《药物临床试验质量管理规范》（2020 年 4 月发布，2020 年 7 月 1

---

① 王利明：《人格权重大疑难问题研究》，法律出版社 2019 年版，第 398 页。

② 满洪杰：《关于受试者知情同意权的立法建议》，载《四川大学学报（哲学社会科学版）》2018 年第 3 期。

日起施行）第11条规定，临床试验，指以人体（患者或健康受试者）为对象的试验，意在发现或验证某种试验药物的临床医学、药理学以及其他药效学作用、不良反应，或者试验药物的吸收、分布、代谢和排泄，以确定药物的疗效与安全性的系统性试验。《世界医学协会赫尔辛基宣言》第6条规定，涉及人类受试者的医学研究的主要目的是了解疾病的原因、发展和结果，改进预防、诊断和治疗的干预措施（方法、程序和处理）。因此，人体试验的目的不仅限于新药开发研究，还包括以预防、诊断、治疗为目的的新医疗设备、新方法的开发研究。《人格权编（草案）》（二审稿）从一审稿“开发新药”放宽至“研制新药、医疗器械”，从“发展新的治疗方法”放宽至“发展新的预防和治疗方法”，适当放宽了本条规定的临床试验的范围，以适应医学科学技术发展的需要，保障人民健康。

二、经相关主管部门批准并经伦理委员会审查同意

由于医学试验对受试者人身权益影响重大，为防止个人出于其他目的而作出不利于其生命权、身体权、健康权的不当处分，应当设置相关的行政许可程序。这就是说，需要在人体上进行试验的，必须依法经相关主管部门批准。[①]《药品管理法实施条例》第29条规定，药物临床试验、生产药品和进口药品，应当符合《药品管理法》及本条例的规定，经国务院药品监督管理部门审查批准；国务院药品监督管理部门可以委托省、自治区、直辖市人民政府药品监督管理部门对申报药物的研制情况及条件进行审查，对申报资料进行形式审查，并对试制的样品进行检验。具体办法由国务院药品监督管理部门制定。

本条规定，临床试验除应当依法经相关主管部门批准之外，还需要经伦理委员会审查同意。与《人格权编（草案）》（一审稿）规定的内容相比，增加规定经伦理委员会审查同意的内容，意味着即使主管部门批准，未经伦理委员会的审查同意，也不得进行临床试验。伦理委员会的审查，不是审查临床试验的批准是否符合要求，而是这种临床试验是否符合医学、伦理、道德的要求。这样的审查，是为了更好地保护人的尊严和健康，具有更重要

---

① 王利明：《人格权重大疑难问题研究》，法律出版社2019年版，第399页。

的意义。[①] 根据《药品管理法》第20条规定，开展药物临床试验，应当符合伦理原则，制定临床试验方案，经伦理委员会审查同意。伦理委员会应当建立伦理审查工作制度，保证伦理审查过程独立、客观、公正，监督规范开展药物临床试验，保障受试者合法权益，维护社会公共利益。《药物临床试验质量管理规范》第5条规定，临床试验方案在获得伦理委员会同意后方可执行。《药物临床试验质量管理规范》还专设了第三章对伦理委员会的职责、组成和运行等问题作了规定。

三、保障受试者的知情权

（一）受试者知情的必要性

人体医学临床试验对医学的进步是必要的，但临床试验本身包含了极大的风险，因为关系到个人的生命、健康等。所以试验者必须向受试者详细告知试验目的、用途和可能产生的损害等情况，包括已经确定、可能发生的一切与受试者身体相关的情况，[②] 使受试者在充分知情的基础上作出是否参加试验的决定。基于充分获知试验信息的自主决定权即知情同意权是受试者权利的核心。这是因为受试者参与人体试验的主要目的是利他的，受试者是否参加人体试验只能由其基于自主意志决定，否则即会物化为他人的手段。同时，人体试验对受试者而言具有侵入性和风险性，可能造成生命健康的损害。只有通过知情同意的机制，才能保障受试者对试验的相关情况充分了解，并及时作出理性的判断。[③]《药物临床试验质量管理规范》第23条规定，研究者实施知情同意，应当遵守赫尔辛基宣言的伦理原则，并提出了14项具体要求。

（二）须告知的内容

本条规定，实验者须向受试者或者受试者的监护人告知试验目的、用途和可能产生的风险等详细情况，此规定为列举加兜底的规定方式。至于“等详细情况”应当包括哪些内容，法律并未明确规定。《药物临床试验质量管理规范》第24条规定，知情同意书和提供给受试者的其他资料应当包括：（1）临

---

① 杨立新：《人格权编草案二审稿的最新进展及存在的问题》，载《河南社会科学》2019年第7期。

② 王利明：《人格权重大疑难问题研究》，法律出版社2019年版，第399页。

③ 满洪杰：《关于受试者知情同意权的立法建议》，载《四川大学学报（哲学社会科学版）》2018年第3期。

床试验概况。(2)试验目的。(3)试验治疗和随机分配至各组的可能性。(4)受试者需要遵守的试验步骤，包括创伤性医疗操作。(5)受试者的义务。(6)临床试验所涉及试验性的内容。(7)试验可能致受试者的风险或者不便，尤其是存在影响胚胎、胎儿或者哺乳婴儿的风险时。(8)试验预期的获益，以及不能获益的可能性。(9)其他可选的药物和治疗方法，及其重要的潜在获益和风险。(10)受试者发生与试验相关的损害时，可获得补偿以及治疗。(11)受试者参加临床试验可能获得的补偿。(12)受试者参加临床试验预期的花费。(13)受试者参加试验是自愿的，可以拒绝参加或者有权在试验任何阶段随时退出试验而不会遭到歧视或者报复，其医疗待遇与权益不会受到影响。(14)在不违反保密原则和相关法规的情况下，监查员、稽查员、伦理委员会和药品监督管理部门检查人员可以查阅受试者的原始医学记录，以核实临床试验的过程和数据。(15)受试者相关身份鉴别记录的保密事宜，不公开使用。如果发布临床试验结果，受试者的身份信息仍保密。(16)有新的可能影响受试者继续参加试验的信息时，将及时告知受试者或者其监护人。(17)当存在有关试验信息和受试者权益的问题，以及发生试验相关损害时，受试者可联系的研究者和伦理委员会及其联系方式。(18)受试者可能被终止试验的情况以及理由。(19)受试者参加试验的预期持续时间。(20)参加该试验的预计受试者人数。

(三)告知对象——受试者或者受试者的监护人

与试验者、发起人相比，受试者在知识水平、认知能力及经济地位、信息获取上处于不利地位。试验者告知相关情况的对象为受试者或者其监护人。自然人作为患者，在医疗法律关系中享有知情决定权，医疗机构及医务人员负有告知义务。在受试者为无民事行为能力人或者限制民事行为能力人的情形下，进行医学试验必须经受试者监护人的同意。如果试验者未尽到相关的告知义务，则受试者的同意并不能产生相应的法律效力，在试验行为造成受试者损害的情形下，受试者有权请求试验者承担相应责任。

四、经受试者或者监护人书面同意

在法律上，同意可以明示或默示，明示又有口头、书面形式之分。临床试验对自然人生命身体健康具有重大影响，关系自然人重大利益，为充分保护受试者的知情同意权，确保受试者充分了解相关信息，法律要求进行临床试验，需要经受试者或者其监护人书面同意，这样也有利于相关信息或者证据的留存。

五、临床试验不得向受试者收取试验费用

受试者参与人体试验的主要目的是利他的，应予以尊重和保护，应当遵循免费原则。根据《药物临床试验质量管理规范》的规定，临床试验申办者应当免费向受试者提供试验用药品，支付与临床试验相关的医学检测费用，并应当采取适当方式保证可以给予受试者和研究者补偿或者赔偿。

（高燕竹　撰写）

第一千零一十条　【禁止性骚扰】违背他人意愿，以言语、文字、图像、肢体行为等方式对他人实施性骚扰的，受害人有权依法请求行为人承担民事责任。

机关、企业、学校等单位应当采取合理的预防、受理投诉、调查处置等措施，防止和制止利用职权、从属关系等实施性骚扰。

【立法背景】

根据学理观点，所谓性骚扰，是指以身体、语言、动作、文字或者图像等方式，违背他人意愿而对其实施的以性为取向的有辱其尊严的性暗示、性挑逗以及性暴力等行为。[①] 性骚扰这一概念最早由美国著名女权主义法学家凯瑟琳·麦金农在 1974 年提出。[②] 从世界各国和地区的立法来看，关于性骚扰的法律规制模式主要分为两种，即职场保护主义模式和人格权保护模式。职场保护主义模式又称为反歧视模式，采用该模式的有美国、英国、加拿大、澳大利亚等，其中以美国为代表。该模式的特点是：主张性骚扰是一种性别歧视；采职场主义，认为性骚扰仅限于工作场所性骚扰，对于发生于工作场所以外的性方面的侵犯不认为是性骚扰。该种模式通常通过反歧视法或两性平等法对性骚扰进行规制。采用人格权保护模式的有欧盟、德国、以色列等，

---

① 王利明：《人格权重大疑难问题研究》，法律出版社 2019 年版，第 414 页。

② 参见张新宝、高燕竹：《性骚扰法律规制的主要问题》，载《法学家》2006 年第 4 期。

其中以欧盟为代表，以色列对此种模式贯彻最为彻底。人格权保护模式的特点是：认为性骚扰是对人格尊严的侵犯，即一种侵权行为，性骚扰并不限于工作场所。

在2005年以前，我国立法对性骚扰并无明确规范，但有一些与之相关的法律规定。直至2005年修订《妇女权益保障法》，该法第40条明确规定："禁止对妇女实施性骚扰。受害妇女有权向单位和有关机关投诉。"这是我国第一部明确对性骚扰作出规定的法律。但该条文只是禁止对妇女实施性骚扰，规定受到性骚扰的妇女有权向单位和有关机关投诉，对民事义务以及民事责任的承担并未作出进一步规定。

此次《民法典》将性骚扰明确规定在人格权编中，即明确将性骚扰界定为侵害人格权的行为。本条除在第1款规定性骚扰的行为人承担民事责任之外，第2款还规定单位、学校负有防止和制止利用职权、从属关系等实施性骚扰的义务。可见，我国对于性骚扰的法律规制，采纳的是人格权保护主义的基本立场，兼采职场保护主义模式。

【条文解读与法律适用】

一、性骚扰侵犯的客体

对于性骚扰究竟侵犯了何种人格权，存在不同观点：（1）性自主权论。[①]（2）人格尊严权论。[②]（3）身体权论。对于工作场所性骚扰，还有观点认为，不仅侵犯了他人人格权，还侵犯了他人的公民平等就业权和工作环境权。笔者认为，性骚扰的行为表现多样，不同行为形态所侵害的人格权客体可能不同：如果采用身体接触、抚摸他人器官等行为实施性骚扰，则可能构成对身体权的侵害；如果给他人身体造成损害甚至疾病，则侵犯了他人健康权；如果采用电话骚扰或偷窥，则可能构成对隐私权中生活安宁的侵害；如果通过语言方式骚扰而未进行身体接触，则会构成对人格尊严和人格自由的侵害。因此，身体权不能完全涵盖性骚扰侵犯的客体。在性骚扰行为中，人格尊严、人格自由、

① 杨立新主编：《中国人格权法立法报告》，知识产权出版社2005年版，第461页。
② 张绍明：《反击性骚扰》，中国检察出版社2003年版，第75页。

身体权、健康权甚至隐私权、名誉权等均有可能受到损害。应当说，如果一定要将之归纳到某一种权利之中，因性骚扰是与性有关的行为，性自主权更具有概括性。但是，性自主权目前尚未明确作为一种权利列举规定于民法中，仅是一学理概念。实际上，上述几种观点并无实质冲突，人格尊严与人身自由作为一般人格权，具有统摄性。身体权、健康权、隐私权、名誉权以及学理上的性自主权均是人格尊严和人格自由的下位概念。本条所规定的性骚扰虽然规定于第二章中，但并不能为生命权、身体权、健康权所完全涵盖，主要是针对这一需要法律规制的特殊问题，立法基于篇章结构考虑作出的安排，其对司法的重要意义在于使得相关纠纷和权利救济有了明确的请求权基础。

二、性骚扰的构成要件

（一）性骚扰的主体

《妇女权益保障法》第40条规定了禁止对妇女实施性骚扰。目前国内外理论界多认为男性也可能成为性骚扰受害者，法律应当对男女两性提供平等的保护。本条未对受害者主体作出限制。

（二）性骚扰是与性有关的行为

一般而言，性骚扰是一种具有性本质的行为，与性有关的行为是性骚扰行为的主要类型。性挑逗、性贿赂、性要挟、性强迫都会构成性骚扰，其形式不限于暴力强迫，更多的是非暴力性的，以言语、文字、图像、肢体行为等方式对他人实施性骚扰，如身体接触、出示色情文学图像、网上性骚扰、电话性骚扰。

（三）行为是违背他人意愿的

性骚扰行为具有违背他人意愿的特点，这一特点将两厢情愿的与性有关的行为与性骚扰区别开来。医学专家认为，性骚扰与异性间的调情、打情骂俏的根本区别在于前者可致当事人产生厌恶感，造成不同程度的心理不良反应，如愤怒、恐惧、焦虑、忧郁等，而后者往往使当事人产生愉悦感，故从某种意义上可调节情绪。[①] 所以，行为违背他人意愿，是判定是否构成性骚扰的关键条件。

三、单位预防和制止性骚扰的义务

职场以及高校是性骚扰高发的场域，很多性骚扰行为是基于性骚扰实施

---

① 陆峥等：《性骚扰问题的初步研究——附42例资料分析》，载《中国心理卫生杂志》1995年第9卷第2期。

者和受害人之间的不平等产生的，诸如职场中的上下级、校园中老师和学生，彼此之间存在权力和地位上的差异、不平等，导致后者受到前者的牵制，而往往在不平等的地位之下后者所遭受的性骚扰会变得更为隐性和不易被察觉，在职场和校园中常常多发，产生不良的社会影响。① 工作场所性骚扰不仅对被骚扰者造成了极大的伤害，而且大大浪费了社会资源。性骚扰让受害者的思想处于压力状态，通常会给受害人造成不同程度的不良心理反应。性骚扰的存在，无疑会造成工作环境恶化。

雇主处于控制性骚扰的最佳位置，法律应充分利用这一力量，明确雇主负有合理预防义务和救济性骚扰的义务。本条明确规定，机关、企业、学校等单位应当采取合理的预防、受理投诉、调查处置等措施，防止和制止利用职权、从属关系等实施性骚扰。因此，机关、企业、学校等单位的义务主要包括预防性骚扰义务和制止性骚扰义务。

（一）合理的预防义务

将雇主发布禁止性骚扰的规定及相关救济机制作为一种法律义务予以规定，这也是许多国家和地区的立法经验之一。美国法律规定拥有雇员 15 人以上的雇主，应当发布性骚扰防治条例。以色列法律规定拥有雇员 25 名以上者，必须发布性骚扰方面的实施细则。本条规定了机关、企业、学校等单位应当采取合理的预防、受理投诉、调查处置等措施，具体措施还需要相关部门或者单位进一步细化。

（二）及时救济义务

用人单位、学校等知悉发生性骚扰事件时，应立即采取有效的制止等补救措施，以适当方式处理投诉，及时进行调查，并采取措施予以处置。

四、性骚扰侵权责任承担方式

（一）停止骚扰

当加害人正在对受害人实施性骚扰时，受害人得依法请求停止骚扰。这种请求可以直接向加害人提出，也可直接向法院提出，要求加害人停止性骚扰行为。

---

① 唐安然：《论性骚扰的侵权责任——以〈民法典分编（草案）〉为基础》，载《广西政法管理干部学院学报》第 34 卷第 1 期。

（二）损害赔偿

1. 财产损失赔偿。性骚扰行为对受害者造成身体上和健康上的伤害，由此而产生的医疗费、护理费、误工费等，导致他人精神疾病而产生的医疗费、护理费、误工费等，可能还会发生受害者由于性骚扰被辞退而造成的经济损失。

2. 精神损害赔偿。性骚扰不同于其他的性犯罪，一般不会造成身体上的伤害，主要是对给受害者造成精神痛苦。性骚扰给受害人制造了一种令人生厌的、受压抑的工作学习环境，严重地干扰了其正常的工作学习，受害人的人格尊严受到严重侵犯，心理上承受着压力，造成了巨大的精神痛苦和折磨，破坏受害人感情上的安宁，严重的精神损害可能导致受害人的精神疾病。

（三）消除影响，恢复名誉

鉴于性骚扰这种违法行为的特殊性，可能会在一定范围内造成不良影响，有损于受害人名誉，受害人得请求消除影响、恢复名誉。

（高燕竹　撰写）

第一千零一十一条　【行动自由以及非法搜查】以非法拘禁等方式剥夺、限制他人的行动自由，或者非法搜查他人身体的，受害人有权依法请求行为人承担民事责任。

【法条链接】

《宪法》第 37 条；《民法典》第 109 条、第 990 条、第 1003 条；《消费者权益保护法》第 27 条；《精神损害赔偿解释》第 1 条

【立法背景】

我国《宪法》第 37 条规定：“中华人民共和国公民的人身自由不受侵犯。任何公民，非经人民检察院批准或者决定或者人民法院决定，并由公安机关执行，不受逮捕。禁止非法拘禁和以其他方法非法剥夺或者限制公民的人身

自由，禁止非法搜查公民的身体。”以非法拘禁等方式剥夺、限制他人的行动自由，或者非法搜查他人身体的，侵犯了他人的人身自由，民法应予救济。《民法总则》第109条和《民法典》总则编第109条内容相同，均规定自然人的人身自由、人格尊严受法律保护。《民法典》第990条第2款规定，除前款规定的人格权外，自然人享有基于人身自由、人格尊严产生的其他人格权益。《民法典》第1003条规定，自然人享有身体权，自然人的身体完整和行动自由受法律保护，任何组织或者个人不得侵害他人的身体权。《精神损害赔偿解释》第1条明确规定了自然人享有人身自由权。我国司法实践中也已经有不少案例涉及行动自由的保护，分别涉及非法拘禁、非法限制他人人身自由、对他人非法强制采取医疗措施、为实现债权而非法限制债务人的活动自由、非法搜查他人身体等。本条正是在总结司法实践经验的基础上依据宪法作出的规定。

【条文解读与法律适用】

一、构成要件

（一）存在违法行为

1. 以非法拘禁等方式剥夺、限制他人的行动自由。行为人实施了非法限制他人行动自由的行为。我国法律赋予公安机关、人民检察院、人民法院有强行剥夺和限制他人人身自由的权力，且行使权力时必须严格遵守法律程序。其他任何机关、团体、企业、事业单位、个人都无此权力。实践中，非法限制他人行动自由较为典型的方式为非法拘禁。非法限制他人人身自由的手段是多种多样的，如捆绑、隔离、关押、扣留身份证件不让随意外出或者与外界联系等，其实质就是强制剥夺他人的人身自由。但并非所有拘禁均为非法，公民对正在实施的违法犯罪或者违法犯罪后被即时发觉的、通缉在案的、越狱逃跑的、正在被追捕的人有权立即扭送到司法机关，这种扭送行为是合法的，它包括在途中实施的捆绑、扣留等。[①] 侵害方式有直接强制，例如，向债务人索债，将债务人扣为人质；如超市将顾客强制扣留，使其暂时丧失人身

① 全国人大常委会法制工作委员会刑法室编著：《〈中华人民共和国治安管理处罚法〉释义及实用指南》，中国民主法制出版社2005年版，第121页。

自由；亦得以威胁、恐吓为之，例如扬言若离开某处所或地点，即加以杀害。[①] 实践中，“被精神病”现象时有发生，非法采取强制治疗手段限制他人行动自由，应当承担相应民事责任。[②]

2. 非法搜查他人身体的行为。在实践中，非法搜查他人身体多发生在经营者和消费者之间。有些经营者以商品失窃为由，搜查消费者身体及其携带的物品，给消费者造成了极大的侵扰，增加了心理负担。为了保证消费者在购物时能有一个宽松的环境及愉快的心情，《消费者权益保护法》将“不得搜查消费者的身体及其携带的物品”作为经营者的一项义务规定下来。[③] 在佛山市某百货超市有限公司与张某人身自由权纠纷案中，法院认为“本案系原告认为被告强行扣留原告，搜查原告携带的物品，侵犯了原告的人身自由权而引致的纠纷”[④]。在钱某诉上海某日用品有限公司侵害名誉权案中，法院则认为侵犯了原告的名誉权。《民法典》本条对此种行为作出规定，为当事人提供了明确的请求权基础。

（二）损害后果

非法剥夺、限制他人行动自由以及非法搜查他人身体的损害事实或者后果通常表现为自然人的人身自由在一定范围内受到了限制。行动自由是身体权的重要内容，自然人因行为人的非法拘禁等行为无法依据自己的自由意志支配行动，其保持行动自由状态的权利受到侵害，本身就是损害事实或者损害后果。自然人的行动自由受到非法剥夺或者限制或者被进行非法的人身搜查，有时会造成财产损失，比如被非法拘禁导致受害人误工费损失；必然会导致精神损害，造成精神上的痛苦、不安或损伤。因此，非法拘禁等行为使得他人的行动自由受到限制或者剥夺，即认定有损害后果。以非法拘禁等方式剥夺、限制他人行动自由的行为可能造成他人人身损害，同时侵犯他人健康权等人身权益。

---

① 王泽鉴：《侵权行为法（1）》，中国政法大学出版社 2001 年版，第 110 页。

② 王利明：《人格权重大疑难问题研究》，法律出版社 2019 年版，第 357—358 页。

③ 全国人大常委会法制工作委员会编：《中华人民共和国消费者权益保护法释义》，法律出版社 2013 年版，第 115 页。

④ 周雅婷：《人身自由权归入侵权责任法保护的法理依据》，载《昆明理工大学学报（社会科学版）》第 18 卷第 5 期。

（三）因果关系

因果关系是侵权责任的重要构成要件。在此类纠纷案件中，非法剥夺、限制他人的行动自由或者非法搜查他人身体的行为为“因”，他人行动自由或者人身自由处于被剥夺限制的状态及其造成的其他损害为“果”。实践中，一般较易判断。

（四）行为人过错

以非法拘禁等方式剥夺、限制他人的行动自由，或者非法搜查他人身体的行为属于一般侵权行为，其归责原则应为过错责任原则。也就是说，行为人在实施此类行为时，主观上应具有故意或者过失。如果行为人从事某种限制他人自由的行为具有合法的法律依据，则不具有过错，也不应承担侵权责任。例如，为了维护公共利益和公共秩序而制止犯罪、扭送人犯；因执行职务而强制他人不能按他自己的意志行动，如在灾害事故中强制他人离开灾区。在这些情况下，行为人并没有过错，不应承担赔偿责任。从比较法上来看，一些国家也采取此种做法。例如，美国《侵权法重述》第 35 条第 2 项规定，非法监禁（false imprisonment）构成侵权须以行为人故意将他人的人身自由限制在特定区域内为必要条件。①

二、民法救济

对非法剥夺、限制他人行动自由以及非法搜查他人身体的行为，权利人可以采取以下方法救济：

第一，停止侵害、排除妨碍。对于仍在持续的非法剥夺、限制他人行动自由或者非法搜查身体的行为，受害人可以要求加害人停止侵权，排除对其身体自由的非法限制，避免损害的进一步发生。

第二，损害赔偿。自然人因身体行动自由受到限制而遭受的损害，包括财产损害与精神损害两个方面。在自然人被非法剥夺、限制行动自由的情况下，通常会造成误工损失等财产损失，受害人有权请求赔偿。造成他人人身损害的，受害人有权依法请求赔偿医疗费、护理费、交通费等费用损失，造成残疾或者死亡的，还应当支付残疾赔偿金或者死亡赔偿金。非法剥夺、限制他人行动自由以及非法搜查他人身体，会导致精神损害的，受害人有权依

---

① 王利明：《人格权法研究》，中国人民大学出版社 2018 年版，第 358—359 页。

法请求获得精神损害赔偿。

第三，赔礼道歉。因为非法拘禁等方式侵害他人身体行动自由或者非法搜查身体的，受害人还可依法要求对方承担赔礼道歉的责任。①

第四，消除影响，恢复名誉。非法剥夺限制他人行动自由以及非法搜查他人身体可能会给他人名誉造成不良影响，尤其是在非法搜查他人身体的情形，比如在熟人较多的超市当众宣称某人偷窃并搜身，在一定范围内损害了他人名誉，受害人有权请求行为人在一定范围内采取适当方式消除对受害人名誉的不利影响，以使其名誉得到恢复。具体适用消除影响、恢复名誉要根据侵权行为所造成的影响和受害人名誉受损的后果来决定。②

（高燕竹　撰写）

---

① 冉克平：《论人格权法中人身自由权》，载《法学》2012 年第 3 期。

② 王胜明主编：《中华人民共和国侵权责任法释义》，法律出版社 2010 年版，第 82 页。

第三章　姓名权和名称权

第一千零一十二条　【姓名权】 自然人享有姓名权，有权依法决定、使用、变更或者许可他人使用自己的姓名，但是不得违背公序良俗。

【法条链接】

《民法典》第1182条、第1183条；《民法通则》第99条；《侵权责任法》第20条；《著作权法》第10条、第48条

【立法背景】

与《民法通则》第99条第1款相比，本条属于对旧法的修改，在姓名权的基本内容中明确规定了自然人可以许可他人使用自己的姓名，承认姓名权具有财产权的性质。同时将“依照规定改变自己的姓名”修改为变更姓名，减少行政色彩，突出姓名权民事权利的属性。我国早期的民事立法中没有对姓名权经济价值的利用和保护作出规定。随着人格权商业化利用的日益普遍，包括姓名权在内的人格权中包含的经济价值逐渐得到认可。《侵权责任法》第20条规定，侵害他人人身权益造成财产损失的，按照被侵权人因此受到的损失赔偿。但是立法中没有明确界定姓名权经济价值的内容。本条将许可他人使用自己的姓名，明确规定为姓名权的基本内容，肯定了姓名权中包含经济价值，权利人能够对其进行积极利用，还明确了姓名权经济价值的利用方式，相较于以往将姓名权作为一种精神性权利的认识，拓展了姓名权的内涵，符合姓名权商业利用的实际。

【条文解读与法律适用】

一、姓名权的法律特征

一是主体是自然人。姓名权的主体仅限于自然人，法人和非法人组织不能成为姓名权的主体。当自然人将其姓名作为法人的名称使用时，姓名已经转化为名称，受到名称权的保护。比如，合伙、独资等类型的企业将个人姓名作为其名称，应当受到名称权的保护。自然人死后，其姓名及与姓名联系在一起的利益并不会马上消失，仍有必要对死者的姓名利益进行保护。二是客体是姓名。姓名作为自然人表彰自己、区别他人的符号，通常要以文字符号的形式表现出来。三是姓名权属于标表性的人格权。姓名权的标表性权利性质决定了姓名权的内容包括决定、使用和变更姓名的权利。四是姓名权包含了精神利益和财产利益。姓名尤其是名人的姓名和一定的声誉、名望等联系在一起，对商业和服务的销售或者提供具有一定的促进作用，具有一定的经济价值。

人格权的行使以不违背公序良俗为前提，姓名权的决定、使用、变更、许可他人使用不得违背公序良俗，自不待言。

二、姓名权的内容

一是姓名决定权。出生时姓名由父母决定，是父母的亲权代理行为，与姓名的决定权并不矛盾。同时，自然人可以自主决定笔名、艺名等，其他人不得干涉也是姓名决定权的体现。二是姓名使用权。自然人在民事活动中可以使用本名、笔名、艺名等。三是姓名变更权。自然人可以变更姓名，但未经公示不得对抗第三人，登记姓名的变更，需要履行登记变更程序，否则不生法律效力。四是许可他人使用。姓名权作为人格权的一种，不得转让，但是权利人可以通过许可他人使用姓名获得一定的物质利益。

三、与相关概念的区别

（一）姓名权与署名权

根据《著作权法》第 10 条的规定，署名权是指表明作者身份、在作品上署名的权利。署名是反映作者身份的一种表现形式，其内容是作者在自己的作品上署真名、署假名或者匿名的权利。署名与姓名权有着密切的关系，司法实践中容易产生混淆的是“冒名”作品的问题，即将自己创造的作品冒他人之名进行署名。《著作权法》第 48 条第 8 项规定，制作、出售假冒他人署名的作品的，应当根据情况，承担停止侵害、消除影响、赔礼道歉、赔偿损失等民事责任。但是不能因为“冒名”他人作品的民事责任规定在著作权法中，就当然认为该种行为属于侵犯署名权的行为。应当注意著作权法上的署名权，必须以作品存在为前提，没有作品就不会有署名权，更不会有署名权侵权。因此，冒他人之名对自己的作品进行署名，并没有侵犯他人对作品享有的权利，本质上“冒名”他人作品是一种侵害姓名权的行为，所造成的损害为人格权上的损害，而并非著作权上的损害。

（二）姓名权与名誉权

司法实践中存在侵犯他人姓名权而损害他人名誉的案件，比如冒名贷款不还，使他人被列入银行信用不良记录的案件。该问题的产生在于姓名作为一个人的自身标记，代表了社会特定的人，而社会公众只有结合一个个的个人才能对其名誉产生联系，因此，姓名权与名誉权相比具有基础权利的特征。[①] 姓名权被侵害，可能会随之导致其他权利被侵害。在擅自利用他人姓名导致他人社会评价降低的情形下，应当同时构成对他人姓名权和名誉权的侵害的责任竞合。

四、侵害姓名权的法律责任

姓名权作为一种人格权，侵害姓名权的行为主要造成精神上的损害，受害人可以要求加害人停止侵害、消除影响、赔礼道歉，并可以要求赔偿损失。此处所说的赔偿损失主要是指精神损害赔偿，对应《民法典》第 1183 条规定的侵害自然人人身权益造成严重精神损害的，被侵权人有权请求精神损害赔偿。同时，侵害姓名权的损害赔偿责任，要兼顾到姓名权商业利益的实现。姓名权具有一定的财产价值，也能够被商业化利用，因此，侵害姓名权也应当考虑受害人的财产损失，对应《民法典》第 1182 条规定的侵害他人人身权益造成财产损失。

（高瞳辉　撰写）

① 马特主编：《人格权法案例评析》，对外经济贸易大学出版社 2012 年版，第 92 页。

第一千零一十三条 【名称权】法人、非法人组织享有名称权，有权依法决定、使用、变更、转让或者许可他人使用自己的名称。

【法条链接】

《民法通则》第99条；《商标法》第32条；《企业法人登记管理条例》第10条；《商标、企业名称权与在先权利冲突规定》第1条；《企业名称登记管理规定》第8条、第22条、第23条

【立法背景】

《民法通则》第99条第2款规定："法人、个体工商户、个人合伙享有名称权。企业法人、个体工商户、个人合伙有权使用、转让自己的名称。"首次在"人格权"中专门规定了名称权。该规定一方面将名称权界定为人身权，而非财产权，解决了民法学理论上的争议；另一方面确认了名称权不仅为法人享有，而且非法人团体，如个体工商户、个人合伙，也享有名称权。同时，也明确名称权可以依法转让。1988年《企业法人登记管理条例》，1991年《企业名称登记管理规定》，对企业名称登记、管理等相关问题进行了细化。1993年《反不正当竞争法》第5条规定，擅自使用他人的企业名称，引人误认为是他人的商品，构成不正当竞争行为。将企业名称权纳入反不正当竞争法的调整范围。1993年《公司法》也对公司的名称权作出了规定。此外，《合伙企业法》《独资企业法》《商标法》等也对名称权的保护进行了规定。与《民法通则》第99条第2款相比，本条属于对旧法的修改，将自然人的姓名权和法人、非法人组织的名称权分别列入不同的条目予以规定。本条确立了名称权的基本规则及保护范围，为人民法院裁判名称权纠纷案件提供了法律依据。

【条文解读与法律适用】

一、名称权的法律特征

名称权的主体是法人、非法人组织。名称权与姓名权不同，自然人不能享有名称权，《民法典》将名称权与姓名权分为两个法条分别规定，体现了名称权和姓名权在性质上的区别。法人名称权和非法人组织名称权适用的法律规则不同，法人名称权的保护除适用本法外，主要适用《公司法》等法律，而非法人组织名称权的保护主要适用本法。名称权的取得、变更、转让需要经过登记。名称权具有唯一性，《企业法人登记管理条例》第 10 条第 1 款规定："企业法人只准使用一个名称。企业法人申请登记注册的名称由登记主管机关核定，经核准登记注册后在规定的范围内享有专用权。"名称权具有较为突出的财产属性，其经济价值可以用货币进行评估，并且可以依法转让。在名称权遭受侵犯的情形下，行为人侵害的主要是法人、非法人组织的人格标识利益，权利人遭受的通常是财产损失，而不包括精神损害。名称权权利人既可以许可他人使用其名称，也可以转让名称权。

二、名称权的内容

（一）名称决定权

名称决定权，是指法人、非法人组织决定自己名称的权利。法人、非法人组织决定自己名称时应当符合相关法律规定。《企业名称登记管理规定》第 8 条规定："企业名称应当使用汉字，民族自治地方的企业名称可以同时使用本民族自治地方通用的民族文字。企业使用外文名称的，其外文名称应当与中文名称相一致，并报登记主管机关登记注册。"法人、非法人组织的名称应当与其性质相符。《合伙企业法》第 56 条规定："特殊的普通合伙企业名称中应当标明'特殊普通合伙'字样。"该法第 62 条规定："有限合伙企业名称中应当标明'有限合伙'字样。"

（二）名称使用权

名称权的使用，是指名称权人与被许可人达成协议，允许他人使用其名称。名称许可使用的典型情况为特许经营。名称许可使用具有如下特点：一是许可使用是权利人允许他人在一定期限、一定范围内使用其名称，权利人本身不丧失名称权，被许可人通常也仅能在约定的时间、地域范围内进行使用。二是许可使用必须通过合同加以确认。被许可人超出合同约定范围的使用构成侵权或者违约。三是许可使用常常与商标、专利、经营方法、商业秘密等的许可结合起来。这主要是因为名称的使用往往与商业经营、商誉具有密切联系，为了维护许可人的商誉应当要求被许可人使用其知识产权。

（三）名称变更权

名称变更权，是指法人和非法人组织有权要求将其名称予以变更。对名称决定的限制同样应当适用于名称的变更。同时，为了保持企业名称的稳定性，维护交易安全和秩序，对于企业名称的变更还有一些特别的限制。《企业名称登记管理规定》第 22 条规定："企业名称经核准登记注册后，无特殊原因在 1 年内不得申请变更。"该规定第 26 条第 2 项规定："擅自改变企业名称的，予以警告或者处以 1000 元以上、1 万元以下的罚款，并限期办理变更登记。"

（四）名称转让权

名称权的转让是指名称权人将其名称全部让与某一个受让人，受让人成为该名称权的主体。本条中规定了名称权可以转让，也是名称权不同于其他人格权的重要特点。企业转让名称时，应由转让方与受让方签订书面转让协议，报市场监管部门批准。企业名称转让时应当与营业同时转让，《企业名称登记管理规定》第 23 条规定："企业名称可以随企业或者企业的一部分一并转让。企业名称只能转让给一户企业。企业名称的转让方与受让方应当签订书面合同或者协议，报原登记主管机关核准。企业名称转让后，转让方不得继续使用已转让的企业名称。"

三、与相关概念的区别

（一）字号、商号与名称

字号和商号均为名称的一种，并不是名称的全部。名称除了字号和商号之外，还包括非商业主体法人的名称，如机关法人、事业法人以及其他社团法人等。字号与商号之间的差别在于：一是主体种类不同。字号的主体不包括法人，一般是指个体工商户、个人合伙等特殊的自然人组合；商号是由企业法人在营业时使用，主体是从事商业活动的企业法人。但是这一区别并不是绝对的，历史沿用下来的老字号，经工商登记后仍然使用，既是字号又是商号。二是确立形式不同。确立字号，采取自由主义，可以登记，也可以不登记；确立商号，则需要经过登记。三是使用范围不同。字号既可以称其个体工商户或个人合伙的自身，也可以用于商业营业；商号则仅指商业主体在营业时使用的名称。①

（二）名称权和商标权

在司法实践中，经常出现名称权和商标权的冲突，主要包括以下几种情况：一是将他人的名称作为自己的商标注册。《商标法》第 32 条规定："申请商标注册不得损害他人现有的在先权利，也不得以不正当手段抢先注册他人已经使用并有一定影响的商标。"该法第 45 条规定，已经注册的商标，违反上述第 32 条规定的，自商标注册之日起 5 年内，在先权利人或者利害关系人可以请求商标评审委员会宣告该注册商标无效。对恶意注册的，驰名商标所有人不受 5 年的时间限制。二是在自己的企业名称中使用他人的商标。企业名称在登记前并不与商标进行联合检查，名称本身也缺乏相应的公示、异议程序，因此，实践中也存在恶意将他人商标用在自己企业名称中的行为，此种行为构成不正当竞争。《商标、企业名称权与在先权利冲突规定》第 1 条规定，原告以他人注册商标使用的文字、图形等侵犯其著作权、外观设计专利权、企业名称权等在先权利为由提起诉讼，符合《民事诉讼法》第 108 条规定的，人民法院应当受理。

（高曈辉　撰写）

第一千零一十四条　【侵害姓名权、名称权的行为】任何组织或者个人不得以干涉、盗用、假冒等方式侵害他人的姓名权或者名称权。

【法条链接】

《民法通则》第 99 条

---

① 杨立新：《人身权法论》，人民法院出版社 2000 年版，第 473 页。

【立法背景】

与《民法通则》第 99 条第 1 款相比，本条属于对旧法的修改。一是增加了侵害名称权的行为；二是除了《民法通则》第 99 条第 1 款明确列举的干涉、盗用、假冒三种行为之外，增加了“等方式”的兜底性表述，兼顾了社会生活和司法实践中侵害姓名权、名称权行为的多样性。

【条文解读与法律适用】

一、侵害姓名权的行为

（一）干涉他人决定、使用和变更姓名

干涉行为既包括干涉他人使用真名，也包括干涉他人使用笔名、艺名等。在司法实践中主要包括以下几种：一是干涉养子女决定、使用和变更姓名。自然人被他人收养后，从收养方的姓氏符合法律规定，但是养子女一旦具备完全行为能力，应有权决定自己的姓名，包括养父母在内均不得干涉。二是干涉被监护人决定和使用其姓名。未成年人成年之后，如原监护人对未成年人行使姓名权加以干涉，可构成侵害姓名权。三是干涉他人使用与自己的姓名相同的姓名。只要自然人不是出于某种不正当目的而取与他人相同的姓名，故意造成姓名权冲突，则他人无权干涉①。

（二）盗用他人姓名

盗用他人姓名是指未经他人同意或授权，也无法律许可，擅自以他人名义实施有害于他人和社会的行为。例如在罚款通知单上签他人姓名。盗用他人姓名的情况下，行为人往往从事不法行为，可能同时成立侵害名誉权。盗用他人行为如属于诈骗的手段，可能构成刑事犯罪。

（三）假冒他人姓名

假冒他人姓名，是指冒名顶替，冒充他人的姓名，或利用与他人相同或近似，足以引起混淆的姓名参加民事活动，以牟取私利。比如，在著名的

---

① 王利明：《人格权重大疑难问题研究》，法律出版社 2019 年版，第 464—465 页。

“齐玉苓案”中，假冒他人姓名入学。假冒他人姓名和盗用他人姓名的相同点是：都是行为人在受侵害人不知情的情况下进行的；行为人在主观心理上都是故意的，并且具有一定的目的；都会造成一定的损害后果；都违反法律。不同之处是：第一，盗用姓名是未经姓名权人同意而擅自使用，而假冒姓名是专指冒名顶替；第二，盗用姓名只是擅自使用他人姓名，行为人并未直接以受侵害人的身份进行民事活动，假冒姓名则是以姓名权人的身份直接进行活动；第三，盗用姓名只是以他人的姓名进行民事活动，假冒姓名则不仅假冒他人姓名，还包括故意利用自己的姓名与被侵害人姓名相同或相近的特点，冒充他人进行民事活动①。

二、侵害名称权的行为

（一）盗用名称

盗用是指擅自使用他人名称从事违法行为。在盗用的情况下，通常不仅侵害名称权还有可能同时侵害名誉权，而且盗用行为情节严重还有可能构成犯罪。

（二）假冒名称

假冒是指未经他人许可擅自使用他人名称从事民事行为。比如在自己生产的商品、服务、信函等上面标注其他企业的名称，造成公众的混淆误认。

（三）仿冒名称

仿冒是指以与他人名称相类似或者混淆的文字作为自己的名称或者申请注册商标以及从事其他非法用途。

（四）其他行为

除上述明确列举的行为外，还包括以下几种侵害名称权的行为：一是未经许可的利用行为，即未经他人许可，将他人名称用于商业用途；二是非法干涉名称的使用，比如转让名称权之后，不正当限制使用；三是转让后继续使用。判断某一行为是否侵害名称权主要标准就是公众是否认为行为人所使用的名称与权利人的名称有直接的关联。

（高瞳辉　撰写）

---

① 杨立新：《人身权法论》，人民法院出版社2000年版，第475页。

第一千零一十五条 【姓氏的选取】 自然人应当随父姓或者母姓，但是有下列情形之一的，可以在父姓和母姓之外选取姓氏：

（一）选取其他直系长辈血亲的姓氏；

（二）因由法定扶养人以外的人扶养而选取扶养人姓氏；

（三）有不违背公序良俗的其他正当理由。

少数民族自然人的姓氏可以遵从本民族的文化传统和风俗习惯。

【法条链接】

《民法通则》第 99 条；《婚姻法》第 22 条；《收养法》第 24 条；《姓名权立法解释》

【立法背景】

2014 年最高人民法院向全国人民代表大会常务委员会提出，为使人民法院正确理解和适用法律，请求对《民法通则》第 99 条第 1 款“公民享有姓名权，有权决定、使用和依照规定改变自己的姓名”和《婚姻法》第 22 条“子女可以随父姓，可以随母姓”的规定作法律解释，明确公民在父姓和母姓之外选取姓氏如何适用法律。2014 年 11 月公布的《全国人民代表大会常务委员会关于〈中华人民共和国民法通则〉第九十九条第一款、〈中华人民共和国婚姻法〉第二十二条的解释》（以下简称《姓名权立法解释》）规定：“公民原则上应当随父姓或者母姓。有下列情形之一的，可以在父姓和母姓之外选取姓氏：（一）选取其他直系长辈血亲的姓氏；（二）因由法定扶养人以外的人扶养而选取扶养人姓氏；（三）有不违反公序良俗的其他正当理由。少数民族公民的姓氏可以从本民族的文化传统和风俗习惯。”本条的规定与上述立法解释基本一致。自然人出生取得姓氏，随父姓或母姓，沿袭现行《婚姻法》第 22 条的规定，符合中华传统文化、伦理观念和普遍做法。同时，考虑到社会实际情况，公民有正当理由的也可以选取其他姓氏。特殊情况下取得、改称自然人父姓、母姓以外其他直系长辈血亲姓氏，在家族、世代延续的立场上具有可接受性，目前大量发生的变更姓氏事件和地方性户籍管理规范中也体现了“返祖姓”的广泛需求。此外，法定抚养人以外的人对自然人进行抚养，具有如延续家族等正当理由，受抚养的自然人可以有姓氏上的改变，这也体现了在维护被抚养人利益基础上对非法定抚养人付出的认可。行使姓名权属于民事活动，还应当遵守《民法通则》第 7 条的规定，即应当尊重社会公德，不得损害社会公共利益。《人格权编（草案)》审议期间曾经规定，未成年人父母离婚的，与未成年人共同生活的一方可以将未成年人的姓氏变更为自己的姓氏。但是另一方有正当理由表示反对的除外。审议过程中有观点指出，该条规定的初衷是为了给实践中此类案件的解决提供法律依据，但是变更未成年人姓氏涉及的问题较为复杂，这一规定并不能完全解决现实中的这类问题，建议不作规定。最终本条未规定上述内容。

【条文解读与法律适用】

依据本条规定，自然人在选取姓名时，原则上应当随父姓或者母姓。法律之所以做出如此规定，是因为“姓”具有很强的伦理因素，按照我国传统文化和伦理秩序，普遍认为子女随父姓或者母姓是天经地义的。根据本条的规定，自然人决定其姓名的自由需要受到一些限制，权利人决定自己姓名时，原则上应当随父姓或者母姓，但是在以下情形下，权利人也可以选择父姓和母姓之外的其他姓氏。

一是选取其他直系长辈血亲的姓氏。父母之外的直系长辈血亲，包括祖父母、外祖父母、曾祖父母、外曾祖父母等直系长辈。我国一些地区存在“三代还宗”的习俗，即因入赘等原因，子女改姓女方的姓，到第三代时，孩子又要改为其祖父的姓，这是在我国许多地区长期存在的民间习俗，在法律上应当予以尊重。①

二是因由法定扶养人以外的人扶养而选取扶养人姓氏。根据本条的规定，如果被法定扶养人以外的人扶养，则自然人可以选择抚养人的姓氏作为自己

---

① 王利明：《人格权重大疑难问题研究》，法律出版社 2019 年版，第 441 页。

的姓氏，这在客观上也有利于鼓励法定扶养人之外的近亲属对自然人履行扶养义务。

三是有不违反公序良俗的其他正当理由。按照本条的规定，如果有不违反公序良俗的其他正当理由，则自然人也可以选择父姓和母姓之外的姓氏，对自然人在父姓和母姓之外选择姓氏作了兜底性规定。例如，依据《收养法》第24条规定，子女在被他人收养之后，可以随养父或者养母的姓。该条规定是自然人选择父姓和母姓以外其他姓氏的正当理由。

本条规定少数民族自然人姓氏可以从本民族的文化传统和风俗习惯。一些少数民族的姓氏具有特殊的血缘承载的功能，对于维护本民族的文化传统和伦理秩序具有重要的意义，其姓氏的选择也应当尊重其文化传统和风俗习惯。

（高瞳辉　撰写）

第一千零一十六条　【姓名、名称的登记及变更效力】自然人决定、变更姓名，或者法人、非法人组织决定、变更、转让名称的，应当依法向有关机关办理登记手续，但是法律另有规定的除外。

民事主体变更姓名、名称的，变更前实施的民事法律行为对其具有法律约束力。

【法条链接】

《居民身份证法》第3条；《户口登记条例》第18条；《企业法人登记管理条例》第17条；《企业名称登记管理规定》第3条、第9条、第23条

【立法背景】

虽然我国在《居民身份证法》《户口登记条例》《企业法人登记管理条例》《企业名称登记管理规定》等法律、行政法规中规定了大量关于姓名、名称核准登记的具体程序性规定，但是在民事基本法中并未明确规定民事主体

取得、变更姓名、名称需要登记，在法律衔接上存在不足，本条规定弥补了立法上的不足。

【条文解读与法律适用】

一、姓名、名称的决定、变更和转让需要登记

《居民身份证法》第 3 条第 1 款规定："居民身份证登记的项目包括：姓名、性别、民族、出生日期、常住户口所在地住址、公民身份号码、本人相片、指纹信息、证件的有效期和签发机关。"《户口登记条例》第 18 条规定："公民变更姓名，依照下列规定办理：（一）未满十八周岁的人需要变更姓名的时候，由本人或者父母、收养人向户口登记机关申请变更登记；（二）十八周岁以上的人需要变更姓名的时候，由本人向户口登记机关申请变更登记。"

自然人在姓名选取过程中，其用字需要符合法律规定。《居民身份证法》第 4 条第 1 款规定："居民身份证使用规范汉字和符合国家标准的数字符号填写。"

《企业名称登记管理规定》第 3 条规定："企业名称在企业申请登记时，由企业名称的登记主管机关核定。企业名称经核准登记注册后方可使用，在规定的范围内享有专用权。"《企业法人登记管理条例》第 17 条规定："企业法人改变名称、住所、经营场所、法定代表人、经济性质、经营范围、经营方式、注册资金、经营期限，以及增设或者撤销分支机构，应当申请办理变更登记。"《企业名称登记管理规定》第 23 条规定："企业名称可以随企业或者企业的一部分一并转让。企业名称只能转让给一户企业。企业名称的转让方与受让方应当签订书面合同或者协议，报原登记主管机关核准。企业名称转让后，转让方不得继续使用已转让的企业名称。"名称权的转让是指名称权人将其名称全部让与某一个受让人。受让人成为该名称权的主体。名称权可以转让是名称权不同于其他人格权的重要特点。上述规定对于企业名称的确定、变更、转让进行了规定。除企业外，其他法人、非法人组织名称的变更也应当按照相关法律规定予以办理。《民法总则》第 64 条规定："法人存续期间登记事项发生变化的，应当依法向登记机关申请变更登记。"该法第 66 条规定："登记机关应当依法及时公示法人登记的有关信息。"

企业虽然享有名称决定权，但在法律上，名称的选择应当符合法律的规定，《企业名称登记管理规定》第9条规定：“企业名称不得含有以下内容和文字：（一）有损于国家、社会公共利益的；（二）可能对公众造成欺骗或者误解的；（三）外国国家（地区）名称、国际组织名称；（四）政党名称、党政军机关名称、群众组织名称、社会团体名称及部队番号；（五）汉语拼音字母（外文名称中使用的除外）、数字；（六）其他法律、行政法规规定禁止的。”名称的变更也应当符合法定的程序，对名称决定的限制同样应当适用于名称的变更。

二、姓名、名称的变更不影响之前民事法律行为的效力

民事主体变更姓名、名称的，其主体身份不发生改变，变更前实施的民事法律行为对其具有法律约束力。该条规定旨在防止通过变更姓名、名称逃避债务的行为。

（高瞳辉　撰写）

第一千零一十七条　【姓名权、名称权保护规定的参照适用】具有一定社会知名度，被他人使用足以造成公众混淆的笔名、艺名、网名、译名、字号、姓名和名称的简称等，参照适用姓名权和名称权保护的有关规定。

【法条链接】

《反不正当竞争法》第6条；《反不正当竞争解释》第6条

【立法背景】

本条为新增条款。在现实生活中除了本名之外，自然人的笔名、艺名、网名等，可能具有较高的知名度，甚至比姓名更为人们所熟悉。一方面这些符号与特定个人的身份、人格尊严具有内在的联系，对笔名、艺名、网名等的冒用，会对特定个人的公众形象与声誉等带来损害；另一方面笔名、艺名、网名等有的时候还具有一定的商业价值，对于这些特定符号的保护，有利于防止不诚信的商业行为和不正当竞争行为，有利于维护社会经济秩序。《反不正当竞争法》第6条第3项规定，经营者不得擅自使用他人有一定影响的姓名（包括笔名、艺名、译名等，引人误认为是他人商品或者与他人存在特定联系)。《反不正当竞争解释》第6条也规定，具有一定的市场知名度、为相关公众所知悉的自然人的笔名、艺名等，可以认定为《反不正当竞争法》规定的“姓名”。《反不正当竞争法》及《反不正当竞争解释》的上述规定，为自然人的笔名、艺名等提供了一定程度的保护。但是《反不正当竞争法》主要适用于经营行为，而且更多是针对法人和非法人组织；笔名、艺名、网名等特定符号的保护，并不限于经营行为，主要涉及的是个人的身份。所以将其列入人格权法中予以保护，较通过《反不正当竞争法》予以保护的模式更为合理。

关于笔名、艺名、网名等称呼是否属于姓名，其性质如何认定，存在不同观点。一种观点认为，对于具有一定知名度的笔名、艺名、网名等可以将其认定为姓名。另一种观点认为，笔名、艺名、网名不同于户籍记载的姓名，个人对其笔名、艺名、译名等享有的权利不同于姓名权的内容。本条规定表明，个人称号虽然可以作为人格权保护，但是其毕竟不是个人的姓名，不宜直接将其纳入姓名权的范围，而是参照适用姓名权保护规则。

关于法人和非法人组织的字号、简称的保护，《反不正当竞争法》第6条第3项规定，经营者不得擅自使用他人有一定影响的企业名称（包括简称、字号等)、社会组织名称（包括简称等)，引人误认为是他人商品或者与他人存在特定联系。《反不正当竞争解释》第6条第1款规定，企业登记主管机关依法登记注册的企业名称，以及在中国境内进行商业使用的外国（地区）企业名称，应当认定为《反不正当竞争法》规定的“企业名称”。具有一定的市场知名度、为相关公众所知悉的企业名称中的字号，可以认定为《反不正当竞争法》规定的“企业名称”。该司法解释通过将具有一定知名度的企业字号纳入《反不正当竞争法》规定的“企业名称”范围提供保护。最高人民法院于2009年印发的《关于当前经济形势下知识产权审判服务大局若干问题的意见》中规定，对于具有一定市场知名度、为相关公众所熟知、已实际起到商号作用的企业名称中的字号、企业或者企业名称的简称，视为企业名称并给予制止不正当竞争的保护。此为通过司法政策对于企业简称给予反不正当竞争法的保护。

实际上，2017年《反不正当竞争法》的修订，已经吸收了之前司法解释的相关规定，明确了企业名称包括简称、字号等，姓名包括笔名、艺名、译名等。此次《民法典》制定，进一步明确了笔名、艺名、网名、译名、字号、姓名和名称的简称等，参照适用姓名权和名称权保护的有关规定，明确了其人格权的属性。《人格权编（草案)》审议期间曾将“为相关公众所知悉”作为笔名、艺名、网名、字号、姓名和名称的简称等受姓名权、名称同等保护的条件，但最终删除了该项要求，仅保留了足以造成公众混淆的要求。

【条文解读与法律适用】

一、笔名、艺名、网名等受法律保护的条件

笔名是作者发表作品时所属的别名，比如“鲁迅”是周树人的笔名。艺名是指演员、模特等从事艺术活动时所使用的代替自己真实姓名的名称，例如梅兰芳是演员梅澜的艺名。网名是个人在网上所使用的名称或代号，比如一些网络大V，由于网名的使用不需要登记，网名受姓名权保护确有难度。还有如别名，是本人或者他人指称某人的，本名之外的其他称呼，别名有多种形式，包括传统上除姓名之外另起的字、号，自然人年幼时的乳名、绰号。简名，例如在迈克尔·乔丹与国家工商行政管理总局商标评审委员会争议案中，美国NBA巨星迈克尔·乔丹分别主张“乔丹”与“QIAODAN”均属于其姓名权的保护范围。

关于笔名、艺名、网名等在何种情况下受保护，存在不同观点。有观点认为应当符合“广为人知”的标准，即只有大家都知道这一笔名或者艺名是指什么人时，其才能受到法律保护。还有观点认为应采用“同等地位标准”。此种观点认为笔名、艺名、网名等称号只有在取得与姓名同等地位同等影响时，才能受到保护。对此，本条最终采用“足以造成公众混淆”的标准。根据本条的规定，艺名、笔名等参照适用姓名权保护的有关规定，需要符合以下条件：

一是与个人身份具有稳定的对应性，可以用于识别个人身份。在最高人

民法院指导性案例迈克尔·乔丹与国家工商行政管理总局商标评审委员会争议案中，最高人民法院认为，姓名权保护的对象虽然不要求与特定个人具有唯一的对应性，但是这种身份的识别与对应必须是稳定的，也就是说，人们必须能够通过称呼识别出特定个人，甚至可以说这种称呼与特定个人之间存在一种“可替代性”。

二是具有一定的社会知名度。笔名、艺名等之所以受到法律保护，就是因为其与姓名一样，能够标识个人的身份，个人才能对此类称号享有人格利益，才能受到法律的保护。具备这种社会知名度并不要求个人长期、连续地使用，只要具备一定的社会知名度，不论其时间长短，均应当受到法律的保护。《人格权编（草案)》审议期间曾将“为相关公众所知悉”作为笔名、艺名、网名、字号、姓名和名称的简称等受姓名权、名称同等保护的条件，虽然最终删除了该项要求，但是仍然应当满足有一定社会知名度的要求。

三是他人的使用行为足以使社会公众产生混淆。这里的社会公众，应当是指其相关领域的社会公众，正是由于这些称呼能够为社会公众所熟悉，行为人使用这些称呼时容易产生混淆，从而构成侵权。[①]

二、企业字号、简称受法律保护的条件

企业字号、简称若要参照适用企业名称权保护的有关规定，必须具备企业名称区分不同经营者的功能。判断企业字号、简称是否具备区分功能可以从以下几个方面考虑：一是企业字号、简称在生产经营活动中被实际使用；二是企业字号、简称的使用需持续一定时间、达到一定范围；三是企业字号、简称的使用需使相关公众建立起其与特定经营者之间的稳定联系。企业字号与特定经营者之间仅需建立起稳定联系，而不需要是一一对应的关系，原因在于当下企业的经营存在多种组织形式，当企业组织形式发生变化或集团化经营的时候，可能存在一个企业字号为多个法律地位相互独立的企业所使用的情形，由于这些企业存在关联关系，即便其使用相同或相似的字号亦不产生法律上的矛盾，因此，无需字号与经营者之间存在唯一的对应性。

（高曈辉　撰写）

---

① 王利明：《人格权重大疑难问题研究》，法律出版社2019年版，第452页。

第四章 肖像权

第一千零一十九条 【肖像权的保护范围】 任何组织或者个人不得以丑化、污损，或者利用信息技术手段伪造等方式侵害他人的肖像权。未经肖像权人同意，不得制作、使用、公开肖像权人的肖像，但是法律另有规定的除外。

未经肖像权人同意，肖像作品权利人不得以发表、复制、发行、出租、展览等方式使用或者公开肖像权人的肖像。

【法条链接】

《民法总则》第110条；《民法通则》第100条、第120条

【立法背景】

《民法通则》第100条规定，公民享有肖像权，未经本人同意，不得以营利为目的使用公民的肖像。自1986年《民法通则》颁布以来，肖像权一直是明确规定的公民享有的一项民事权利。2009年《民法通则》进行修正，肖像权的内容没有变化，表达方式和1986年版本一致。同时，《民法通则》第120条规定，公民的姓名权、肖像权、名誉权、荣誉权受到侵害的，有权要求停止侵害，恢复名誉，消除影响，赔礼道歉，并可以要求赔偿损失。2017年颁布的《民法总则》第110条规定，自然人享有生命权、身体权、健康权、姓名权、肖像权、名誉权、荣誉权、隐私权、婚姻自主权等权利。法人、非法人组织享有名称权、名誉权、荣誉权等权利。《民法总则》将肖像权和生命权、身体权等公民享有的人身权一并规定在一条中，并没有单独就每一项权利再

进行分条的规定。

在《民法典》中系统地进行肖像权立法，在我国甚至世界各国法律体系中都是首次。《民法典》在第四编人格权的第四章肖像权中第一次系统地规定了肖像权的保护体系。肖像权之精神利益是肖像权的核心利益，包括权利人对自己肖像享有完整的权利，禁止他人丑化、污损或以信息技术手段伪造等侵害肖像的行为。《民法典》中对于肖像权保护的重大变化就是，原来《民法通则》中规定的"以营利为目的"这一必要条件被删除，意味着2021年《民法典》生效后，只要未经权利人同意，擅自使用他人肖像就可能构成侵权。

【条文解读与法律适用】

一、侵害肖像权的方式和手段

本条第1款规定，任何组织或者个人不得以丑化、污损，或者利用信息技术手段伪造等方式侵害他人的肖像权。从这一规定来看，侵害肖像权的主体不限于个人，还包括任何组织，也就是说一切法律主体均可成为侵害肖像权的主体。此外，对于侵害肖像权的手段，明确提出丑化、污损或者利用信息技术手段伪造的方式。特别是信息技术手段伪造这种方式的规定回应了目前信息技术发展阶段的现实需求，对于保护肖像权具有重要意义。

二、侵害肖像权不再"以营利为目的"为要件

本条第1款还规定，未经肖像权人同意，不得制作、使用、公开肖像权人的肖像，但是法律另有规定的除外。这里删除了之前《民法通则》规定的"以营利为目的"这一必要条件。也就是说，《民法典》生效后，未经肖像权人同意，制作、使用或公开肖像的，不再需要以营利为目的。肖像权的保护范围较之前扩大了很多，保护力度也是前所未有的，这充分体现了《民法典》对肖像权这一人格权的尊重和保护。同时，该款还有一个但书，给法律有特殊规定留下了空间。例如，在《民法典》第1020条就规定了肖像权的合理使用。也就是说，在符合第1020条规定的情况下，虽然未经肖像权人同意，制作、使用、公开了肖像权人的肖像也不构成肖像权侵权。

三、肖像权与著作权的关系

本条第2款规定，未经肖像权人同意，肖像作品权利人不得以发表、复

制、发行、出租、展览等方式使用或者公开肖像权人的肖像。从著作权法的角度讲，将他人肖像拍摄、雕塑或绘制成作品后，著作权人享有对肖像作品的著作权。《著作权法》第10条规定了著作权人享有对作品的人身权和财产权。其中，人身权包括发表权、署名权等，财产权包括复制权、发行权、出租权、展览权等。第22条规定了12种对著作权限制的情形，即明确了著作权合理使用的范围。《著作权法》中对于权利行使的限制是通过明确列举的方式规定的，没有兜底性条款。也就是说，除了法律中明确列出的12种情形，任何人实施了《著作权法》中赋予著作权人的权利均需要取得著作权人的许可。前述12种合理使用的情形并未包含未经肖像权人同意，以发表、复制、发行、出租、展览等方式使用或者公开肖像权人的肖像。换言之，《民法典》中规定的肖像作品权利人在行使其著作权时需要取得肖像权人的同意，这是对著作权行使的一种限制，更是对肖像权的一种强保护。

（张玲玲 撰写）

第一千零二十条 【肖像权的合理使用】合理实施下列行为的，可以不经肖像权人同意：

（一）为个人学习、艺术欣赏、课堂教学或者科学研究，在必要范围内使用肖像权人已经公开的肖像；

（二）为实施新闻报道，不可避免地制作、使用、公开肖像权人的肖像；

（三）为依法履行职责，国家机关在必要范围内制作、使用、公开肖像权人的肖像；

（四）为展示特定公共环境，不可避免地制作、使用、公开肖像权人的肖像；

（五）为维护公共利益或者肖像权人合法权益，制作、使用、公开肖像权人的肖像的其他行为。

【法条链接】

《民法通则》第100条；《民通意见》第139条

【立法背景】

本条是关于可以不经肖像权人同意，合理使用其肖像情形的规定。在《民法典》颁布前，不管是法律还是相关司法解释，都没有规定可以不经肖像权人同意，合理使用其肖像的情形。仅将“未经本人同意”和“以营利为目的”作为侵害他人肖像权的两个必要构建要件。《民法通则》第100条规定：“公民享有肖像权，未经本人同意，不得以营利为目的使用公民的肖像。”《民通意见》第139条则规定：“以营利为目的，未经公民同意利用其肖像做广告、商标、装饰橱窗等，应当认定为侵犯公民肖像权的行为。”由此可见，法律和司法解释都将“以营利目的”作为使用他人肖像是否侵权的基础性判断要件，其暗含的意思在于如果并不是以营利为目的，可以不经肖像权人同意就使用其肖像。但现实情况是：就算不以营利为目的，仍有大量的使用行为侵害了肖像权人的合法权益。譬如，利用信息技术手段将不同公民肖像进行“嫁接”，制作“恶搞”他人的卡通形象等。面对这些新情况，如果再把“以营利为目的”作为侵权的必要条件，一方面会导致肖像权人合法权益得不到有效保护，另一方面也不利于普遍尊重他人合法权益社会氛围的形成。

此外，《侵权责任法》和《精神损害赔偿解释》关于肖像权侵权保护的规定也并没有单独将“以营利为目的”作为侵害肖像权的构成要件。但如果删除“以营利为目的”的情形，规定任何使用一律需要取得肖像权人的同意，也极不现实。诸如课堂教学、新闻报道、基于公共利益的社会管理等诸多可能会涉及他人肖像的活动将很难开展起来。现代社会诸多社会活动都需要利用肖像，若凡利用公民肖像都要经过本人同意，必定会给正常的社会生活造成诸多不便，极大提高社会运行成本。①

因此，基于“不以营利为目的”情形下，肖像权人合法权益保护的现实需求。不再将“以营利为目的”作为侵害肖像权的构成要件具有很强的现实意义。同时，也确有必要规定一些可以不经肖像权人同意就可以使用其肖像的情形，以平衡肖像权严格保护与合理使用的关系。

---

① 张红：《民法典之肖像权立法论》，载《学术研究》2019年第9期。

近些年来，参考《著作权法》第 22 条中关于著作权人作品合理使用的相关规定，司法界与学术界就不经肖像权人同意使用其肖像的情形进行了大量的探讨，形成了一些司法判断标准，也达成了一些学术共识。具体来看，在教学科研、新闻报道、国家机关依法履职、维护公共利益或肖像权人合法权益等情形下，可以做到“合理利用”。虽然在这些使用情形下仍存在非法或不当使用而侵害肖像权人合法利益的可能，但是总体而言，确立在这些情形下，可不经肖像权人同意而使用其肖像具有现实正当性。

在立法过程，还有一些较为具体的建议，譬如关于公众人物肖像的合理使用范围是否应当大于一般的社会公众，单位内部对于其员工情况介绍中使用肖像进行展示是否是合理使用，集体肖像的保护与利用等。这些意见中，有些已经糅合体现在现有条文之中，有些抽象到了兜底条款内。

【条文解读与法律适用】

一、合理使用的五种类型

本条列举了合理使用的五种情形：

1. 为个人学习、艺术欣赏、课堂教学或者科学研究，在必要范围内使用肖像权人已经公开的肖像。此种类型严格限定了肖像的使用主体、使用情形、使用种类。使用主体是个人而不是集体，更不是法人或其他组织，而是站在自身角度的自然人；使用情形为在自身的学习或艺术欣赏、课堂教学或者科学研究中，而不是在其他的情形下使用；使用肖像的种类是肖像权人已经公开的肖像，这里的公开应该一般理解为面对社会大众的公开，而不是在一定特定范围内的公开。但如果使用人仅在肖像权人公开的特定范围内使用，也应当视为合理使用。

2. 为实施新闻报道，不可避免地制作、使用、公开肖像权人的肖像。新闻报道是社会公众获取社会信息，实现知情权的重要途径，不管是影像新闻报道还是图文新闻报道，均可能涉及与新闻报道相关人员的肖像问题，或作为新闻报道的主要对象，或作为新闻报道的背景，这种使用对于新闻报道而言是不可避免的。此种情况下的合理使用包括制作新的肖像、使用既有肖像或新制作的肖像、公开既有肖像或公开新制作的肖像等情形。值得注意的是，在新闻报道中使用的肖像，法律并未限制于肖像权人已公开的肖像。

3. 为依法履行职责，国家机关在必要范围内制作、使用、公开肖像权人的肖像。此种情形主要强调对国家机关依法履职的保障，部分国家机关履职过程中不可避免地会涉及制作、使用或公开他人肖像问题。比如公安机关会公布具有严重社会危害性的在逃嫌疑人肖像，也会公开划片民警的肖像。

4. 为展示特定公共环境，不可避免地制作、使用、公开肖像权人的肖像。个人与社会的关系不仅体现为事务的公共交织性，也体现为空间环境的连接性，绝大多数的人会与公共环境发生联系。譬如为了展示车站、医院、商场等特定公共环境的具体情况，在通过影像资料呈现时，就会不可避免地涉及身处这些地方的乘客、患者或顾客肖像的制作、使用、公开问题，此种情况也属于合理使用。

5. 为维护公共利益或者肖像权人合法权益，制作、使用、公开肖像权人的肖像的其他行为。如何科学地界定公共利益，平衡好公共利益与私人利益的关系，一直是我国立法、执法、司法工作的难题。本条所确立的公共利益合理使用原则，是兜底条款，也是使用人的抗辩条款，使用人需要有充分的理由、证据表明，在上述四种情况之外，自身制作、使用、公开肖像权人肖像的行为是为了维护公共利益。关于为了维护肖像权人合法权益而使用其肖像，有学者认为：此种情况下，使用他人肖像的人主观上大多为善意，其为肖像权人合法权益而使用肖像权人之肖像，有利于及时维护肖像权人的利益，不会造成负面影响。如某人失踪，其亲属、朋友为寻找线索而四处张贴寻人启事，将某人肖像印于其上。① 同样，这种为了肖像权人合法权益的行为，需要使用人有相应证据予以支持。

二、合理使用也需合法、谨慎

需要注意的是，在上述情形下，使用者使用他人肖像仍需遵循合法使用原则，注重肖像权人合法权益的保护。不能丑化、污损，或者利用信息技术手段伪造等方式侵害肖像权人的合法利益。譬如在法学课堂教学过程中，使用他人公开的肖像作为讲述犯罪嫌疑人“典型长相”的配图；在影像中故意截取肖像权人不雅姿势或动作进行展示，误导公众对肖像权人的公共评价；在展示特定公共环境过程中，比如特种疾病的医院等，因公开部分患者肖像，

---

① 张红：《民法典之肖像权立法论》，载《学术研究》2019 年第 9 期。

从而导致肖像权人就医隐私权利受损等。

同时，虽然本条规定事先可以不经肖像权人同意，但从维护肖像权人人格尊严、减少纠纷角度出发，使用人也可以采取事前告知、事后充分说明的方式，最大限度争取肖像权人理解；在不以肖像权人肖像为主要呈现或者不宜呈现肖像权人肖像的情形中，可以采取遮挡、打码等多种技术处理方式，避免肖像权人肖像的不当公开。

（刘建　撰写）

第一千零二十一条　【肖像使用条款的解释】当事人对肖像许可使用合同中关于肖像使用条款的理解有争议的，应当作出有利于肖像权人的解释。

【立法背景】

本条是关于肖像许可使用协议中肖像使用条款理解争议的有关规定。类似的规定见于《民法典》合同编中关于合同格式条款的相关内容，对格式条款有两种以上解释的，应当作出不利于提供格式条款一方的解释。本条规定独立于本法的合同编外，体现了立法对于肖像许可协议的特别干预，体现了对肖像权人进行倾斜保护的立法态度。也有观点认为，法律作出侧重肖像权人保护的规定就是为了避免出现对肖像权人的精神利益侵害，以维护实质公平。这种特殊解释规则，目的在于通过特殊解释方法之采用，直接干预具体案件当事人之间的关系，排除作出不利于肖像权人的解释结果，维护利益平衡。①

【条文解读与法律适用】

实践中，除了少量经常需要提供自身肖像供有关商业主体使用的肖像权人会通过较为专业的法律团队把关肖像许可使用协议外，大部分偶发的肖像

① 张红：《〈民法典各分编（草案）〉人格权编评析》，载《法学评论》2019 年第 1 期。

许可使用行为，没有书面协议或书面协议过于简单，又或书面协议相关条款不利于肖像权人保护自身合法权益。因此，为从根本上保护肖像权人的合法权益，规范业已市场化的有偿肖像许可使用行为，本条规定，发生争议后，肖像许可使用协议应当做有利于肖像权人的解释。

但是这种有利于肖像权人的解释，也应当服从平等自愿、公平、诚实信用等合同法的基本原则。譬如某明星与其代言企业约定：使用肖像代言的年度费用除基本费用外，其收入还包括该企业产品使用其肖像推广后与上年度比较净增额的百分之一至百分之二确定，最低不得低于 100 万元。如果使用该明星代言后，该企业的年度销售额确实大幅增加，增加了 2 亿元。按照约定，企业将支付该明星不低于 200 万元的代言费用，但如果该明星指出对使用条款理解有争议，认为企业应该依照百分之二的标准即 400 万元予以给付。此种情况下，笔者认为：虽然双方对使用条款中约定支付标准为百分之一还是百分之二有争议，但是不宜机械地认为应该完全支持肖像权人的主张。具体适用百分之一至百分之二之间的哪个比例，合同既然将主动权赋予了企业，企业确定何种比例都应当被尊重与认可，约定保底 100 万元的分成，肖像权人在签订合同时候对此种风险规避的选择，也应当公平地体现在履行合同的过程中。

（刘建　撰写）

第一千零二十二条　【肖像许可使用期限】当事人对肖像许可使用期限没有约定或者约定不明确的，任何一方当事人可以随时解除肖像许可使用合同，但是应当在合理期限之前通知对方。

当事人对肖像许可使用期限有明确约定，肖像权人有正当理由的，可以解除肖像许可使用合同，但是应当在合理期限之前通知对方。因解除合同造成对方损失的，除不可归责于肖像权人的事由外，应当赔偿损失。

【立法背景】

本条是关于肖像许可使用期限的规定。针对的是约定不明或者变更约定、解除协议等存在肖像许可使用协议的情形，而不包括《民法典》第1020条肖像合理使用的情况。肖像使用许可协议作为特定领域的合同并没有出现在《民法典》第三编的典型合同中，是遵循关于本法第三编第七章关于合同解除的一般规则，还是重新确立新的规则，体现了立法者对于本类合同法益保护与平衡的态度。显然，本条的规定与本法第三编第七章的解除规则具有明显差异，根本上还是延续了《民法典》第1021条的立法态度，虽然法定解除权同样适用于合同双方当事人，但其实质上是作出了有利于肖像权人的规定。

【条文解读与法律适用】

本条第1款将没有约定或约定不明的协议的解除权平等赋予了肖像权人与肖像使用权人。这里的没有约定或约定不明既包括已经订立的使用协议中没有相应的使用期限的条款或者约定不明，也包括有一定期限的使用协议，到期后没有自动解除，双方实质上在继续适用。譬如，合同约定使用期限为一年，到期后合同自动解除。一年期满，使用人继续支付一年费用，而肖像权人未表示反对。此后，如果一方当事人提出解除使用协议，要退还一定费用，就应当视为当事人对使用期限没有约定，而不宜认定为该使用协议也为一年。

本条第2款针对的是对于许可期限有明确约定的情形，特别地赋予了肖像权人单方解除权。有学者认为“合同信守原则，是合同法的基本原则。赋予肖像权人单方解除合同的权利，是对合同信守原则的突破。合同法仅在极为特殊的情况下，才会赋予合同一方当事人随时解除合同的权利。肖像许可使用合同一般具有对价，相对人应向肖像权人支付许可费，这是商业性质的交易合同，以牺牲相对人利益为代价，赋予肖像权人特别的单方解除权本就是对合同信守的极大突破，故不能毫无限制”①。在解除限制方面，第2款规定了一项前提，两项附随义务。前提是肖像权人需要基于正当理由。肖像使用会给肖像使用人带来现实或者潜在的利益，使用人对该利益或有支付对价的其他付出，或者相应的潜在安排。如果肖像权人无正当理由解除，会使肖

① 张红：《〈民法典各分编（草案）〉人格权编评析》，载《法学评论》2019年第1期。

像使用人利益处于极度不确定状态，既不公平也不利于公平诚信市场环境的形成。因此，肖像权人的解除必须基于可以证明的正当理由。两项附随义务中，其一是解除之前的合理期限告知。本条第 1 款、第 2 款都规定了解除发起方应当在合理期限之前通知对方。这里采取合理期限的模糊规定而并没有具体规定为 7 天、15 天或者 30 天，主要是考虑到不同的许可使用协议其使用期限、范围可能存在较大差别，因合同解除需要进行调整的时间无法统一。当然，提前通知的期限是否合理，可以在具体案件中，由司法机关根据客观事实具体裁量确定。其二是赔偿义务。如前所述，使用权人支付相应对价，形成商业现实或期待利益。肖像权人解除协议给使用人产生的损失可以适用业已约定的违约责任，如果双方对违约责任没有约定的，可以按照相关实际损失确定。此外本条中“除不可归责于肖像权人的事由”是指解除不涉及肖像权人自身的因素，并非指在非归责于肖像权人事由的情况下，肖像使用人不获得赔偿。即肖像使用权人只要生效合同被解除，就有要求肖像权人进行赔偿的权利。如果肖像权人能够证明解除非基于自身而是基于第三人原因，那么应由第三人承担对肖像使用权人的赔偿。

（刘建　撰写）

第五章 名誉权和荣誉权

第一千零二十四条 【名誉权的权能及客体】民事主体享有名誉权。任何组织或者个人不得以侮辱、诽谤等方式侵害他人的名誉权。

名誉是对民事主体的品德、声望、才能、信用等的社会评价。

【法条链接】

《民法通则》第101条;《民通意见》第140条;《名誉权解答》第7条

【立法背景】

本条第1款基本沿用了1986年《民法通则》第101条的规定。该项规定是成熟条款。《民法通则》2009年修改时就未对相关内容进行修改。1993年最高人民法院在其颁布的《名誉权解答》中,也曾作出类似规定。[①]《民通意见》第140条进一步细化了侵害名誉权行为的类型,规定以书面、口头等形式宣扬他人的隐私,或者捏造事实公然丑化他人人格,以及用侮辱、诽谤等方式损害他人名誉,造成一定影响的,应当认定为侵害公民名誉权的行为。最高人民法院的上述司法解释,与本条规定的精神实质是一致的。《民法典》人格权编的编纂过程中,本条的内容也未作实质性修改。

本条第2款是在《民法通则》的基础上,新增的关于名誉的规定。此前

① 《最高人民法院关于审理名誉权案件若干问题的解答》第7条规定,以书面形式或者口头形式侮辱或者诽谤他人,损害他人名誉的,应认定为侵害他人名誉权。

法律法规及司法解释中未对何为名誉作出明确规定。本条第 2 款的规定，采用了学界和实务界的主流观点。

【条文解读与法律适用】

一、名誉权的主体

细化名誉权主体的规定是本条与《民法通则》第 101 条规定的主要区别之一。本条规定民事主体享有名誉权。根据《民法典》总则编第 2 条的规定，民事主体包括自然人、法人和非法人组织。因此，本条与《民法通则》第 101 条的规定相比，扩展了名誉权主体的范围，将非法人组织也纳入了名誉权保护的主体范畴。

自然人当然享有名誉权，自然人的名誉主要是对公民的能力、品行、作风、思想、才干等方面的社会综合评价。法人享有的名誉权是针对法人的商业信用、资产状况、经营业绩等方面的社会评价而享有的人格权。政府机关是否享有名誉权存在争议。根据《民法典》总则编第 96 条的规定，我国的法人还包括机关法人等特别法人。因此，本条规定将名誉权的主体扩展至民事主体，也当然包括了机关法人，在特定情况下机关法人也应享有名誉权。非法人组织的名誉权，是非法人组织针对非法人组织运转过程中的履职能力和履职意愿形成的社会评价而享有的人格权。

二、名誉权的客体

名誉是名誉权的客体，长期以来，法律法规及司法解释并未明确对名誉进行定义。学界的主流观点认为，名誉是民事主体基于自身人格价值获得的社会评价。[①]名誉权保护的名誉具有客观性、时代性和非财产性。

社会性是名誉的重要属性。社会性是名誉与名誉感的重要区别。名誉是外在的、客观的社会评价，而名誉感是内在的，反映自我价值的情感体验。侮辱等损害行为既可能改变社会公众对特定主体的综合评价，也可能同时伤及该特定主体的感受。作为精神性人格利益的一种，名誉常常与情感因素发

---

① 参见杨立新：《人格权法》，法律出版社 2011 年版，第 50 页；王利明：《人格权法》（第二版），中国人民大学出版社 2016 年版，第 277 页。

生牵连，但由于名誉感取决于个人的感受和主观好恶，名誉感的损害难以确定，而且作为名誉权的主体法人及其他组织并无名誉感之说，因此，名誉权项下，并不保护名誉感的贬损。从另一方面来看，无法感知名誉贬损的自然人、法人也并不因为名誉感缺失而被排除在名誉权保护之外。正是由于名誉权所保护的名誉具有客观性，因此，如果一人长期辱骂另一人，而并无第三人知晓，则辱骂者并不构成对他人名誉权的损害，但可能承担一般侵权的侵权责任。

名誉的时代性是指由于名誉是基于社会价值观念及认知形成的社会评价，因此，名誉随着时代变迁而变化。判断是否构成对名誉的损害也要考虑其所处时代。例如，散布同居的观点是否构成对他人名誉权的毁损，就需要考虑不同历史时代人们的认知价值选择。

名誉的特定性是指，名誉是特定人的名誉，而非一般社会人的评价。因为名誉是对特定人的评价，所以当某种行为指向特定主体时，该行为可能构成对他人名誉权的侵害。[①] 如果侮辱、诽谤行为宽泛地指向一类群体，例如医生收受红包，则该行为不能构成损害名誉权的侵权行为。

名誉属于人格利益无疑，名誉本身不是财产，不能直接表现为一定的财产利益，不能用货币计算。但名誉与财产利益也相关。名誉损害可能带来附带性的财产损失。《利用信息网络侵害人身权益规定》将被侵权人为制止侵权行为的合理支出，如调查取证的合理费用、律师费等，也认定为财产损失范围，因此，名誉权损害赔偿的纠纷中也可能对特定附带财产给予赔偿。

三、名誉权与其他权利的比较

名誉权是民事主体就其自身特性表现出来的社会价值而获得的社会评价的人格利益。名誉权的内容主要有名誉的保有权，即民事主体享有保有名誉的权利。通常认为能够改善名誉也是名誉保有权的权能的内涵。此外，名誉权还具有名誉维护权和名誉利益支配权。即民事主体有权禁止他人实施贬损自己名誉的行为以及利用自己的良好名誉为自己带来收益的行为，例如保证等。在审判实践中，侵害名誉权引起的纠纷主要有：诽谤、侮辱、新闻报道失实、文学作品使用素材不当、无证据而错告或诬陷及因过失致人名誉损害

---

① 王利明：《人格权法》（第二版），中国人民大学出版社2016年版，第278页。

的情形。

名誉权与隐私权不同。隐私权是公民享有的私人生活安宁与私人信息依法受到保护，不被他人非法侵扰、知悉、搜集、利用和公开等的一种人格权。两者的主要区别在于：主体不同、客体不同、侵权方式不同、侵权责任的承担方式不同。名誉权的主体既包括自然人也包括法人，而隐私权只能由自然人享有。名誉权的客体是名誉，隐私权的客体是隐私，名誉是对特定人的社会评价，而隐私则是特定人的生活安宁、个人秘密、自主决定，通常与社会评价无直接关系。侵害名誉的方式通常是侮辱、诽谤等方式，而侵犯隐私权的方式则不必采用上述方式，披露真实信息也可能构成侵犯隐私权的行为。恢复名誉、消除影响都是侵犯名誉权的责任承担方式，而隐私一旦披露则无法恢复原状，因此，恢复原状并非侵害隐私权的责任承担方式。名誉权与隐私权有一定程度的重合，同一行为可能同时损害他人的名誉权和隐私权。在《侵权责任法》出台前，相关司法解释将侵犯他人隐私而至名誉受损的情形纳入名誉权的保护范围。《侵权责任法》出台后，隐私权作为与名誉权并列的人身权独立出来，在适用过程中有必要加以区分，但同时也不宜因此否定重叠保护的可能。

名誉权与荣誉权不同。荣誉权是与荣誉称号相关的人格权益。名誉权与荣誉权的区别主要在于客体不同、权利性质不同、取得方式不同以及消灭方式不同。名誉权的客体是名誉，荣誉权的客体是荣誉，名誉是综合性、客观的社会评价，荣誉是授予个人和组织的荣誉称号。因此，两者的性质也有所不同，名誉权是典型的人格权，而荣誉权是一种身份权。根据本条规定，自然人、法人当然享有名誉权，而荣誉权则需要以特定组织授予荣誉称号后方能产生。名誉权的消亡与主体人格消亡相关，而荣誉权的消亡则与主体资格存续与否无关。

（戴怡婷　撰写）

第一千零二十五条　【名誉权侵权抗辩及例外】行为人为公共利益实施新闻报道、舆论监督等行为，影响他人名誉的，不承担民事责任，但是有下列情形之一的除外：

（一）捏造、歪曲事实；

（二）对他人提供的严重失实内容未尽到合理核实义务；

（三）使用侮辱性言辞等贬损他人名誉。

【法条链接】

《民法典》第 1026 条；《名誉权解释》第 6 条、第 9 条

【立法背景】

全国人大常委会法制工作委员会主任沈春耀在2018 年8 月27 日在第十三届全国人民代表大会常务委员会第五次会议上作《关于民法典各分编（草案）的说明》中指出，为了平衡好保护个人权益和发挥新闻报道、舆论监督作用之间的关系，草案规定，行为人为维护公序良俗实施新闻报道、舆论监督等行为，影响他人名誉的，不承担民事责任。但是特定情形下除外。本条对名誉权侵权抗辩进行了体系化的规定，填补了此前立法上的空白。

长期以来，司法实践中，公正评论和正当舆论监督可以作为名誉权侵权的抗辩事由。《名誉权解释》第 9 条规定，新闻单位对生产者、经营者、销售者的产品质量或者服务质量进行批评、评论，内容基本属实，没有侮辱内容的，不应当认定为侵害其名誉权；主要内容失实，损害其名誉的，应当认定为侵害名誉权。但司法解释的不侵权抗辩的实质是"基本真实"抗辩，而并未区分"基本真实"抗辩与"公正评论"抗辩，也未明确规定其他抗辩类型。

《民法典》审议过程中，第一次审议稿第 805 条规定，行为人为维护公序良俗实施新闻报道、舆论监督等行为，影响他人名誉的，不承担民事责任。但是行为人捏造事实、歪曲事实、对他人提供的事实未尽到合理审查义务或者包含过度贬损他人名誉内容的除外。由此可见，第一次审议稿已经突破了司法实践中的"基本真实"标准，采用了"公共利益 + 合理审查"模式。第二次审议稿则修改为"实施新闻报道、舆论监督等行为，影响他人名誉的，

不承担民事责任，但是有下列情形之一的除外……”此后的审议稿均与第二次审议稿保持一致，不再将公共利益作为侵权抗辩的要件之一。但最后审议通过的条文回归了“公共利益+合理审查”模式，并将文字表述从“合理审查”修改为“合理核实”。参考国外立法经验，公共利益抗辩与基本真实抗辩、合理审查抗辩、公正评论抗辩等属于相对独立的抗辩事由。《民法典》选择双重抗辩事由与我国的国情民意相适应。有学者认为，考虑到目前我国媒体负责任报道自律尚存在很多问题，在现阶段强调“维护公序良俗”这一条件还是比较妥当的，以后随着媒体自律逐步完善，可以相应放宽此项条件，直至最终予以取消。①

【条文解读与法律适用】

本条规定了名誉权侵权抗辩的两种情形，即新闻报道及舆论监督。所谓新闻报道是指新闻工作者或相关人员通过新闻媒介，对社会生活的某方面事实进行的报道，新闻报道主要是事实陈述，有时也在事实陈述的基础上进行意见评论。所谓舆论监督则指公民、法人及社会组织依法对社会生活的某方面进行的批评与评论，主要属于意见评论。因此，本条规定的违法阻却事由的实质包括事实陈述与意见评论两个方面。实践中，两者之间也存在难以区分的情况，例如，某人多次偷窃，品德败坏，这种属于事实陈述与意见评论的混合情形。总体而言，事实陈述是相对客观的描述和报道行为，事实真相是人类永恒的追求。在事实陈述是否构成名誉权侵权行为的认定中，内容是否真实是主要考虑因素。而意见评论含有主观的价值判断，批评与评论无所谓真实与否。意见评论难以得出“真”与“伪”的结论，对意见评论的容忍源于我们对言论自由的追求。因此，事实陈述与舆论监督虽有难以区分的情况，但两者的价值依托有所不同，在适用中也应有所区分。

一、新闻报道

我们追求事实真相，期望新闻报道内容真实，但并不要求做到每一个细

① 王伟亮、刘逸帆：《论我国新闻侵犯名誉权“合理审查义务”抗辩的确立与完善》，载《现代传播》2020 年第 3 期。

节都确保真实无误。只要主要内容真实，主观上也并无侮辱的故意，那么即使个别言辞激烈、细节失实，也不因此构成侵权行为。新闻报道机制的时效性、调查核实的非强制性等特点决定了新闻报道中难免出现不准确的地方。如果对于任何轻微失实，都需要新闻报道者承担责任，那么新闻自由也将不复存在。新闻报道在信息传播中具有重要作用，相对于因细节失实而损害的人格利益，人类对真相的期待更为重要。

新闻报道的内容如果来源于他人提供，则需要审查消息来源的可靠性。按照权威消息来源进行客观报道，不属于捏造事实和歪曲事实的行为。例如，《名誉权解释》第6条规定，新闻单位根据国家机关依职权制作的公开的文书和实施的公开的职权行为所作的报道，其报道客观准确的，不应当认定为侵害他人名誉权；其报道失实，或者前述文书和职权行为已公开纠正而拒绝更正报道，致使他人名誉受到损害的，应当认定为侵害他人名誉权。因此，新闻媒体在合理引用的过程中仅负有对他人提供材料的合理核实义务。如果尽到了合理核实的注意义务，即使报道有失偏颇，也不构成名誉权侵权行为。

二、舆论监督

新闻媒体或公民作出评论时，基本依据事实、未有侮辱言辞，即使观点存在片面或者过激之处，也不构成名誉权侵权。《名誉权解释》第9条规定，消费者对生产者、经营者、销售者的产品质量或者服务质量进行批评、评论，不应当认定为侵害他人名誉权。但借机诽谤、诋毁，损害其名誉的，应当认定为侵害名誉权。新闻单位对生产者、经营者、销售者的产品质量或者服务质量进行批评、评论，内容基本属实，没有侮辱内容的，不应当认定为侵害其名誉权；主要内容失实，损害其名誉的，应当认定为侵害名誉权。

根据本条规定，是否构成正当舆论监督，需要判断评价者本身是否具有恶意，其恶意表现为明知事实为假，即捏造和歪曲事实，以及故意使用侮辱性言辞等。

三、侵权抗辩的例外

《民法典》人格权编采用了以主体为分类标准的侵权抗辩体例。但两类侵权抗辩都需要符合三要件：首先，捏造和歪曲事实不能阻却侵权成立，新闻报道和舆论监督内容“基本真实”可以作为侵权抗辩的理由，对此，《民法典》颁布之前，已有大量司法实践。其次，履行了“合理核实 ”的注意义务。这是公正评论或者依职权监督的本质要求。由于本条第 2 款第 1 项已经确认了“基本真实”可作为免责理由，因此，本条规定的“合理核实”义务针对的内容应当是严重失实的内容。本项规定虽然在文字上表述为“对他人提供”的内容进行合理核实，但第 2 项属于侵权抗辩的例外条款。因此，新闻报道及舆论监督侵权抗辩不限于针对由他人提供的内容素材进行报道或者舆论监督的情形。原创报道及评论中也应尽到合理核实的注意义务，以保证真实报道、公正评论。此外，第 2 项中的“他人提供”包括了主动提供与被动提供两种情形。最后，新闻报道与舆论监督应当公正评论，新闻报道及舆论监督的实施人使用侮辱性言辞突破了正当的范围，构成侵权行为，而在该项规定下，内容是否失实并非认定侵权成立的决定性因素。

（戴怡婷　撰写）

第一千零二十六条　【合理核实义务】认定行为人是否尽到前条第二项规定的合理核实义务，应当考虑下列因素：

（一）内容来源的可信度；

（二）对明显可能引发争议的内容是否进行了必要的调查；

（三）内容的时限性；

（四）内容与公序良俗的关联性；

（五）受害人名誉受贬损的可能性；

（六）核实能力和核实成本。

【法条链接】

《民法典》第 1025 条

【立法背景】

本条是对合理核实义务的具体规定。《民法典》首次确立了名誉权侵权抗辩体系中的合理核实义务。《民法典》颁布之前，《名誉权解释》第 7 条曾针对他人提供新闻材料侵犯名誉权的情形进行规定，但并未明确规定新闻机构或者舆论监督者的合理核实义务。实践中，新闻机构因未履行合理核实义务，构成侵权行为的案件数量较多。合理核实义务的内在要求及裁判尺度是实践中亟待统一的问题。《民法典》人格权编专条对此进行明确，具有现实意义。

本条内容经《人格权编（草案)》三次审议均未作实质性修改。但有两处修改值得关注。《民法典》审议过程中，一审稿第805条规定合理审查的对象是他人提供的事实，即区分了事实和意见陈述，新闻媒体等仅对事实负有合理审查义务。而二审稿中该条内容则修改为对他人提供的内容进行合理审查。相对于“事实”，显然“内容”的范围更大。此外，第三次审议过程中，将“可以考虑下列因素”修改为“应当考虑下列因素”，增加了本条适用的刚性。最终审议通过的条文的另一重要修改是删除了关于行为人就合理审查义务承担举证责任的第2款规定。关于行为人负有举证责任的规定与侵权纠纷的一半举证责任分配原则相同，并非特别的举证分配规则，而且从比较法上看，除美国外，多数国家也都采取了行为人举证的模式。因此，无需在此用专条对举证责任进行规定。

【条文解读与法律适用】

特定主体开展新闻报道与舆论监督与合理核实共同成立侵权抗辩，行为人是否履行合理核实义务，应当由以下因素确定：

1. 内容来源的可信度。如果行为人依据的事实来源于明显不可靠的途径，而行为人未进一步核实内容的真实性，则行为人的主观过错明显，属于未尽到合理核实义务的情形。相反，如果信息来源于通常认为可信程度较高的渠道，即使报道内容存在失实之处，行为人也不具有可责难性。司法实践中，新闻单位根据国家机关依职权制作的公开的文书和实施的公开的职权行为所作的报道可以视为来源于可信程度较高的渠道。法律、法规、部门规章、人民法院生效文书、仲裁机构作出的裁决、党政机关的公文、新闻发布会、白皮书以及合法出版物可以视为可信度较高的信息来源。此外，公民、法人或其他组织公开发表的自认性陈述也相对属于可信度较高的来源。

2. 是否进行必要的核实。履行核实义务的程度因个案事实不同而不同，合理核实义务的高低与内容的可疑程度成正比。即使信息来源于权威的渠道，但如果明显容易引发争议，或明显存疑，行为人应当进行进一步的调查核实。例如，在李颉诉新京报侵权纠纷案中，新京报在 12 月 8 日的报道中称，李颉饰贾赦，现已去世。在次日的报道中，又称这位老艺术家如今身子骨还硬朗。新京报前后的报道明显矛盾，而年纪较大的演员是否去世显然是被报道者和公众都关注的事实，该事实属于明显容易引起争议的事实，新京报未对此进行必要的调查，未尽到合理的核实义务。

3. 内容的时限性。传播次数越多，出现传播谬误的概率就越大，因此，报道内容形成时间越早，其可信度相对越低，需要负有较高的审查义务，以便保证陈述事实的真实和准确。相反，对新闻时效性的追求，使得我们不能苛责新闻报道与客观事实完全一致，因此，内容时效性的强弱也决定了我们对内容错误的容忍程度。

4. 与公序良俗的关联性。通常认为公序良俗能够成为侵权抗辩事由之一。因此，内容是否涉及公序良俗也可以作为确定行为人注意义务高低的因素之一。在中曼石油与新京报的侵权纠纷中，法院认为，中曼石油作为欲向社会不特定公众公开募股的拟上市企业，其支付能力、涉诉情况、履行生效法律文书的意愿等直接与其商业信用相关，属于对不特定投资者作出投资决策有重大影响的信息，因此，涉及社会公共利益。对于关涉社会公益的新闻报道，不应对报道者克以过于严苛的注意义务。

5. 受害人名誉贬损的可能性。受害人名誉贬损的可能性大的，行为人应当负有较高的核实注意义务，保证陈述的事实的真实性，从而降低损害发生的可能性。

6. 核实成本与核实能力。合理核实的注意义务应当与新闻报道和舆论监督主体的核实成本和核实能力相适应。媒体的审查义务，应当符合媒体从业者的一般标准。苛责其承担超出审查能力的侵权责任，或者要求其支付过高的审查成本，都将损害新闻自由以及舆论监督的积极性，从而有悖于本条的立法初衷。

（戴怡婷　撰写）

第一千零二十七条 【作品与名誉权侵权】行为人发表的文学、艺术作品以真人真事或者特定人为描述对象，含有侮辱、诽谤内容，侵害他人名誉权的，受害人有权依法请求该行为人承担民事责任。

行为人发表的文学、艺术作品不以特定人为描述对象，仅其中的情节与该特定人的情况相似的，不承担民事责任。

【法条链接】

《民法通则》第101条；《名誉权解答》第9条

【立法背景】

《民法通则》第101条规定，公民、法人享有名誉权，公民的人格尊严受法律保护，禁止用侮辱、诽谤等方式损害公民、法人的名誉。根据《民法总则》第110条规定，自然人和法人、非法人组织享有名誉权。在《民法通则》和《民法总则》中对于名誉权虽都有明确规定，但均未成体系。《民法典》第四编第五章中系统规定了名誉权及其侵权方式。第1027条规定的是文学作品是否构成侵害名誉权的情形。在《名誉权解答》中，首先确立了侵害名誉权责任认定的“四要件”体系，即构成侵害名誉权，应当根据受害人确有名誉被损害的事实、行为人行为违法、违法行为与损害后果之间有因果关系、行为人主观上有过错来认定。但在此前1986年颁布的《民法通则》关于侵权责任的规定中并未出现涉及“行为违法性”的表述。而此后2009年颁布的《侵权责任法》中同样未出现此类表述。在侵害名誉权的案件中，法律没有规定的，适用司法解释的规定。同时《名誉权解答》第9条规定，撰写、发表文学作品，不是以生活中特定的人为描写对象，仅是作品的情节与生活中某人的情况相似，不应认定为侵害他人名誉权。描写真人真事的文学作品，对特定人进行侮辱、诽谤或者披露隐私损害其名誉的；或者虽未写明真实姓名和住址，但事实是以特定人或者特定人的特定事实为描写对象，文中有侮辱、诽谤或者披露隐私的内容，致其名誉受到损害的，应认定为侵害他人名誉权。

编辑出版单位在作品已被认定为侵害他人名誉权或者被告知明显属于侵害他人名誉权后，应刊登声明消除影响或者采取其他补救措施；拒不刊登声明，不采取其他补救措施，或者继续刊登、出版侵权作品的，应认定为侵权。可见，《民法典》第1027条是吸收了《名誉权解答》第9条的规定。

【条文解读与法律适用】

一、文学艺术作品侵害名誉权的情形

文学艺术作品涉及自由表达的范畴，一般不应予以限制。文学艺术作品分为不同的体裁，例如有写实型的报告文学等题材。在文学艺术作品以真人真事或者特定人为描述对象时，读者阅读作品后很自然地会将作品中的人物、事件与现实中的人物相对应，此时，作品中的表达如果含有侮辱或诽谤内容，则会导致被作品描述的人物在现实生活中名誉受到损害，因此，《民法典》规定受害人有权依法请求该行为人承担民事责任。

在司法实践中，这类案件的焦点主要集中在文学艺术作品是否以真人真事为描述对象以及描述的内容是否涉及侮辱或诽谤被描述对象。其中，如何判断是否构成侮辱或者诽谤有一定的难度。当真人真事在现实生活中本身就存在一定的负面评价时，文学艺术作品如何客观体现这些负面评价又不会造成对被描述人的侮辱或诽谤则需要作品在表达时把握一定的尺度。在判定是否构成侵害名誉权时要考虑名誉是否实际受损的客观事实，而不能以受害人的主观心理感受作为判断依据。

二、文学艺术作品不构成侵害名誉权的情形

文学艺术作品来源于生活又高于生活。文学艺术作品如果是不以特定人为描述对象，仅其中的情节与该特定人的情况相似的，则应当属于文学创作的自由范畴，文学艺术作品的作者不应当承担民事责任。

司法实践中，如何判断部分情节是否与特定人情况相似以及这种相似性是否足以导致该特定人名誉受到损害则成为审判的难点。一般而言，仅某个或者某部分情节与特定人的情况类似，文学作品总体上是虚构的，不能指向该特定人，则应该给文学作品以创作的自由空间。但是，如果该情节与特定人情况高度类似，已经使得一般读者能够对号入座，将该情节与特定人紧密

相连，已经能够产生在现实生活中该特定人的名誉受到损害的，则该文学作品已经超出了自由创作的范畴，应当承担一定的民事责任。

（张玲玲 撰写）

第一千零二十八条 【失实报道更正权】民事主体有证据证明报刊、网络等媒体报道的内容失实，侵害其名誉权的，有权请求该媒体及时采取更正或者删除等必要措施。

【法条链接】

《民法典》第1025条；《出版管理条例》第27条；《名誉权解答》第9条；《名誉权解释》第6条

【立法背景】

在人格权的保护过程中，始终存在舆论监督和权利保护的平衡问题。① 虽然《民法典》第1025条规定了新闻报道、舆论监督影响他人名誉而应当承担民事责任的具体情形，但是这种事后救济并不能及时制止侵害行为的发生。因此，有必要采取更为积极有效的措施防止因媒体报道内容失实而侵害他人名誉权后果的发生和扩大。从以往的实践看，《名誉权解答》第9条第2款规定："编辑出版单位在作品已被认定为侵害他人名誉权或者被告知明显属于侵害他人名誉权后，应刊登声明消除影响或者采取其他补救措施；拒不刊登声明，不采取其他补救措施，或者继续刊登、出版侵权作品的，应认定为侵权。"《名誉权解释》第6条也再次确认，在报道失实或者新闻单位作出相关报道所依据的国家机关文书和职权行为已公开纠正，而新闻单位拒绝更正报道致使他人名誉受到损害的，应当认定为侵害他人名誉权。《出版管理条例》第27条规定："出版物的内容不真实或者不公正，致使公民、法人或者其他

① ［日］五十岚清：《人格权法》，铃木贤、葛敏译，北京大学出版社2009年版，第35页。

组织的合法权益受到侵害的，其出版单位应当公开更正，消除影响，并依法承担其他民事责任。报纸、期刊发表的作品内容不真实或者不公正，致使公民、法人或者其他组织的合法权益受到侵害的，当事人有权要求有关出版单位更正或者答辩，有关出版单位应当在其近期出版的报纸、期刊上予以发表；拒绝发表的，当事人可以向人民法院提起诉讼。”在立法过程中，有关部门和法学教学研究机构也提出建议，希望借鉴《出版管理条例》的上述规定，赋予受害人要求媒体及时更正、删除不实报道的权利。在2019年4月的《人格权编（草案）》（二审稿）中，立法机关采纳了相关建议，在第807条之后新增一条，即第807条之一，规定了民事主体所应当享有的失实报道更正权：“报刊、网络等媒体报道的内容失实，侵害他人名誉权的，受害人有权请求该媒体及时更正或者删除。媒体不及时履行的，受害人有权请求人民法院责令该媒体限期更正或者删除。”[①] 在2019年8月的《人格权编（草案）》（三审稿）中，该条又作了进一步的完善，具体表述被调整为“报刊、网络等媒体报道的内容失实，侵害他人名誉权的，受害人有权请求该媒体及时更正或者删除等必要措施；媒体不及时采取措施的，受害人有权请求人民法院责令该媒体在一定期限内履行”。相对于二审稿，三审稿进一步拓宽了权利救济的渠道，允许根据实际情况采取更正或者删除之外的其他必要措施对受害人给予救济。而最终通过的条文，在文字表述上则更加科学、精炼。

除失实报道更正权外，在立法过程中还曾有学者提出应当增加回应权的规定，即“当有关报刊、网络等媒体披露、报道的信息包含直接涉及他人名誉的事实时，权利人可以请求该媒体及时采取合理的方式免费发布其针对相关事实的必要回应”[②]。但是，由于回应权和更正权的对象均为事实报道而非在此基础之上的评论，[③] 二者在权利救济的实际效果等方面亦不存在明显差异，因此有关增加回应权规定的建议并未被立法机关采纳。

---

① 朱宁宁：《民法典人格权编草案再次亮相》，载《法制日报》2019年4月21日，第2版。

② 王利明：《人格权重大疑难问题研究》，法律出版社2019年版，第570页。除自然人应当享有回应权外，还有学者强调法人也应当享有回应权，参见张民安、林泰松：《人格权在民法典当中的独立地位——人格权为何应当在我国民法典当中独立设编》，中山大学出版社2019年版，第211—213页。

③ 王利明：《人格权重大疑难问题研究》，法律出版社2019年版，第572页、第578页。

【条文解读与法律适用】

由于本条规定属于在以往的民事法律规范中没有过的内容，因此，在理解和适用方面需要注意以下几个方面。

一、权利性质及其内容

就性质而言，本条所规定的权利人享有的权利是《民法典》第995条规定的人格权请求权的具体实现方式。一般而言，行为人侵害他人人格权所应承担的民事责任包括停止侵害、排除妨碍、消除危险、消除影响、恢复名誉等多种形式，但是在报刊、网络等媒体存在失实报道的情况下，最为有效和直接的方式就是通过该报刊、网络在原有的传播范围内对相关事实予以澄清。因此，本条是对消除影响、恢复名誉等一般的民事责任承担方式的具体化，不仅赋予了受害人更为清晰明确的权利，而且使权利人能够在损害后果尚未进一步扩散的情况下通过积极作为的方式加以预防和补救。

从立法过程中草案条文的演变可知，本条虽可归纳为“失实报道更正权”，但其权利内容远不限于对失实报道进行更正这一种权利实现方式。实际上，权利人既可以要求报刊、网络等媒体更正其失实报道的内容，也可以在适当的情形下要求该媒体删除报道失实的内容。而且，此处的权利救济是以一种开放的方式存在的，除了法律明确列举的更正、删除外，权利人还可以根据具体情形要求发布失实报道的报刊、网络等媒体采取其他必要的补救措施。

二、权利行使要件

权利人行使本条规定的权利，应当满足以下要件：

第一，相关报刊、网络等媒体刊载的报道内容失实，侵害了权利人的名誉权。作为名誉权客体的名誉，并不是主体个人的主观的自我评价，而是一种客观的社会评价。[1] 因此，认定媒体报道的内容是否侵害他人名誉权，也应当以该报道内容失实为前提。如果媒体的报道内容并未失实，则相关报道涉及的民事主体亦无权请求该媒体予以更正、删除或者采取其他措施。当然，

① 王利明：《人格权重大疑难问题研究》，法律出版社2019年版，第539页。

如果该真实的报道内容此前并不为人所知，该报道行为客观上使民事主体的社会评价降低，则有可能构成对其隐私权的侵害。

第二，权利人只能请求此前刊载不实报道的报刊、网络等媒体采取必要措施。失实报道更正权是权利人在特定情况下名誉权受到侵害时而享有的一种救济性权利，具有次生性，如果没有失实报道所引发的名誉权受到侵害的事实，该权利的行使也就无从谈起。因此，受到名誉权侵害的主体只能请求刊载了失实报道的媒体采取必要措施消除影响，但这里所称的刊载，并不限于首次发布失实报道，转载失实报道的行为也属于本条所称的报道，受害人有权要求转载的媒体采取相应的必要措施。

第三，权利人请求更正或者删除的对象是不实信息等事实而非相关评论。虽然根据本法第1024条第2款的规定，名誉是对民事主体的品德、声望、才能、信用等的社会评价，质言之，名誉就是一种社会评价；但法律条款之间是有分工的，本条的立法目的在于在事后救济之外，为权利人提供一种能够更为积极有效地防止因媒体报道内容失实而侵害他人名誉权后果扩大的救济手段，而要求相关媒体对社会评价本身是否适当作出判断并非易事，因此，本条所调整的对象仅限于客观事实而不包括基于此事实之上的评价。至于相关评价是否适当、是否损害他人名誉权，则应当结合相关条款的规定予以综合判断。

第四，权利人提出的更正等请求应当与失实报道造成的侵害后果相称，符合比例原则。权利人请求刊载失实报道的媒体排除妨碍，消除对其名誉的不良影响的具体措施，应当与该失实报道所造成的影响相适应，所以，本条强调相关措施必须是“必要措施”。实践中，应当考虑失实报道刊载的具体版面、页面等因素，比如对于在非头版或者非显著位置刊载的失实报道，如果权利人一定要求更正信息刊载于头版头条或者其他显著位置，若无其他正当理由，则有超出必要限度之嫌。

三、需要注意的问题

行使本条规定的权利时，并不要求权利人必须举证证明相关失实报道已经造成了实际损害，只要权利人能够证明该报道在事实方面与事实不符、存在对其名誉造成损害之虞，即可以依本条规定提出相应请求。

基于人格权的绝对权属性，这种作为人格权请求权的失实报道更正权也不受时效的限制。只要存在损害他人名誉权的失实报道，权利人随时都可以请求刊载该报道的媒体采取必要措施消除失实报道造成的对其名誉造成的不良影响。

在权利人提出请求后，刊载失实报道的媒体应当及时采取必要措施。如被请求的媒体不予更正，则应当向权利人说明不采取更正、删除等必要措施的理由。权利人认为相关媒体不采取相应措施的理由不能成立，或者相关媒体既不说明理由又不采取必要措施的，可以依本条规定向人民法院提起诉讼，请求人民法院判令相关媒体在一定期限内履行采取必要措施的义务。

（周波　撰写）

第一千零二十九条　【信用评价异议权】民事主体可以依法查询自己的信用评价；发现信用评价不当的，有权提出异议并请求采取更正、删除等必要措施。信用评价人应当及时核查，经核查属实的，应当及时采取必要措施。

【法条链接】

《个人信用信息基础数据库管理暂行办法》

【立法背景】

早在《民法总则》的制定过程中，就有意见提出，信用是对民事主体经济能力的社会评价，信用权是市场经济下的一项重要的权利，应该将信用权作为一种独立的人格权加以规定。[①]《民法典》的制定过程中，相关学者再次提出有必要将信用权规定为一项独立的人格权。[②] 但是，无论是在《民法总则》中，还是在最终通过的《民法典》中，信用权并未被作为一项独立的人格权予以规定，立法者所选择的仍然是通过名誉权的方式对民事主体的信用

① 李适时主编：《中华人民共和国民法总则释义》，法律出版社2017年版，第343页。

② 王利明：《人格权重大疑难问题研究》，法律出版社2019年版，第596页。

予以保护，本法第 1024 条第 2 款对名誉的界定就包含了信用在内的社会评价。而本条有关信用评价查询、异议、更正、删除等规定，也是放在第五章“名誉权和荣誉权”中，作为民事主体享有和维护名誉权的具体内容加以规定。关于本条的条文内容，立法过程中的演变仅有细微变化。2018 年 8 月的《人格权编（草案）》（一审稿）第 808 条规定：“民事主体可以依法查询自己的信用评价；发现信用评价错误或者侵害自己合法权益的，有权提出异议并要求采取更正、删除等必要措施。信用评价人应及时核查，经核查属实的，应当及时采取必要措施。”2019 年 4 月的二审稿将其修改为：“民事主体可以依法查询自己的信用评价；发现信用评价错误的，有权提出异议并要求采取更正、删除等必要措施。信用评价人应当及时核查，经核查属实的，应当及时采取必要措施。”相对于前一稿，仅是删除了“或者侵害自己合法权益”的内容，限缩了民事主体提出异议并提出更正、删除等相关请求的范围。2019 年 8 月的三审稿未再作新的修改。最终通过的条文，则将“信用评价错误的”调整为“信用评价不当的”，进一步拓宽了该条款的适用范围。

【条文解读与法律适用】

虽然从字面规定看，权利人可以查询自己的信用评价，并且在此基础上针对不当的信用评价提出异议并要求信用评价人采取必要措施，但是，本条规定的核心内容在于权利人有权对信用评价人作出的针对自己的信用评价提出异议，进而要求信用评价人采取相应的必要措施。

一、查询信用评价并非本条设定的民事权利

“信用的客观表现是一种评价，这种评价是社会公众的评价，而不是当事人的自我经济评价”①，这与其他名誉权的特征并无二致。包括征信机构在内的社会公众如何基于各种客观信息作出信用评价，实际上并非名誉权人所能够控制和支配的。相应地，查询他人作出的针对自己的信用评价并非民事主体所享有的人格权，能否查询以及如何查询针对自己的信用评价，通常都是“依法”进行的，而且这里所指的法律往往不是民事法律，而是行政管理方面

---

① 吴汉东：《论信用权》，载《法学》2001 年第 1 期。

的法律法规。比如公众最常接触的个人信用信息查询，就是由根据《个人信用信息基础数据库管理暂行办法》（中国人民银行令［2005］第3号）设立的征信服务中心为商业银行和个人提供的信用报告查询服务。其立法目的主要是并非保护个人的民事权利，而是“维护金融稳定，防范和降低商业银行的信用风险，促进个人信贷业务的发展，保障个人信用信息的安全和合法使用”①。根据该办法第15条的规定，“征信服务中心可以根据个人申请有偿提供其本人信用报告”。如果查询信用评价是一项民事权利，那么按照常理，民事主体在行使自己的民事权利时，通常是不需要支付对价的。而且，即使民事主体不是通过主动查询的方式了解到他人对自己的信用评价，但如果其发现该评价不当，依然可以向该信用评价作出者提出异议。也就是说，是否有权提出信用评价异议，与民事主体通过何种方式获知该信用评价并无必然联系。

二、权利性质及其特点

（一）权利行使不以权利人的名誉权受侵害为前提

民事主体根据本条规定所享有的权利，是一种提出异议并请求采取必要措施的请求权，而且与人格权受到侵害时请求侵权人承担停止侵害、排除妨碍、消除危险、消除影响、恢复名誉等民事责任的请求权不同。从性质上看，信用评价异议权的行使不以民事主体名誉权受侵害为前提。

认定名誉权受到侵害，需要满足一定的条件，比如行为人实施了侮辱、诽谤等毁损名誉的行为，毁损名誉的行为必须指向特定人，行为人的行为为第三人所知悉等。② 单纯的信用评价不当，比如除被评价人依法自行查知外并无第三人知悉该错误评价，则即使评价不当，也不构成对被评价人名誉权的侵害。因此，即使信用评价不当，但如果尚未达到侵害他人名誉权的程度，则民事主体并不能要求他人承担侵害名誉权的民事责任；但本条的特别规定，则是民事主体有权在遭受名誉权侵害之前，主动请求信用评价人核查其信用评价是否准确适当。当然，在因信用评价不当而导致名誉权受到侵害后，名

---

① 《个人信用信息基础数据库管理暂行办法》第1条规定：“为维护金融稳定，防范和降低商业银行的信用风险，促进个人信贷业务的发展，保障个人信用信息的安全和合法使用，根据《中华人民共和国中国人民银行法》等有关法律规定，制定本办法。”

② 王利明：《人格权重大疑难问题研究》，法律出版社2019年版，第552—562页。

誉权人也同样可以行使本条规定的权利。

（二）权利行使不具有实现权利人意图的当然效力

在理解和适用本条规定时，必须注意区分信用评价与信用信息的不同。“信用评价，是就他人经济上偿付能力和偿付意愿的评价；而信用信息，是指与他人信用相关的客观信息。”①

信用信息是作出信用评价的事实依据，具有客观性，不因不同主体的主观认知而有所差异，而且可以通过必要的举证方式直接证明其正确与否，因此，民事主体当然可以要求信用评价人采取必要措施，对其作出信用评价所依据的信用信息作出更正等必要措施。这一点，与《民法典》第1037条规定的自然人个人信息异议权较为相似。

然而对于信用评价而言，虽然民事主体可以对其认为的他人作出的不当信用评价提出异议，但信用评价作为名誉的一个具体表现方面，“是一种观念形态，而且它本身不为受评价的特定人所控制”②，因此，即使民事主体认为他人对自己作出的信用评价不当，也不能像行使支配性权利一样，要求信用评价人必须按照民事主体自我认知的结果重新作出评价，而是只能提出请求，要求信用评价人基于相应的事实进行核查并在此基础上重新作出评价。而且，这也不意味着信用评价人核查后重新作出的信用评价就必须与被评价人自我认知的结果一致。在接到民事主体对信用评价提出的异议后，信用评价人虽然应当及时进行核查，但其对信用评价的结论仍然享有判断上的自主权。信用评价人在核查后，即使认为被评价人提出的信用信息是真实的，也完全有可能根据自己的判断坚持原先的信用评价结论或者作出新的但仍与被评价人自我认知不同的信用评价结论。在这种情形下，被评价人即使再次依据本条提出异议，也很难实现其诉求。所以，本条所规定的信用评价异议权的行使，不具有实现权利人意图的当然效力。当然，这也不意味着信用评价人可以罔顾事实而任意作出对他人的信用评价。如果被评价人认为信用评价人核查后重新作出的信用评价仍然不当，造成了对其名誉的侵害，完全可以依照包括《民法典》第1024条在内的其他条款提出侵害名誉权之诉以维护自己的名誉权。

---

① 王利明：《人格权重大疑难问题研究》，法律出版社2019年版，第589页。

② 罗东川：《论名誉权的概念和特征》，载《政治与法律》1993年第2期。

三、需要注意的问题

虽然从权利行使的方式上，本条与第 1037 条规定的异议权相似，但二者还是存在区别的：第一，在权利主体方面，依据本条规定有权提出异议的主体并不限于自然人，自然人之外的其他民事主体亦享有本条规定的权利，而第 1037 条规定的权利只能由自然人享有；第二，在异议对象方面，民事主体依据本条规定提出的异议，针对的是信用评价人作出的信用评价，其要求更正、删除的对象也是该信用评价，而第 1037 条中异议的对象则是具有信用信息性质的个人信息；第三，在权利效力方面，由于信用评价并非被评价的民事主体决定的，权利人只能提出异议和请求信用评价人采取必要措施，信用评价人具有相当程度的自主权，只有信用评价人认为异议属实才应当采取必要措施，而第 1037 条则并未赋予信息控制者这种自主权，因为主体参与本身就是个人信息的收集、处理的一项重要原则。①

（周波　撰写）

第一千零三十一条　【荣誉权】民事主体享有荣誉权。任何组织或者个人不得非法剥夺他人的荣誉称号，不得诋毁、贬损他人的荣誉。

获得的荣誉称号应当记载而没有记载的，民事主体可以请求记载；获得的荣誉称号记载错误的，民事主体可以请求更正。

【法条链接】

《民法总则》第 110 条；《民法通则》第 102 条；《精神损害赔偿解释》第 1 条

① 2020 年 3 月 6 日发布的中华人民共和国国家标准《信息安全技术 个人信息安全规范》（GB/T 35273－2020）第 4 条“个人信息安全基本原则”中规定，个人信息控制者开展个人信息处理活动应当遵循合法、正当、必要原则，其中就包括“主体参与”原则，即个人信息控制者应当向个人信息主体提供能够查询、更正、删除其个人信息以及撤回授权同意、注销账户、投诉等方法。

【立法背景】

本条是对荣誉权的规定。长期以来，理论界对荣誉权是否属于人格权争论不休，名誉权说、身份权说、特殊人格权说、非独立权利说等观点长期并存，[①] 但从立法和司法层面看，荣誉权在我国始终是作为一项人格权加以对待的。《民法通则》首次从法律层面规定了荣誉权，并将其作为一项独立的权利规定在第五章民事权利之第四节“人身权”中，但此时的荣誉权是作为单独条款规定的。《民法通则》第102条规定：“公民、法人享有荣誉权，禁止非法剥夺公民、法人的荣誉称号。”《民法总则》延续了《民法通则》有关荣誉权是一项独立的民事权利的规定，而且将荣誉权与名称权、名誉权等人格权合并规定在同一条款中，其第110条规定：“自然人享有生命权、身体权、健康权、姓名权、肖像权、名誉权、荣誉权、隐私权、婚姻自主权等权利。法人、非法人组织享有名称权、名誉权、荣誉权等权利。”就司法而言，虽然有个别法院在裁判中认为荣誉权是“民事主体基于一定事实受到表彰奖励后取得的一种身份权”[②]，但《精神损害赔偿解释》第1条第1款已通过列举的方式明确规定荣誉权是与姓名权、肖像权、名誉权等并列的人格权利。因此，在《民法典》的起草过程中，荣誉权始终被作为一项人格权规定在《人格权编》的各次草案之中的。2018年8月的《人格权编（草案）》（一审稿）第810条规定：“民事主体享有荣誉权。任何组织或者个人不得非法剥夺他人的荣誉称号或者诋毁、贬损他人的荣誉。获得的荣誉称号应当记载而没有记载或者记载错误的，民事主体可以要求记载或者更正。”2019年4月的二审稿第810条仅作了语言文字上的微调。而2019年8月的三审稿第810条则作了进一步的完善，第810条规定：“民事主体享有荣誉权。任何组织或者个人不得非法剥夺他人的荣誉称号，不得诋毁、贬损他人的荣誉。获得的荣誉称号应当记载而没有记载的，民事主体可以要求记载；获得的荣誉称号记载错误的，民事主体可以要求更正。”

---

① 王利明著：《人格权重大疑难问题研究》，法律出版社2019年版，第581—582页。

② 深圳市中级人民法院（2002）深中法民终字第3753号民事裁定书。

【条文解读与法律适用】

一、荣誉权的内容

荣誉权的内容有狭义说与广义说之分。狭义说认为，荣誉权是指自然人对其获得的荣誉及其利益所享有的保持、支配的权利。[①] 广义说则认为，荣誉权是指自然人、法人和非法人组织对自己所获得的以及可能获得的荣誉称号依法享有的不受他人非法侵害的权利。[②] 相较于前者，广义说不仅在荣誉权的主体上包括了法人和非法人组织，而且在权利的内容上不限于对已经获得的荣誉称号所享有的权利，还包括对可能获得的荣誉称号所享有的权利。由于《民法总则》第110条第2款就已规定法人、非法人组织享有荣誉权，因此，狭义之说不足为取。但是，根据本条的规定，民事主体因荣誉权所享有的各项权利均是建立在已经获得相关荣誉基础之上的；而且，荣誉称号的取得并非民事主体能够自行决定的，若将民事主体有权获得荣誉称号这一主体资格作为论证荣誉权权利内容的依据，实际上是混淆了“法人格”与“民事权利能力”两个概念。[③] 因此，本书认为，荣誉权是自然人、法人和非法人组织对自己所获得的荣誉依法享有的不受他人非法侵害的权利。

二、荣誉权的取得方式

荣誉权并非民事主体与生俱来的一项权利，其并不具有固有性，而且荣誉不是社会给予所有民事主体的评价，[④] 因此，民事主体享有荣誉权的前提是获得相应的荣誉。

荣誉是一种特殊的社会评价，通常是由国家机关或者社会组织等按照一定的程序授予的。因此，有观点认为“荣誉权的评价主体是特定的机构，不包括个人”，并进而认为“荣誉权是因国家机关或社会组织对某一主体在某方

---

① 李适时主编：《中华人民共和国民法总则释义》，法律出版社2017年版，第340页。

② 王利明：《人格权重大疑难问题研究》，法律出版社2019年版，第579页。

③ 参见张民安、林泰松：《人格权在民法典当中的独立地位——人格权为何应当在我国民法典当中独立设编》，中山大学出版社2019年版，第59—65页。

④ 王利明：《人格权重大疑难问题研究》，法律出版社2019年版，第581页。

面的成绩或贡献作出评价，并授予该主体一定的荣誉称号之后所产生的。"[①] 但是，这只是荣誉权取得的常见形式，在一些特殊情况下，民事主体所享有的荣誉是社会公认的，并不一定必须由特定的机关或社会组织经过特定的程序授予。因此，只要民事主体享有相应的荣誉，就当然享有荣誉权，而享有相应荣誉的事实如何证明，则是举证证明的问题。比如在最高人民法院审判委员会讨论通过2018 年12 月19 日发布的指导案例99 号"葛长生诉洪振快名誉权、荣誉权纠纷案"中，法院并未强调荣誉称号必须是由特定主体通过特定程序授予的，而是认为，"狼牙山五壮士"这一称号在全军、全国人民中已经赢得了普遍的公众认同，因此，被告的相关行为不仅侵害了原告的名誉权，而且侵害了原告所享有的荣誉权。

三、需要注意的问题

由于荣誉权是民事主体基于其已经取得的荣誉所享有的权利，因此，非法阻止他人取得相应荣誉的行为，并不属于侵害荣誉权的行为。当然，这并不排除该行为有可能侵害他人的名誉权或者隐私权等其他合法权利。

同样地，虽然侵害人格权的民事责任，包括停止侵害、排除妨碍、消除危险、消除影响、恢复名誉等多种形式，但在非法阻止他人取得相应荣誉而被认定构成对他人相应合法权利构成侵害的情况下，相应民事责任的承担方式也不应包括"恢复"相应荣誉称号。因为若荣誉称号是由特定主体经特定程序而授予的，则是否授予该荣誉称号则是由该特定主体依照相关规定而作出的认定，包括人民法院在内的其他主体不应直接要求该特定主体授予某一民事主体以某一荣誉称号。当然，人民法院可以判令侵权人承担消除影响、恢复名誉等民事责任，而有权授予相应荣誉称号的特定主体也可以根据法院的裁判，基于澄清后的事实依据和相应程序规定，重新作出是否授予被侵权人以荣誉称号的决定。但此时授予的荣誉称号是依相应程序"授予"的，而非"恢复"的。

（周波　撰写）

---

① 王利明：《人格权重大疑难问题研究》，法律出版社2019 年版，第586 页。

第六章 隐私权和个人信息保护

第一千零三十二条 【隐私权】自然人享有隐私权。任何组织或者个人不得以刺探、侵扰、泄露、公开等方式侵害他人的隐私权。

隐私是自然人的私人生活安宁和不愿为他人知晓的私密空间、私密活动、私密信息。

【法条链接】

《民通意见》第140条；《精神损害赔偿解释》第1条；《利用信息网络侵害人身权益规定》第12条

【立法背景】

《民法通则》并没有对隐私权作出明确规定，司法实践中主要是通过名誉权对隐私进行保护，《民通意见》第140条第1款规定："以书面、口头等形式宣扬他人的隐私，或者捏造事实公然丑化他人人格，以及用侮辱、诽谤等方式损害他人名誉，造成一定影响的，应当认定为侵害公民名誉权的行为。"该司法解释即是通过名誉权保护个人隐私权，并将名誉权的规定类推适用于隐私保护中。《精神损害赔偿解释》第1条第2款规定："违反社会公共利益、社会公德侵害他人隐私或者其他人格利益，受害人以侵权为由向人民法院起诉请求赔偿精神损害的，人民法院应当依法予以受理。"该项规定实际上是将通过名誉权间接保护的模式改为对隐私利益直接进行保护。同时，该项司法解释中将违反社会公共利益、社会公德作为侵害隐私侵权责任的构成要件，相较于其他人格权提高了隐私保护的条件。《妇女权益保护法》第42条规定，妇女的名誉权、荣誉权、隐私权、肖像权等人格权受法律保护。该法将隐私权与名誉权、肖像权等并列作为一项独立的人格权，但是适用范围上仅限于妇女。隐私权作为一项具体人格权在民事基本法中获得承认是2009年颁布的《侵权责任法》，该法第2条在列举所保护的权益范围时，明确使用了“隐私权”的表述，这是我国民事基本法中第一次确认隐私权的概念。《民法总则》第110条第1款在列举自然人所享有的各项具体人格权时，明确规定了隐私权，从正面对隐私权作出了规定。《民法总则》的隐私权规定只是确认了隐私权的概念，并没有对隐私权的内涵、类型、保护方式等作出详细规定。本条对隐私权的概念、内涵、效力、范围等作出了详细规定。《人格权编（草案)》（三审稿）曾规定，隐私是自然人不愿为他人知晓的私密空间、私密活动和私密信息等。审议中有观点提出，维护私人生活安宁、排除他人非法侵扰是隐私权的一项重要内容，建议在隐私的定义中增加这一内容。《人格权编》采纳了这一意见，规定在本条中。

【条文解读与法律适用】

一、隐私权的客体

本条第2款规定，隐私是自然人的私人生活安宁和不愿为他人知晓的私密空间、私密活动、私密信息。根据这一规定，隐私权的客体包括私生活安宁、私生活秘密、私人空间和私密信息。隐私权的客体具有三个方面的特征：一是具有私密性，对此应当注意，如果行为人违反权利人的意愿擅自扩大权利人隐私的暴露范围，仍应当构成对他人隐私权的侵害；二是具有私人性，主要是指隐私与公共利益是相区别的，尊重个人对其生活方式、私人事务处分的权利，从而维护人格尊严；三是包括私人空间、私人活动和私人信息以及私生活安宁等内容。

二、隐私权客体的具体内容

一是私生活的安宁。包括：（1）日常生活安宁，禁止非法跟踪、骚扰他人比如雇用私家侦探对他人进行盯梢，上述行为即是影响了他人的日常生活安宁。(2）住宅安宁，比如在泄露业主住址案中，法院指出“自然人的住址属于自然人的个人信息，在本人不愿意公开的情况下属于个人隐私的范畴”。

(3) 通信安宁，电话骚扰、短信骚扰即属于侵害私生活安宁的行为。

二是私生活秘密。个人不愿公开的信息并非法律要求公开的，个人隐匿这些信息并不违法也不违反公序良俗则属于私生活秘密。私生活秘密包含的范围非常广泛，包括个人的生理信息、身体隐私、健康隐私、家庭隐私、基因隐私、谈话隐私、其他有关个人生活的私人信息。权利人在一定范围内公开其私生活秘密，该信息仍然具有相对的非公开性，仍然受到隐私权的保护。

三是私人空间。私人空间是指私人支配的空间场所，例如房屋内的空间就是典型的私人空间隐私。私人领域不限于住宅，还可能及于住宅之外的公共空间，比如个人办公室、汽车后备厢、行李箱等。随着个人生活所能够支配的私人空间范围的扩大，在住宅空间之外也发展出来了其他的私人空间类型，如网络虚拟空间。例如，个人的邮箱，不对外公开的微信朋友圈、QQ 空间等，即属于个人私人网络虚拟空间，属于个人隐私的范围。

四是通讯秘密。通讯秘密主要保护的是通讯过程和通讯内容不受他人的监听、截取的权利，也属于一种隐私权。

五是私生活的自主。隐私权不仅包括消极地保护自己的权利不受侵害的内容，还包括权利人自主决定自己的隐私，以及对隐私进行积极利用的内容。

三、侵害隐私权抗辩事由

一是国家机关合法行使职权。政府出于国家安全、调查犯罪、公共利益等需要，有权对个人隐私予以限制。例如，国家有关机关基于揭露犯罪和违法事实对财产情况进行调查和了解，对犯罪行为人进行监视等。

二是公共利益和公共安全。《利用信息网络侵害人身权益规定》第 12 条规定，为促进社会公共利益且在必要范围内公开他人隐私和个人信息，或者学校、科研机构等基于公共利益为学术研究或者统计的目的，经自然人书面同意，且公开的方式不足以识别特定自然人，行为人不承担责任。上述规定表明公共利益和公共安全构成对隐私权的一种限制。

三是自然人依法行使知情权。例如，自然人在选举国家机关工作人员时，有权对候选人的有关信息及活动加以了解，选举机构也有义务对此加以披露。

四是正当行使舆论监督权。新闻媒体的舆论监督权与个人的隐私权经常发生冲突。新闻媒体从事舆论监督，应当尊重自然人的隐私权，但是如果是正当行使舆论监督权，因此造成对隐私权的侵害，行为人可以以正当的舆论监督为由进行抗辩。

五是公众人物。对明星等公众人物而言，常常推定其默许同意媒体对其私生活的报道，这是由其本身的社会角色决定的。对官员财产状态进行披露，对其行为进行必要的监督，可以在一定程度上防止官员腐败。但是需要注意所谓“公众人物无隐私”仅指公众人物的隐私权应当基于公共利益等需要而受到限制，而不是否定公众人物享有隐私权。对公众人物隐私权的限制，不能将公众人物正当、合理的隐私内容予以公开。

（高瞳辉　撰写）

第一千零三十三条　【侵害隐私权的行为】除法律另有规定或者权利人明确同意外，任何组织或者个人不得实施下列行为：

（一）以电话、短信、即时通讯工具、电子邮件、传单等方式侵扰他人的私人生活安宁；

（二）进入、拍摄、窥视他人的住宅、宾馆房间等私密空间；

（三）拍摄、窥视、窃听、公开他人的私密活动；

（四）拍摄、窥视他人身体的私密部位；

（五）处理他人的私密信息；

（六）以其他方式侵害他人的隐私权。

【法条链接】

《侵权责任法》第 62 条；《治安管理处罚法》第 42 条；《刑法》第 245 条、第 252 条

【立法背景】

本条为新增条款。《民法总则》第 110 条第 1 款明确规定了隐私权，但并未对侵害隐私权的典型行为作出系统规定。在相关民事、行政、刑事法律规范中散见有侵害隐私权行为的规定。比如，《侵权责任法》第 62 条规定，医

疗机构及其医务人员应当对患者的隐私保密。泄露患者隐私或者未经患者同意公开其病历资料，造成患者损害的，应当承担侵权责任。《治安管理处罚法》第 42 条规定，偷窥、偷拍、窃听、散布他人隐私的，处 5 日以下拘留或者 500 元以下罚款；情节较重的，处 5 日以上 10 日以下拘留，可以并处 500 元以下罚款。《刑法》第 245 条第 1 款规定："非法搜查他人身体、住宅，或者非法侵入他人住宅的，处三年以下有期徒刑或者拘役。"第 252 条规定："隐匿、毁弃或者非法开拆他人信件，侵犯公民通信自由权利，情节严重的，处一年以下有期徒刑或者拘役。"本条对于侵害隐私权的行为作出了列举性规定，特别是在互联网、高科技爆炸的时代，个人隐私保护面临巨大威胁，在民事基本法中对侵害隐私权的行为作出明确列举，有利于在民事司法审判中对相关行为的性质作出准确认定。在《人格权编（草案）》审议过程中，有观点提出，应当对在宾馆房间私装摄像头进行偷拍、侵害公民隐私权的行为作出有针对性的规定，该项建议最终规定在本条中。

【条文解读与法律适用】

1. 以电话、短信、即时通讯工具、电子邮件、传单等方式侵扰他人的私人生活安宁。私人生活安宁属于隐私权的重要内容，在互联网时代下，私人生活的边界不断拓宽，除了线下的现实生活，更应当涵盖线上的虚拟社区生活。随着移动电话和移动互联网的普及和应用，电话、短信、邮件等骚扰问题逐渐为社会关注，比如垃圾短信难以退订，层出不穷的电话诈骗，"呼死你"软件的电话骚扰，都对互联网线上的私人生活安宁造成严重影响。本条对于上述行为作出了明确列举。

2. 进入、拍摄、窥视他人的住宅、宾馆房间等私密空间。私密空间不仅包括他人的住宅，还包括私人的工作场所、办公室、厕所、更衣室等。空间隐私权概念的发展突破了传统上仅把空间作为有形财产保护的模式，使对于私人空间的保护方式从财产权保护延及隐私权保护。针对宾馆房间私装摄像头进行偷拍等行为即可以适用本条进行规制。

3. 拍摄、窥视、窃听、公开他人的私密活动。非法拍摄，是指未经权利人许可而拍摄他人的私人活动。在实践中，行为人可能是在自己私人空间安装摄像头等拍摄装置，但如果因此拍摄了他人的私人活动，也构成对他人隐私权的侵害。比如在自家住宅大门安装摄像监控装置，但如果因此拍摄了他人的私人活动，也可能构成对他人隐私权的侵害。

4. 拍摄、窥视他人身体的私密部位。未经他人许可，偷拍他人，如非法拍摄他人裸体照片，不仅侵害他人的隐私权，而且可能会对他人的名誉造成损害。非法窥视他人身体，如在手术中允许他人观看病人身体，即使是出于教学的需要，也需征得病人同意。

5. 处理他人的私密信息。隐私权理论中存在争议的问题是仅收集、处理他人的私密信息而不进行披露，是否构成侵犯隐私权。本条规定表明处理他人信息，只要他人信息是私密性的，权利人不愿意让他人知道，就构成隐私权的侵害，即使没有造成权利人的现实损害，也构成对其隐私权的侵害。本条规定对于日常提供服务过程中可能获取大量个人私密信息的互联网企业、电子商务企业建立有效的数据隔离制度，防止对个人私密信息的不正当处理提出了要求。

（高瞳辉　撰写）

第一千零三十四条　【个人信息的定义】自然人的个人信息受法律保护。

个人信息是以电子或者其他方式记录的能够单独或者与其他信息结合识别特定自然人的各种信息，包括自然人的姓名、出生日期、身份证件号码、生物识别信息、住址、电话号码、电子邮箱、健康信息、行踪信息等。

个人信息中的私密信息，适用有关隐私权的规定；没有规定的，适用有关个人信息保护的规定。

【法条链接】

《关于维护互联网安全的决定》；《关于加强网络信息保护的决定》；《消费者权益保护法》第 14 条、第 29 条、第 56 条；《网络安全法》第 44 条、第 74 条、第 76 条；《刑法》第 253 条之一

【立法背景】

随着我国互联网的兴起，立法部门逐步意识到自然人个人信息保护的重要性。2000 年通过、2009 年修正的《全国人民代表大会常务委员会关于维护互联网安全的决定》（以下简称《关于维护互联网安全的决定》），将信息安全纳入互联网安全的内容，采用刑事制裁手段维护个人的信息权益，规定了非法截获、篡改、删除他人电子邮件或者其他数据资料，侵犯公民通信自由和通信秘密，可构成犯罪，追究行为人的刑事责任。2009 年，全国人大常委会通过《刑法修正案（七）》，新增“非法获取公民个人信息罪”和“出售、非法提供公民个人信息罪”，加强对自然人个人信息的刑法保护。2012 年通过的《全国人民代表大会常务委员会关于加强网络信息保护的决定》（以下简称《关于加强网络信息保护的决定》）明确规定，国家保护能够识别公民个人身份和涉及公民个人隐私的电子信息，规定收集个人信息的要求以及侵害个人信息的侵权责任。2013 年修订的《消费者权益保护法》在第 14 条、第 29 条及第 56 条强调对消费者个人信息予以保护，规定经营者对个人信息的保护义务以及侵害消费者个人信息的侵权责任。2016 年通过的《网络安全法》第 44 条规定，任何个人和组织不得窃取或者以其他非法方式获取个人信息，不得非法出售或者非法向他人提供个人信息。第 74 条规定，违反本法规定，给他人造成损害的，依法承担民事责任。第 76 条第 5 项规定，个人信息，是指以电子或者其他方式记录的能够单独或者与其他信息结合识别自然人个人身份的各种信息，包括但不限于自然人的姓名、出生日期、身份证件号码、个人生物识别信息、住址、电话号码等。另外，该法还规定了网络运营者收集、使用个人信息应当遵循的原则等。《民法总则》第 111 条规定，自然人的个人信息受法律保护。该规定被《民法典》完整吸纳，成为《民法典》第 111 条。《民法典》第 1034 条规定的个人信息定义与《网络安全法》的个人信息定义存在细微的差别，前者将“识别自然人个人身份”修改为“识别特定自然人”，含义更为精确，并增加列举电子邮箱、健康信息、行踪信息作为个人信息，表述也进行了微小的改动。

【条文解读与法律适用】

一、个人信息的定义

本条第 1 款明确规定自然人的个人信息受法律保护，该款属于宣示性的规定，同时也是总括性的规定，起到统领性的作用。该款没有使用“个人信息权”的字样，故个人信息作为一种权益受到保护，但并不意味着其保护的力度要低于权利的保护力度。

本条第 2 款系对个人信息的定义，其采取了概括加列举的方式下定义。根据该定义可知，可识别性是个人信息的基本特征，人们可以通过个人信息直接或者间接识别出某一特定信息主体。该款规定中的“单独识别”可以理解为直接识别；“与其他信息结合识别”可以理解为间接识别，是指须与其他信息对照、组合或者联系，才能识别特定的自然人。该款规定中的“身份证件号码”是指能够证明身份的证件的号码，包括身份证号码、港澳通行证号码、护照号码、驾驶证号码等。“生物识别信息”是指自然人的脸部特征、指纹、掌纹、虹膜、声音、基因、步态等可识别特定自然人的生理与行为特征信息。目前，随着人工智能、大数据技术的发展，生物识别信息的收集与处理越发显得重要。与电话号码、电子邮箱等相对易于改变的个人信息相比，生物识别信息基本不可改变。生物识别信息一旦被非法收集、泄露或者被非法买卖，无法通过改变的方式来避免后续损害的发生。“健康信息”包括因体检或者医疗等获得的有关个人身体及精神状况的信息。按照该定义，除列举的部分个人信息外，常见的个人信息还包括：家庭亲属信息、财务信息等。个人信息的内容和范围具有开放性的特点，技术的发展促成了个人信息的深度挖掘，个人信息的内容和范围呈现出扩大的趋势。实践中，某一信息是否属于个人信息应当围绕定义，抓住可识别性的基本特征进行判断。同时，应当考虑技术发展的特点。

二、个人信息与私密信息的关系

结合《民法典》第 1032 条第 2 款关于隐私的定义可见，个人信息与个人隐私存在交叉关系，个人信息中的私密信息同时属于个人隐私。对于哪些个人信息属于私密信息，哪些不属于私密信息，实践中存在一定的争议。一般而言，对于涉及公共管理需要，在一定范围内已经公开，为该范围内特定人或者不特定人所周知的个人姓名、办公电话、电子邮箱等，不宜归入隐私的范畴。根据本条规定，个人信息中的私密信息，适用有关隐私权的规定；没有规定的，适用有关个人信息保护的规定。实践中，当事人为了避免界定个人信息与个人隐私中私密信息界限的困难，防止出现因界限不清而导致可能产生保护落空的情况，极有可能针对某一个人信息同时提出隐私权保护和个人信息保护的请求。此种情况下不宜强求当事人只能选择其一，而应当分析个人信息是否构成私密信息，是否适用有关隐私权的规定进行审理，并在此基础上作出裁判。

三、需要注意的问题

根据本条第3款的规定，个人信息并非全部属于隐私，只是其中的私密信息属于隐私。在当事人针对某些个人信息同时主张属于隐私的情况下，需要对其主张是否成立进行判断，但在决定损害赔偿时，只能根据权利人所受的损失、精神损害或者侵权人获利的情况，给予一份损害赔偿。

（江建中　撰写）

第一千零三十五条　【个人信息处理的原则和条件】 **处理个人信息的，应当遵循合法、正当、必要原则，不得过度处理，并符合下列条件：**

（一）征得该自然人或者其监护人同意，但是法律、行政法规另有规定的除外；

（二）公开处理信息的规则；

（三）明示处理信息的目的、方式和范围；

（四）不违反法律、行政法规的规定和双方的约定。

个人信息的处理包括个人信息的收集、存储、使用、加工、传输、提供、公开等。

【法条链接】

《民法典》第1036条；《关于加强网络信息保护的决定》第2条、第9条；《网络安全法》第41条

【立法背景】

2012年《关于加强网络信息保护的决定》第2条规定，网络服务提供者和其他企业事业单位在业务活动中收集、使用公民个人电子信息，应当遵循合法、正当、必要的原则，明示收集、使用信息的目的、方式和范围，并经被收集者同意，不得违反法律、法规的规定和双方的约定收集、使用信息。网络服务提供者和其他企业事业单位收集、使用公民个人电子信息，应当公开其收集、使用规则。第9条规定，任何组织和个人对窃取或者以其他非法方式获取、出售或者非法向他人提供公民个人电子信息的违法犯罪行为以及其他网络信息违法犯罪行为，有权向有关主管部门举报、控告；接到举报、控告的部门应当依法及时处理。被侵权人可以依法提起诉讼。2016年《网络安全法》第41条规定，网络运营者收集、使用个人信息，应当遵循合法、正当、必要的原则，公开收集、使用规则，明示收集、使用信息的目的、方式和范围，并经被收集者同意。网络运营者不得收集与其提供的服务无关的个人信息，不得违反法律、行政法规的规定和双方的约定收集、使用个人信息，并应当依照法律、行政法规的规定和与用户的约定，处理其保存的个人信息。《民法典》第1035条吸收了前述规定并作了优化。

【条文解读与法律适用】

一、处理个人信息应当遵循的原则

本条第1款规定，处理个人信息的，应当遵循合法、正当、必要原则，该三项原则系处理个人信息的基本原则。

合法原则，是指处理个人信息应当具有法律依据，符合法律要求，不得违法处理个人信息。合法原则要求处理个人信息的目的、方式、范围及规则等不仅应当符合法律、行政法规的规定，也应当符合双方的约定。目的合法要求处理个人信息的目的是履行职责、保护公共利益或者自然人的利益。方式合法要求处理个人信息的程序和方法应当符合法律、行政法规的规定。范围合法要求处理个人信息的范围属于处理者职责或者业务范围必需的信息，禁止超出职责或业务范围处理个人信息。规则合法要求处理个人信息的规则不能违反法律、法规的规定。

正当原则，是指处理个人信息应尊重社会公德，遵守商业道德，不能使用不正当的手段处理个人信息。正当原则要求处理个人信息的方式与手段要合适，不能不适当地加重信息提供人的负担，处理个人信息的目的要正当。违反正当原则处理个人信息的例子包括：利用个人信息对新、老顾客进行区别对待；收集、利用个人健康方面诸如“大三阳”“小三阳”的信息，然后找其他借口对申请从事普通职业的人不予聘用等。处理个人信息是否符合正当原则，通常要基于诚实信用原则作出判断，判断者具有一定的自由裁量权。

必要原则，是指不能超出合法、正当目的所必需的范围处理个人信息，即个人信息处理的范围以能够实现合法、正当目的为限。超出合法、正当目的的限度处理个人信息构成过度处理，违反本条第 1 款的规定。

二、处理个人信息应当符合的条件

本条第 1 款第 1 项规定了依法和依约定处理个人信息的方式。信息处理者主张其已经征得自然人或者其监护人同意的，负有举证责任，举证不能的，承担不利的后果。

本条第 1 款第 2 项规定要求信息的处理者将处理信息的规则公之于众，以使人周知，有利于促进信息处理者制定合法的规则，同时便于公众及相关监管机关的监督，发现相应的违法行为。公开的方式包括通知、协议、指南等。根据该规定，没有公开处理信息的规则构成违法，被侵权人能够提起民事诉讼。

根据本条第 1 款第 3 项的规定，个人信息处理者应当向信息提供人明示处理信息的目的、方式和范围。公开本身不构成明示。通常情况下，明示应当以书面的方式进行。

本条第 2 款对属于个人信息处理范围的具体行为进行了列举，并加了兜底的“等”字，其中的传输、提供行为发生在不同主体之间，不包括同一主体内部之间例如总公司与分公司之间的行为。

三、需要注意的问题

按照本条第 1 款规定，个人信息原则上应当从本人或者监护人处直接收集。鉴于监护人作为本人的法定代理人，从监护人处收集相当于从本人处收集。获得本人同意或者在法律、行政法规另有规定的情况下，可以从他人处收集。关于法律、行政法规另有规定的情况，根据《民法典》第1036条第3项规定，为维护公共利益或者该自然人合法权益，合理实施的其他处理个人信息的行为，不承担民事责任。因此，符合该规定从他人处收集并进一步处理个人信息并无不当。例如，为了防疫的需要或者为了紧急保护自然人的生命、身体及财产等从第三人处收集并进一步处理必要的个人信息。

（江建中　撰写）

第一千零三十六条　【处理个人信息的免责情形】处理个人信息，有下列情形之一的，行为人不承担民事责任：

（一）在该自然人或者其监护人同意的范围内合理实施的行为；

（二）合理处理该自然人自行公开的或者其他已经合法公开的信息，但是该自然人明确拒绝或者处理该信息侵害其重大利益的除外；

（三）为维护公共利益或者该自然人合法权益，合理实施的其他行为。

【立法背景】

自然人个人信息同时具备人格权益和财产权益的属性，决定了其并非绝对性的权利。《欧盟通用数据保护条例》引言部分第4条规定，个人信息保护权并非一项绝对权利，必须根据比例原则，考虑它的社会功能，并与其他基本权利平衡。处理个人信息免除民事责任情形的设定，应当考虑权利人的利益以及其他利益如公共利益等的需求，在不同的利益之间取得平衡，以免出现过分保护一方利益而忽视另一方利益的情况。《人格权编（草案）》（一审稿）第816条规定："实施收集、使用或者公开个人信息等行为，有下列情形之一的，行为人不承担民事责任：（一）在自然人同意的范围内实施的行为；（二）使用自然人自行公开的或者其他已合法公开的信息，但是使用该信息侵害该自然人重大利益或者自然人明确拒绝他人使用的除外；（三）为学术研究、课堂教学或者统计目的在合理范围内实施的行为；（四）为维护公序良俗而实施的必要行为；（五）法律、行政法规规定的其他适当实施情形。”《人格权编（草案)》第二次及第三次审议稿主要将上述规定第3、4、5项修改为“为维护公共利益或者该自然人合法权益，合理实施的其他行为”。

【条文解读与法律适用】

一、尊重当事人处分的原则

根据本条第1项的规定，信息的处理是在该自然人或者其监护人同意的范围内实施的，不承担民事责任，体现了对自然人处分其个人信息的尊重。自然人个人信息同时具备人格权益和财产权益的属性，个人可以许可他人使用，约定使用的方式、目的、范围等。被许可人根据约定处理个人信息，无需承担民事责任。当然，若被许可人超出了约定的范围包括约定的目的、方式等处理个人信息，则应承担相应的民事责任。信息处理者主张本条第1项规定情形的，负有举证责任。

本条第2项同样体现了尊重当事人处分的原则。自然人自行公开或者其他已经合法公开的信息，推定信息的处理者可以合理处理。例外的情形为，该自然人明确拒绝或者处理该信息侵害其重大利益的，不得对其个人信息予以处理。

二、维护公共利益或者该自然人合法权益的需要

根据本条第3项规定，免除民事责任的情形还包括为维护公共利益或者该自然人合法权益合理实施的其他行为。“其他行为”仍然属于处理个人信息项下的行为，“处理”的含义按照《民法典》第1035条第2款的规定理解。本条虽没有明确列明“国家利益”，但“公共利益”一词已经包含了“国家利益”。为维护公共利益的典型情形包括为了防疫的需要、为了维护国家安全等。该规定中“该自然人合法权益”包括自然人享有的生命、身体、财产等权利及其他合法利益。

三、需要注意的问题

本条第3项规定中的“公共利益”属于不确定性的概念，具有开放性的特点，在理解“公共利益”时，应当严格把握，不宜将其范围不当扩大，导致将非公共利益认定为公共利益，从而损害自然人的权益。

（江建中 撰写）

第一千零三十八条　【信息处理者的信息安全保障义务】信息处理者不得泄露或者篡改其收集、存储的个人信息；未经自然人同意，不得向他人非法提供其个人信息，但是经过加工无法识别特定个人且不能复原的除外。

信息处理者应当采取技术措施和其他必要措施，确保其收集、存储的个人信息安全，防止信息泄露、篡改、丢失；发生或者可能发生个人信息泄露、篡改、丢失的，应当及时采取补救措施，按照规定告知自然人并向有关主管部门报告。

【法条链接】

《关于加强网络信息保护的决定》第 3 条；《网络安全法》第 21 条、第 42 条

【立法背景】

2012 年通过的《关于加强网络信息保护的决定》第 3 条规定，网络服务提供者和其他企业事业单位及其工作人员对在业务活动中收集的公民个人电子信息必须严格保密，不得泄露、篡改、毁损，不得出售或者非法向他人提供。第 4 条规定，网络服务提供者和其他企业事业单位应当采取技术措施和其他必要措施，确保信息安全，防止在业务活动中收集的公民个人电子信息泄露、毁损、丢失。在发生或者可能发生信息泄露、毁损、丢失的情况时，应当立即采取补救措施。2016 年通过的《网络安全法》第 42 条规定，网络运营者不得泄露、篡改、毁损其收集的个人信息；未经被收集者同意，不得向他人提供个人信息。但是，经过处理无法识别特定个人且不能复原的除外。网络运营者应当采取技术措施和其他必要措施，确保其收集的个人信息安全，防止信息泄露、毁损、丢失。在发生或者可能发生个人信息泄露、毁损、丢失的情况时，应当立即采取补救措施，按照规定及时告知用户并向有关主管部门报告。《民法典》在采纳上述规定的基础上，进行了综合和提炼，作出第 1038 条规定。

【条文解读与法律适用】

一、信息处理者不得泄露、篡改及向他人非法提供个人信息

信息处理者掌握着大量的个人信息，这些信息能够单独或者与其他信息结合识别特定的自然人，如果任由信息处理者泄露或者篡改，将会对自然人产生不利的影响，严重的话，甚至会影响到自然人的人身安全。因此，信息处理者不得泄露、篡改个人信息。另外，个人信息也不得非法扩散，即在未经自然人同意的情况下，不得向他人非法提供个人信息。但是，如果个人信息经过加工，无法识别特定个人且不能复原的除外。实际上，根据《民法典》第 1034 条的规定，个人信息是以电子或者其他方式记录的能够单独或者与其他信息结合识别特定自然人的各种信息。经过加工，无法识别特定个人且不能复原的信息已经不属于该条规定的个人信息，故列为除外情形。

二、信息处理者应当采取措施确保个人信息安全

《网络安全法》第 21 条规定，网络运营者应当履行下列安全保护义务，防止网络数据泄露或者被窃取、篡改：（1）制定内部安全管理制度和操作规程，确定网络安全负责人，落实网络安全保护责任；（2）采取防范计算机病毒和网络攻击、网络侵入等危害网络安全行为的技术措施；（3）采取监测、记录网络运行状态、网络安全事件的技术措施，并按照规定留存相关的网络日志不少于 6 个月；（4）采取数据分类、重要数据备份和加密等措施；（5）法律、行政法规规定的其他义务。《民法典》第 1038 条仅规定信息处理者应当采取技术措施和其他必要措施，确保个人信息安全，而没有列举具体的措施。在具体案件中，对信息处理者是否采取了相应的技术措施和其他必要措施产生争议时，可以根据《网络安全法》第 21 条的规定，综合考虑案件的情况进行认定。

本条第 2 款规定的补救措施，个人信息泄露的，应当采取措施防止个人信息进一步泄露；信息被篡改的，应当予以更正；信息丢失的，尽可能予以找回。有发生个人信息泄露、篡改、丢失之虞的，应当加强技术措施或者其他措施，防止此类情况的发生。

（江建中　撰写）

第五编　婚姻家庭

概　述

家和万事兴，家齐国安宁。婚姻家庭制度是规范夫妻关系和家庭关系的基本准则，关系到每个自然人和家家户户的利益。因此，第五编婚姻家庭编在民法典中占据十分重要的地位。

在立法过程中，婚姻家庭编始终备受社会大众关注。通过深入调研、开展比较研究、广泛听取各方面意见等方式，婚姻家庭编草案经过了充分的调研和论证。自2018年8月始，婚姻家庭编草案分别历经一审、二审和三审。2019年12月，包括婚姻家庭编草案在内的完整民法典草案，提交十三届全国人大常委会第十五次会议进行审议，婚姻家庭编作了进一步修改完善。2020年5月22日，全国人大常委会将民法典草案提请十三届全国人大三次会议审议。2020年5月28日，十三届全国人大三次会议表决通过《民法典》。

婚姻家庭编以现行《中华人民共和国婚姻法》（以下简称《婚姻法》）、《中华人民共和国收养法》（以下简称《收养法》）为基础，吸收了这两部法的大部分内容，修改、删除了部分规定，同时增加了一些新规定。《婚姻法》和《收养法》分别制定于1980年和1991年。两部法律实施以来，对于建立和维护和谐的婚姻家庭关系发挥了重要的作用。但随着婚姻观念、家庭关系的变化，我国婚姻家庭领域出现了一些新情况、新问题。针对这些新情况、新问题，为进一步弘扬夫妻互敬、孝老爱亲、家庭和睦的中华民族传统家庭美德，体现社会主义核心价值观，促进家庭关系和谐稳定，婚姻家庭编以这两部法律为基础，在坚持婚姻自由、一夫一妻等基本原则的前提下，结合社会发展需要，进行了修改完善。

婚姻家庭编共 5 章、79 条，与现行《婚姻法》《收养法》相比，主要有以下重大调整：

一、一般规定。第五编第一章是对婚姻家庭编的一般规定，规定了调整范围、基本原则等内容。与《婚姻法》相比，第 1041 条删除了“实行计划生育”这一原则。第 1044 条增加规定了“最有利于被收养人”等收养行为应当遵循的原则。

二、结婚。第五编第二章对结婚条件、结婚程序、无效婚姻和可撤销婚姻等做出了规定。与《婚姻法》相比，《民法典》对一方患有重大疾病是否影响结婚的问题做了重大调整。根据第 1048 条、第 1051 条规定，一方患有重大疾病的，法律不再绝对禁止结婚，也不再作为认定婚姻无效的情形，但是根据第 1053 条规定，患重大疾病一方应当在结婚登记前如实告知对方，不如实告知的，对方可以向人民法院请求撤销婚姻。这是尊重当事人婚姻自主权的体现。《民法典》对《婚姻法》作出的另一重大调整，是在第 1054 条第 2 款增加规定了在婚姻无效或者被撤销的情形下无过错方的损害赔偿请求权。

三、家庭关系。第五编第三章分为两节，分别是夫妻关系、父母子女和其他近亲属关系。关于夫妻关系，第 1060 条新增夫妻家事代理权的规定，这是首次在立法层面规定夫妻家事代理权，既尊重了我国夫妻法定财产制，也满足了市场交易效率和交易安全的需要；第 1064 条明确了夫妻共同债务的范围，回应了社会关注的热点，为夫妻共同债务的认定提供了法律依据；第 1066 条新增婚姻关系存续期间，夫妻一方在特定情形下可以请求分割共同财产的规定，这有利于解决在婚姻关系存续期间，夫妻一方恶意严重损害夫妻共同财产利益，或者拒绝承担法定扶养义务时，另一方如何维护自己合法权益的问题。关于父母和子女之间的关系，第1073条新增亲子关系异议之诉的规定。亲子关系涉及家庭稳定和未成年人利益的保护，《民法典》对此类诉讼进行了规范，有利于实现亲子关系的真实性，兼顾法律关系的安定性。

四、离婚。第五编第四章对离婚的程序、离婚的条件、离婚后子女抚养和财产分割等内容作了规定。关于协议离婚，第1077条新增离婚冷静期制度，规定自婚姻登记机关收到离婚登记申请之日起三十日内，任何一方可以向婚姻登记机关撤回离婚登记申请。这是在登记离婚中设置适当的时间门槛，促进当事人冷静思考，减少轻率离婚和冲动离婚，维护家庭稳定。关于离婚后子女抚养，第1084条第3款将"以由母亲直接抚养为原则"的子女由"哺乳期内的子女"修改为"不满两周岁的子女"，并增加规定"子女已满八周岁的，应当尊重其真实意愿"。这样使得裁判标准更加明确，同时尊重已有一定的自主意识和认知能力的未成年人的真实意愿，更有利于未成年人的健康成长。关于离婚时财产分割，第1087条增加规定了照顾无过错方权益的原则。这有利于加强对无过错方的保护，增加离婚过错方的成本，引导夫妻双方互相忠实，互相尊重，互相关爱。

五、收养。第五编第五章分为三节，对收养关系的成立、收养的效力、收养关系的解除等内容作了规定。与《收养法》相比，《民法典》有以下重大调整：扩大了被收养人的范围，第1093条将被收养人的年龄由"不满十四周岁"修改为"未成年人"；顺应国家计划生育政策的调整，第1098条和第1100条将"收养人应当无子女"修改为"无子女或者只有一名子女"，对可收养子女的数量也做了相应调整；加强了对收养人和收养行为的实质性审查，第1098条在收养人的条件中增加规定"无不利于被收养人健康成长的违法犯罪记录"，第1105

条增加规定县级以上人民政府民政部门应当依法进行收养评估。

司法实践中，婚姻家庭编在适用时可能存在以下几个疑难问题：第一，可撤销婚姻中一方患有重大疾病，在结婚登记前不如实告知另一方的，对于“重大疾病”如何认定；第二，夫妻家事代理权以及夫妻共同债务的规定中，“家庭日常生活需要”如何界定，应否根据不同省份、不同地区、不同家庭的经济状况作出区分，裁判标准应否根据社会的发展变化而变化；第三，夫妻共同债务的规定中，“债权人能够证明该债务用于夫妻共同生活、共同生产经营”如何认定，债权人的举证需要到达什么程度，“夫妻共同生活、共同生产经营”如何界定；第四，婚姻关系存续期间夫妻一方请求分割财产，如何把握允许分割的条件，如何在维护我国法定婚后所得共同财产制和保护夫妻一方合法利益之间实现平衡；第五，亲子关系异议之诉中，原告的举证应到达什么程度才可以确认或者否认亲子关系，在当事人不愿意做亲子鉴定的情形下，应如何分配举证责任。

（于蒙　撰写）

凡 例

全 称	简 称
《民法典各分编（草案)》(征求意见稿)	《婚姻家庭编（草案)》(一审稿)
《中华人民共和国民法典婚姻家庭编（草案二次审议稿)》(征求意见稿)	《婚姻家庭编（草案)》(二审稿)
《民法典婚姻家庭编（草案三次审议稿)》（征求意见稿)	《婚姻家庭编（草案)》(三审稿)
《中华人民共和国民法典（草案)》(征求意见稿)	《民法典（草案)》(征求意见稿)
《最高人民法院关于适用〈中华人民共和国婚姻法〉若干问题的解释（一)》	《婚姻法解释（一)》
《最高人民法院关于适用〈中华人民共和国婚姻法〉若干问题的解释（二)》	《婚姻法解释（二)》
《最高人民法院关于适用〈中华人民共和国婚姻法〉若干问题的解释（二）的补充规定》	《婚姻法解释（二）补充规定》
《最高人民法院关于适用〈中华人民共和国婚姻法〉若干问题的解释（三)》	《婚姻法解释（三)》
《最高人民法院关于审理涉及夫妻债务纠纷案件适用法律有关问题的解释》	《夫妻债务解释》
《最高人民法院关于人民法院审理离婚案件处理财产分割问题的若干具体意见》	《离婚案件财产分割意见》
《最高人民法院关于人民法院审理离婚案件处理子女抚养问题的若干具体意见》	《子女抚养若干意见》
《最高人民法院关于人民法院审理离婚案件如何认定夫妻感情确已破裂的若干具体意见》	《感情确已破裂若干意见》
《最高人民法院关于进一步深化家事审判方式和工作机制改革的意见（试行)》	《家事审判改革意见》

第一章　一般规定

第一千零四十一条　【基本原则】婚姻家庭受国家保护。

实行婚姻自由、一夫一妻、男女平等的婚姻制度。

保护妇女、未成年人、老年人、残疾人的合法权益。

【法条链接】

《宪法》第 48 条、第 49 条；《民法典》第 17 条、第 128 条、第 1082 条；《婚姻法》第 2 条 ；《收养法》第 3 条；《妇女权益保障法》第 51 条；《人口与计划生育法》第 17 条

【立法背景】

本条属于婚姻法基本原则的法律规定。与 2001 年《婚姻法》相比，本条在原规定的基础上，进一步明确婚姻家庭受国家保护，重申婚姻自由、一夫一妻、男女平等婚姻家庭领域的基本原则和规则，进一步规范关于“未成年人”和“老年人”的法律用语，增加婚姻家庭领域残疾人合法权益的保护，删除计划生育的相关规定。

我国婚姻家庭基本原则历经数次变革。中华人民共和国成立前夕，中国人民政治协商会议通过《中国人民政治协商会议共同纲领》，其中明确“废除束缚妇女的封建制度”，确定男女平等、婚姻自由等基本原则。随后在 1950 年 5 月新中国成立以来颁布实施的《婚姻法》中开篇便明确我国婚姻家庭基本原则是“废除包办、强迫、男尊女卑、漠视子女利益的封建主义婚姻制度”，是“实行男女婚姻自由、一夫一妻、男女权利平等、保护妇女和子女合

法利益的新民主主义婚姻制度"。至此，我国婚姻家庭的基本原则即婚姻自由、一夫一妻、男女平等、保护妇女子女合法权益等初具雏形。20 世纪 50 年代中期到 70 年代后期，传统的婚姻家庭观念受到特定政治环境及经济环境的冲击，超速增长的人口增长率、忽视老年人赡养等问题层出不穷。为了及时回应这些问题，1980 年《婚姻法》在基本原则这一条增加关于实行计划生育、保护老人的合法权益等内容。

改革开放以来，我国深刻的社会变革对人们的婚恋观念、家庭组成等基本婚姻家庭观念及价值取向上产生重大影响，离婚率暴增、不合法的婚恋关系导致的刑事案件数量也大幅增长①，在 2001 年《婚姻法》这一过渡性立法措施中，进一步强化婚姻家庭的基本原则为："实行婚姻自由、一夫一妻、男女平等的婚姻制度。保护妇女、儿童和老人的合法权益。实行计划生育。"② 至此，随着这一系列变革的展开，在婚姻家庭这一身份法的范畴里引入公平、人权等理念，增设人权保护条款，加强对弱者保护。③ 因此，在《中华人民共和国民法典（草案）》（以下简称《民法典（草案）》）的编纂过程中，专家们纷纷指出，作为民法典重要的组成部分之一，婚姻家庭回归民法典不仅是形式上的，更是实质的回归，其基本原则既要丰富公序良俗的内涵，又要有别于交易伦理理念下的平等自愿、诚实信用、公平竞争等原则。④ 婚姻家庭的基本原则主要有以下几点变化：

首先，明确规定婚姻家庭受国家法律的保护。依据《中华人民共和国宪法》（以下简称《宪法》）第 49 条第 1 款的规定，婚姻、家庭、母亲和儿童受国家保护，《中华人民共和国民法通则》（以下简称《民法通则》）亦有类似的规定，而 2001 年《婚姻法》却缺乏相关规定。因此在《民法典（草案）》的修订过程中，学者们提出在婚姻家庭编进一步明确此项法律原则，通过各项具体规定，保障宪法规范的有效实施。

其次，规范了相关用语。2001 年《婚姻法》第 2 条采用"儿童""老人"

---

① 马荟：《当代中国婚姻法与婚姻家庭研究》，山东大学 2013 年博士学位论文。

② 巫昌祯、夏吟兰：《〈民法典·婚姻家庭编〉之我见》，载《政法论坛》（中国政法大学学报）2003 年第 21 卷第 1 期。

③ 蒋月著：《20 世纪婚姻家庭法：从传统到现代化》，中国社会科学出版社 2015 年版，第 132 页。

④ 薛宁兰：《婚姻家庭法定位及其伦理内涵》，载《江淮论坛》2015 年第 6 期。

等词语表述不够精准，在司法实践中常引起歧义与纷争。在《民法典（草案)》的三次审议过程中，专家们普遍认为应尽量增强民事法律规范的系统性，强化各编与民法总则基本原则以及用语上的连贯性，统一各编用语，避免不必要的纷争。在坚持婚姻家庭法身份法特点的同时，不论是价值理念上还是法律术语的表述上都应当尽可能地保持一致，实现与民法典其他各编的衔接与融合。[①] 因此，本条第 3 款采用“未成年人”“老年人”等规范表述与《民法典》第 17 条、第 128 条相关表述用语完全一致，更符合完全民事行为能力的本质内涵，更有利于实现民法典体系内部的协调统一。

再次，增加在婚姻家庭领域对残疾人合法权益的保护。家庭对于残疾人来说不仅仅是生活的载体，更是他们维持稳定生活的重要依靠，但他们在婚姻家庭领域所遭受的问题和困难，远超我们的想象。无论是 2001 年《婚姻法》，还是《中华人民共和国残疾人保障法》（以下简称《残疾人保障法》）均未对残疾人的婚姻家庭权益做出任何保障性的规定。因此，本条第 3 款除了沿用 2001 年《婚姻法》基本原则中提出的特殊人群权益保护以外，增设对残疾人婚姻家庭权益进行保障的规定。

最后，为了解决日渐明显的人口老龄化趋势，删除“实行计划生育”。自 20 世纪 70 年代末以来，“计划生育”就一直作为基本国策而存在，并在《收养法》(第 3 条)、《中华人民共和国妇女权益保障法》(以下简称《妇女权益保障法》)（第 51 条）以及《中华人民共和国人口与计划生育法》(以下简称《人口与计划生育法》)(第 17 条）上均有体现。立法机关在制定 1980 年《婚姻法》时，考虑到以控制人口增长为目标的时代需求，从国家对生育权限制的角度调整夫妻共同生育行为。[②] 在 2001 年《婚姻法》的基本原则中增加“实行计划生育”(第 2 条)，在夫妻的权利义务中增加“夫妻双方都有实行计划生育的义务”(第 16 条)。自实施较为严格的计划生育政策以来，我国人口总和生育率逐步下降，我国逐步进入低生育率国家的行列。为了应对不断加速的高度老龄化趋势，避免因“三低”（低出生、低死亡、低自然增长）给社会和经济发展带来的不利影响，2015 年年底我国对《人口与计划生育

---

① 夏吟兰：《民法分则婚姻家庭编立法研究》，载《中国法学》2017 年第 3 期。

② 薛宁兰：《社会转型中的婚姻家庭法制新面向》，载《东方法学》2020 年第 2 期。

法》进行修正，一改之前“一对夫妻生育一个孩子”的计划生育政策，转向全面开放“一对夫妻生育两个子女”的二孩政策。因此，本条便适应政策潮流，删除2001年《婚姻法》关于实行计划生育的相关规定。①

【条文解读与法律适用】

一、婚姻家庭受国家保护

依据《宪法》的规定，国家保护婚姻家庭是国家必须承担的义务与责任，也是赋予国家的一项重要权力。这就意味着国家和全社会应当尽可能地保证每一位公民合法的缔结婚姻、生育后代、维持婚姻家庭生活的权利得到全面实现，在婚姻家庭领域充分保障、尊重个体的合法自主权。如确保婚姻自由、男女平等等；同时，国家和法律也可以在此范围内，出于保护婚姻家庭的目的，适当干预公民的私生活。如禁止重婚、设置法定婚龄等。

二、实行婚姻自由、一夫一妻、男女平等的婚姻制度

（一）婚姻自由原则

根据民法总则中的“自愿”原则，当事人有自主管理私人事务而不受第三人非法干预的自由。家庭法旗帜鲜明地保护当事人的婚姻自主权，不仅明确规定实行婚姻自由，禁止包办婚姻、买卖婚姻和其他干涉婚姻自由的行为，而且在具体制度中再次强调结婚自由、离婚自由以及夫妻各方婚后享有自由地参加生产、工作、学习和社会活动的权利。

婚姻自由原则强调的是缔结婚姻的双方当事人依照法律规定，对自己的婚姻关系享有完全自主的权利，不受任何他人的干涉和强制。该原则包含了结婚自由和离婚自由两个方面。结婚自由指的是缔结婚姻关系的双方当事人符合法定结婚条件的基础上，不受任何外力强迫或是干涉的情况下，完全自愿地与对方缔结婚姻关系。离婚自由则指的是婚姻当事人有权自主地处理离

---

① 其实，赋予自然人依法享有生育权是鼓励夫妻自主生育的重要民法保障。民法典开创性设立人格权编，突出对人格利益的民法保护，《民法典》第990条第1款在人格权的列举性规定中虽未明示生育权，第2款却概括性规定：“除前款规定的人格权外，自然人享有基于人身自由、人格尊严产生的其他人格权益。”生育权体现了自然人生育后代与否的行为自由。从法解释学角度看，它可被归入本款保护的自然人基于人身自由、人格尊严而产生的其他人格利益之中。

婚问题，不受任何外界的力量的胁迫或是影响。结婚自由与离婚自由两者相互结合、缺一不可。当然，实行婚姻自由，并不是对婚姻问题放任自由、随心所欲，而是必须依照法律的规定处理婚姻关系。坚持婚姻自由也是反对任何婚姻关系外的两性关系，与道德败坏、违法乱纪的各种破坏合法婚姻的行为水火不容。

（二）一夫一妻原则

一夫一妻制度是社会主义婚姻家庭制度的基本原则，也是现在各国通用的婚姻关系的基本准则之一。在一段合法的婚姻关系里面，只能有一男一女，也就是说一个男人一次只能娶一位妻子，而一个妇女一次只能嫁一位丈夫。一夫一妻制是在婚姻关系上实现男女平等的必备要件，也是男女双方建立美满家庭的必然要求。任何一段合法婚姻关系的存续期间内，婚姻关系的任意一方以公开或是隐蔽的方式与配偶外的第三人维持男女性关系都是违反一夫一妻原则的行为。

（三）男女平等原则

我国《宪法》第 48 条第 1 款明确规定："中华人民共和国妇女在政治的、经济的、文化的、社会的和家庭的生活等各方面享有同男子平等的权利。"男女平等是现代文明社会普遍遵守的原则，是法治原则的重要内容，更是衡量社会进步的重要指标。婚姻家庭编所明确的男女平等不仅仅是形式上的平等，更是实质上的平等。一方面，任何人都不应当基于其性别而被区别对待，这是机会与权利的平等，如夫妻在家庭中的地位平等，平等地享有配偶权及对共同所有财产的处理权等；另一方面，要承认性别差异的存在并因该差异而做出必要的区别对待，这是结果的平等，如《民法典》第 1082 条关于男方离婚请求权的限制规定等。形式的平等与结果的平等相辅相成共同构成男女平等的全部内容。①

三、特别保护妇女、未成年人、老年人和残疾人权益原则

特别保护妇女、未成年人、老年人和残疾人的权益是婚姻法一项重要的原则。

---

① 郝佳：《性别平等视域下的〈民法典婚姻家庭编〉立法》，载《中华女子学院学报》2019 年第 2 期。

（一）特别保护妇女权益原则

男女平等概念源起的目的便是改变女性长久以来社会地位和法律地位低下的不平等境地，在这一价值观指导下的利益分配机制在构建之初便主张做更有利于女性的安排，[①] 中国传统思想里男尊女卑、重男轻女的旧习俗不可能在短时间内完全消除，再加上男女两性生理结构与社会生活中凸显的天然差异，在婚姻家庭关系中，对女性权益的保护做出适当地倾斜，以便彻底地解放女性、更好地激发女性“半边天”的积极性，方能实现真正意义上的男女平等。

（二）特别保护未成年人的权益

依据《民法典》第17条规定，不满十八周岁的自然人为未成年人。作为祖国的未来，未成年人的利益需要得到特殊的保护。首先，禁止任何残害婴儿的行为，如溺婴、弃婴及其他残害行为；其次，父母具有抚养未成年子女的义务且这种抚养义务的延续性不因婚姻关系的变动而变化。[②] 父母子女之间的关系不局限于婚生子女，非婚生子女、养子女或是继子女均具有相应的权利义务；再者，禁止借收养或是任何名义拐骗、买卖儿童。

（三）特别保护老年人的权益

特别保护老年人的权益，是我们社会主义优良家风的重要体现。赡养老人也是我国人民的传统美德。当子女未成年时，父母尽抚养教育义务；当父母年老多病，丧失劳动能力、自理能力之时，子女就应当主动承担起赡养的义务。对老年人权益的特别保护主要体现在以下几个方面：首先，国家、集体对老年人的物质帮助；其次，整个社会尊重老年人的氛围培养；再者，子女要自觉履行赡养义务，尊老养老，保证老年人能够安度晚年；最后，任何形式的虐待、遗弃老年人的行为都是违法行为。

（四）特别保护残疾人的权益

残疾人在婚姻家庭领域的权益主要集中在几个方面：首先，制定一定优惠措施鼓励有结婚能力的残疾人缔结婚姻，组建家庭；其次，采取措施充分

---

① 郝佳：《性别平等视域下的〈民法典婚姻家庭编〉立法》，载《中华女子学院学报》2019年第2期。

② ［澳］帕特里克·帕金森著：《永远的父母：家庭法中亲子关系的持续性》，冉启玉主译，法律出版社2015年版，第47页。

保障残疾人婚姻自由，禁止一切包办、买卖婚姻和其他干涉残疾人结婚自由的行为；再次，加强残疾人的婚检和孕检工作，减少后代疾病的发生；最后，离婚时对残疾人权益的特别保护，即在一定条件下适当限制针对残疾人提出的离婚请求。

（刘琼　撰写）

第二章 结 婚

第一千零五十一条 【婚姻无效的情形】 有下列情形之一的，婚姻无效：

（一）重婚；

（二）有禁止结婚的亲属关系；

（三）未到法定婚龄。

【法条链接】

《民法典》1047 条、第 1048 条；《婚姻法》第 10 条

【立法背景】

本条是婚姻无效的相关规定。与 2001 年修订的《婚姻法》相比，本条删减了部分婚姻无效的情形，如“婚前患有医学上认为不应当结婚的疾病，婚后尚未治愈的”，仅保留三种无效婚姻的情形：重婚、有禁止结婚的亲属关系、未到法定婚龄。

婚姻无效指的是在婚姻关系的成立过程中，由于欠缺部分法定条件而未发生法律效力的两性结合。婚姻关系的缔结具有较强的法定程序性和实质性要件，如双方当场签字、双方完全出于自愿等。但在现实生活中，由于当事人弄虚作假或由于婚姻登记机关未能依法履行自身职责，致使部分并不符合法定要件的男女两性办理了结婚登记手续。1980 年《婚姻法》[①] 中仅对禁止

① 1980 年《婚姻法》第 6 条规定：“有下列情形之一的，禁止结婚：一、直系血亲和三代以内的旁系血亲；二、患麻风病未经治愈或患其他在医学上认为不应当结婚的疾病。”

结婚的情形进行规范，对这些不符合婚姻法规定的婚姻，是否承认其具有法律上的婚姻效力，对弄虚作假登记结婚，或者婚姻登记机关的登记员违法登记的，是否予以处罚，并无具体规范。为了进一步规范违法婚姻的法律后果，2001 年《婚姻法》中增设无效婚姻制度，填补了我国婚姻立法的空白。但是，对于“患有医学上认为不应当结婚的疾病者禁止结婚”这一规定一直存在着争议。有专家从婚姻自由的角度看来，双方知晓病情的情况下，愿意与患有疾病的对方缔结婚姻关系。当事人是否愿意与患有疾病的对方缔结婚姻关系只关乎私益，应给当事人留下选择余地 ，由当事人决定是否要求已经缔结的有瑕疵的婚姻被撤销；还有专家从以往实践经验提出，疾病具有一定的个人隐蔽性和隐私性，除非患病当事人明确知道且主动将患病信息告知对方，否则缔结婚姻的对方难以获悉。同时，法定禁止结婚的疾病种类和诊断结果应当由哪些机构作出规范亦很难操作。为充分尊重当事人的婚姻自主权，《民法典》禁止结婚的情形中便剔除了“婚前患有医学上不应当结婚的疾病，且婚后未治愈”这一条款，仅保留重婚、有禁止结婚的亲属关系、未到法定婚龄这三种情形。

明文禁止重婚行为基本上是国际惯例，重婚行为也是导致无效婚姻的重要因素之一。重婚指的是有配偶的人与他人登记结婚、与他人以夫妻名义同居生活，或是明知他人有配偶而与之登记结婚、与他人以夫妻名义同居生活。重婚违反了一夫一妻的婚姻家庭制度，严重违背社会道德风尚，影响家庭稳定和社会安定，导致腐败、破坏民风，我国 1980 年《婚姻法》以来，一夫一妻原则便是我国婚姻家庭制度的根本原则之一，2001 年《婚姻法》更是明文将重婚纳入无效婚姻的范畴。

禁止近亲结婚是古今中外的通例。男女双方属于近亲，在婚后繁育后代的过程中，有极大的可能将两者精神或是肉体上的弱点和缺陷遗传给下一代，这种遗传不光是会对小家庭产生伤害，对于整个国家、民族都将带来不利的后果。因此，禁止近亲结婚是全人类长期生活经验的总结，也是人类发展生存的总结。我国早在《唐律疏议·户婚》中便规定：“诸同姓为婚者，各徒二年，”且五服以内，缌麻以上的亲属关系甚至会被以“奸”论。《明律》则规定：“凡同姓为婚者，各杖六十”且两人将被强制“离异”。《大清律例》也对近亲结婚规定了相应的罚则。在新民主主义革命中，《中华苏维埃共和国婚姻条例》第 5 条规定："禁止男女五代以内亲族血统的结婚。"1950 年《婚姻法》规定：为直系血亲，或为同胞兄弟姐妹和同父异母或同母异父的兄弟姊妹者，禁止结婚；其他五代内的旁系血亲间禁止结婚的问题，从习惯。域外的法律同样禁止近亲结婚，如俄罗斯联邦婚姻家庭法典和日本民法典亲属编均有类似的规定。而瑞士、意大利、俄罗斯、菲律宾等国家则规定婚姻当事人是法律禁止的亲属关系，其婚姻关系无效。

法定婚龄指的是法律规定的男女双方可以结婚的最低年龄。换言之，男女双方只有在达到法律规定的最低年龄才能缔结婚姻关系。婚姻关系的自然属性与社会属性决定了男女双方婚龄的规定，因为根据人类生长的规律，男女只有达到一定的年龄，其生理结构和心理结构才能逐步发育完整。如果过早的结婚，当事人还不完全具备判断和处理事物的能力，难以承担婚后对家庭、子女和社会应尽的责任。

【条文解读与法律适用】

无效婚姻，指的是欠缺婚姻成立的法定条件而不发生法律效力的男女两性的结合，婚姻无效是欠缺结婚实质要件的婚姻在民事法律关系上的后果。依据本条规定，我国无效婚姻仅包含三种情形：

一、重婚

一段合法婚姻关系的存续期间内，任何人都只能拥有一个配偶，不能同时有两个或者更多的配偶。也就是说，一个男人同一时间段内只能娶一个妻子，一个妇女只能嫁一个丈夫，一个人不能同时与两个或两个以上的人缔结婚姻。对于重婚的当事人，不仅要确认重婚这第二个婚姻关系无效，解除其重婚关系，还应当依法追究重婚者的刑事责任。对此，《中华人民共和国刑法》（以下简称《刑法》）第 258 条规定，有配偶而重婚的，或者明知他人有配偶而与之结婚的，处二年以下有期徒刑或拘役。

二、有禁止结婚的亲属关系

依据本法第 1048 条规定，本条中的有禁止结婚的亲属关系主要指的是直系血亲或者三代以内的旁系血亲。具有这些亲属关系的男女双方结婚，婚姻关系无效。

三、未到法定婚龄

考虑到男女青年身心发育程度，整体社会群众的接受程度，第 1047 条将男女双方可以缔结婚姻关系的年龄分别确定为二十二周岁和二十周岁。换言之，男女双方不到这个年龄就不能结婚，只有达到或者高于这个年龄时才能结婚。男女双方当事人结婚，违反第 1047 条关于法定结婚年龄的规定，未达到法定结婚年龄，其婚姻关系无效。

这里需要注意的是，有关部门在确定一段婚姻效力时，不能直接以登记结婚时的年龄为依据确认婚姻的无效。如果男女双方在结婚时的实际年龄低于法定年龄，但当事人或是利害关系人申请确认婚姻无效时，婚姻缔结的双方已经达到法定婚龄，则不宜直接确认其婚姻关系无效。简而言之，基于未达到最低婚龄的婚姻关系确认无效的申请，应当在双方当事人尚未达到法定婚龄之前提出。

（刘琼　撰写）

第一千零五十三条　【隐瞒疾病的可撤销婚姻】一方患有重大疾病的，应当在结婚登记前如实告知另一方；不如实告知的，另一方可以向人民法院请求撤销婚姻。

请求撤销婚姻的，应当自知道或者应当知道撤销事由之日起一年内提出。

【法条链接】

《婚姻法》第 11 条

【立法背景】

本条是可撤销婚姻的相关规定。与 2001 年《婚姻法》相比，本条是婚姻家庭编修订过程中新增的条款，首次规定了夫妻双方婚前患病具有告知义务，并相应对撤销权的行使进行规范。

可撤销婚姻，是指当事人因意思表示不真实而成立的婚姻，或欠缺部分合法婚姻成立的构成要件，依法拥有撤销权的当事人行使撤销权，致使已经发生法律效力的婚姻关系丧失法律效力。2001 年《婚姻法》颁布实施以来，特别是 2003 年公布的《婚姻登记条例》施行后，出于对个人隐私的保护，强制婚检制度退出历史舞台。“患有医学上认为不应当结婚的疾病”也由此失去了现实可操作的依据。实际上，我们也应当看到，一方面，随着现代科学技术的发展，特别是现代医学技术的发展，人们关于疾病的认知正在不断清晰，纵然现在还会有许多的疑难杂症，但是大量的疾病已经被人类攻克。以往大量医学上认为不宜结婚的疾病，经过科学家的努力，可能若干个月或是若干年后便不再属于不宜结婚的疾病了。另一方面，婚姻的自主权不应当局限于形式化，停留在自主登记签字，更应该是实质的自主权，应当更加注重男女双方自主选择配偶的权利。也就是说一方配偶即使在婚前未被告知患有疾病，但在婚姻存续期内，病情并未对二人生活造成实质影响，或是未患病方配偶仍愿意与患病方配偶同甘共苦，没有理由据此认定二人婚姻无效。

因此，在《民法典（草案)》的修订过程中，如何从保护配偶双方对于婚前重大疾病知情权的保障出发，赋予婚姻双方更多自主权成为立法者们的重点考量。在《民法典（草案)》的修订过程中，有专家提出应当将“患有重大疾病”从 2001 年《婚姻法》中无效婚姻的情形变更为可撤销婚姻的情形。同时，专家们对于结婚前的患病情况是否应该告知，什么程度的病情需要告知等问题存在不同看法。在《民法典（草案)》二审稿审议期间，有部分专家提出疾病具有隐蔽性和隐私性，如果将所有的疾病都作为告知义务的对象，将不利于维护个体在婚姻关系中的独立性；同时，有些疾病本身并不会对双方的婚姻生活造成任何的影响或阻碍，因此，建议将疾病的范畴界定为“重大疾病 ”。因此，《民法典（草案)》婚姻家庭编草案三审稿规定：一方患有重大疾病的，应当在结婚登记前如实告知另一方；未能如实告知的，另一方可以向婚姻登记机关或者人民法院请求撤销该婚姻。本条采用这一规定在强调婚前告知义务的同时，也切实保障另一方的知情权，防止因为婚后病发给另一方带来过重的扶养义务，以及骗婚等道德风险的存在。

在 2001 年《婚姻法》第 11 条关于因受胁迫而可撤销婚姻的规定中，受胁迫一方可以自行选择向人民法院或是婚姻登记机关请求撤销婚姻。但由于本条主要规范的是隐瞒病情而导致的可撤销婚姻，其中涉及婚前患病、婚前未如实告知等相关事实证据的收集与论证，人民法院较之婚姻登记机关更为专业，因此，在本条第1款的规定中明确未被告知一方只能向人民法院提出撤销婚姻的请求。

【条文解读与法律适用】

本条规定，因婚前患有严重疾病，且在婚姻缔结前向对方隐瞒相关事实的，未被告知一方当事人可以向人民法院请求撤销该婚姻。未被告知一方撤销婚姻的请求，应当自知道或是应当知道隐瞒事实之日起一年内提出。本条规范与民法总则可撤销法律行为的规范基本相符，不过在适用过程中，仍有以下几个方面需要格外注意：

一、婚姻撤销请求权的范畴

本条规范的可撤销婚姻的请求权主要局限于因患有重大疾病而未告知对方配偶的情形，主要指的是在男女双方缔结婚姻之前，一方明知自身患有重大疾病，且该疾病将会影响双方的日常生活，而患病一方在婚姻缔结之时并未如实获知对方的情形，未被告知的一方享有婚姻关系的撤销权。如若患病一方在婚姻成立之前已经告知对方，或是有相关证据能表明患病信息已经被对方知悉，那么，未患病一方便不能据此提出婚姻的撤销。

二、提出撤销婚姻效力的请求权人

有权提出撤销婚姻效力的申请人只能是未被告知重大患病信息的当事人。这是由于在婚姻关系缔结前，患有重大疾病的一方当事人已明知自己患有重大病情的事实，但未能在婚姻缔结之前告知对方当事人，使得婚姻关系的缔结未能真实表达自己的意愿，婚姻关系违背未被告知方的意志，为了贯彻执行婚姻自由的基本原则，本条仅赋予未被告知一方配偶撤销权。

三、提出撤销婚姻效力申请的时间

因隐瞒疾病而申请撤销婚姻的，未被告知一方具有撤销该婚姻的请求权，但这一请求权的行使并不是没有任何的限制。本条规定，未被告知患病信息的配偶一方请求撤销婚姻的期间是自知道或是应当知道患病信息一年内。未被告知一方必须在法律规定的时间内行使撤销其婚姻效力的请求权。这是因为在婚姻缔结时，患病一方未能如实告知重大病情往往被认定为未能真实表达双方真实的婚姻意愿，如果未被告知一方在知道对方患病信息之后，仍愿意接受已成立的婚姻关系，那么，法律就让这个婚姻关系持续有效。如果结婚后，未被告知的一方不愿维持已经成立的婚姻关系，便当然可以请求人民法院撤销其婚姻的效力，使已经缔结的婚姻关系失去法律效力。然而，如果未被告知一方长期不行使这个撤销权，不主张撤销婚姻的效力，就有可能导致这一婚姻关系长期处于一种不稳定的状态，不利于保护婚姻双方当事人的合法权益，及双方当事人所生子女的利益等。因此，未被告知一方行使婚姻撤销权的期限是知道或是应当知道病情的一年内，超过一年时间，未被告知一方就失去提出申请撤销婚姻效力的权利。

在适用本条时需要注意的是：依据本条规定，因隐瞒疾病的婚姻撤销权受理机关为人民法院。

（刘琼　撰写）

第一千零五十四条　【婚姻无效和被撤销的法律后果】无效的或者被撤销的婚姻自始没有法律约束力，当事人不具有夫妻的权利和义务。同居期间所得的财产，由当事人协议处理；协议不成的，由人民法院根据照顾无过错方的原则判决。对重婚导致的无效婚姻的财产处理，不得侵害合法婚姻当事人的财产权益。当事人所生的子女，适用本法关于父母子女的规定。

婚姻无效或者被撤销的，无过错方有权请求损害赔偿。

【法条链接】

《婚姻法》第 12 条

【立法背景】

本条是婚姻无效和被撤销法律后果的规定。与 2001 年《婚姻法》相比，本条进一步规范无效婚姻和被撤销婚姻法律后果的表述，将“自始无效”改为“自始没有法律约束力”，新设第2款首次以成文形式肯定婚姻无过错方请求损害赔偿的权利。

人人享有婚姻自由，但婚姻的缔结必须符合法定的形式要件和实质要件，才能真正构成法律意义上的婚姻关系。当婚姻关系不符合法定形式或实质要件时，就有可能出现瑕疵婚姻的情况。瑕疵婚姻关系的效力又可以区分为无效婚姻和可撤销婚姻，从立法例看来，有一些国家和地区的婚姻家庭法并未采用双轨制，即区分婚姻的无效和可撤销，如法国、瑞士则只规定无效婚姻，而德国、葡萄牙等国的民法典则只规定可撤销婚姻。虽然早年间，我国也有过关于双轨制或是单轨制的争论，但2001年《婚姻法》以成文的形式肯定了婚姻无效和可撤销的双轨制，明确了确定违反公益要件和私益要件导致的法律后果有所不同。这一制度的建立是对违法婚姻法律后果的规范化和制度化，既有助于维护我国婚姻家庭法律制度的权威，又填补了我国婚姻立法的空白，这一设计不仅与总则中的规定相衔接，而且也具有逻辑上的正当性，故瑕疵婚姻效力的双轨制在本次婚姻家庭编中予以保持。

当然，婚姻无效或被撤销的法律后果和合同无效或被撤销的法律后果相同，这显然忽略了财产行为与身份行为之间的区别，① 婚姻关系被确认无效或是被撤销后，并不只意味着当事人双方身份关系的消灭，还涉及财产分割、子女抚养等问题。依2001年《婚姻法》规定，无论是严重违反公益或是道德秩序的无效婚姻，还是违反私益被撤销的婚姻关系，两者的法律效力均具有溯及力，即自该婚姻成立之时起便自始无效。这意味着当事人之间的婚姻关系不曾成立，更不谈不上所谓的夫妻之间的权利义务。但无效婚姻或是可撤销婚姻中总是善意与恶意并存，无过错方和受害方的合法权益若不能得到合适的保护是不公平的，更是与法的精神相悖的。②从比较法上看，如美国《统一结婚离婚法》第208条规定，即使法官做出无追溯力的婚姻无效判决，但有关财产与子女抚养问题均可以适用离婚财产分割、离婚扶养费、抚养及子

① 冉克平：《论〈民法典婚姻法家庭编（草案）〉的体系、内容及其完善》，载《武汉大学学报》（哲学社会科学版）2019年第72卷。

② 李昊、王文娜：《婚姻缔结行为的效力瑕疵——兼评民法典婚姻家庭编草案的相关规定》，载《法学研究》2019年第4期。

女的监护等相关规定。因此，在无效或是撤销婚姻的法律效力上应当采用限制溯及力的原则，以达到不损害第三人或者善意一方当事人利益的效果。对无效婚姻的善意方应当无溯及力，是原则性与灵活性的统一。本条第1款主要就是回应婚姻无效或被撤销后的溯及力问题，在坚持《中华人民共和国民法总则》（以下简称《民法总则》）体现的法律行为的效力体系的基础上，本条明确规定照顾无过错方的利益，明确规定当事人所生的子女适用婚姻法有关父母子女的规定，即使子女出生于被宣告无效或被撤销的婚姻关系存续期间，也仍然是婚生子女。本条既对恶意造成的违法婚姻不予法律保护且自始没有法律约束力，表现出的是对恶意者的制裁；同时，考虑到违法婚姻事实存在的后果，对善意者和子女的合法权益予以保护。这不仅代表当今世界无效婚姻立法的主流与趋势，而且也符合我国的传统文化和违法婚姻存在的现状。

2001年《婚姻法》在离婚损害赔偿的理由并不包括婚姻无效和被撤销。也就是说无过错方由于无效和可撤销婚姻所承受的、无法逆转的损害事实，并不能通过合法的途径获得相应的赔偿。这些规范从立法理念上而言，依然停留在制裁层面，而忽视对善意一方或弱势一方的必要保护，忽视婚姻所具有的事实先行的特性，虽然维护了法律的尊严，符合逻辑，却不可避免地忽视了法律对无效婚姻中生活困难一方及无过错方的利益保护。实际上，现代社会中婚姻无效和可撤销婚姻制度在价值取向上已由传统的制裁作用发展为制裁与救济并重，法律从维护形式正义逐步转向维护实质正义。一方面，各国法律都承认违反结婚法定要件的婚姻是无效婚姻或可撤销婚姻；另一方面，各国又通过规定抗辩理由、推定制度、除斥期间等方式，尽量为当事人，特别是善意的当事人及其子女提供保护 ，不轻率地宣告无效，即使宣告无效，也要对善意一方在经济上给予一定的补偿。因此，在《民法典（草案)》的修订过程中，专家们提出可以考虑参考域外国家的相关立法实践，扩大损害赔偿在法律上的适用，将损害赔偿制度引入婚姻无效和被撤销制度中。即在宣告婚姻无效时，赋予生活困难的善意一方有请求另一方提供必要的经济补偿的权利；赋予无过错一方在婚姻被宣告无效时，向过错方请求损害赔偿的权利。无效或是可撤销婚姻的损害赔偿制度的建立更有利于契合婚姻自由原则、公平正义的法律理念、保证人格尊严、与离婚损害赔偿制度互为补充，相得益彰。

【条文解读与法律适用】

一、无效和可撤销婚姻自始没有法律约束力

本条对无效或被撤销婚姻的法律后果做出规定，即自始没有法律约束力，当事人不具有夫妻的权利和义务。同居期间所得的财产，由当事人协议处理；协议不成的，由人民法院根据照顾无过错方的原则判决。对重婚导致的无效婚姻的财产处理，不得侵害合法婚姻当事人的财产权益。当事人所生的子女，适用本法关于父母子女的规定。对于这一规定具体可以理解如下：

1. 无效和被撤销的婚姻关系自始不发生任何法律效力，并不是从人民法院宣告无效或被撤销之日起才不具有法律效力。换言之，不论结婚登记行为是否发生、婚姻事实是否发生，亦不论婚姻时间的长短，这种婚姻关系被法律确认自始不产生任何效力，不受法律的保护。

2. 无效和被撤销婚姻的双方当事人之间不具有夫妻的权利和义务，但不能影响两人同居期间共同生育子女的合法权益。

3. 两人在同居期间所得的财产，协商先行。在协商未能解决纠纷时，人民法院按照顾无过错方的原则进行判决。但同时需要注意的是，因重婚而涉及财产处理时，不能侵害合法婚姻当事人的合法权益。

二、无效或可撤销婚姻损害赔偿的构成要件

本条第 2 款新设的“婚姻无效或者被撤销的，无过错方有权请求损害赔偿”亦是本次民法典修订的一大亮点。在具体的适用上应注意下列几点：

（一）以婚姻无效或撤销为前提

无过错方的损害赔偿只存在于婚姻无效和被撤销的情形，且在适用这一条文实行无过错方损害赔偿请求权时，婚姻无效或是可撤销婚姻的情形应当继续存在，没有消失。换言之，如若婚姻无效或是可撤销的情形已然消失，或撤销事由已过除斥期间，那么无过错方就不再享有无过错赔偿的请求权了。

（二）过错责任

与普通的侵权责任不一样的是，在婚姻的缔结过程中，发生了导致婚姻无效或是可撤销的情形，不论该婚姻的效力最终如何，其与合法有效婚姻所具有的极强的伦理特征和婚姻本质是相通的。从婚姻的本质看来，婚姻关系

是最复杂、亦有可能是最亲密的人与人之间的身份关系，要求双方当事人之间保持一定程度的包容性。同时，伦理特征亦要求对于违反结婚要件而导致婚姻无效（撤销）的行为需要同时体现对行为人行为的违法性和非道德性的价值评断。因此，不论婚姻效力如何，都应该采取过错责任原则，如果婚姻当事人无过错，就不必承担民事责任，有别于普通的侵权责任构成。

（三）请求主体为婚姻无效或撤销中的无过错方当事人

婚姻无效的构成具有多方原因，如不分是非曲直将无效婚姻的后果完全归咎于双方当事人，则有失客观与公允。赋予婚姻无过错方当事人以损害赔偿请求权，将是对无过错方权益之充分保护，以此凸显科学的立法理念。假若善意方没有获得救济的权利，无论实有权利在法律中规定得多么周详、完备，都会因缺少应有的保障而失去意义。正是基于此意义，设置过错方的赔偿责任来恢复权利配置的平衡，而只有无过错方才能成为损害赔偿中的请求主体。

（四）损害赔偿的表现形式具有特殊性

因一方当事人过错导致婚姻依法被确认无效时，过错方应向无过错方承担返还财产、赔偿损失等财产责任。这些财产责任对那些因婚姻无效而人身权受到伤害的受害人而言，在某种程度上，一定的金钱赔偿也不失为抚慰其受伤的心灵、走出精神阴影或痛苦的一种有效方式。但是，仅返还财产、赔偿损失对受到侵害的人身权利来讲，是无法给予完整的救济的，消除影响、恢复名誉和赔礼道歉等契合侵犯人身权的非财产责任，也应该在此予以凸显。同时，由于过错方的重大过错甚至是违法行为而导致婚姻被宣告无效，侵害了无过错方当事人的人格尊严，对其造成了严重的精神伤害，对此给予精神损害赔偿也符合公平正义之理念。财产责任与非财产责任共同构成婚姻无效或撤销的民事责任体系。这样也有助于受害人自由选择对维护自己权益最为有利的方法，既可以选择要求侵权人返还财产、赔偿损失，也可以要求侵权人恢复名誉、赔礼道歉乃至精神损害赔偿等。

（刘琼　撰写）

第三章　家庭关系

第一千零五十八条　【夫妻双方抚养、教育和保护未成年子女的权利与义务】夫妻双方平等享有对未成年子女抚养、教育和保护的权利，共同承担对未成年子女抚养、教育和保护的义务。

【法条链接】

《婚姻法》第 21 条、第 23 条；《妇女权益保障法》第 49 条；《未成年人保护法》第 10 条

【立法背景】

本条是关于家庭中父母与子女之间抚养、教育和保护义务的规定。与 2001 年《婚姻法》相比，本条整合父母抚养、教育和保护未成年子女的相关规定，且对父母与子女关系与夫妻关系的法条位置进行调整。

2001 年《婚姻法》通过两个条款规范夫妻双方对未成年子女的抚养、教育和保护的权利与义务，如第 21 条规定的是父母对子女的抚养赡养义务、第 23 条规定的是父母保护教育未成年子女权利义务的规定。本次《民法典》制定将两者进行整合，使得条文之间的逻辑关系更为清晰，条文内容更为规范。

本条的教育所侧重的是管教，指的是父母从保护未成年子女的角度出发，依照法律和道德的要求，采用适当的方式和程度，约束未成年子女的行为。本条的保护指的是父母应当保护其未成年子女的人身安全和合法权益，预防和排除来自外界的危害，使其未成年子女的身心处于安全状态。父母对子女的保护主要包括对未成年子女财产的保护、对未成年子女身心的保护以及代

理未成年子女进行民事活动。具体而言，父母对未成年人身体的保护主要包括为未成年子女提供安全的住所、照顾未成年子女的日常生活、保护其身体和精神不受外来伤害等。对未成年人财产的保护主要指的是保护未成年子女的财产权益。

【条文解读与法律适用】

一、父母双方都有抚养、教育和保护未成年子女的权利和义务

依据父母共同亲权和男女平等的基本原则，父母对子女的抚养教育义务，是父母双方的共同义务和共同责任，并不是任何单方的义务与责任。即使父母离婚，也不能免除父母对子女的抚养义务。《婚姻法》第 23 条明确规定了父母有保护和教育未成年子女的权利和义务。《妇女权益保障法》第 49 条第 1 款也明确规定，父母双方对未成年子女享有平等的监护权。由于父母不履行抚养义务而引起的纠纷，可由有关部门调解或向人民法院提出追索抚养费用的诉讼。对于拒不履行抚养义务，恶意遗弃未成年子女已构成犯罪的，应根据我国《刑法》的相关规定进行追责。

二、父母抚养、教育和保护未成年子女既是权利又是义务

父母对未成年子女的抚养、教育和保护是基于亲权和监护权上的权利，亦是法律规定的家庭义务。除本条规范外，还有其他法律明确规定了父母对未成年子女抚养、保护和教育的职责，如《中华人民共和国未成年人保护法》（以下简称《未成年人保护法》）第 10 条第 2 款规定：禁止对未成年人实施家庭暴力，禁止虐待、遗弃未成年人，禁止溺婴和其他残害婴儿的行为，不得歧视女性未成年人或者有残疾的未成年人。根据这些法律规定，父母对子女的抚养义务从子女出生之时开始，不论男婴、女婴，不论是都患有重病、是否患有残疾，父母都有义务予以抚养，溺婴、弃婴和其他伤害婴儿的行为都应当承担法律责任。根据《刑法》第 261 条的规定，对于年幼的人，负有扶养义务而拒绝扶养，情节恶劣的，处五年以下有期徒刑、拘役或者管制。其他残害婴儿的行为，如属于虐待，构成犯罪的，按照《刑法》第 260 条规定，处二年以下有期徒刑、拘役或者管制，致使婴儿重伤、死亡的，处二年以上七年以下有期徒刑。

应当注意的是，本条同样适用于婚生父母子女之间、非婚生父母子女之间、继父母子女之间、养父母子女之间的关系。

（刘琼 撰写）

第一千零六十条 【家事代理权】夫妻一方因家庭日常生活需要而实施的民事法律行为，对夫妻双方发生效力，但是夫妻一方与相对人另有约定的除外。

夫妻之间对一方可以实施的民事法律行为范围的限制，不得对抗善意相对人。

【法条链接】

《婚姻法》第17条；《婚姻法解释（一）》第17条

【立法背景】

本条是关于夫妻家事代理权的规定，系新增条文，在2001年《婚姻法》和《最高人民法院关于适用〈中华人民共和国婚姻法〉若干问题的解释（一）》（以下简称《婚姻法解释（一）》）相关规定基础上制定形成。《婚姻法》虽然没有明确规定日常家事代理制度，但从《婚姻法》第17条第2款“夫妻对共同所有的财产，有平等的处理权”的规定中，可以得出家庭日常生活范围内夫妻互为代理人的结论。《婚姻法解释（一）》第17条第1项规定：“夫或妻在处理夫妻共同财产上的权利是平等的。因日常生活需要而处理夫妻共同财产的，任何一方均有权决定。”该规定涵盖了夫妻日常家事代理权的实质内容。

从两大法系的法律规定看，夫妻之间的相互代理权均得到了法律的认可。大陆法系国家的法律认为，夫妻于日常家事处理方面互为代理人，夫妻间有相互代理对方为法律行为的权利，其法律后果是配偶一方代表家庭所为的行为，配偶另一方须承担由此产生的法律后果。英美法系国家的法律则认为，夫妻间的家事代理权是法律自动构成的代理，是因同居关系而构成的代理。

我国民法学界、婚姻法学界主流观点认为，婚姻为夫妻生活之共同体，在处理日常家庭事务范围内，夫妻互为代理人，享有家事代理权，这是婚姻的当然效力，夫妻因配偶身份关系的确立而依法当然享有此代理权。这种代理是基于法律的直接规定，而非当事人的约定，因而具有不同于一般委托代理的当然性和法律强制性。为保护债权人利益，夫妻因日常家事与第三人交往所为法律行为，视为夫妻共同的意思表示，并由夫妻另一方承担连带责任。

【条文解读与法律适用】

家事代理权是指夫妻因日常家庭事务与第三人为一定法律行为时相互代理的权利，即夫妻于日常家事处理方面互为代理人，互有代理权，该代理行为的后果由夫妻双方共同承受。在婚姻生活中，夫妻因家庭日常生活需要处理的事务非常繁杂，不可能事事都由夫妻双方共同处理，必然有夫妻相互代理的需要。因此，夫妻一方在行使家事代理权时，无论对方对该代理行为是否知晓、是否追认，另一方均应对该行为的法律后果承担连带责任。当然，夫妻虽然存在紧密的身份联系并互相享有家事代理权，但双方作为独立的民事主体地位，并不因婚姻的缔结而丧失，故对家庭日常生活需要之外的民事法律行为，不能直接适用家事代理权。本条首次在立法层面规定了夫妻家事代理权，并明确家事代理权的范围仅限于家庭日常生活需要。

对于家庭日常生活的范围即家事代理权的范围，我们认为，一般包括食品、衣着、家庭设备用品及维修服务、医疗保健、交通通信、文娱教育及服务、居住、其他商品和服务等家庭消费。在具体案件中还要根据夫妻共同生活的状态（如双方的职业、身份、资产、收入、兴趣、家庭人数等）和当地一般社会生活习惯予以认定。需要强调的是，家庭日常生活需要的支出是指通常情况下必要的家庭日常消费，主要包括正常的衣食消费、日用品购买、子女抚养教育、老人赡养等各项费用，是维系一个家庭正常生活所必需的开支，立足点在于“必要”。此外，农村承包经营户有其特殊性，农村承包经营户一般以家庭为单位，家庭日常生活与承包经营行为经常交织在一起，二者难以严格区分，故根据当地一般标准判断为正常承包经营所负的债务，也可以认定为家庭日常生活需要所负债务，由夫妻双方共同承担清偿责任。当然，如果为承包经营所负的债务数额较大，超出了当地一般家庭生活需要的范围，则不能当然认定为家庭日常生活需要所负债务，即不能当然适用家事代理权由夫妻另一方承担连带责任。

家事代理权仅限于夫妻一方为家庭日常生活需要所为的民事法律行为，如果夫妻一方在处理重大夫妻共同财产特别是不动产等作出涉及产权转让或放弃的决定时，则可能构成滥用代理权，滥用代理权的一方应当承担相应的法律责任，非善意的第三人不能以夫妻一方有家事代理权为由对抗夫妻另一方。

家事代理权不同于一般代理权，家事代理权是基于夫妻身份关系而由法律规定当然享有的权利，代理权的行使不需要得到授权亦不必以被代理人的名义。因此，相对人有理由相信夫妻一方因家庭日常生活需要而实施的民事法律行为，能够当然代表另一方。如果夫妻一方对另一方在家事代理权方面作出限制，该限制的效力仅及于夫妻双方，而不能对抗善意相对人，除非夫妻一方与相对人明确约定该行为的效力不能约束夫妻另一方。

（方芳　撰写）

第一千零六十二条　【夫妻共同财产】夫妻在婚姻关系存续期间所得的下列财产，为夫妻的共同财产，归夫妻共同所有：

（一）工资、奖金、劳务报酬；

（二）生产、经营、投资的收益；

（三）知识产权的收益；

（四）继承或者受赠的财产，但是本法第一千零六十三条第三项规定的除外；

（五）其他应当归共同所有的财产。

夫妻对共同财产，有平等的处理权。

【法条链接】

《民法典》第 1124 条；《婚姻法》第 17—19 条；《婚姻法解释（二）》第 11 条、第 12 条；《婚姻法解释（三）》第 5 条

【立法背景】

本条根据《婚姻法》第17条规定修改形成，沿袭了夫妻财产法定共同制的原则，并根据社会生产生活变化作了相应调整。本条对《婚姻法》第17条未作实质调整，仅在第1款第1项中增加规定“劳务报酬”为夫妻共同财产，在第1款第2项中增加规定“投资的收益”为夫妻共同财产。有关夫妻共同财产的认定，最高人民法院于2001年12月、2003年12月和2011年8月颁布的三个适用《婚姻法》的司法解释，对夫妻共同财产的内涵外延进行了补充和细化。

【条文解读与法律适用】

本条第1款第1项规定的工资、奖金、劳务报酬，以及第1款第2项规定的生产、经营、投资的收益，属于夫妻共同财产，理解上不存在争议。

本条第1款第3项规定的知识产权，是指民事主体对其创造性的智力劳动成果依法所享有的专有权利，兼有人身权和财产权属性。婚后夫妻一方取得的知识产权权利本身，因其具有很强的人身性和专属性，应当归一方专有。但因知识产权取得的收益是财产权益，该财产收益产生于夫妻关系存续期间，也属于夫妻一方劳动所得，故应认定为夫妻共同财产。《最高人民法院关于适用〈中华人民共和国婚姻法〉若干问题的解释（二）》（以下简称《婚姻法解释（二）》）第12条对知识产权的收益作了规定，即知识产权的收益是指夫妻关系存续期间，实际取得或者已经明确可以取得的财产性收益。如果知识产权的收益在夫妻关系存续期间并未明确可以取得，而是在离婚后取得，则不能认定为夫妻共同财产。

本条第1款第4项规定了继承或者受赠的财产属于夫妻共同财产。由此产生一个问题，如夫妻一方放弃继承和赠与，另一方能否以遗产属于夫妻共同财产为由起诉分割遗产，或者以本人名义要求接受赠与？根据《民法典》第1124条关于“继承开始后，继承人放弃继承的，应当在遗产处理前，以书面形式作出放弃继承的表示；没有表示的，视为接受继承。受遗赠人应当在知道受遗赠后六十日内，作出接受或者放弃受遗赠的表示；到期没有表示的，视为放弃受遗赠”的规定，我们认为，继承人和受赠人有权放弃继承和接受赠与，如继承人放弃继承或者受赠人放弃赠与财产的，事实上尚未取得继承财产和受赠财产，并未形成夫妻共同财产，夫妻另一方不得主张分割一方放弃的遗产和赠与财产。

本条第 1 款第 5 项“其他应当归共同所有的财产”，根据《婚姻法解释(二)》第 11 条规定，主要包括男女双方实际取得或者应当取得的住房补贴、住房公积金、养老保险金、破产安置补偿费等。

实践中比较难以判断的是，夫妻一方个人财产产生的收益是否属于夫妻共同财产。《婚姻法》第 17 条、第 18 条、第 19 条将夫妻财产制的类型分为夫妻法定财产制、特有财产制和约定财产制。在此基础上，《最高人民法院关于适用〈中华人民共和国婚姻法〉若干问题的解释（三)》（以下简称《婚姻法解释（三)》）第 5 条规定：“夫妻一方个人财产在婚后产生的收益，除孳息和自然增值外，应认定为夫妻共同财产。”根据该条规定，夫妻一方以夫妻共同财产投资产生的收益属于夫妻共同财产，而判断个人财产在婚姻关系存续期间所取得的收益是否属于夫妻共同财产时，首先要明确夫妻一方个人财产产生收益的范围，再根据收益是基于个人财产的自然增值、孳息还是基于夫妻共同经营行为，来判断哪些收益属于夫妻共同财产，哪些收益属于夫妻个人财产。夫妻一方个人财产在婚后产生的收益，既包括该财产所生孳息和投资经营收益，也包括该财产本身在价格上的提升。夫妻个人财产在婚后产生的收益，一般可分为自然增值、孳息、投资生产经营收益三种。

自然增值是指财产因所有权人以外的变化因素而发生的价值增长状态，财产所有权人在此过程中并未起到积极推动的作用。例如，婚前购买的房产随市场行情涨价，婚前收藏的古玩字画价值增长等。夫妻一方个人财产的自然增值，因财产所有权人对增值部分并未付出努力，更无需夫妻另一方提供帮助或者协助，故应当认定为个人财产。

孳息是指原物产生的额外收益，分为天然孳息和法定孳息。天然孳息是指依照物的自然性能或者物的变化规律而取得的收益，如动物的产物、土地上生长的庄稼、果树结的果子等；法定孳息是指依照法律规定产生的收益物，包括利息、租金等。我们认为，如果是夫妻一方个人财产产生的天然孳息和法定孳息，判断是否为夫妻共同财产的标准主要看夫妻一方对孳息的产生是否起到积极推动作用即是否付出努力，是否需要配偶方的协助等。夫妻一方个人财产产生的天然孳息，如母牛所生的小牛，果树结的果子，如果需要夫妻一方或双方作出相应贡献，就可以认定为夫妻一方或者双方的生产经营行为所获收益，该天然孳息应视为夫妻共同财产；如果不需要夫妻一方或双方付出体力脑力劳动，则不能作为夫妻共同财产。夫妻一方婚前个人财产产生的法定孳息，如房屋出租收取租金，因对房屋这类重大生活资料，基本上是由夫妻双方共同进行经营管理，包括维护、修缮等，或者即使主要由房屋所有人经营管理，另一方也会以多承担其他家庭事务等行为来进行协助，故所取得的租金可视为夫妻共同经营后的收入，因此个人房产在婚后出租取得的租金一般应认定为共同财产。但若房屋所有人有证据证明房屋出租并不需要夫妻一方打理，更不需要另一方协助，如购买公寓后长期委托物业公司出租，则租金仍为房屋所有权人个人财产。再如夫妻一方以个人财产购买债券所得的利息，或用于储蓄所产生的利息，由于利息收益是债券或储蓄本金所必然产生的孳息，属于本金的法定孳息，与投资收益具有风险性的特质不同，并不需要夫妻一方或双方付出努力，因此属于个人财产。但是如果夫妻一方以个人财产在婚姻关系存续期间购买了房产、股票、基金、黄金或古董等财产，抛售后产生的增值部分属于夫妻一方的投资所得，而投资需要付出相应的体力脑力，可视为夫妻一方或双方经营所得，故属于夫妻共同财产。

夫妻一方个人财产投资生产经营收益是指从事资本运作、农业、工业、服务业等而产生的收益，包括资本性收入和劳动所得。夫妻一方以个人财产投资于公司或者企业，虽然公司股权、企业份额等仍属于夫妻一方个人财产，但因投资经营收益的获得往往存在配偶方的协力或者贡献，若该投资所享有的收益是在婚姻关系存续期间取得的，则对该公司或企业生产经营经营产生的利润分配部分如股权分红等，均应认定为夫妻共同财产。

此外，《婚姻法解释（三）》第 7 条第 1 款规定："婚后由一方父母出资为子女购买的不动产，产权登记在出资人子女名下的，可按照婚姻法第十八条第（三）项的规定，视为只对自己子女一方的赠与，该不动产应认定为夫妻一方的个人财产。"根据该规定，我们认为，父母出资为子女购房登记在自己子女名下的，应推定为只对自己子女的赠与，不论该出资是全款还是首付款，抑或是部分首付款，出资部分对应的价值均为子女一方的个人财产。但如果父母一方出资购买房屋登记在夫妻双方名下或者登记在子女配偶名下的，则应视为对夫妻双方的赠与，为夫妻共同财产。

本条第2款规定的夫妻对共同财产的平等处理权，主要包括两个方面：一是因日常生活需要而处理夫妻共同财产的，任何一方均有权决定；二是非因日常生活需要对共同财产作出重要处理决定的，夫妻双方应当平等协商，取得一致意见。夫妻一方未经对方同意，擅自作出重大处分决定的，另一方有权否认该处分的效力，但该否认不得对抗善意第三人。此问题在《民法典》第1060条家事代理权部分已有阐述，不再赘述。

（方芳　撰写）

第一千零六十四条　【夫妻共同债务】夫妻双方共同签名或者夫妻一方事后追认等共同意思表示所负的债务，以及夫妻一方在婚姻关系存续期间以个人名义为家庭日常生活需要所负的债务，属于夫妻共同债务。

夫妻一方在婚姻关系存续期间以个人名义超出家庭日常生活需要所负的债务，不属于夫妻共同债务；但是，债权人能够证明该债务用于夫妻共同生活、共同生产经营或者基于夫妻双方共同意思表示的除外。

【法条链接】

《民法典》第1060条；《婚姻法》第19条、第41条；《婚姻法解释（二）》第24条；《夫妻债务解释》

【立法背景】

本条系新增条文，在最高人民法院出台的《关于审理涉及夫妻债务纠纷案件适用法律有关问题的解释》（以下简称《夫妻债务解释》）基础上修改形成。《婚姻法》涉及夫妻债务的有第19条、第41条两个条文，对夫妻债务认定标准问题规定得不够明确具体，理论界和实务界对如何确定夫妻共同债务问题一直存有不同理解。最高人民法院 2003 年制定的《婚姻法解释（二）》第 24 条明确了夫妻共同债务的认定标准，即原则上夫妻一方举证应当认定为夫妻共同债务，这一规定有效遏制了当时存在的一些夫妻恶意逃债损害债权人利益的现象。但随着社会的发展进步特别是近年来民间借贷案件的高发，因配偶一方超出家庭日常生活需要大额举债，造成配偶另一方在毫不知情的情况下背上沉重债务负担的问题日益凸显，夫妻债务问题由此成为司法实践中的突出问题，社会各界纷纷呼吁完善夫妻共同债务的认定标准。为回应社会关切，适应经济社会发展新变化，最高人民法院 2018 年 1 月出台了《夫妻债务解释》，细化完善夫妻共同债务认定标准，合理分配举证证明责任，平衡保护各方当事人的合法权益。《夫妻债务解释》施行以来，基本解决了之前不知情未举债配偶无端承担债务的突出问题，也未产生债权人利益受损的新问题，总体施行效果良好。基于此，本条对《夫妻债务解释》的内容进行提炼总结，将之上升为法律。

【条文解读与法律适用】

在我国夫妻共同财产制下，涉及夫妻共同债务认定中争议的主要问题是，夫妻一方具名所负债务，在未经另一方签字、追认等同意的情况下，能否认定为夫妻共同债务。有观点认为，在夫妻财产共有制下，因夫妻所得的财产属于双方共有，根据权利义务对等原则，一方具名所负债务原则上应当认定为夫妻共同债务。另一种观点则认为，根据《民法总则》《中华人民共和国合同法》（以下简称《合同法》）规定的意思自治原则、责任自负原则以及婚姻法规定的夫妻地位平等原则，男女结婚后不能否定夫妻双方的独立人格和独立民事主体地位，即使婚后夫妻财产共有，一方所负债务特别是超出了家庭日常生活需要所负的大额债务，也应当与另一方取得一致意见，或者用于夫妻共同生活，否则不能认定为夫妻共同债务。我们同意后一种观点，缔结婚姻后夫妻各自仍然保有独立的人格，具有独立的意志。夫妻作为平等的主体，在婚姻关系存续期间，均有权知悉涉及婚姻家庭利益以及共同财产、共同债务的重要信息，在此前提下夫妻双方对共同财产、共同债务行使平等处理权，这是夫妻共同财产制下双方地位平等、享有平等处理权的应有之义。夫妻一方的知情权、同意权和决定权，关系到地位平等、意思自治等基本法律原则和公民基本财产权利、人格权利，应当优先保护。虽然强调“共债共签”可能会使得市场交易效率受到一定影响，但适当增加交易成本不仅有利于保障未举债夫妻一方的知情权、同意权和决定权，有利于保障交易安全，还可以减少事后纷争，从根本上提高交易效率，故“共债共签”原则与交易效率本质上并不矛盾。本条第1款明确和强调了夫妻双方共同签名或者夫妻一方事后追认以及其他共同意思表示形式（如电话、短信、微信、邮件等）所负的债务，应认定为夫妻共同债务的基本原则。

本条第1款还规定了夫妻一方为家庭日常生活需要所负的债务属于夫妻共同债务，即夫妻一方行使家事代理权产生的债务由夫妻双方共同承担。该规定表明在夫妻双方对婚姻关系存续期间所得财产未约定归各自所有，或者虽有约定但债权人不知道该约定的情况下，夫妻一方以个人名义为家庭日常生活需要所负的债务，都应认定为夫妻共同债务。至于何为家庭日常生活需要的范围，已在《民法典》第1060条家事代理权规定中作出解释，此处不再赘述。

本条第2款明确了夫妻一方在婚姻关系存续期间以个人名义在家事代理权范围内所为民事法律行为所负的债务，原则上不属于夫妻共同债务，除非债权人能够证明该债务用于夫妻共同生活、共同生产经营或者基于夫妻双方共同意思表示。如果所负债务用于夫妻共同生活，即使是夫妻一方个人举债，也应当认定为夫妻共同债务。将用于夫妻共同生活的债务认定为夫妻共同债务，符合我国夫妻财产法定共同制的规定，也充分体现夫妻财产权利义务一致的基本原则。

关于夫妻共同生活的范围。随着我国经济社会的发展，人们的生活水平不断提高，生活消费日趋多元，很多夫妻的共同生活支出不再局限于以前传统的家庭日常生活消费开支，还包括大量超出家庭日常生活范围的支出。这些支出系夫妻双方共同消费支配，或者用于形成夫妻共同财产，或者基于夫妻共同利益管理共同财产产生的支出，性质上均属于夫妻共同生活的范围。夫妻共同生活包括但不限于家庭日常生活，本条第2款所指需要债权人举证证明的夫妻共同生活的范围，就是超出家庭日常生活需要的部分。夫妻共同生产经营的情形则非常复杂，主要是指由夫妻双方共同决定生产经营事项，或者虽由一方决定但另一方进行了授权的情形。判断生产经营活动是否属于夫妻共同生产经营，要根据经营活动的性质以及夫妻双方在其中的地位作用等综合认定。夫妻从事商业活动，视情适用公司法、合同法、合伙企业法等法律及司法解释的规定。夫妻共同生产经营所负的债务一般包括双方共同从事工商业、共同投资以及购买生产资料等所负的债务。

本条第2款还规定了债权人的举证证明责任，即若要认定超出家事代理权的债务为夫妻共同债务，由债权人承担举证证明责任。当夫妻一方以个人名义对外所负的债务，尤其是数额较大的债务，超出了家庭日常生活所需的范围时，认定该债务是否属于夫妻共同债务的标准，是债权人能否证明债务用于夫妻共同生活或者共同生产经营，或者债务的负担系基于夫妻双方共同的意思表示；如果债权人不能证明的，则不能认定为夫妻共同债务。当然，这一条规定并不是说所有的举证证明责任都在债权人，举债人和未举债的配偶一方也有相应的举证证明责任。比如，债权人举证证明举债人夫妻在举债之后有了大额的消费支出，夫妻的正常收入不足以支付上述消费支出，从而主张该债务用于夫妻共同生活，在这种情形下，如果未举债配偶一方主张未用于夫妻共同生活的，则可以把举证证明责任分配给举债人及其配偶，由他们举证证明大额的消费支出有其他的合法来源。

（方芳　撰写）

第一千零六十六条　【婚内共同财产分割】婚姻关系存续期间，有下列情形之一的，夫妻一方可以向人民法院请求分割共同财产：

（一）一方有隐藏、转移、变卖、毁损、挥霍夫妻共同财产或者伪造夫妻共同债务等严重损害夫妻共同财产利益的行为；

（二）一方负有法定扶养义务的人患重大疾病需要医治，另一方不同意支付相关医疗费用。

【法条链接】

《物权法》第99条；《婚姻法解释（三）》第4条

【立法背景】

本条是关于婚姻关系存续期间共同财产分割的规定，系新增条文，在《婚姻法解释（三）》第4条基础上修改形成。

近年来，随着夫妻共同财产的增多，婚姻当事人法律意识的增强以及观念的变化，当事人只诉求分割夫妻共同财产而不要求离婚的情形日益增多。对此，《婚姻法》仅规定了夫妻财产制的类型分为夫妻法定财产制、特有财产制和约定财产制，并未规定在特定情形下夫妻一方请求分割共有财产如何处理。对于共有财产的分割，2007年颁布实施的《中华人民共和国物权法》（以下简称《物权法》）第99条规定："共有人约定不得分割共有的不动产或者动产，以维持共有关系的，应当按照约定，但共有人有重大理由需要分割的，可以请求分割；没有约定或者约定不明确的，按份共有人可以随时请求分割，共同共有人在共有的基础丧失或者有重大理由需要分割时可以请求分割。因分割对其他共有人造成损害的，应当给予赔偿。"该条规定允许共同共有人在继续保持共有关系的前提下请求分割共有财产，但对何为重大理由未作出规定。《婚姻法解释（三）》第4条规定："婚姻关系存续期间，夫妻一方请求分割共同财产的，人民法院不予支持，但有下列重大理由且不损害债权人利益的除外：（一）一方有隐藏、转移、变卖、毁损、挥霍夫妻共同财产或者伪造夫妻共同债务等严重损害夫妻共同财产利益行为的；（二）一方负有法定扶养义务的人患重大疾病需要医治，另一方不同意支付相关医疗费用的。"与《物权法》第99条规定相比，该规定明确了诉请婚内夫妻共同财产分割的具体情形，为解决婚姻关系存续期间特殊情况下分割共同财产提供了依据。

【条文解读与法律适用】

婚姻关系存续期间共同财产分割，又称婚内共同财产分割，是指在不解除婚姻关系的前提下对夫妻共同财产进行分割。婚内共同财产分割不同于夫妻约定分别财产，夫妻约定财产分别系夫妻双方合意形成，而婚姻共同财产分割系双方无法达成一致，通过诉讼请求分割。婚内共同财产分割也不同于离婚财产分割，前者建立在维持夫妻身份关系基础上，而后者的基础是夫妻身份关系的消灭，其效力扩展至财产关系的消灭。

婚内财产分割是为了解决夫妻之间的财产关系，故请求权人仅限于夫妻双方，如果涉及第三方，也就是夫妻一方与第三方产生的关系，不能直接将第三方纳入其中，只有夫妻双方才有权利向法院提出婚内财产分割的要求。夫妻一方请求分割婚内共同财产，既可以请求就全部共同财产进行分割，也可以请求就某部分财产进行分割。人民法院审理婚内共同财产分割案件，可以参照离婚财产分割照顾女方及子女、照顾无过错方、家务补偿等原则进行判断。

对于本条第 1 项的理解，应当准确把握以下两点：第一，夫妻一方存在隐藏、转移、变卖、毁损、挥霍夫妻共同财产或者伪造夫妻共同债务等严重损害夫妻共同财产利益的行为，即夫妻一方的不当处分财产行为需要达到“严重损害夫妻共同财产”的程度。此处规定的“等”字宜理解为“等外”，即损害夫妻共同财产行为达到以上列举情形严重程度的，属于可以请求分割婚内财产的事由。第二，损害夫妻共同财产利益既包括已经造成实质损害，也包括可能对夫妻共同财产利益造成损害。

本条第 2 项仅限于一方负有法定扶养义务的人患重大疾病需要医治，另一方不同意支付相关医疗费用的情形。适用本条第 2 项，应当注意以下几点：第一，夫妻一方患重大疾病而对方拒绝支付医疗费用时，不属于婚内财产共同分割事由。因夫妻之间本就有法定扶养义务，可直接请求对方履行法定扶养义务、支付医疗费，无需通过婚内共同财产分割来救济。第二，夫妻双方负有法定扶养义务的人患重大疾病需要医治，夫妻一方不同意支付相关医疗费用，不属于婚内共同财产分割事由。因夫妻双方负有法定扶养义务的人患重大疾病需要医治，医疗费本应由夫妻双方负担，被扶养人可以直接请求不同意支付医疗费的夫妻一方履行义务，无需通过婚内共同财产分割来救济。第三，夫妻一方需要支付其法定扶养义务人的生活费，一般不属于可以提请婚内财产分割的事由。扶养费不同于重大疾病的费用，重大疾病往往需要支付大额医疗费，涉及重大夫妻共同财产的处分，应当取得夫妻双方的一致同意，一旦不能取得一致同意，有必要启动婚内共同财产分割程序。而扶养费通常数额较小，可认定为家庭日常生活所需的费用，一般来说夫妻任一方对于其法定扶养人的扶养费，均有权决定处分夫妻共同财产，故没有必要启动婚内共同财产分割程序。第四，如何判断重大疾病，法律上并无明文规定。我们认为，认定重大疾病，可以参考中国保险行业协会与中国医师协会联合制定的《重大疾病保险的疾病定义使用规范》中列举的重大疾病范围，并根据病人实际病情、医疗费用等进行综合判断。

有观点认为，本条规定婚内共同财产分割范围过于狭窄，应当增加诸如夫妻分居等情形。但我们认为，我国现行的夫妻财产共同制是夫妻财产制度的基础，不当扩张适用容易导致夫妻财产关系陷于不稳定，甚至损害婚姻共同体，故请求分割婚内财产应当严格限制，不能随意扩张，本条规定坚持了“婚内财产以不可以分割为原则，以可以分割为例外”的精神，在立法技术上采用了封闭式的条款设置方式，将可以分割的情形严格限定在法律所规定的情形之下。

（方芳　撰写）

第一千零六十七条　【父母对子女的抚养义务和子女对父母的赡养义务】父母不履行抚养义务的，未成年子女或者不能独立生活的成年子女，有要求父母给付抚养费的权利。

成年子女不履行赡养义务的，缺乏劳动能力或者生活困难的父母，有要求成年子女给付赡养费的权利。

【法条链接】

《宪法》第49条；《民法典》第17条、第18条、第26条、第27条、第28条、第1073条；《民法总则》第26条；《婚姻法》第21条；《未成年人保护法》第10条；《老年人权益保障法》第13条、第14条、第19条；《婚姻法解释（一）》第20条、第21条；《子女抚养若干意见》

【立法背景】

与《婚姻法》第21条相比，本条删除了“父母对子女有抚养教育的义务；子女对父母有赡养扶助的义务”以及“禁止溺婴、弃婴和其他残害婴儿的行为”这两句话。将请求父母给付抚养费的主体由“未成年的或不能独立生活的子女”调整为“未成年子女或者不能独立生活的成年子女”，将履行赡养义务的主体由“子女”调整为“成年子女”，将请求成年子女给付赡养费的主体由“无劳动能力的或生活困难的父母”调整为“缺乏劳动能力或者生活困难的父母”。

对于自然人来说，婚姻家庭关系是最基础的社会关系，父母和子女之间的关系又是其中最重要的一种身份关系。父母对子女，传统民法中存在亲权这个概念。亲权是一种专属于父母的权利和义务，指父母对未成年子女在人身和财产上具有管教和保护的权利和义务。古代的亲权以亲为本位，强调的是家父的权利。近现代的亲权制度已从以亲为本位转变为以子为本位，多以保护未成年子女的利益为根本目的。我国现行法中没有使用亲权的概念，但是《宪法》第49条第3款、《未成年人保护法》第10条第1款、《婚姻法》第21条和《民法总则》第26条中均规定了父母对子女的抚养义务。子女对父母，赡养父母不仅是中华民族的传统美德，也是子女的法定义务。《宪法》第49条第3款、《中华人民共和国老年人权益保障法》（以下简称《老年人权益保障法》）第13条、第14条均规定了子女对父母的赡养义务。目前我国建立和完善的社会养老服务体系是以居家为基础、社区为依托、机构为支撑，其中以居家为基础，依赖于子女对赡养义务的履行。

本法第26条规定“父母对未成年子女负有抚养、教育和保护的义务。成年子女对父母负有赡养、扶助和保护的义务”。本条规定以第26条规定为基础，又将第26条规定的抚养义务和赡养义务落至实处。为保持和第26条规定一致，本条规定将权利主体和义务主体在文字表述上也进行了完善，以求更加准确。另外，考虑到实践中“无劳动能力”要求严格，为更好地落实成年子女的赡养义务，保护老年人的合法权益，本条规定将可请求赡养费的父母的条件，由“无劳动能力或生活困难”修改为“缺乏劳动能力或者生活困难”。本条删除“禁止溺婴、弃婴和其他残害婴儿的行为”，是因为上述行为产生的法律关系不属于因婚姻家庭产生的民事关系，涉及民事责任的，可适用人格权编、侵权责任编等相关规定，涉及行政责任和刑事责任，可适用相关行政法律和刑事法律规定，没有再单独规定的必要。

【条文解读与法律适用】

父母对子女的抚养义务和子女对父母的赡养义务，均属于广义上的“扶养”义务。扶养，是指法定的一定范围的亲属间相互供养和扶助的权利义务关系。依据扶养的条件和程度不同，可将扶养分为生活保持义务之扶养和生活扶助义务之扶养。生活保持义务之扶养，是指无条件地在扶养人与被扶养人之间必须保持同一生活水平的扶养，即有所谓“即使是最后的一片肉、一粒米也要分而食之的义务”①。父母对子女的抚养和子女对父母的赡养，均属于生活保持义务之扶养。在理解和适用时，应注意以下几点：

一、抚养义务和赡养义务均属于法定义务

抚养，是指父母抚育子女成长，为他们的生活、学习提供生活费、教育费、医疗费等物质条件。抚养义务作为法定义务，基于亲子关系产生，自子女出生之日起，延续至子女成年或能独立生活为止，除当事人死亡外，其他任何情形下都不能免除。抚养义务是父母双方的义务，一方是否和子女共同生活、父母之间是否离婚等，均不应影响该法定义务的承担。父母离婚后，父母双方对于子女仍有抚养的义务。子女由一方直接抚养的，另一方应当负担部分或者全部抚养费。父母不履行抚养义务的，子女有权要求其给付抚养费。

赡养，是指子女对父母经济上的供养，即提供必要的生活费用，给予物质上的帮助。子女对于父母的赡养，并不以父母履行了对子女的抚养义务作为条件，即使父母因为各种原因没有履行对子女的抚养，在父母需要赡养时，子女也不能拒绝。子女也不能以放弃继承权为由拒绝履行赡养义务，如根据《老年人权益保障法》第 19 条规定，赡养人不得以放弃继承权或者其他理由，拒绝履行赡养义务。子女的赡养义务也不受父母婚姻关系变化的影响。无论父母是否离婚、再婚，子女的赡养义务均不因此而消除，子女也不得以拒绝履行赡养义务为由干涉父母的离婚、再婚及婚后的生活。

二、准确认定请求抚养费、赡养费的主体

有权请求父母给付抚养费的主体为未成年子女或者不能独立生活的成年

---

① 余延满著：《亲属法原论》，法律出版社 2007 年版，第 514 页。

子女。

父母对未成年子女的抚养是无条件的。未成年人是一个法律概念，本法第17条规定“不满十八周岁的自然人为未成年人”，同时在第18条规定“十六周岁以上的未成年人，以自己的劳动收入为主要生活来源的，视为完全民事行为能力人”。考虑到该条规定，结合《最高人民法院关于人民法院审理离婚案件处理子女抚养问题的若干具体意见》（以下简称《子女抚养若干意见》）相关规定，实践中，对于“以其劳动收入为主要生活来源，并能维持当地一般生活水平的十六周岁以上不满十八周岁”的子女，一般排除在抚养费请求权主体之外，但是不能绝对化。如果其劳动收入虽为主要生活来源，但不能满足接受教育、医疗等需要时，仍然不能免除其父母的抚养义务。

父母对成年子女的抚养是有条件的，只有当成年子女没有劳动能力或其他特殊原因导致不能独立生活时，父母才有抚养义务。对于“不能独立生活”，《婚姻法解释（一）》第20条将之确定为“尚在校接受高中及其以下学历教育，或者丧失或未完全丧失劳动能力等非因主观原因而无法维持正常生活”。

与抚养义务不同，赡养的权利主体是成年人，因此赡养义务的发生具有一定的条件，即父母有受人赡养的必要。各国或地区对此判断标准不同。本条规定是以“缺乏劳动能力或者生活困难”为判断标准。所谓缺乏劳动能力，是指父母因年老、疾病等原因不能以工作谋生，或者虽然可工作但不足以谋生。所谓生活困难，是指以父母现有财产不足以维持其生活。两种情形具备其一，即可认定为有受人赡养的必要。

三、全面认定“父母”和“子女”的类型

本条规定所指的“父母”，既包括生父母，也包括养父母和形成抚养教育关系的继父母。本条规定所指的“子女”，既包括婚生子女，也包括非婚生子女，既包括生子女，也包括养子女和形成抚养教育关系的继子女。对于非婚生子女，其生父母应当履行抚养义务，如果一方以否认亲子关系为由拒绝履行义务的，根据本法第1073条规定，可以向人民法院提起诉讼，请求确认亲子关系。亲子关系确认后，即可诉请支付抚养费。

四、准确认定抚养费和赡养费的范围和数额

结合《婚姻法解释（一）》第21条规定，抚养费应“包括子女生活费、教育费、医疗费等费用”。对于抚养费的数额，应结合《子女抚养若干意见》

相关规定，从保护未成年人利益的角度，结合子女的实际需要、父母双方的负担能力和当地的实际生活水平确定。①

从实践来看，子女履行赡养义务，可给付赡养费，也可将父母接至家中共同生活。赡养费的支付形式可以是金钱，也可以是实物。赡养费应包括生活费、医疗费等必要费用，数额应根据父母的需要程度、当地物价水平、子女的经济水平等因素确定。生活费的给付一般不低于子女本人或当地的普通生活水平。有两个以上子女的，应共同负担赡养费用。

五、需要注意的问题

1. 除了支付赡养费外，根据《老年人权益保障法》相关规定，子女还应当对父母进行生活上的照料和精神上的慰藉，照顾老年人的特殊需要，比如妥善安排老年人的住房等。

2. 根据《民法典》第27条、第28条规定，父母是未成年子女的监护人，子女也可能成为无民事行为能力或者限制民事行为能力的父母的监护人。监护既是权利，也是义务。监护人有实施严重损害被监护人身心健康的行为等情形时，有关个人或者组织可向人民法院申请，撤销监护人监护资格。但应注意的是，被人民法院撤销监护人资格后，依法负担被监护人抚养费、赡养费的父母、子女等，应当继续履行负担上述费用的义务。

（于蒙　撰写）

第一千零七十一条　【非婚生子女的法律地位】非婚生子女享有与婚生子女同等的权利，任何组织或者个人不得加以危害和歧视。

不直接抚养非婚生子女的生父或者生母，应当负担未成年子女或者不能独立生活的成年子女的抚养费。

---

① 如该意见第7条规定：“子女抚育费的数额，可根据子女的实际需要、父母双方的负担能力和当地的实际生活水平确定。有固定收入的，抚育费一般可按其月总收入的百分之二十至三十的比例给付。负担两个以上子女抚育费的，比例可适当提高，但一般不得超过月总收入的百分之五十。无固定收入的，抚育费的数额可依据当年总收入或同行业平均收入，参照上述比例确定。有特殊情况的，可适当提高或降低上述比例”。

【法条链接】

《民法典》第 1067 条、第 1073 条；《婚姻法》第 25 条

【立法背景】

与《婚姻法》第 25 条相比，本条规定未做实质性变更，仅在文字表述上进行了完善。第 1 款将不得加以危害和歧视的主体由“任何人”调整为“任何组织或者个人”，第 2 款将“子女”调整为“未成年子女或者不能独立生活的成年子女”，将“生活费和教育费”调整为“抚养费”，删除了“直至子女能独立生活为止”这个时间限制。

非婚生子女，是指没有婚姻关系的男女所生的子女。主要包括以下几种情况：未婚男女所生子女、已婚男女与第三人所生子女、无效婚姻或可撤销婚姻当事人所生子女等。从自然属性看，非婚生子女和婚生子女并无区别，生育子女的男女是非婚生子女的生父母。但是从社会属性看，由于非婚生子女的父母没有合法婚姻关系，传统习俗中，非婚生子女历来受到歧视。如英国普通法最初称非婚生子女为“无亲之子”，非婚生子女和其生父、生母不发生法律上的亲子关系。1804 年的《法国民法典》规定非婚生子女不得请求其父认领，只许其母认领等。直至 20 世纪初，出于人道主义、人权思想、平等思想等观念，认为非婚生子女同属于父母所生，非婚生的原因在父母而非子女，各国开始采取措施改善非婚生子女的法律地位，很多国家通过准正和认领的程序，使非婚生子女婚生化。

非婚生子女在我国以前被称为“私生子”，遭受歧视。中华人民共和国成立后，1950 年《婚姻法》确立了保护妇女和子女合法利益的婚姻制度，赋予了非婚生子女与婚生子女相同的权利和义务。1950 年《婚姻法》第 15 条规定：“非婚生子女享受与婚生子女同等的权利，任何人不得加以危害或歧视。非婚生子女经生母或其他人证物证证明其生父者，其生父应负担子女必需的生活费和教育费全部或一部；直至子女十八岁为止。如经生母同意，生父可

将子女领回抚养。生母和他人结婚，原生子女的扶养，适用第二十二条的规定。"[①] 该条规定一方面明确非婚生子女与婚生子女享有平等的权利，另一方面规定了其生父应当承担非婚生子女必需的生活费和教育费。1980 年《婚姻法》延续了 1950 年《婚姻法》第 15 条规定，在第 19 条规定"非婚生子女享受与婚生子女同等的权利，任何人不得加以危害和歧视。非婚生子女的生父，应负担子女必需的生活费和教育费的一部或全部，直至子女能独立生活为止"。2001 年修改《婚姻法》时，对该条规定进行了修改，将应负担非婚生子女的生活费和教育费的主体，由"非婚生子女的生父"修改为"不直接抚养非婚生子女的生父或生母"，这样对于保护非婚生子女的健康成长、保障父母双方同等负担抚养义务更为有利。本条延续了这种规定。

【条文解读与法律适用】

一、非婚生子女和婚生子女享有相同的法律地位

非婚生子女和父母之间也是血亲关系，在法律地位上不应和婚生子女有所区别。造成非婚生的原因在于父母，不应由子女承担不利法律后果。非婚生子女享有与婚生子女同等的权利，是指有关父母子女关系的规定同样适用于非婚生子女，具体包括：第一，父母对子女有抚养、教育和保护的权利和义务。子女和其他近亲属间亦享有和婚生子女同等的权利义务，比如和祖父母、外祖父母之间，和兄弟姐妹之间等。第二，子女成年后对父母有赡养的义务。第三，父母与该子女之间有相互继承遗产的权利。

二、任何组织或者个人对非婚生子女不得加以危害和歧视

对非婚生子女可能造成的危害和歧视来自于两个方面：一是来自于家庭内部的，比如生父不承认其生父身份，拒绝确认亲子关系，拒绝承担抚养义务；兄弟姐妹不认可非婚生子女和父亲或母亲之间的亲子关系，拒绝其参与遗产继承；非婚生子女的生父或者生母与第三方结婚后，非婚生子女受到来自新的家庭成员的歧视。二是来自社会各方面的歧视和危害。如来自邻居、

---

① 该法第 22 条规定：女方再行结婚后，新夫如愿负担女方原生子女的生活费和教育费全部或一部，则子女的生父的负担可酌情减少或免除。

同学、同事等住所地、学校、单位的舆论压力和歧视。这些都会对非婚生子女的成长产生不利影响。不得加以危害和歧视，一方面是告知社会各界应当认识到非婚生子女本身是无辜的，应当对当事人的隐私予以尊重和保护，给非婚生子女健康的成长环境。另一方面，要依法保障非婚生子女的合法权益，生父母要及时认领并负担起抚养义务，在继承案件中要依法保护非婚生子女的继承权。再者，本条规定将《婚姻法》规定的“任何人”调整为“任何组织或者个人”，是强调除个人外，各机关、组织同样要尊重和保障非婚生子女的合法权益，比如非婚生子女的户口、入学等和个人利益密切相关的事项，有关单位应当及时制定相应保障措施。

三、生父、生母都应当负担非婚生子女的抚养费

父母对子女有抚养义务，因此不直接抚养子女的一方，应当负担抚养费。1950 年《婚姻法》和 1980 年《婚姻法》仅规定非婚生子女的生父应当负担相应费用，这是因为当时非婚生子女一般都是随母亲生活，因此需要强调生父应当承担的责任。2001 年《婚姻法》修改为生父和生母，本条规定亦延续了这种规定，是因为实践中非婚生子女可能随母亲生活，也有可能随父亲生活。为了充分保障子女的利益，只要未直接抚养子女的，无论是生父还是生母，都应当负担子女的抚养费。抚养费的范围包括生活费、教育费、医疗费等子女健康成长所需要的费用。依据本法第 1067 条规定，有权向父母请求抚养费的，为未成年子女或者不能独立生活的成年子女。所以，在子女成年且能独立生活后，父母就不再承担支付抚养费的义务。

四、需要注意的问题

对于非婚生子女，一些国家规定了准正和认领制度。准正，是指非婚生子女通过父母结婚或者司法宣告而取得婚生子女的资格。认领，是指确认非婚生子女和生父之间的亲子关系。我国没有规定准正和认领制度，但在本法第 1073 条规定了亲子关系的确认和否认制度。亲子关系的确认，是非婚生子女请求其生父母承担抚养义务的前提。亲子关系一旦确认，子女可向未直接抚养其的父母一方追索自出生后的抚养费，而且可就将来预计应当发生的抚养费用一并予以主张。

（于蒙 撰写）

第一千零七十三条　【亲子关系异议之诉】对亲子关系有异议且有正当理由的，父或者母可以向人民法院提起诉讼，请求确认或者否认亲子关系。

对亲子关系有异议且有正当理由的，成年子女可以向人民法院提起诉讼，请求确认亲子关系。

【法条链接】

《婚姻法解释（三）》第2条

【立法背景】

与《婚姻法》相比，本条属于新增的内容。

亲子关系，又称父母子女关系。亲子关系根据其产生根据的不同，可分为自然血亲的亲子关系和法律拟制的亲子关系，前者基于子女出生的事实产生，后者基于法律的认可而设定，包括养父母养子女关系和形成抚养教育关系的继父母继子女关系。就亲子关系产生的争议，主要分为两种：确认尚未形成的亲子关系和否认已经形成的亲子关系。对于法律拟制的亲子关系，成立与否主要依赖于是否符合法律规定的成立要件，比如收养关系是否成立，要看是否进行了收养登记。对于自然血亲的亲子关系，成立与否主要依赖于一方当事人和子女之间是否存在血缘关系，母亲一般可由子女出生的事实加以确定，故在实践中主要是确定子女的父亲。

血缘关系的判断方法，随着科技进步在不断改善。在科技尚不发达的时代，人们以比较父母和子女之间的相貌、性格等判断亲子关系存在与否。19世纪末，人类开始通过对血型的检测、比对来确认亲子关系。20世纪70年代，人们发现可以用人类白细胞抗原来做亲子鉴定。现在人们已经可用DNA进行鉴定，准确率几近100%。亲子鉴定虽然从科技角度可行，但成本高，而且一经鉴定，无论是肯定亲子关系还是否认亲子关系，都会极大地影响子女及其父母目前的生活。故为了维护婚姻家庭的和睦与稳定，基于对婚姻道德的信任，很多国家或地区立法继受了罗马法确定的“婚姻示父”规则，确立了婚生子女的推定制度，即在母亲婚姻关系存续期间受胎或者出生的子女，推定其母亲的丈夫就是其生父。同时，为了保护真实的血缘关系，又赋予了一定范围的主体否认婚生子女与所推定的生父之间血缘关系的诉讼请求权，即婚生子女的否认制度。对于非婚生子女，也赋予了一定范围的主体确认该子女与自己或被告之间存在血缘关系的诉讼请求权，即非婚生子女的认领制度。

上述制度，均是为了兼顾身份关系的真实性和法律关系的安定性。各国基于不同的价值考虑，在上述制度的设置上进行了取舍。我国《婚姻法》没有规定婚生子女的推定、否认和非婚生子女的认领制度，但是在实践中，有关亲子关系确认和否认的案件大量存在，人民法院在处理具体案件时，也是在兼顾身份关系的真实性和法律关系的安定性之间衡量，比如《婚姻法解释（三）》第 2 条就规定了在亲子关系确认、否认诉讼中，一方当事人拒绝做亲子鉴定情形的处理。基于实践的需要，吸收司法解释的相关内容，本条从立法角度，首次对亲子关系的异议之诉（确认之诉和否认之诉）作出规定。

在本条立法过程中，对于应就亲子关系的确认、否认程序作出规定基本没有争议。主要争议集中于两方面，一是应否参照其他国家的规定，系统规定婚生子女的推定、否认和非婚生子女的准正、认领制度；二是谁有权提起亲子关系的确认或否认之诉，即原告的资格问题。

【条文解读与法律适用】

一、可以诉讼请求确认亲子关系的主体

请求确认亲子关系，即原告向法院起诉，请求确认子女和自己或者被告之间存在亲子关系，类似于非婚生子女的认领制度。非婚生子女的认领分为自愿认领和强制认领。自愿认领，是指认领人承认子女为自己所生并自愿领为自己的子女。对于自愿认领，多数国家法律规定认领人为生父，少数国家如日本的法律规定，父或者母均可为认领。强制认领，又称父的搜索，是指认领人不愿认领子女时，有关当事人诉请法院强制认领人认领子女。各国和地区对强制认领请求权人的范围规定不一。如法国、德国规定请求权人仅为子女本人；瑞士规定请求权人为子女和母亲；日本规定请求权人为子女及其

直系血亲卑亲属。

本条规定没有采用认领的概念，直接从当事人的诉求出发，规定为亲子关系的确认。也没有区分自愿还是强制，既包括原告起诉，请求确认自己和子女之间存在亲子关系的情形，也包括原告起诉，请求确认被告和子女之间存在亲子关系的情形。

参考其他国家的规定，结合实践中的情形，本条对于原告的范围规定如下：父亲、母亲和成年子女。父亲提起亲子关系确认之诉，主要是指生父自愿认可亲子关系的情形。母亲提起亲子关系确认之诉，主要是指生父不愿意认可亲子关系，生母以生父为被告提起诉讼，请求法院确认子女和生父之间亲子关系的情形。此外，实践中还包括孩子被抱错，或者被社会福利机构领养，或者和父母离散，母亲或父亲起诉，请求确认自己和孩子之间存在亲子关系的情形。成年子女提起亲子关系确认之诉，主要是指以生父为被告，请求确认亲子关系的情形，也包括弃婴或者父母离散的子女以生父或生母为被告提起的诉讼。本条规定的原告范围没有包括未成年子女，是因为未成年子女缺乏民事行为能力和诉讼行为能力，其要确认亲子关系，可以母亲或父亲作为原告提出。除本条规定的范围外，其他人不能作为原告提起亲子关系确认之诉。

二、可以诉讼请求否认亲子关系的主体

请求否认亲子关系，即原告向法院起诉，请求确认自己和子女之间不存在亲子关系，类似于婚生子女否认制度。本条规定没有采用婚生子女否认的概念，直接从当事人的诉求出发，规定为亲子关系的否认。

我国《婚姻法》虽然没有规定婚生子女认定规则，但婚姻关系存续期间出生的子女一般应认定为婚生子女是人民法院在审判实践中掌握的一项不成文的办案规则。从司法实践来看，人民法院也是受理否认婚生子女之诉的，比如丈夫提起诉讼，请求确认其与妻子所生子女之间没有亲子关系。

关于否认权人，各国规定的范围不一致，比如法国、日本规定仅丈夫或其权利的继受人享有否认权，瑞士规定丈夫和子女享有否认权，德国规定夫妻双方和子女均享有否认权。本条立法过程中，对于哪些人可作为原告提起亲子关系否认之诉争议很大，最终本条规定将原告范围限定为父亲和母亲，将成年子女和其他主体都排除在外，主要是基于以下考虑：第一，法律上的亲子关系应尽量以真实的血缘关系为基础，故应允许子女法律意义上的父亲或母亲提起诉讼，以确定子女的生父和生母。第二，应兼顾亲子关系的安定性，在当事人之间已发生了亲情和亲子关系的社会事实的情况下，从保护儿童最大利益原则出发，应限制当事人以外的人否认亲子关系，故不允许子女法律意义上的父亲或母亲之外的第三人作为原告提起诉讼。第三，父母抚养子女成年后，子女应当负有赡养义务，为防止出现成年子女否认亲子关系后不再对原法律意义上的父母承担赡养义务的情形，成年子女不可作为原告提起亲子关系否认之诉。

三、提起亲子关系确认或否认之诉应有正当理由

根据《中华人民共和国民事诉讼法》（以下简称《民事诉讼法》）第 64 条第 1 款规定，当事人对自己提出的主张，有责任提供证据。亲子关系的确认和否认，对于子女来说，不仅涉及一系列权利义务的产生、消灭，更是人身关系的重大改变，还直接影响到家庭和社会的稳定，故人民法院在审理此类案件时，应当对当事人提交的证据严格审核和认定。

请求确认或否认亲子关系，应当提供充分证据予以证明。请求确认亲子关系，应当提供亲子鉴定报告等可证明血缘关系存在的证据。请求否认亲子关系，一般应当提供证据证明存在下列情形之一：一是夫妻在妻受胎期间没有同居的事实；二是夫有生理缺陷或没有生育能力，包括时间不能、空间不能、生理不能等；三是子女和其他人存在血缘关系。

四、需要注意的问题

从科技角度讲，虽然亲子鉴定的准确率很高，但是亲子鉴定在采集检材时需要当事人的配合。如果一方当事人申请进行亲子鉴定，另一方当事人不配合的，根据我国的实际情况，不宜强制当事人进行鉴定。在此情形下，人民法院应结合现有的证据作出判断。如果原告已经提供必要证据予以证明，另一方没有相反证据又拒绝做亲子鉴定的，人民法院可以对原告作出有利推定。但应注意的是，亲子关系的推定不可绝对化。未成年人利益最大化原则是人民法院处理涉及亲子关系的案件所应遵循的基本原则，除了追求真实的血缘关系外，亲子身份关系的安定、婚姻家庭的和谐稳定和未成年人的健康成长，都是应当考虑的因素。

（于蒙　撰写）

第四章　离　　婚

第一千零七十六条　【协议离婚】夫妻双方自愿离婚的，应当签订书面离婚协议，并亲自到婚姻登记机关申请离婚登记。

离婚协议应当载明双方自愿离婚的意思表示和对子女抚养、财产以及债务处理等事项协商一致的意见。

【法条链接】

《民法典》第1077条；《婚姻法》第31条；《婚姻登记条例》

【立法背景】

2001年《婚姻法》第31条规定，“男女双方自愿离婚的，准予离婚。双方必须到婚姻登记机关申请离婚。婚姻登记机关查明双方确实是自愿并对子女和财产问题已有适当处理时，发给离婚证”。与《婚姻法》第31条相比，本条有以下改动之处：1. 增加规定应当签订书面离婚协议。2. 增加规定当事人应当亲自到婚姻登记机关申请离婚登记。3. 增加规定了离婚协议应当载明的内容。4. 将第三句话“发给离婚证”的规定单独作为本法第1078条予以规定。

我国的离婚制度，分为协议离婚和诉讼离婚两种。协议离婚，是指夫妻双方达成离婚合意并通过婚姻登记程序解除婚姻关系。依照《婚姻登记条例》的规定，我国协议离婚的主管机关是民政部门，具体办理机构为婚姻登记机关。协议离婚要求双方具有离婚的合意，同时要对子女的抚养、财产的分割和债务的清偿作出安排，1950年《婚姻法》、1980年《婚姻法》及2001年修正后的《婚姻法》对此均有规定。《婚姻登记条例》对离婚登记的具体程序作了规定。[①] 本条在延续《婚姻法》规定的基础上，又吸收了《婚姻登记条例》中的部分内容，增加规定“签订书面离婚协议”、“亲自到婚姻登记机关申请离婚登记”以及离婚协议应当载明的内容，目的是从立法角度强调协议离婚必须是出于双方当事人的真实意思。将“发给离婚证”相关内容单独作为第 1078 条予以规定，是为了和第 1077 条有关离婚冷静期的规定相衔接。

【条文解读与法律适用】

一、协议离婚的条件

（一）当事人须为合法婚姻关系的当事人且有完全民事行为能力

协议办理离婚的，仅限于在我国内地依法办理了结婚登记的婚姻关系当事人，不包括同居关系的当事人，也不包括在境外办理结婚登记的当事人。

协议离婚的双方当事人均应当具有完全民事行为能力。只有完全民事行为能力人才能独立自主地处理自己的婚姻关系。若一方属于无民事行为能力人或者限制民事行为能力人，比如精神病患者，为维护其合法权益，不适用协议离婚程序，只能适用诉讼程序处理离婚问题。

（二）双方当事人必须达成离婚的合意

双方自愿是协议离婚的基本条件。双方当事人的离婚意愿必须是真实而非虚假的，必须是自主作出而非受人欺诈、胁迫形成的，必须是意思明确而非意思含糊的，必须是双方都有离婚意愿而非仅一方要求离婚的。

为了保障离婚是出于双方自愿，本条规定协议离婚当事人必须亲自到婚姻登记机关申请办理离婚登记，不能由他人代办；必须订立书面的离婚协议，不能为口头协议；离婚协议应当载明双方自愿离婚的意思表示。

（三）双方当事人对子女抚养、财产及债务处理等事项已协商一致

对子女抚养和财产问题协商一致是协议离婚的必要条件，如果不能达成

---

① 如《婚姻登记条例》第 10 条规定，“男女双方应当共同到一方当事人常住户口所在地的婚姻登记机关办理离婚登记”。第 11 条规定，“办理离婚登记的内地居民应当出具下列证件和证明材料：……（三）双方当事人共同签署的离婚协议书……”

一致的，只能通过诉讼程序离婚。

子女抚养事项，是指离婚后有关未成年子女抚养等问题，比如未成年子女由谁直接抚养、子女的抚养费如何负担等。父母离婚时，对子女抚养事项，应当按照有利于保护未成年子女利益的原则作出合理安排。父母对未成年子女有抚养、教育和保护的义务，这种义务不因父母离婚而消除。夫妻双方协议离婚，在离婚协议中必须对子女抚养事项作出安排，否则其离婚登记申请将不能得到准许。

财产及债务处理事项，是指对夫妻共同财产作出分割，同时对共同债务的清偿作出处理。

根据本条规定，双方的离婚协议中应当载明对子女抚养、财产及债务处理等事项协商一致的意见。如果离婚协议中没有载明上述内容，则不符合协议离婚的条件，其离婚登记申请将不能得到准许。

二、协议离婚的程序

（一）当事人申请

根据本条规定及《婚姻登记条例》的相关规定，办理离婚登记，双方当事人应当亲自到婚姻登记机关申请登记，应当出具户口簿、身份证、结婚证和双方当事人共同签署的离婚协议书。一方为外国人或者香港居民、澳门居民、台湾居民、华侨的，还应当提交护照、通行证等证件。

（二）婚姻登记机关审查

婚姻登记机关应当对当事人的申请、提交的证件和材料进行审查并询问相关情况，审查当事人是否为本人，是否形成了离婚协议，离婚协议中应当载明的内容是否完整齐全等。若有一项条件不满足的，不应当予以登记。

（三）进行离婚登记、发给离婚证

婚姻登记机关经审查，发现双方当事人符合协议离婚的条件的，予以登记并发给离婚证。应注意的是，第1077条规定了离婚冷静期制度，已经改变了《婚姻登记条例》第13条“应当当场予以登记，发给离婚证”的规定。离婚登记后，双方的婚姻关系解除。

三、需要注意的问题

（一）离婚协议之外财产的处理

双方在离婚协议中，应尽可能将财产列明，写明财产归属。离婚后，如果发现有离婚协议中没有处理的共同财产的，双方当事人可以协商解决，协商不成的，一方当事人可以向人民法院起诉，请求分割该部分财产。

（二）离婚协议对第三人的效力

离婚协议是夫妻双方的内部协议，不能约束第三人，故双方在离婚协议中对债务清偿的约定不能对抗债权人。双方离婚后，债权人仍有权就夫妻共同债务向男女双方主张权利。一方就共同债务承担连带清偿责任后，基于离婚协议向另一方主张追偿的，人民法院应当支持。

（于蒙　撰写）

第一千零七十七条　【离婚冷静期】自婚姻登记机关收到离婚登记申请之日起三十日内，任何一方不愿意离婚的，可以向婚姻登记机关撤回离婚登记申请。

前款规定期限届满后三十日内，双方应当亲自到婚姻登记机关申请发给离婚证；未申请的，视为撤回离婚登记申请。

【法条链接】

《家事审判改革意见》

【立法背景】

与2001年《婚姻法》相比，本条是新增加的规定，是立法过程中的一个热点。本条规定的离婚冷静期，又称离婚熟虑期，是指在离婚自由原则下，婚姻双方当事人申请自愿离婚，在婚姻登记机关收到该申请之日起一定期间内，任何一方都可撤回离婚申请、终结登记离婚程序的冷静思考期间。

本条规定的出台，主要是实践的需要。婚姻是家庭的基础，家庭是社会的细胞。婚姻关系不稳定，可能引发家庭的解体，对社会稳定造成影响。近年来，我国离婚率不断攀升，由此引发一系列社会问题。据民政部统计数据显示，从2003年起，我国离婚率已连续15年上涨，对未成年子女的健康成长、老年人的赡养和社会稳定造成的不利影响已不容忽视。如何稳定婚姻家庭关系，成为民法典婚姻家庭编的一个重大使命。

从离婚的原因来看，除了感情破裂型离婚外，很大一部分其实属于冲动型离婚。从实践来看，冲动型离婚双方可能并没有不可调和的矛盾，属于闪离，或者仅因对家庭琐事发生冲突一时冲动办理离婚登记，实际上存在比较大的缓和空间和挽回余地。本条规定离婚冷静期制度，就是为了给双方当事人一定的冷静思考期间，在此期间内，如果双方改变了离婚意愿的，可以撤回离婚申请，终结登记离婚程序，减少草率离婚、冲动离婚的现象。

从世界范围来看，各国都面临着离婚率普遍攀高的情况，很多国家均在离婚程序上增加不同的门槛，有的设置分居制度，如德国、瑞士、意大利；有的设置离婚冷静期或者类似的制度，如韩国和英国。2007 年《韩国民法典》规定了离婚熟虑期，规定协议离婚者自向家庭法院申请离婚后，需经过一定期间，再次确认离婚的意思。有需要抚养的人时，这一期间为三个月；不存在需要抚养的人时，这一期间为一个月。我国 2001 年《婚姻法》虽然没有规定离婚冷静期制度，但是地方民政部门已有类似的实践，比如浙江省慈溪市民政局试行了“预约离婚”的做法，即当事人要在预约一周之后才能办理离婚手续；四川省安岳县民政局与该县法院联合打造家事纠纷协同化解工作室，在登记离婚中试行一个月的离婚冷静期，原则上双方在该期间内，不能再向民政部门申请离婚，或者向法院起诉离婚，但在该期间内出现家庭暴力、虐待、遗弃、转移财产等情形的除外。上述做法都取得了不错的实践效果。本条规定既借鉴了域外的规定，也是对我国已有实践的立法提升，具有重要的现实意义。

本条规定在立法过程中，为社会广泛关注，也存在一定的争议。最主要的反对意见是认为这一规定限制离婚自由。但是任何自由都不是绝对的，离婚自由也不是绝对的自由。离婚自由和反对草率离婚应作为一项政策的两端，必须兼顾而行。本条规定是在综合考虑各种不同意见后，权衡利弊作出的立法决定。

【条文解读与法律适用】

一、离婚冷静期适用于登记离婚

为减少草率离婚、挽救婚姻关系，在实践中，诉讼离婚也存在试用冷静期的做法。自最高人民法院于2016年开展家事审判方式和工作机制改革工作以来，各试点法院均开始试行离婚冷静期制度，2018年7月18日，最高人民法院发布《最高人民法院关于进一步深化家事审判方式和工作机制改革的意见（试行）》（以下简称《家事审判改革意见》），规定人民法院在审理离婚案件时，经过双方当事人的同意，可设置不超过3个月的冷静期。这是根据家事案件的特点，对家事案件审理作出的尝试。但应当注意的是，本条规定针对的仅为双方当事人到婚姻登记机关的登记离婚，不包括诉讼离婚，故诉讼离婚中的冷静期制度尚处于司法实践阶段。

二、离婚冷静期期间为30日

登记离婚冷静期为30日，自婚姻登记机关收到离婚登记申请之日起算。此30日是指自然日。比如当事人双方于3月1日至婚姻登记机关申请离婚登记，则冷静期应计算至3月30日。

三、在冷静期内，任何一方都享有撤回离婚登记申请的权利

这一项是冷静期的核心内容。在冷静期内，双方当事人对于是否离婚可再次进行冷静地思考和充分地考虑，如果不想离婚的，任何一方在冷静期期间内均可撤回申请。当事人应以何种方式撤回申请，本条规定虽没有明确，但是鉴于撤回离婚登记申请和递交离婚登记申请一样，都必须是当事人的真实意思，故应当理解为撤回离婚登记申请的行为也需要当事人一方亲自至婚姻登记机关作出。

四、冷静期届满后30日内，当事人双方应当亲自到婚姻登记机关申请领取离婚证

若当事人未在冷静期期间撤回离婚登记申请，冷静期届满后，婚姻登记机关不会自动发给离婚证，而是需要双方当事人再次到婚姻登记机关申请领取离婚证。应注意两点，一是双方申领离婚证有时间限制，应在冷静期届满后30日内。所以本条两款规定其实涉及了两个30日。二是和申请离婚登记一样，当事人双方申领离婚证，也应该亲自至婚姻登记机关进行。所以根据本条规定，当事人登记离婚的，需要亲自至婚姻登记机关两次才会完成。

五、冷静期届满后30日内当事人未申领离婚证的，视为撤回离婚登记申请

当事人未申领离婚证，包括以下几种情形：当事人双方均未申领；只有一方当事人提出申请；当事人委托他人，没有亲自到婚姻登记机关提出申请。符合上述情形之一的，都属于“未申请”。另外，在30日内未提出、30日后才提出申请的，违反了本条规定的期间限制，也应属于未在法定期间内提出申请的情形。

当事人未按照规定提出申请的，视为撤回离婚登记申请。即相当于当事人没有向婚姻登记机关做出过申请离婚的意思表示。当事人如果还是想离婚的，必须再次向婚姻登记机关申请离婚登记，再次适用本条规定的冷静期制度。

六、需要注意的问题

本条规定的30日的冷静期主要是面对当事人，不等同于婚姻登记机关的审查期。在30日冷静期届满，当事人申领离婚证时，婚姻登记机关应按照第1078条规定，对当事人是否自愿离婚等事项进行审查，确定是否发给离婚证。

（于蒙　撰写）

第一千零七十八条　【协议离婚的条件】婚姻登记机关查明双方确实是自愿离婚，并已经对子女抚养、财产以及债务处理等事项协商一致的，予以登记，发给离婚证。

【法条链接】

《婚姻法》第31条；《婚姻登记条例》第11条、第13条

【立法背景】

与2001年《婚姻法》相比，本条款是在《婚姻法》第31条规定的基础

上修订而成的。本编对《婚姻法》第 31 条的规定进行了拆分，《婚姻法》第 31 条共 3 句话，第 31 条第 1 句和第 2 句关于申请协议离婚的规定体现在本法第 1076 条中。本法第 1077 条增加了关于协议离婚“冷静期”的规定，即婚姻登记机关在收到离婚登记申请之日起 30 日内，任何一方不愿意离婚的，可以向婚姻登记机关撤回申请。本条是《婚姻法》第 31 条第 3 句“关于协议离婚条件”的规定，是夫妻双方向婚姻登记机关申请协议离婚，且经过冷静期后没有撤回（包括视为撤回）离婚登记申请时，婚姻登记机关应当把握的协议离婚的条件。

本条延续了《婚姻法》中协议离婚条件的主要精神和内容，并结合《婚姻法》和 2003 年《婚姻登记条例》的相关规定进行了修订。《婚姻登记条例》第 13 条规定：“婚姻登记机关应当对离婚登记当事人出具的证件、证明材料进行审查并询问相关情况。对当事人确属自愿离婚，并已对子女抚养、财产、债务等问题达成一致处理意见的，应当当场予以登记，发给离婚证。”本条将《婚姻法》第 31 条的表述修改为：“婚姻登记机关查明双方确实是自愿离婚，并已对子女抚养、财产及债务处理等事项协商一致的，予以登记，发给离婚证。”第一，在表述上采取了概括 + 列举式的表述方式，即增加了“等”这样开放式的规定，对夫妻之间对除子女抚养、财产和债务处理事项以外需要协商达成一致的事项预留了空间；第二，将“子女”问题修订为“子女抚养”事项，使夫妻双方在协议离婚时对应当协议的内容更加清楚；第三，增加了离婚协议中对“债务处理”事项的规定，回应了实践中争议很大的夫妻债务问题；第四，明确了需要对上述事项“协商一致”。《婚姻法》第 31 条的表述是“适当处理”。这样的修订明确了双方在子女抚养、财产和债务等事项上需要协商达到的程度，即要达成“一致”才符合协议离婚的条件。

【条文解读与法律适用】

一、协议离婚中需坚持夫妻双方自愿离婚的原则

婚姻自由是婚姻家庭关系中的基本制度，不仅体现在结婚自由，也体现在离婚自由。所以，“自愿离婚”是协议离婚的基本条件。这意味着协议离婚是有完全行为能力的婚姻关系的夫妻双方达成了解除婚姻的一致意愿，不存

在胁迫、欺诈、重大误解或者是虚假的意思表示。首先，夫妻双方是完全行为能力人，对其是否要离婚有着自由表达意志的能力，《婚姻登记条例》第12条明确规定，对于无行为能力人或限制行为能力人的离婚申请不予受理。其次，要求双方有合法有效的婚姻关系，这是解除婚姻关系的前提。没有产生婚姻关系就无从谈起离婚。《婚姻登记条例》第11条规定，双方申请离婚登记需要携带的资料除了身份证明外，还需要结婚证。对没有取得婚姻关系的夫妻双方不能通过婚姻登记机关解除相应的身份关系。最后，对于一方向婚姻登记机关申请离婚，另一方不同意，即未达成一致意愿的，婚姻登记机关不予受理，夫妻双方可以通过诉讼来解决纠纷。自愿离婚的前提是有合法有效的婚姻关系。

二、协议离婚时需对子女抚养、财产及债务处理等事项协商一致

这是协议离婚的必要条件，如果双方未能就子女抚养、财产及债务处理等事项达成一致意见，婚姻登记机关也不能对夫妻双方的婚姻关系进行处理。

（一）对子女抚养问题协商一致

这次修订将“子女”问题修改为“子女抚养”事项。子女抚养是解除婚姻关系时需要解决的一个重要问题，协议离婚中，在坚持最有利于未成年子女原则的前提下，对未成年子女相关抚养事项协商一致：子女由哪一方抚养及抚养费由哪一方承担，如何负担；子女教育费由谁承担、如何负担；不直接抚养方探视权的行使等事项。虽然夫妻关系解除，但是父母与子女之间的关系不会随着婚姻关系的解除而消除，子女最佳利益原则是父母双方都应当首先坚持的原则。

（二）对财产和债务处理协商一致

夫妻关系存续期间，涉及的财产关系可能包括共同财产、共同债务，还可能涉及个人财产和个人债务，特别是对共同财产的分割，以及共同债务的承担，不仅涉及夫妻双方，还涉及婚姻关系外的第三人。因此，离婚协议中不仅要处理好子女抚养问题，还要对共同财产进行分割，对共同债务的承担作出明确约定。在分割共同财产时，要注意对生活困难一方给予经济帮助，在共同住房的分割时要考虑到未成年子女的成长需要。对夫妻共同债务的处理要做出明确约定。在共同债务的处理上，应当将不损害国家、社会公共利益以及第三人的合法权益作为前提。

三、需要注意的问题

根据本条规定，婚姻登记机关要“查明”双方属于自愿离婚，并且对子女抚养、财产及债务处理等事项协商一致的，予以登记，发给离婚证。换句话说，婚姻登记机关对协议离婚承担着审查的义务，《婚姻登记条例》也规定了婚姻登记机关要对相关事项进行审查，但是对婚姻登记机关的审查属于何种性质未作出规定，学理上有对婚姻登记审查属于形式审查、实质审查以及审慎合理审查的观点。形式审查过于宽松，实质审查对婚姻登记机关要求过高，审慎合理审查的观点较为符合婚姻登记机关审查的性质。浙江省高级人民法院行政审判庭在2010年印发《关于审理婚姻登记行政案件具体适用法律若干问题的指导意见（试行）》中对审慎合理审查义务做出了规定，即婚姻登记机关对受理的申请材料以及申请人身份信息的真实性履行审慎合理审查职责，即应尽到一般注意义务，如对申请材料的合法性有疑义，应当对申请材料的实质内容进一步核实。此后，2011年浙江省民政厅出台了《浙江省民政厅关于进一步规范婚姻登记行政行为的通知》，明确要求婚姻登记机关在审查时履行审慎合理的审查义务。这样的规定将婚姻登记机关的审查标准和司法机关对婚姻登记的审查标准统一一致①，对婚姻登记机关审查的性质予以明确，实现了两种程序的衔接。

（杨小利　撰写）

第一千零七十九条　【诉讼外调解与诉讼离婚】夫妻一方要求离婚的，可以由有关组织进行调解或者直接向人民法院提起离婚诉讼。

人民法院审理离婚案件，应当进行调解；如果感情确已破裂，调解无效的，应当准予离婚。

有下列情形之一，调解无效的，应当准予离婚：

（一）重婚或者与他人同居；

（二）实施家庭暴力或者虐待、遗弃家庭成员；

---

① 刘永廷：《婚姻登记机关审查责任探析》，载《中华女子学院学报》2018年第6期。

（三）有赌博、吸毒等恶习屡教不改；

（四）因感情不和分居满二年；

（五）其他导致夫妻感情破裂的情形。

一方被宣告失踪，另一方提起离婚诉讼的，应当准予离婚。

经人民法院判决不准离婚后，双方又分居满一年，一方再次提起离婚诉讼的，应当准予离婚。

【法条链接】

《民法典》第1091条；《婚姻法》第32条；《感情确已破裂若干意见》；《家事审判改革意见》

【立法背景】

本条由2001年《婚姻法》第32条修改而来，基本保留了《婚姻法》第32条的内容，同时有所修改和增加。本条款的修改之处在于：

一、诉讼外调解的主体由“有关部门”修改为“有关组织”

和“有关部门”相比，“有关组织”扩大了调解主体的范围，用语更为全面，更加符合实践现状。本条第1款是关于诉讼外调解的规定，实践中，在诉讼外调解中，对离婚纠纷进行调解的包括当事人所在单位、群众团体、基层调解组织等。近年来，相较当事人所在单位等有关部门，人民调解委员会这样的基层调解组织在离婚纠纷调解中发挥了越来越大的作用。随着多元化纠纷解决机制的进一步完善，将有更多的主体参与到纠纷调解中来。

二、将调解无效应当准予离婚的第一种情形做了修改

即把“重婚或者有配偶者与他人同居”修改为“重婚或者与他人同居”，删除了“有配偶者”四个字。这样的修改同样在本法第1091条中也有体现。离婚的前提是有合法有效的婚姻关系，所以离婚的主体是“有配偶者”无疑，这样的修改可以简化表述，另外这样的修订也与本法第1091条“与他人同居导致离婚的，无过错方有权请求损害赔偿”的表述保持一致。

三、增加“经人民法院判决不准离婚后，双方又分居满一年，一方再次提起离婚诉讼的，应当准予离婚”的规定

早在1989年《最高人民法院关于人民法院审理离婚案件如何认定夫妻感情确已破裂的若干具体意见》（以下简称《感情确已破裂若干意见》）中规定了“经人民法院判决不准离婚后又分居满一年，互不履行夫妻义务”。本次修订将最高人民法院的司法解释纳入了立法，且本种情形与第3款规定的5种调解无效判决离婚的情形不同，是人民法院判决不许离婚后再次提起离婚诉讼的。这样的表述在第二稿中尚未规定，属于新增规定。

【条文解读与法律适用】

一、诉讼外调解

调解作为我国解决民事纠纷的传统方式，在我国离婚纠纷的解决中也同样适用。诉讼外调解的主体是“有关组织”，通常包括当事人所在单位、群众团体、基层组织等。诉讼外调解的性质是民间调解，诉讼外调解建立在当事人同意的基础上。当事人可以选择通过调解解决，也可以直接提起离婚诉讼。经过调解，夫妻双方化解了矛盾和纠纷，重新和好的，婚姻关系继续保持。双方的矛盾和纠纷未能化解，但是双方都同意离婚，并且就子女抚养、财产及债务处理等问题达成一致的，可以通过婚姻登记机关协议离婚，办理离婚登记。双方同意离婚，但是就子女抚养、财产及债务处理等问题未达成一致的，可以向法院提起离婚诉讼。其中一方不同意离婚，另一方可以向法院提起离婚诉讼。

二、诉讼调解

夫妻双方对是否离婚，或者同意离婚但是对子女抚养、财产及债务处理等问题未达成一致的，可以向法院起诉离婚。人民法院对当事人的离婚诉讼应当首先进行调解，调解贯穿离婚诉讼的全过程。诉讼中调解包括法院自行调解、委托调解和特邀调解。在2016年开始的家事审判改革中，法院对家事调解也非常重视。《家事审判改革意见》中规定，对适宜调解的纠纷，登记立案后，人民法院可以自行调解，也可以委托给特邀调解组织或者特邀调解员进行调解。法院可以在立案前委派或者立案后委托特邀调解组织、特邀调解员依法进行调解，促使当事人在平等协商基础上达成调解协议，解决纠纷。调解应当遵照《民事诉讼法》的规定，必须双方自愿，不得强迫，不得违反法律规定。经过调解，夫妻双方和好达成协议的，可以不制作调解书；经过调解达成离婚协议的，法院应当按照调解协议的内容制作调解书，有执行内容的调解书是人民法院强制执行的执行依据；对调解达不成协议的，应当及时进行审判。

三、判决

人民法院作出的判决包括准予离婚的判决和不准予离婚的判决两种。根据本条第 2、3、4 款的规定，人民法院准许离婚的情形包括：

（一）感情确已破裂，调解无效的

感情确已破裂是人民法院判决准予离婚的标准，早在 1989 年《感情确已破裂若干意见》中规定，判断夫妻感情是否确已破裂应当从婚姻基础、婚后感情、离婚原因、夫妻关系的现状和有无和好可能等方面综合分析。

（二）具有本条第 3 款规定情形，调解无效的

具体包括：重婚或与他人同居；实施家庭暴力或者虐待、遗弃家庭成员；有赌博、吸毒等恶习屡教不改；因感情不和分居满两年；其他导致夫妻感情破裂的情形。符合上述情形之一，调解无效的，应当准予离婚。对于上述情形的举证责任，由提起离婚诉讼的一方当事人承担。

（三）符合本条第 4 款、第 5 款规定的两种情形之一的，准予离婚

即对于夫妻一方被宣告失踪，另一方提起离婚诉讼的，应当准予离婚；对于人民法院判决不准离婚后，双方又分居满一年，一方再次提起离婚诉讼的，应当准予离婚。对于这两种情形，无须经过调解程序，法院可以作出准予离婚的判决。

四、需要注意的问题

（一）调解是解决婚姻纠纷的一项基本原则

对离婚案件而言，调解是解决这类纠纷的一项基本原则。未起诉时，夫妻双方可以请人民调解组织等组织调解，以解决纠纷。起诉到法院后，人民法院应当先进行调解，如果感情确已破裂，调解无效的，应当准予离婚。需要注意的是，诉讼外调解并非离婚诉讼的前置程序。双方可以选择诉讼外调解，也可以直接向人民法院起诉离婚。近年来，作为多元化纠纷解决机制重

要组成部分的人民调解等其他纠纷解决机制，正在发挥着越来越重要的作用，以化解矛盾，助力纠纷解决。

（二）不适宜调解的案件应当及时判决

调解是离婚案件应当贯彻的原则，但是也并不是所有的情形都适宜进行调解。对于不适宜进行调解的案件，或者符合第4、5款两种情形的案件，应当及时判决离婚。

（杨小利　撰写）

第一千零八十条　【婚姻关系的解除时间】完成离婚登记，或者离婚判决书、调解书生效，即解除婚姻关系。

【法条链接】

《民法典》第1049条

【立法背景】

与《婚姻法》相比，婚姻关系的解除时间是本编修订时的新增条款，《婚姻法》中没有相关规定。《民法典》第1049条规定了确立婚姻关系的时间，即“完成结婚登记，即确立婚姻关系”。确立婚姻关系后，夫妻双方之间就产生了包括夫妻关系在内的身份关系和财产关系。与此相对应，婚姻关系解除也应当有一个确定的时间。婚姻关系的解除包括登记离婚与诉讼离婚两种。因此，需要对婚姻关系解除的时间分别作出规定。

【条文解读与法律适用】

一、登记离婚的时间

夫妻双方向婚姻登记机关申请离婚，在婚姻登记机关查明确实符合条件后，婚姻登记机关完成离婚登记，此时婚姻关系解除。

二、诉讼离婚的时间

对于当事人提起的离婚诉讼，经调解达成离婚协议的，人民法院应当制作调解书，调解书由审判人员、书记员签名，加盖人民法院印章，送达双方当事人。调解书经双方当事人签收后，即具有法律效力。对未能达成离婚调解协议，由法院判决离婚的，判决书由双方当事人当庭签字或者签收后，即生效。

三、需要注意的问题

离婚判决属于形成判决，和其他判决一样都具有既判力和形成力。但是，作为人事诉讼，其还具有对世效力，即判决对当事人以外的人也具有效力，人事判决效力及于当事人以外的第三人。形成判决不具备执行内容，所以不具备执行力。婚姻关系从解除时起，夫妻双方的身份关系解除。婚姻关系解除后夫妻双方的民事行为则不能再及于另外一方。

（杨小利　撰写）

第一千零八十四条　【离婚后的父母子女关系与子女抚养】 **父母与子女间的关系，不因父母离婚而消除。离婚后，子女无论由父或者母直接抚养，仍是父母双方的子女。**

离婚后，父母对于子女仍有抚养、教育、保护的权利和义务。

离婚后，不满两周岁的子女，以由母亲直接抚养为原则。已满两周岁的子女，父母双方对抚养问题协议不成的，由人民法院根据双方的具体情况，按照最有利于未成年子女的原则判决。子女已满八周岁的，应当尊重其真实意愿。

【法条链接】

《婚姻法》第 36 条；《子女抚养若干意见》

【立法背景】

本条是由《婚姻法》第 36 条修改而来的，修订主要体现在第 2 款和第 3 款。

一、增加了父母对子女的保护义务

将《婚姻法》第36条第2款中“离婚后，父母对于子女仍有抚养和教育的权利和义务”，改为“离婚后，父母对子女仍有抚养、教育、保护的权利和义务”，增加了父母对子女的保护义务。加强对未成年人的保护是修订中的《未成年人保护法》的主要目标，未成年子女的保护是家庭、社会、学校、国家共同承担的责任。家庭作为未成年人生活的主要场所，家庭、父母对未成年人的关心、照顾和保护尤为重要。因此，在婚姻家庭编中也应增加父母对子女保护义务的规定。

二、将“哺乳期内的子女”改为“不满两周岁”的子女

这样的修订更加明确具体，更具可操作性。1993年《子女抚养若干意见》中，就规定了“两周岁以下的子女，一般随母方生活”。这次修订吸收了司法解释的规定，将“哺乳期内”明确为“不满两周岁”。

三、明确了由母亲直接抚养不满两周岁子女的原则

有利于子女身心健康，保障子女的合法权益是《婚姻法》和《婚姻家庭编》的基本原则。《婚姻法》和《子女抚养若干意见》中都规定了不满两周岁的子女，一般随母亲生活，这是因为，两周岁以内的婴儿一般需要母亲的母乳喂养，从婴儿的生长发育角度考虑，两周岁以下的子女，一般由母亲抚养。这次修订，则明确使用了“由母亲直接抚养原则”，更加表明对婴儿权利保护的重视。

四、规定了最有利于未成年子女的原则

对于已满两周岁子女的抚养，以父母双方协商，协商不成时，由人民法院按照最有利于未成年子女的原则进行判决。将《婚姻法》中规定的“根据子女的利益和双方的具体情况”修订为“按照最有利于未成年子女的原则”，凸显了立法对未成年子女权益的保护。《未成年人保护法修订案（草案）》中也新增加了“最有利于未成年人的原则”，本编所做的修订是在婚姻家庭领域加强了对未成年人的保护。

五、增加了“子女已满八周岁的，应当尊重其真实意愿”的规定

2020年5月十三届人大三次会议期间，各代表团小组审议民法典草案时，有代表提出，已满八周岁的子女已有一定的自主意识和认知能力，抚养权的确定与其权益密切相关，应当尊重他们的真实意愿，以更有利于未成年人的健康成长。宪法和法律委员会经研究，建议采纳这一意见，在该款中增加规定：子女已满八周岁的，应当尊重其真实意愿。[①]

【条文解读与法律适用】

一、离婚后父母子女之间的关系

夫妻关系是夫妻双方按照法律规定形成的婚姻关系，可以因为其符合法律规定而产生，也可以因为双方的法律行为而解除。但是父母子女之间的关系是基于子女出生的事实而形成的自然血亲关系，一旦形成，就无法解除。父母子女间的关系不因父母离婚而消除。无论子女随哪一方生活，其仍是父母双方的子女，父母子女之间的权利义务关系依然存在。

对继父母与未成年继子女之间的抚养关系而言，婚姻关系解除时，继父（母）不同意继续抚养继子女的，继子女与继父或继母的抚养关系自然解除。愿意继续抚养的，人民法院可以同意。对继父母与成年继子女之间的身份关系和权利义务关系不因离婚自然解除。继父母或继子女一方或双方提出解除继父母子女关系并符合法律规定时方可解除。

对养父母与养子女之间的身份关系及权利义务关系不因养父母离婚而解除。养父母离婚后，养子女无论由养父或养母抚养，仍是养父母双方的养子女。特殊情况下，如养父母离婚时需要依法变更或解除养父母子女关系的，也应当坚持最有利于未成年子女的原则。

二、离婚后对子女抚养的原则与办法

（一）离婚后，父母对子女仍有抚养、教育、保护的权利和义务

在诉讼实践中，“争抚养”和“推抚养”的情况都有存在，为了解决这个问题，需要由立法予以明确，无论子女随哪一方生活，由哪一方抚养，父母双方仍然都负有抚养、教育和保护子女的权利和义务。《子女抚养若干意见》对父母离婚后的子女抚养问题做出了具体规定。

---

① 参考第十三届全国人民代表大会宪法和法律委员会关于《中华人民共和国民法典（草案）》审议结果的报告，2020年5月26日。

（二）不满两周岁的子女，由母亲直接抚养为原则

《子女抚养若干意见》第 1 条规定：两周岁以下的子女，一般随母方生活。母方存在以下情形之一的，可随父方生活：第一，有抚养条件不尽抚养义务，而父方要求子女随其生活的；第二，患有久治不愈的传染性疾病或其他严重疾病，子女不宜与其共同生活的；第三，因其他原因，子女确无法随母方生活的。第 2 条规定：父母双方已协议两周岁以内子女随父方生活，并对子女健康成长无不利影响的，可予准许。

（三）两周岁以上，应当首先由父母协商，协商不成的，按照最有利于未成年子女原则判决

对已满两周岁的子女，已经过了哺乳期，对其应当由父亲或母亲抚养问题发生争议时，首先应当由父母双方协商，人民法院应当首先进行调解，调解时也应当按照最有利于未成年子女及自愿合法的原则进行调解，争取由父母双方达成抚养协议。对未能达成抚养协议的已满两周岁子女，父方和母方均要求随其生活，一方有下列情形之一的，可予优先考虑：（1）已做绝育手术或因其他原因丧失生育能力的；（2）子女随其生活时间较长，改变生活环境对子女健康成长明显不利的；（3）无其他子女，而另一方有其他子女的；（4）子女随其生活，对子女成长有利，而另一方患有久治不愈的传染性疾病或其他严重疾病，或者有其他不利于子女身心健康的情形，不宜与子女共同生活的。此外，在坚持最有利于未成年人利益的原则的前提下，也可以允许父母双方轮流抚养。

（四）已满八周岁的子女，在确定抚养问题时应当尊重子女本人的真实意愿

根据《民法典》总则编第 19 条的规定，八周岁以上的未成年人为限制民事行为能力人，可以独立实施纯获利益的民事法律行为或者与其年龄、智力相适应的民事法律行为。在抚养问题上，已满八周岁的子女已经具备了判断和选择的能力，对和谁一起生活，由谁抚养会有自己的意愿。对子女的选择和真实意愿予以尊重，是保护子女健康成长，贯彻落实最有利于未成年人利益原则的体现。

三、需要注意的问题

实践中较为常见的一类问题是，离婚后由于情况发生变化，抚养孩子的

一方不适宜或不愿意承担抚养子女的义务，或者要求变更抚养费的，这种情况协商不成时，如何处理。对一方要求变更抚养关系或抚养费，达不成协议的，应当向人民法院另行起诉。在人民法院之前所做的生效离婚判决（调解）中，已经对婚姻关系、子女抚养、财产分割等问题做出了规定。其后，由于发生了新的情况，有了新的理由，一方要求变更子女抚养关系或抚养费协商不成向人民法院起诉的，人民法院应当作为新的案件受理。从诉讼理论的角度看，虽然之前有有效的离婚判决，但是前诉和后诉从诉讼请求、诉讼标的看，均不同于之前的离婚诉讼。最高人民法院颁布的《民事案件案由规定》在“婚姻家庭纠纷”中专门规定了“抚养费纠纷”和“变更抚养关系纠纷”两类案件，双方对由于情况发生了变更而需要变更子女抚养关系，变更抚养费的，可向人民法院再次提起诉讼解决纠纷。

（杨小利　撰写）

第一千零八十五条　【离婚后子女抚养费的负担】离婚后，子女由一方直接抚养的，另一方应当负担部分或者全部抚养费。负担费用的多少和期限的长短，由双方协议；协议不成的，由人民法院判决。

前款规定的协议或者判决，不妨碍子女在必要时向父母任何一方提出超过协议或者判决原定数额的合理要求。

【法条链接】

《婚姻法》第37条；《婚姻法解释（一）》第21条；《子女抚养若干意见》第7条

【立法背景】

本条是由《婚姻法》第37条修订而来。修订之处为：

一、语言表述上的修改

将“离婚后，一方抚养的子女，另一方应负担必要的生活费和教育费的一部或全部”，修改为“离婚后，子女由一方直接抚养的，另一方应当负担部分或者全部抚养费”。这样的修订更符合法律的表述习惯，“子女由一方抚养的”是本条款适用的大前提，将其明确表述，使实践中更容易理解和适用。

二、用“抚养费”替代了“生活费和教育费”，删除了“必要的”的限定

根据《婚姻法解释（一）》第21条的规定，“抚养费”包括子女生活费、教育费、医疗费等。这样的用语含义更广，更能包括符合子女抚养产生的相关费用。

【条文解读与法律适用】

一、离婚后子女抚养费负担的原则

夫妻离婚后，虽然夫妻之间的身份关系解除了，但是父母子女之间的关系，不因为父母婚姻关系的解除而消除，父母对子女仍有抚养、教育、保护的权利和义务。因此，离婚后的父母仍需平等地承担子女的抚养费。根据《婚姻法解释（一）》的规定，抚养费包括生活费、教育费、医疗费等。离婚后，不满两周岁的子女，由母亲直接抚养为原则。已满两周岁的子女的抚养问题，由父母协商，协商不成的，由法院根据双方的具体情况，按照最有利于未成年子女的原则判决。因此，一般而言，离婚后，子女会由一方抚养。在此情形下，就需要在离婚的父母之间对抚养费的承担进行分配。

二、子女抚养费负担中的具体问题

（一）双方协商解决抚养费的负担

抚养费用的负担应当由双方协商而定，因为涉及今后较长一段时间内抚养费的支付问题，因此双方协商是较为理想的方式；如果协商不成，由人民法院判决。一般而言，不承担直接抚养义务的一方应当负担部分或全部抚养费。

（二）抚育费的数额与增加

根据《子女抚养若干意见》第7条规定：子女抚育费的数额，可根据子女的实际需要、父母双方的负担能力和当地的实际生活水平确定。有固定收入的，抚育费一般可按其月总收入的百分之二十至三十的比例给付。负担两个以上子女抚育费的，比例可适当提高，但一般不得超过月总收入的百分之五十。无固定收入的，抚育费的数额可依据当年总收入或同行业平均收入，参照上述比例确定。有特殊情况的，可适当提高或降低上述比例。

子女要求增加抚育费有下列情形之一，父或母有给付能力的，应予支持。（1）原定抚育费数额不足以维持当地实际生活水平的；（2）因子女患病、上学，实际需要已超过原定数额的；（3）有其他正当理由应当增加的。

（三）抚养费的给付方式与期限

根据《子女抚养若干意见》的规定，抚养费应当定期给付，也可以一次性给付。抚育费的给付期限，一般至子女十八周岁为止。十六周岁以上不满十八周岁，以其劳动收入为主要生活来源，并能维持当地一般生活水平的，父母可停止给付抚育费。尚未独立生活的成年子女有下列情形之一，父母又有给付能力的，仍应负担必要的抚育费：（1）丧失劳动能力或虽未完全丧失劳动能力，但其收入不足以维持生活的；（2）尚在校就读的；（3）确无独立生活能力和条件的。

三、需要注意的问题

实践中出现了离婚时，为了争夺子女的抚养权，父母双方协议子女随一方生活并由抚养方负担子女全部抚育费。与婚姻关系不同，父母子女关系是基于子女出生产生的血亲关系，不能因任何事由解除。离婚后，不论子女是由父亲或母亲直接抚养，其仍是父母双方的子女，双方仍承担抚养教育子女的义务。本条明确规定“子女由一方直接抚养的，另一方应当负担部分或者全部抚养费”，说明父母离婚后承担子女抚养费是法定义务，双方的约定并不能免除其法定义务的承担，父母双方应从未成年人利益最大化的角度出发，在婚姻关系解除时最大限度地保护未成年人利益。对通过协议离婚的方式约定抚养费承担的，可以提起诉讼要求对方支付抚养费。对于诉讼过程中出现这种情形的，人民法院需要进行审查，经查实，抚养方的抚养能力明显不能保障子女所需费用，影响子女健康成长的，对当事人的诉讼请求可予以支持。

（杨小利　撰写）

第一千零八十七条 【离婚时夫妻共同财产的处理】离婚时，夫妻的共同财产由双方协议处理；协议不成的，由人民法院根据财产的具体情况，按照照顾子女、女方和无过错方权益的原则判决。

对夫或者妻在家庭土地承包经营中享有的权益等，应当依法予以保护。

【法条链接】

《婚姻法》第 39 条；《离婚案件财产分割意见》

【立法背景】

在 2001 年《婚姻法》的基础上，本条增加规定离婚时夫妻共同财产的处理应考虑无过错方权益的保护。

1993 年《最高人民法院关于人民法院审理离婚案件处理财产分割问题的若干具体意见》(以下简称《离婚案件财产分割意见》)规定，人民法院审理离婚案件对夫妻共同财产的处理，应当依照《婚姻法》《妇女权益保障法》及有关法律规定，分清个人财产、夫妻共同财产和家庭共同财产，坚持男女平等，保护妇女、儿童的合法权益，照顾无过错方，尊重当事人意愿，有利生产、方便生活的原则，合情合理地予以解决。该意见第 13 条还明确规定：“对不宜分割使用的夫妻共有的房屋，应根据双方住房情况和照顾抚养子女方或无过错方等原则分给一方所有。分得房屋的一方对另一方应给予相当于该房屋一半价值的补偿。在双方条件等同的情况下，应照顾女方。”即 1993 年《离婚案件财产分割意见》明确规定离婚对夫妻共同财产的处理应当照顾无过错方。但 2001 年《婚姻法》第 39 条规定：“离婚时，夫妻的共同财产由双方协议处理；协议不成时，由人民法院根据财产的具体情况，照顾子女和女方权益的原则判决。夫或妻在家庭土地承包经营中享有的权益等，应当依法予以保护。”根据该条规定，协议不成时，法院处理夫妻共同财产应考虑照顾子女权益和女方权益，而并不考虑夫妻一方的过错。《婚姻法》对无过错方的保护主要体现在离婚损害赔偿制度中。根据《婚姻法》第46条的规定，一方过错导致离婚的，无过错方有权请求损害赔偿，即在共同财产处理时不考虑引起离婚的个人责任，而是采取离婚过错赔偿原则，无过错方有权请求赔偿损失。①

本条在2001年《婚姻法》基础上，明确规定离婚时夫妻双方对共同财产处理协议不成的，由人民法院根据财产的具体情况，按照照顾子女、女方和无过错方权益的原则判决，即明确规定离婚时对夫妻共同财产的处理应考虑夫妻一方过错的因素。

【条文解读与法律适用】

离婚时，对夫妻共同财产的处理应遵循协议优先原则，男女平等原则，有利生产、方便生活的原则，照顾子女、女方权益的原则和照顾无过错方权益的原则。

一、协议优先原则

本条规定，离婚时，夫妻的共同财产由双方协议处理，协议不成时，由人民法院判决。可见，离婚财产分割的首要原则是协议优先原则，在当事人对财产分割有约定时，应当按照约定处理。协议优先原则是当事人意思自治原则在婚姻法领域的具体体现。同时，当事人权利的自由行使亦应受到民法相关规则的调整，如当事人的协议应当符合《民法典》第一编第六章第三节关于民事法律行为的效力的规定。如果当事人的协议符合《民法典》第147条、第148条、第149条、第150条、第151条规定的可撤销情形，则受损害方可以依法请求撤销该协议，如果协议存在第153条、第154条规定的无效情形，则协议无效。在协议被撤销和被认定为无效的情形下，人民法院应当依法判决。

二、男女平等原则

虽然本条未规定离婚时对夫妻共同财产的处理应遵守男女平等原则，但《民法典》第五编婚姻家庭编第一章一般规定中，明确“实行婚姻自由、一夫

---

① 胡康生主编：《中华人民共和国婚姻法释义》，法律出版社2001年版，第162—163页。

一妻、男女平等的婚姻制度”，该条同样适用于离婚时夫妻共同财产的处理。男女平等作为我国婚姻法上的基本制度，应当贯穿于结婚、家庭关系、离婚的全部过程中。男女平等是指男女双方地位平等，在离婚财产分割时，享有平等的权利，不因创造财富的多少而确定财产的分配份额。

三、有利生产、方便生活的原则

随着经济的发展，人们的生产资料、生活用品日益丰富，在离婚处理夫妻共同财产时，应注意按照有利生产、方便生活的原则进行分配。一方面，对夫妻共同财产中的生产资料，分割时不应损害其效用和价值，以保证生产活动和财产流通的正常进行；另一方面，对于夫妻共同财产中的生活资料，分割时也应视各自的实际需要，做到方便生活，物尽其用。[①] 如对不宜分割的生产资料和生活资料，应当分配给实际需要的一方；对实际经营中的种植业或者养殖业，应分配给实际经营的一方；对不能分得实物的一方，由分得实物一方折价补偿。对无法进行实物分割，一方需要但又因价值过大而无法一次性给予对方货币补偿的生产资料，应当分配给有需要的一方，并根据实际情况以分期支付的方式给予对方补偿，而不宜一律采取拍卖该生产资料、分割拍卖款的方式处理。

四、照顾子女、女方权益的原则

实际生活中，女方和未成年子女往往处于较为弱势的地位，离婚对其生活的影响较大，因此离婚处理夫妻共同财产时，应当适当照顾子女和女方权益。如对于未成年子女而言，稳定的生活和接受良好教育为其主要利益，那么仅有一套住房时，应当考虑将住房分配给直接抚养未成年子女的一方，如有两套以上住房则应将未成年子女当时居住或者方便接受教育的住房分配给直接抚养未成年子女的一方。

五、照顾无过错方权益的原则

按照《民法典》第1091条规定，婚姻法上的过错，包括重婚，与他人同居，实施家庭暴力，虐待、遗弃家庭成员，以及其他重大过错。夫妻一方存在上述情形的，在离婚分配财产时，应根据具体情形对受到损害的一方给予照顾。需要注意的是，《民法典》第1091条规定，因一方存在上述过错行为

---

① 杨大文主编：《亲属法与继承法》，法律出版社2013年版，第161页。

导致离婚的，无过错方有权请求损害赔偿。即《民法典》规定人民法院对夫妻共同财产处理时对无过错方予以照顾，同时规定无过错方有权请求损害赔偿，两者并不互相排斥，人民法院在审理离婚案件时可以根据案件具体情况同时适用。

（肖芳　撰写）

第一千零八十八条　【离婚经济补偿】夫妻一方因抚育子女、照料老年人、协助另一方工作等负担较多义务的，离婚时有权向另一方请求补偿，另一方应当给予补偿。具体办法由双方协议；协议不成的，由人民法院判决。

【法条链接】

《民法典》第 1087 条、第 1091 条；《婚姻法》第 40 条

【立法背景】

2001 年《婚姻法》第 40 条规定："夫妻书面约定婚姻关系存续期间所得的财产归各自所有，一方因抚育子女、照料老人、协助另一方工作等付出较多义务的，离婚时有权向另一方请求补偿，另一方应当予以补偿。"本条删掉了"夫妻书面约定婚姻关系存续期间所得的财产归各自所有"这一前提条件，增加了"具体办法由双方协议；协议不成的，由人民法院判决"的规定。

根据 2001 年《婚姻法》，离婚一方因抚育子女、照料老人、协助另一方工作等付出较多义务，要求另一方补偿的前提是夫妻双方适用分别财产制。司法实践中，适用该条主张离婚补偿的比较少，原因是目前我国大部分夫妻是适用婚后财产共同所有制。夫妻家庭生活中，一方因为承担更多家务劳动，必然减少其投入深造学习以提高自身技能的时间，而较少从事家务劳动的一方可以将更多时间、精力投入获取工作技能与工作机会，因此离婚对于承担更多家务的一方影响较大，且该影响将持续到离婚后一段时间，不论是适用

夫妻分别财产制的家庭，还是适用共同财产制的家庭，该影响均客观存在。因此，不论是适用夫妻分别财产制，还是适用共同财产制，离婚时都应当给予从事更多家务劳动的一方请求补偿的权利。而具体补偿数额应以当事人协商优先，在协议不成时，则由人民法院判决。本条针对上述情况，对《婚姻法》的相关规定进行了修改。

【条文解读与法律适用】

一、离婚补偿的条件

婚姻家庭生活中，夫妻双方均有抚育子女、照料老人等义务。在离婚时夫妻一方可请求补偿的前提条件是其在婚姻家庭生活中对上述义务付出更多。抚育子女包括抚育亲生子女，也包括抚育养子女、继子女，照料老人则包括照料父母、养父母、具有抚养关系的继父母，以及其他有抚养义务的长辈亲属。较多的义务是指一方从事的抚养子女、照料老人等家务劳动无论是从数量上还是在所花费的时间上都比对方多，或一方协助另一方工作比自己在工作方面从对方得到的协助多。

二、离婚补偿请求权的行使

本条规定，因抚育子女、照料老人、协助另一方工作付出较多义务的一方，离婚时有权向另一方请求补偿。即离婚补偿基于付出义务较多的一方请求而发生，在当事人没有提出请求的情况下，人民法院不主动适用该条规定，且该补偿请求权的行使时间应限于离婚之时，即在协议离婚或诉讼离婚中一并提出。

三、补偿的数额和给付方式

离婚补偿的数额，首先由双方协商确定，协商不成的，由法院判决。诉讼离婚时，人民法院应当就该问题组织双方调解，协商确定补偿数额，调解不成时，由人民法院综合双方婚姻关系持续时间的长短，付出义务的内容及所需要的时间和精力，对方从一方协助中受益情况等因素予以确定。如果婚姻关系持续时间较长，一方家务劳动的强度大，付出时间和放弃自己发展机会多，另一方受益多，则确定较多的经济补偿数额。

四、需要注意的问题

离婚补偿是婚姻家庭关系中一项独立的制度，其性质既不同于离婚时共同财产的分割，也不同于离婚时的损害赔偿。本条规定的离婚经济补偿不同于《民法典》第1087条规定的离婚时按照照顾女方权益的原则判决，也不同于《民法典》第1091条规定的过错损害赔偿制度。根据我国的实际情况，女方一般是为抚育子女、照料老人、协助另一方工作等付出较多义务的一方，离婚时对夫妻共同财产的处理应考虑女方生活需要给予照顾，付出义务较多的，还可依据本条规定请求经济补偿。如其丈夫在婚姻关系中存有过错，女方亦可一并主张过错损害赔偿。

（肖芳　撰写）

第一千零八十九条　【离婚时夫妻共同债务清偿】离婚时，夫妻共同债务应当共同偿还。共同财产不足清偿或者财产归各自所有的，由双方协议清偿；协议不成的，由人民法院判决。

【法条链接】

《民法典》第1064条；《婚姻法》第19条、第41条；《婚姻法解释（二）补充规定》；《夫妻债务解释》

【立法背景】

2001年《婚姻法》涉及夫妻债务的条文有两条。一条是第19条第3款规定："夫妻对婚姻关系存续期间所得的财产约定归各自所有的，夫或妻一方对外所负的债务，第三人知道该约定的，以夫或妻一方所有的财产清偿。"另一条是第41条规定："离婚时，原为夫妻共同生活所负的债务，应当共同偿还。共同财产不足清偿的，或财产归各自所有的，由双方协议清偿；协议不成时，由人民法院判决。"因上述规定不够明确具体，理论界和实务界对如何确定夫妻共同债务一直存有不同理解。为解决审判实践中存在的问题，最高人民法院先后颁布实施了《婚姻法解释（二）》《最高人民法院关于适用〈中华人民共和国婚姻法〉若干问题的解释（二）的补充规定》（以下简称《婚姻法解释（二）补充规定》）和《夫妻债务解释》。从《夫妻债务解释》施行效果看，总体上能有效平衡各方利益。《民法典》吸收《夫妻债务解释》的相关规定，明确了夫妻共同债务的范围，与此相适应，本条将《婚姻法》第41条“原为夫妻共同生活所负的债务”这一表述，改为“夫妻共同债务”。

【条文解读与法律适用】

本条是关于离婚时夫妻共同债务偿还的规定。司法实践中应注意把握以下几点：

第一，夫妻共同债务的认定。根据《民法典》第1064条规定：“夫妻双方共同签名或者夫妻一方事后追认等共同意思表示所负的债务，以及夫妻一方在婚姻关系存续期间以个人名义为家庭日常生活需要所负的债务，属于夫妻共同债务。夫妻一方在婚姻关系存续期间以个人名义超出家庭日常生活需要所负的债务，不属于夫妻共同债务；但是，债权人能够证明该债务用于夫妻共同生活、共同生产经营或者基于夫妻双方共同意思表示的除外。”关于共同债务的认定，应以民法典的规定为准，具体详见本书关于第1064条的阐释。

第二，夫妻共同债务的偿还顺序。离婚时夫妻双方有共同财产的，对于已届清偿期的共同债务应直接用共同财产偿还，夫妻共同债务因清偿而消灭。夫妻债务未届清偿期，夫妻共同财产不足清偿，或者财产归各自所有，则由夫妻双方协议清偿，即先由夫妻双方就清偿份额进行约定，双方协议不成，或者协议无效的情况下，则应由人民法院判决。夫妻双方财产共同所有的，应以均等偿还为原则，夫妻财产归各自所有且协议不成的，由人民法院判决。

第三，夫妻双方对债权人的连带责任。夫妻共同债务应当共同清偿，因此除债务人同意外，清偿协议仅对夫妻双方产生约束力，人民法院判决也仅对离婚纠纷双方当事人产生拘束力，不能据此约束债权人。债权人有权要求夫妻一方就全部共同债务承担连带责任。

第四，夫妻相互间的追偿权。夫妻双方就共同债务对债权人承担连带偿还责任，一方承担责任超出共同债务清偿协议约定或人民法院判决份额的，可向另一方追偿。

（肖芳 撰写）

第一千零九十二条　【一方侵害夫妻共同财产的法律后果】夫妻一方隐藏、转移、变卖、毁损、挥霍夫妻共同财产，或者伪造夫妻共同债务企图侵占另一方财产的，在离婚分割夫妻共同财产时，对该方可以少分或者不分。离婚后，另一方发现有上述行为的，可以向人民法院提起诉讼，请求再次分割夫妻共同财产。

【法条链接】

《民法典》第188条、第1062条、第1087条；《婚姻法》第47条

【立法背景】

2001年《婚姻法》首次对离婚时隐藏、转移、变卖、毁损夫妻共同财产或伪造债务企图侵占他方财产的一方应当承担的法律责任进行了规定。该法第47条规定："离婚时，一方隐藏、转移、变卖、毁损夫妻共同财产，或伪造债务企图侵占另一方财产的，分割夫妻共同财产时，对隐藏、转移、变卖、毁损夫妻共同财产或伪造债务的一方，可以少分或不分。离婚后，另一方发现有上述行为的，可以向人民法院提起诉讼，请求再次分割夫妻共同财产。人民法院对前款规定的妨害民事诉讼的行为，依照民事诉讼法的规定予以制裁。"2018年8月17日提请审议的《民法典各分编（草案）》第870条基本延续了上述规定，具体表达上有所变动，包括去掉了"离婚时"这一表述，同时未再规定"人民法院对前款规定的妨害民事诉讼的行为，依照民事诉讼法的规定予以制裁"。《婚姻家庭编（草案）》（二审稿）在前述规定的基础上，就行为方式增加"挥霍"这一情形。《民法典（草案）》（征求意见稿）第1092条延续上述规定，但在表达上更为简洁。经过多轮讨论，本条规定较2001年《婚姻法》第47条更为简洁准确，增加了"挥霍"夫妻共同财产这一情形，去掉了第3款关于"人民法院对前款规定的妨害民事诉讼的行为，依照民事诉讼法的规定予以制裁"的规定。

【条文解读与法律适用】

一、本条规定的违法行为的方式

本条规定的违法行为包括隐藏、转移、变卖、毁损、挥霍夫妻共同财产，或者伪造夫妻共同债务企图侵占另一方财产两类。隐藏是指将财产隐匿起来，不让他人发现，使另一方无法获知财产的所在从而无法控制；转移是指私自将财产移往他处，或将资金取出移往其他账户，脱离另一方的掌握；变卖是指将财产折价卖给他人；毁损是指采用打碎、拆卸、涂抹等破坏性手段使物品失去原貌，失去或者部分失去原来具有的使用价值和价值；伪造债务是指制造内容虚假的债务凭证，包括合同、欠条等，并将所涉共同财产据为己有。[①] 挥霍夫妻共同财产是本条新增规定。挥霍夫妻共同财产，是指明显超出日常家庭生活需要和家庭收入水平不合理地使用夫妻共同财产。随着人们经济生活水平的提高和物质文化需求的增加，对个人消费的需求也呈现多元化的特点。与此同时，夫妻一方挥霍夫妻共同财产，导致夫妻共同财产减少，离婚时为此发生纠纷的案例亦时有发生，因此有必要对该类行为的法律后果予以规定。

应当注意的是，该条所指违法行为应是指行为人故意实施的行为，即行为人具有故意隐藏、转移、变卖、毁损、挥霍共同财产，以使离婚时可供分配的财产减少，或者故意通过伪造共同债务企图侵占对方财产的主观意图。一方的过失行为，如一方不慎毁损夫妻共同财产，不属于本条规定的违法行为。

二、本条规定的违法行为的侵害对象

本条规定的违法行为侵犯的对象是夫妻共同财产。根据《民法典》第1065条的规定，男女双方可以约定婚姻关系存续期间所得的财产以及婚前财产归各自所有、共同所有或者部分各自所有、部分共同所有，该约定对夫妻双方有法律约束力。在双方没有约定或者约定不明的情况下，则应根据《民法典》第1062条的规定，认定夫妻在婚姻关系存续期间所得的下列财产，为

① 胡康生主编：《中华人民共和国婚姻法释义》，法律出版社2001年版，第184页。

夫妻的共同财产，归夫妻共同所有：工资、奖金、劳务报酬；生产、经营、投资的收益；知识产权的收益；继承或者受赠的财产，遗嘱或赠予合同中确定只归一方的财产除外；其他应当归共同所有的财产。即对夫妻共同财定的认定以约定优先，没有约定或者约定不明时适用法律的规定。

三、本条规定的违法行为的法律后果

《民法典》第 1087 条第 1 款规定，离婚时夫妻的共同财产由双方协议处理，协议不成的，由人民法院根据财产的具体情况，按照照顾子女、女方和无过错方权益的原则判决。原则上，根据夫妻对共同财产共同共有的性质，离婚时对夫妻共同财产的价值应当均分。具体分配上，则根据财产的具体情况，按照照顾子女、女方和无过错方权益的原则判决。但是，发现夫妻一方从事本条违法行为的，在分割夫妻共同财产时，对该方可以少分或者不分。对于何时不分何时少分，少分的具体份额，《民法典》并未明确规定，司法实践中，人民法院可以综合行为人违法行为的手段、过错程度、损害后果等因素，予以衡量，做出裁判。

本条还对离婚后发现有上述行为的情形进行了规定。依照该条规定，协议离婚，或者人民法院离婚案件审结，有关财产分割的判决书或者调解书发生法律效力后，夫妻一方发现另一方有隐藏、转移、变卖、毁损、挥霍夫妻共同财产或伪造共同债务侵占其财产行为的，一方可以向人民法院起诉请求再次分割夫妻共同财产。在分割时，关于对隐藏、转移、变卖、毁损、挥霍夫妻共同财产或伪造共同债务的一方可以少分或者不分的原则仍应适用。

四、需要注意的问题

一是关于挥霍夫妻共同财产的具体认定。随着人们经济生活水平的提高，人们对物质文化的需求日益多元化，在司法实践中应当注意区分正常的生活消费与挥霍夫妻共同财产。具体可以综合以下因素判断：1. 支出用途。对于一方合理的个人消费，包括文化娱乐、医疗保健、社交支出等，不应轻易认定为挥霍夫妻共同财产。但一方并非为了家庭共同生活需要或者个人正常的物质文化生活需要进行高额浪费性的支出，则可能构成挥霍夫妻共同财产。2. 支出时间。双方分居期间或者离婚诉讼期间，一方进行明显不合常理的高消费，则挥霍夫妻共同财产的可能性大。3. 消费习惯与家庭收支情况。是否属于挥霍夫妻共同财产还应结合行为人的消费习惯与家庭收支情况来判断。

如果该项支出与其一贯消费习惯相符，与家庭收支情况相适应，则不应认定为本法规定的违法行为。

二是离婚后发现存在本条规定违法行为另行提起诉讼的诉讼时效。2001年《婚姻法解释（一）》第31条规定："当事人依据婚姻法第四十七条的规定向人民法院提起诉讼，请求再次分割夫妻共同财产的诉讼时效为两年，从当事人发现之次日起计算。"该条规定的两年诉讼时效，源于1986年《民法通则》第135条关于"向人民法院请求保护民事权利的诉讼时效期间为二年，法律另有规定的除外"的规定。2017年《民法总则》修改了关于普通诉讼时效期间的规定。《民法总则》第188条规定："向人民法院请求保护民事权利的诉讼时效期间为三年。法律另有规定的，依照其规定。诉讼时效期间自权利人知道或者应当知道权利受到损害以及义务人之日起计算。法律另有规定的，依照其规定。"《民法典》第188条第1款沿用了上述规定。《民法典》第1260条还规定，《民法典》自2021年1月1日起施行，《婚姻法》同时废止。根据《民法典》的上述规定，当事人依照本条规定请求再次分割夫妻共同财产的，应当适用三年诉讼时效期间，自发现另一方从事本条规定的违法行为之日起计算。

三是本条规定的违法行为是否适用民事诉讼法上的制裁措施。相比2001年《婚姻法》第47条，本条去掉了"人民法院对前款规定的妨害民事诉讼的行为，依照民事诉讼法的规定予以制裁"的规定，这并不意味着对于本法规定的违法行为，不再适用民事诉讼法规定的制裁措施。上述行为是否应予以民事诉讼法上的制裁，应当依照《民事诉讼法》的相关规定进行具体判断。

（肖芳　撰写）

第五章　收　　养

第一千零九十三条　【被收养人的范围】下列未成年人，可以被收养：

（一）丧失父母的孤儿；

（二）查找不到生父母的未成年人；

（三）生父母有特殊困难无力抚养的子女。

【法条链接】

《民法典》第1058条、第1107条；《收养法》第4条；《中国公民收养子女登记办法》第5条、第6条、第7条；《家庭寄养管理办法》第25条

【立法背景】

本条规定来源于《收养法》第4条，规定了被收养人的范围。本条规定对《收养法》第4条做出两项主要修改：一是扩大被收养人的范围。《收养法》规定十四周岁以下未成年人可以被收养，本条取消了对未成年人年龄的限制，十四周岁以上的未成年人，具有本条规定的三种情形的，符合被收养人的条件。《收养法》规定被收养人年龄限制是出于稳定收养关系的立法目的。因收养人与被收养人之间本无自然血缘关系，如果被收养人年龄过大，与生父母感情深厚，从心理上较难接受养父母，不易于与养父母之间建立起亲子关系纽带，容易影响收养关系的稳定，故《收养法》中限定被收养人的年龄为十四周岁以下。但近年来大规模自然灾害、公共安全卫生事件频繁发生，许多未成年人在地震等自然灾害中失去双亲，其中不乏年满十四周岁不

满十八周岁的未成年人。这一年龄段的未成年人，虽然具有一定生活自理能力，但一般还处于在校学习阶段，不具备劳动和谋生能力，同样需要监护人在生活上的照顾和情感上的关爱。如果不能在家庭环境中成长，很难得到良好的教育和引导，容易误入歧途。因此本条取消了《收养法》中关于不满十四周岁的未成年人才可被收养的年龄限制，符合法定情形的未成年人，均可成为被收养人。域外立法中虽然也规定了被收养人的年龄范围，但域外立法中普遍规定了完全收养和不完全收养两种模式的收养制度。对于完全收养，一般对被收养人的年龄进行比较严格的限制，但在不完全收养制度中，即使成年人也可以被收养。我国由于没有建立不完全收养制度，只有完全收养一种收养模式，故在被收养人的年龄上放宽限制。同时《民法典》第1104条规定了收养八周岁以上未成年人的，应当征得被收养人的同意。十四周岁以上未成年人，如与生父母感情深厚，不愿被他人收养，可以在收养过程中表达反对意见从而阻止收养的成立，避免出现收养后收养关系不稳定的情形。

二是将被拐获救儿童纳入被收养人范围。本条将《收养法》中规定的"查找不到生父母的弃婴和儿童"修改为"查找不到生父母的未成年人"。《收养法》中规定的"查找不到生父母的弃婴和儿童"是指生父母故意抛弃的婴幼儿和儿童。由于生父母放弃对子女的监护权，导致未成年子女事实上面临无人监护的境地，为维护未成年人的利益，国家可以行使监护权，指定儿童福利机构作为送养人，将弃婴和儿童送养给他人。而被拐获救未成年人的生父母并未基于主观意思放弃对未成年人的监护，但却在事实上无法行使监护权。中华人民共和国民政部、公安部曾于2015年8月20日联合发布《民政部、公安部关于开展查找不到生父母的打拐解救儿童收养工作的通知》(民发〔2015〕159号)，通知中对被拐获救未成年人的收养条件、程序及收养的解除等事项进行了规定，是对被拐获救未成年人安置渠道的积极探索。本条条文虽未明确规定被拐获救儿童可以成为被收养人，但将查找不到生父母的"弃婴和儿童"修改为"未成年人"，实际上将被拐获救未成年人纳入了被收养人的范围之中，从法律层面进一步肯定了被拐获救儿童在符合法律或其他规范性文件规定的条件下可以被收养，有利于被拐获救儿童在生父母无法查找到的情况下，被他人收养，获得良好的抚养和教育。

本条条文修改思路是扩大被收养人的范围，减少对被收养人条件的限制，从而扩大收养的适用范围，使更多的生父母无法抚育照顾的未成年人通过收养回归家庭，在正常的家庭环境中健康生长。有利于更好地发挥收养的作用，也是未成年人利益最大化原则的具体体现。

【条文解读与法律适用】

一、收养的含义及法律效力

收养是领养他人子女为自己子女的法律行为，使原来没有父母子女关系的人们之间产生法律拟制的父母子女关系，收养人为养父或养母，被收养人为养子或养女。收养必须符合一定的条件和程序才能成立。自收养关系成立之日起，养父母与养子女间的权利义务关系，适用法律关于父母子女关系的规定。即父母对子女有抚养、教育和保护的义务，子女对父母有赡养、扶助的义务。父母子女间还有相互继承遗产的权利。养子女与生父母及其近亲属间的权利义务关系，因收养关系的成立而消除。

二、被收养人的条件

本条中规定了未成年人可以被他人收养的三种情形，被收养人需符合两项条件：

（一）被收养人需为未成年人

《民法典》第 17 条规定："十八周岁以上的自然人为成年人。不满十八周岁的自然人为未成年人。"结合该条规定和本条规定，被收养人需为年龄在十八周岁以下（不含十八周岁）的自然人。对于成年人是否能够被他人收养，理论中存有争议，国外有立法例予以肯定，有国家通过建立不完全收养制度，将行为能力受限的成年人纳入被收养人的范围。如法国、德国、瑞士、日本等国均规定了不完全收养、成年人的收养、简单收养等制度。在不完全收养制度下，可以为限制行为能力或无行为能力的成年人提供生存的条件，使其得到家庭的关爱照顾。有学者建议我国应引入国外不完全收养制度。但由于不完全收养与我国法律体系中收养的概念有较大冲突，我国亦尚无与不完全收养相互配套的相关制度构建，我国收养制度遵循完全收养原则，故《民法典》中未引入不完全收养制度。

（二）被收养的未成年人需符合本条规定的三种情形之一

第一，丧失父母的孤儿。《国务院办公厅关于加强孤儿保障工作的意见》（国办发〔2010〕54 号）中指出，“孤儿是指失去父母、查找不到生父母的未满 18 周岁的未成年人”。该意见中所指的孤儿包括本条规定的第一种和第二种情形。丧失父母的孤儿是指父母已死亡或被法院宣告死亡的未成年人。由于孤儿的父母已经死亡或拟制死亡，孤儿已无法从其父母处获取生活来源，是最需要关怀和照顾的弱势群体，通过被他人收养可以使孤儿得到妥善的安置，对其成长最为有利。

第二，查找不到生父母的未成年人。此项情形规定的“查找不到生父母”表明未成年人的生父母仍然生存，或没有证据表明其生父母已经死亡，但由于特殊原因，无法确定其生父母身份及所在何处。一般包括两种情形，一是出生后被生父母遗弃；二是被偷盗、拐卖导致与生父母失去联系。对于这两种情形下的未成年人，由于与生父母的关系被人为切断，导致其与生父母的亲属，例如祖父母、外祖父母的关系被一并切断，一般情况下，只能由国家行使监护权，并由儿童福利机构代表国家履行养育未成年人的职责。但由于此种情形下的未成年人的父母很大概率下仍然生存，对于生父母遗弃未成年子女的，应视为生父母主动放弃对未成年人的监护权，国家因此取得对未成年人的监护权。但对于被偷盗、拐卖的未成年人，其生父母并无让渡监护权或不履行监护职责的主观意图，理论上生父母仍然对被偷盗、拐卖的未成年人享有监护权，但其在事实上无法行使监护权，也无法履行监护的职责，故产生了生父母监护权与国家监护权的冲突问题。从另一层面，也产生了生父母对未成年子女的亲权与未成年人利益保护之间的矛盾。因此在收养查找不到生父母的未成年人时，应兼顾权衡生父母对未成年子女的亲权与未成年人利益最大化两种价值目标。

具体体现在有关部门应充分履行查找未成年人生父母的职责。对于被生父母遗弃的未成年人，《中国公民收养子女登记办法》第 5 条、第 6 条和第 7 条分别规定了收养过程中应提交公安机关出具的捡拾弃婴、儿童报案的证明，并由收养登记机关在登记前公告查找生父母，公告期为 60 天。对于被拐获救儿童，《民政部、公安部关于开展查找不到生父母的打拐解救儿童收养工作的通知》（民发〔2015〕159 号）中要求各级公安机关全力查找打拐解救儿童生父母，接到儿童失踪报案后，立即启动儿童失踪快速查找机制，免费采集失踪儿童父母血样录入全国打拐 DNA 信息库，同时对于打拐行动中获救儿童血样亦录入打拐 DNA 信息库，1 个月内未能查找到打拐解救儿童生父母或其他监护人的，由社会福利机构或者救助保护机构在儿童寻亲公告平台上发布儿童寻亲公告，公告期 30 日。只有当儿童被送交儿童福利机构或者救助保护机构之日起满 12 个月，公安机关未能查找到儿童生父母或其他监护人的，才能视为确实查找不到被拐解救未成年人的生父母，未成年人才可以被收养。

第三，生父母有特殊困难无力抚养的子女。生父母的特殊困难是指生父母患有比较严重的身体或精神疾病、行为能力受限或经济困难等无力抚养子女的情形。由于生父母抚养能力欠缺导致与其共同生活的子女无法得到妥善的照顾和抚育，同样会对未成年人的成长不利，应允许在有收养同意权的主体同意情况下对未成年子女进行收养。

三、收养与抚养、寄养的关系

（一）收养与抚养

1. 联系

《国务院办公厅关于加强孤儿保障工作的意见》（国办发〔2010〕54 号）中规定了对孤儿的四种安置方式，分别为亲属抚养、机构养育、家庭寄养和依法收养。表明抚养和收养均为孤儿的安置途径。收养关系成立后在养父母子女之间形成法律规定的父母子女的权利义务关系。《民法典》第 1058 条规定了夫妻双方承担对未成年子女的抚养、教育和保护的义务，其中包括养父母承担抚养未成年养子女的义务。因此抚养义务可基于收养行为而产生，此为二者的关联。

2. 区别

（1）法律效果不同

收养是一项法律行为，可在收养双方之间产生拟制的父母子女关系，并使被收养人与其生父母之间的父母子女关系消灭，而抚养并不能引起上述法律效果。《民法典》第 1107 条规定抚养人与被抚养人的关系不适用《民法典》收养一章的规定。抚养不能引起父母子女关系的产生，也不能消除被收养人与生父母之间的父母子女关系。

（2）适用主体不同

《民法典》第 1074 条第 1 款规定了有负担能力的祖父母、外祖父母对于父母已经死亡的孙子女、外孙子女有抚养的义务。《民法典》第 1107 条规定了孤儿或者生父母无力抚养的子女，可以由生父母的亲属、朋友抚养。由此可见，抚养的主体为未成年人生父母的亲属或朋友，而收养的主体不限于此，符合收养人条件的民事主体均可收养子女。

（3）产生条件不同

收养为要式法律行为，必须采取一定形式或履行特定的程序才能成立。根据《民法典》第 1105 条的规定，收养应当向县级以上人民政府民政部门登记，收养关系自登记之日起成立。收养登记为收养关系的生效要件，未经依法登记，不产生收养的法律效力。而抚养为非要式行为，不要求抚养人履行特定程序，只要抚养人进行了人们通常理解的抚养行为，即可认为成立抚养关系。

（二）收养与寄养

1. 联系

寄养指将未成年子女委托他人代为抚养。收养与寄养亦同为孤儿安置方式。民政部发布的《家庭寄养管理办法》中规定了将民政部门监护的儿童委托在符合条件的家庭中养育的照料模式，即家庭寄养模式。《国务院办公厅关于加强孤儿保障工作的意见》中还规定对寄养的孤儿，寄养家庭有收养意愿的，应优先为其办理收养手续。《家庭寄养管理办法》第 25 条规定寄养家庭在符合收养条件、有收养意愿的情况下，可依法优先收养被寄养儿童。表明寄养关系可依法转化为收养关系。

2. 区别

（1）行为性质不同

寄养是受未成年人生父母、监护人或民政部门委托，代为抚养、照顾未成年人的行为。寄养可以是有偿，也可以为无偿。一般情况下寄养人可要求未成年人生父母承担抚养费、教育费等基本生活费用。而收养是在收养双方之间设立父母子女关系的行为，养父母基于收养行为产生对养子女的抚养、教育和保护义务，生父母与子女间的父母子女关系解除，生父母不再承担抚养子女的义务，养父母应自行负担养子女的抚养费和教育费，而不得要求生父母承担上述费用。

（2）行为目的不同

寄养是为临时性解决生父母不能亲自履行抚养义务的困难，而委托寄养人临时性代为抚养和照顾未成年子女的行为。而收养的目的是产生稳定、持久的父母子女关系。

（3）法律效果不同

寄养家庭与被寄养人之间不产生父母子女关系和家庭关系。被寄养人与其生父母之间仍然具有法律意义上的父母子女关系，并相应享有基于父母子女关系产生的权利，承担父母子女间的法定义务。而收养则在收养双方之间产生拟制血亲关系，消除被收养人与生父母的权利义务关系。

（张娜　撰写）

第一千零九十五条　【监护人送养】未成年人的父母均不具备完全民事行为能力且可能严重危害该未成年人的，该未成年人的监护人可以将其送养。

【法条链接】

《收养法》第 12 条

【立法背景】

此条规定源于《收养法》第 12 条，但在条文顺序及条文内容表述上与《收养法》第 12 条均有区别。首先，从条文顺序上看，《收养法》第 12 条置于第 11 条关于收养自愿原则的规定之后，作为收养平等、自愿原则的延伸规定，与第 11 条规定内容相呼应，共同组成“收养的同意”的制度设计，欲表明的条文意旨是收养应由被收养人的生父母、年满十周岁以上的被收养人及收养人达成合意始得为之。对于无行为能力的被收养人的生父母，因其不具备表达真实意思的能力，故无法作出送养未成年人的意思表示，因此，当被收养人的生父母均不具备完全行为能力时，原则上该未成年人不得被送养，同时，为了防止不具备行为能力的生父母严重危害未成年人利益，该条文同时规定了监护人可以送养未成年人的例外情形。《收养法》第 12 条是作为收养自愿原则及达成收养合意始得送养的具体规定。而《民法典》中本条规定置于第 1094 条关于送养人的规定之后，是将特定情形下的监护人送养作为送养人范围的补充，欲表达的条文意旨是未成年人的监护人在何种情况下可以送养未成年人。从条文顺序的变化上可以看出此条规定条文意旨发生了变化，对于生父母均无民事行为能力的未成年人的送养尺度有所放宽。其次，从条文内容表述上看，《收养法》第 12 条首先规定了未成年人的生父母均不具备完全行为能力时，未成年人的监护人不得送养的原则，再规定当生父母对未成年人有严重危害可能时，监护人可以送养未成年人作为上述一般原则的例外情形。虽然根据对条文内容的解释，可以得出当无行为能力的生父母对未成年人有严重危害可能时，该未成年人的监护人可以将其送养的结论，从这一角度，似乎与《民法典》此条规定内容并无二致，但值得注意的是，《民法典》此条规定取消了生父母均无行为能力时，未成年人的监护人不得送养的原则性规定，并且无需进行条文解释，直接规定当生父母可能严重危害该未成年人时，未成年人的监护人可以送养未成年人，表明法律对监护人此种情形下送养未成年人的明确态度。

【条文解读与法律适用】

一、收养同意的免除

收养是民事生活领域中确立养父母子女关系的法律行为，为了保证拟制血亲关系的稳定，需遵循平等、自愿原则，收养各方在收养过程中身份地位平等，可自由做出及表达是否同意收养的意思表示，任何一方不能违背他方的意志而随心所欲，须在相互尊重的前提下就有关收养事项达成一致。当未成年人有生父母时，原则上由其生父母作为送养人并做出是否同意收养的意思表示，当未成年人的生父母已死亡或无法查找到时，由未成年人的监护人或者儿童福利机构作为送养人并做出是否同意收养的意思表示。送养人需具有收养同意权。如果未成年人的生父母均无完全行为能力，其无法行使收养同意权，影响他人对未成年子女的收养，如果未成年人的生父母还有严重危害未成年人的可能，此时未成年人所处境地将更为困难，准许未成年人的监护人将其送养，对未成年人的成长更为有利。本条免除了无完全行为能力的生父母的收养同意权。域外各国立法例中大都规定了免除未成年人生父母收养同意权的具体情形，如法国、德国、瑞士等国民法。我国《民法典》中虽然对于免除无完全行为能力生父母收养同意权的尺度有所放宽，但仍较各国立法例中规定的免除生父母收养同意权的条件更为严格。我国《民法典》规定需同时具备父母均无完全行为能力和有严重危害未成年人的可能两项条件，才可由监护人进行送养，表明我国《民法典》对于免除未成年人的生父母的收养同意权仍持较为谨慎之态度。

二、免除收养同意权的具体条件

（一）未成年人的父母均不具备完全行为能力

限制行为能力人和无行为能力人均属不具备完全行为能力，必须未成年人的父母双方均不具备完全行为能力，才可免除未成年人父母的收养同意权。只要未成年人的父母中有一方具有完全行为能力，其可以行使收养同意权，此种情况下监护人不得自行决定送养。

（二）未成年人的父母可能严重危害该未成年人

危害未成年人的行为包括使未成年人面临身体与精神上的伤害，既包括以作为形式实施的危害行为，也包括以不作为形式实施的危害行为。且该危害行为一般应达到严重危害未成年人身心健康的程度，足以损害父母子女间的感情。在此种境况之下，无法确保未成年人得到妥善的照顾和养育，对其身心发展极为不利，应允许未成年人的监护人进行送养。

（张娜　撰写）

第一千零九十六条　【监护人送养孤儿】监护人送养孤儿的，应当征得有抚养义务的人同意。有抚养义务的人不同意送养、监护人不愿意继续履行监护职责的，应当依照本法第一编的规定另行确定监护人。

【法条链接】

《民法典》第27条、第1074条、第1075条、第1107条；《收养法》第13条

【立法背景】

本条源于《收养法》第13条之规定，仅在条文表述上稍做修改，删除了《收养法》第13条中“未成年孤儿”中的冗余用词，并将“变更监护人”修改为“另行确定监护人”。原因在于《民法典》中并未规定变更监护人的具体情形，而仅在第39条规定了监护关系终止时，被监护人仍然需要监护的，应当依法另行确定监护人。《民法典》第39条第1款规定了监护关系终止的四项情形，其中第4项为兜底性条款，从对《民法典》体系解释的角度分析，《民法典》第1096条规定的有抚养义务的人不同意送养、监护人不愿意继续履行监护职责的，应当依照《民法典》总则编的规定另行确定监护人，可理解为《民法典》第39条第1款第4项规定的“人民法院认定监护关系终止的其他情形”。

【条文解读与法律适用】

一、监护人送养孤儿应征得有抚养义务的人同意

《民法典》第1074条第1款规定：“有负担能力的祖父母、外祖父母，对于父母已经死亡或者父母无力抚养的未成年孙子女、外孙子女，有抚养的义务。”表明对孤儿有抚养义务的人包括有负担能力的孤儿的祖父母、外祖父母。法定抚养义务需同时具备特定的近亲属身份关系，同时该近亲属需具备抚养未成年人的能力。如果孤儿的祖父母、外祖父母不具有抚养教育未成年人的能力，例如孤儿的祖父母、外祖父母身体及经济状况不佳、无稳定收入来源等，均属无负担能力，不承担法定的抚养义务，相应地也无权否定监护人的送养行为。《民法典》第1107条规定：“孤儿或者生父母无力抚养的子

女，可以由生父母的亲属、朋友抚养；抚养人与被抚养人的关系不适用本章规定。”应注意对孤儿有抚养资格与对孤儿有抚养义务的区分。孤儿的生父母的亲属、朋友可以抚养孤儿，但除法律规定的有抚养义务的近亲属外，其他生父母的亲属、朋友并不具有法定的抚养义务，亦无权否定监护人送养。

根据《民法典》第27条第2款的规定，对孤儿有监护资格的主体包括孤儿的祖父母、外祖父母、兄、姐以及经孤儿住所地的居民委员会、村民委员会或者民政部门同意的愿意担任监护人的个人或者组织。与孤儿不具有亲属关系，愿意担任孤儿监护人的，经当地居民委员会、村民委员会或者民政部门同意后，也具备监护资格。结合《民法典》第27条及第1074条、第1075条规定的内容可见，对孤儿有监护资格的主体与对孤儿有抚养义务的主体范围有一定交叉重叠，但前者范围远大于后者。域外立法例中也有关于对孤儿的收养应征得孤儿亲属同意的规定，例如《法国民法典》第348－2条规定："如儿童的父母均已死亡或者处于不能表示自己意思的状态，或者如父母双方均已丧失亲权，由亲属会议听取实际照管该儿童的人的意见后，对收养表示同意。”我国并无未成年人“亲属会议”的制度设计，亦无“监护法院”等机构对收养条件进行实质的审查。为防止孤儿监护人随意送养孤儿，损害孤儿的利益，故在本条中规定监护人送养孤儿应征得有抚养义务的人同意，对孤儿有抚养义务的人主要指有负担能力的孤儿的祖父母、外祖父母，其与孤儿之间具有自然的直系血亲关系，能够从孤儿利益角度出发，考虑是否同意他人收养孤儿。本条是为最大限度保护孤儿的利益而作出的规定，在我国现有的收养制度框架内，具有较强的可操作性。

二、另行确定监护人的具体情形

《民法典》为未成年人的保护设立了完整的制度体系，监护、收养、抚养制度均可为父母无行为能力或死亡的未成年人提供基本的生活保障，且各项制度可同时兼容共同发挥作用，但在各方主体之间对于如何抚养未成年人意见不一致时，如何处理各方的分歧，本条对收养关系中各方主体利益进行了平衡与协调。孤儿的父母死亡后，首先应依法定条件和程序确定监护人，但当监护人没有能力充分履行监护职责或者收养对孤儿更为有利时，监护人可送养孤儿。为充分保护孤儿的利益，本条同时规定了由对孤儿有抚养义务的人行使收养同意权。为兼顾孤儿的监护人的利益，本条允许监护人在对孤儿有抚养义务的人不同意送养的情况下，可以终止监护关系，充分考虑监护、收养、抚养关系中各方的诉求，对监护、收养、抚养过程中如何解决可能产生的矛盾与分歧问题作出了明确的规定。

（张娜　撰写）

第一千零九十八条　【收养人的条件】收养人应当同时具备下列条件：

（一）无子女或者只有一名子女；

（二）有抚养、教育和保护被收养人的能力；

（三）未患有在医学上认为不应当收养子女的疾病；

（四）无不利于被收养人健康成长的违法犯罪记录；

（五）年满三十周岁。

【法条链接】

《民法典》第 26 条、第 1072 条、第 1111 条；《收养法》第 6 条

【立法背景】

本条源于《收养法》第 6 条，规定了具备何种条件的自然人可以收养子女。条文进行了三处修改：第一，为与国家计划生育政策的调整相协调，将《收养法》第 6 条第 1 项中规定的收养人“无子女”修改为“无子女或者只有一名子女”。由于我国经济社会和人口结构发展变化的现实，2015 年国家修正《中华人民共和国人口与计划生育法》（以下简称《人口与计划生育法》）。计划生育政策的基本内容由国家提倡一对夫妻生育一个子女，改变为国家提倡一对夫妻生育两个子女。按此要求，收养人即使已有一名子女，也可再收养一名子女，故有一名子女的收养人也符合收养子女的条件。第二，为体现注重保护未成年人利益的立法指导思想，在《收养法》第 6 条第 2 项中增加规定收养人需具有“保护被收养人的能力”。我国《民法典》中规定的被收

养人均为未成年人，未成年人体力、心智尚未成熟，不具有完全的行为能力，处于相对弱势的地位。国家注重保护未成年人的利益，自 1991 年 9 月 4 日公布施行《中华人民共和国未成年人保护法》（以下简称《未成年人保护法》）以来，《未成年人保护法》先后于 2006 年 12 月、2012 年 10 月两次修正，2019 年 11 月再次提请第十三届全国人大常委会第十四次会议审议未成年人保护法修正草案，如此高频次的立法与修法体现出国家对于保护未成年人利益的重视。现行《未成年人保护法》第 3 条中规定了未成年人享有受保护权。本条修改中增加规定收养人需具有“保护被收养人的能力”，强调收养人不仅要有能力抚养、教育被收养人，还应当有能力保护被收养人的合法权益不受侵犯。第三，为了进一步强化对被收养人利益的保护，在《收养法》第 6 条规定的收养人需具备的四项条件基础上，增加一项条件，即“无不利于被收养人健康成长的违法犯罪记录”。收养在收养双方当事人之间形成拟制血亲关系，被收养人加入收养人的家庭，直接接受收养人的抚养、教育，收养人的人格操守、道德品质和法治意识对于被收养人的健康成长具有重要影响。本项修改是从收养人具有适于收养的适格条件方面提出的要求，提高了收养人的门槛，排除了有不利于被收养人健康成长的违法犯罪记录的人成为收养人。

本条通过对收养人的条件的修改，调整了收养人的范围，确保收养人的适格性。对与收养效果无实质影响的收养人子女人数问题，放宽条件。对于现代家庭而言，养育两名子女一般不会给家庭带来太大的负担，也不致影响收养的效果，放宽条件后，更多的夫妻符合收养的条件，可以收养子女，扩大了收养人的范围；而对于与收养实质效果有重要影响的条件，则提出了严格的要求，将不具备实质收养能力及可能不利于被收养人健康成长的人排除在收养人的范围之外，体现出注重保护被收养人利益的立法指导思想和最有利于被收养人的立法原则。

【条文解读与法律适用】

本条规定了收养人的五项条件，同时符合本条规定五项条件的人可以成为收养人，不具备任何一项收养人条件的，收养机关不予登记，收养不能成立。

一、收养人无子女或只有一名子女

国家计划生育政策提倡每个家庭养育两个子女，为与之相协调，《收养法》修改后，要求收养人亲生子女与养子女人数相加不超过两人。单身或已结婚的自然人均可收养子女。由于我国实行夫妻共同收养原则，如果收养人为已婚的自然人，需夫妻双方均符合无子女或只有一名子女的条件。从条文文义上看，本条规定的“子女”并未限定为生子女，具有法律意义上子女身份地位的人均视为本条所称的子女。《民法典》第 1072 条第 2 款规定，继父或者继母和受其抚养教育的继子女间的权利义务关系，适用本法关于父母子女关系的规定。《民法典》第 1111 条规定，自收养关系成立之日起，养父母与养子女间的权利义务关系，适用本法关于父母子女关系的规定。根据上述规定，养子女和形成抚养教育关系的继子女可视为本条规定的“子女”。对于未形成抚养教育关系的继子女，不视为本条所称“子女”。

二、有抚养、教育和保护被收养人的能力

《民法典》第 26 条第 1 款规定，父母对未成年子女负有抚养、教育和保护的义务。第 27 条第 1 款规定，父母是未成年子女的监护人。收养人收养子女后，双方产生法律上的父母子女关系。收养人为养父母，需要承担监护的责任，对养子女负有抚养、教育和保护的义务。因此收养人首先应具有抚养、教育和保护被收养人的能力，才能在收养关系建立之后，履行养父母应当承担的责任。《民政部婚姻司对〈收养法〉的解答》（1992 年 4 月 1 日发布）第 7 条指出：有抚养教育被收养人的能力主要指收养人有抚养和教育被收养人的经济条件、健康条件和教育能力等。经济条件是指有足够而稳定的经济来源；健康条件是指必须没有影响被收养人成长的精神病或其他严重疾病；教育能力是指收养人有引导教育被收养人健康成长的能力。当然，收养人首先要有正确的收养目的和良好的道德品质。

三、未患有在医学上认为不应当收养子女的疾病

收养人收养子女首先应当具备健康条件，本条所称的疾病指不利于被收养人健康成长的严重精神疾病或者传染疾病。在实践中具体应当由医学机构按照专业、科学的标准予以确定，并出具相应的证明文件。

四、无不利于被收养人健康成长的违法犯罪记录

不利于被收养人健康成长的违法犯罪记录是指有过家庭暴力、虐待、遗

弃家庭成员的违法记录，或有过严重的故意侵害他人人身权利或财产权利、侵害社会公共管理秩序、危害国家利益等类型的犯罪。具体可由公安机关结合有利于被收养人健康成长等标准予以确定，并出具相应的证明文件。需要注意的是，由于本项条件为《民法典》中新增加的条件，《中国公民收养子女登记办法》中关于收养人应当提交的证明文件中不包括要求收养人提交无不利于被收养人健康成长的违法犯罪记录的规定。《民法典》施行后，收养登记机关应当根据《民法典》修改内容，及时调整收养申请材料的要求，要求收养人提交上述证明文件，公安机关应当配合出具上述证明文件。

五、年满三十周岁

要求收养人需达到法定年龄条件是各国收养制度的通例，但各国收养制度中对收养人年龄的要求差异较大。我国1992年施行的《收养法》中规定的收养人的年龄条件为年满三十五周岁，由于我国法定婚龄为男二十二周岁，女二十周岁。要求收养人年满三十五周岁才能收养子女，导致许多无法生育的夫妻在结婚十余年后才有资格收养子女，不利于家庭的稳定，实施效果不佳。1998年修正《收养法》时将收养人的年龄条件修改为年满三十周岁，基本符合我国经济社会发展状况和生育规律的要求，因此在《民法典》制订过程中对此项条件未做修改。

（张娜　撰写）

第一千一百条　【收养子女的人数】无子女的收养人可以收养两名子女；有子女的收养人只能收养一名子女。

收养孤儿、残疾未成年人或者儿童福利机构抚养的查找不到生父母的未成年人，可以不受前款和本法第一千零九十八条第一项规定的限制。

【法条链接】

《民法典》第1093条、第1098条、第1103条；《收养法》第8条；《儿童福利机构管理办法》第2条

【立法背景】

本条源于《收养法》第 8 条，进行了四处修改：第一，根据国家计划生育政策的调整和收养法中规定的收养人条件的修改，将《收养法》第 8 条中规定的收养人只能收养一名子女，修改为无子女的收养人可以收养两名子女；有子女的收养人只能收养一名子女。第二，根据《民法典》中对被收养人条件的修改，将《收养法》第 8 条中规定的“孤儿、残疾儿童”修改为“孤儿、残疾未成年人”，将“查找不到生父母的弃婴和儿童”修改为“查找不到生父母的未成年人”。第三，根据《民法典》第 1094 条第 2 项规定的送养人范围的调整，将“社会福利机构”修改为“儿童福利机构”。第四，结合上述修改的内容，将排除本条第 1 款限制的情形相应调整。

《民法典》中对被收养人的条件、送养人的条件和收养人的条件分别进行了部分修改，其主要意旨在于扩大被收养人的范围、与国家计划生育政策的调整相协调以及提高对收养人的要求，目的在于保护被收养人的利益。本条规定的收养人可收养子女的人数等内容因与上述条文中规定的收养条件相关，故需与《民法典》中所列收养的各项条件相应一并修改，保证收养一章中各项条文内容的协调一致。

我国是人口众多的国家，实行计划生育是国家的基本国策。国家采取综合措施，控制人口数量，提高人口素质。在 2015 年修正《人口与计划生育法》之前，国家计划生育政策的基本内容是提倡一对夫妻生育一个子女。与之相适应，1992 年施行的《收养法》规定的收养人的条件之一是收养人无子女，收养子女的人数为只能收养一名子女。在《人口与计划生育法》于 2015 年修正之后，国家计划生育政策调整为国家提倡一对夫妻生育两个子女。《收养法》中的规定已与国家计划生育政策不相适应。故《民法典》中对收养人的条件进行修改，不仅无子女的收养人可以收养子女，仅有一名子女的收养人也可以收养子女。收养子女的人数也予以增加，无子女的收养人可收养两名子女，有一名子女的收养人可以再收养一名子女。此项修改扩大了收养人的范围，更多的家庭符合收养子女的条件。使得更多的孤残未成年人、查找不到生父母的未成年人和生父母无力抚养的未成年人有机会被家庭收养，在正常的家庭环境中健康成长，此项修改有利于增加收养数量，促进收养制度发挥更大的社会作用。

儿童福利机构是代替民政部门具体履行对特定儿童的监护职责的事业单位法人。根据《儿童福利机构管理办法》第 2 条的规定，儿童福利机构是指民政部门设立的，主要收留抚养由民政部门担任监护人的未满 18 周岁儿童的机构。儿童福利机构包括按照事业单位法人登记的儿童福利院、设有儿童部的社会福利院等。并非所有的社会福利机构都具有抚养孤儿和查找不到生父母的未成年人的职能。因部分社会福利机构并不具有儿童福利部门，不承担代民政部门监护儿童的职能，《民法典》对本条的修改将此类社会福利机构排除在送养人范围之外，把"社会福利机构"修改为"儿童福利机构"，明确了只有设立儿童部的社会福利院才可以作为送养人，将不具备抚养孤儿和查找不到生父母的未成年人职能的社会福利机构排除在送养人的范围之外，对送养人范围的界定更加准确。

【条文解读与法律适用】

一、收养子女人数的一般规定

《民法典》第 1093 条规定了符合三种情形的未成年人可以成为被收养人，分别为孤儿、查找不到生父母的未成年人、生父母有特殊困难无力抚养的子女。本条第 2 款规定的可以不受收养子女人数限制的未成年人为孤儿、残疾未成年人和儿童福利机构抚养的查找不到生父母的未成年人，排除上述未成年人之外，需要受到收养子女人数限制的未成年人只有生父母有特殊困难无力抚养的非残疾的未成年人。对于上述未成年人，收养人无子女的，可以收养两名；有一名子女的收养人只能收养一名。

二、不受前款限制的情形

（一）收养孤残未成年人和查找不到生父母的未成年人

本条第 2 款对收养孤残未成年人和查找不到生父母的未成年人做出了排除限制的规定。体现在两个方面：一是不受收养人子女人数的限制，即本条中规定的不受《民法典》第 1098 条第 1 项规定的限制，并不限定收养人的条件为无子女或只有一名子女，换言之，不论收养人是否有子女、子女人数多少，均可以再收养孤残未成年人和查找不到生父母的未成年人；二是不受收养子女人数的限制，即本条中规定的不受本条第1款规定的限制。收养人收养孤残未成年人和查找不到生父母的未成年人的人数，不限于两人。

孤残未成年人和查找不到生父母的未成年人，或身体残疾，或经历家庭人生变故，身世可怜，如能被家庭收养，在温暖的家庭环境中成长，得到父母的关爱照顾，对未成年人的健康成长非常有利。本条规定收养孤残未成年人和查找不到生父母的未成年人不受人数的限制，表明了立法者鼓励收养上述未成年人的态度。但实践中由于孤残未成年人和查找不到生父母的未成年人，均存在肢体残疾或心灵创伤，更需要父母的呵护与照顾，抚养这些儿童，往往需要父母投入更多的金钱、时间和精力，虽然《民法典》中对收养上述未成年人的人数未设定上限，但收养人应根据其自身能力与条件，理性决定收养上述未成年人的人数，避免收养之后因无法妥善照顾抚育上述未成年人，影响收养的效果。

（二）继父母收养继子女

《民法典》第1103条规定继父母收养继子女，可以不受本条第1款规定的限制，表明继父母收养继子女，可以不受收养子女人数的限制。例如继父或继母与被收养人的生母或生父再婚，即使继父或继母已有一名子女，生母或生父有两名子女，继父或继母仍可以再收养生母或生父的两名子女。继父母收养继子女，可以将继父母与继子女之间的姻亲关系转化为拟制直系血亲关系，减少继父母的后顾之忧，树立起继父母的权威，有利于对子女的管束教育，继父母也可以更加全心全意地照顾继子女，各方形成更加紧密的亲属关系，有利于家庭关系的和睦与稳定。《民法典》中对于继父母收养继子女排除了包括本条第1款在内的诸多收养条件的限制，表明立法者对于继父母收养继子女所持的支持与鼓励的态度。

（张娜　撰写）

第一千一百一十三条　【无效收养行为】有本法第一编关于民事法律行为无效规定情形或者违反本编规定的收养行为无效。

无效的收养行为自始没有法律约束力。

【法条链接】

《民法典》第 143—146 条、第 153—155 条；《民法通则》第 55 条；《收养法》第 25 条

【立法背景】

本条源于《收养法》第 25 条，在法律依据及文字表述上有所调整。主要表现在以下三个方面：第一，《收养法》中规定违反《民法通则》第 55 条和《收养法》规定的收养行为无效，因《民法典》施行后，《民法通则》《收养法》同时废止，内容被吸收至《民法典》中相关章节。《收养法》第 25 条中规定的以《民法通则》第 55 条和《收养法》的规定确定收养行为的效力没有了法律依据，故对于本条文中所引用的法律依据相应变更。第二，《民法通则》第 55 条规定了法律行为应当具备的实质生效要件，包括行为人具有行为能力、意思表示真实、不违反法律或者社会公共利益三项条件。该条文被吸收入《民法典》中，规定于《民法典》第 143 条。本条中所规定的收养行为无效的情形，不仅包括违反《民法典》第 143 条规定的法律行为一般生效要件的情形，还包括《民法典》第一编规定的法律行为无效的其他情形。第三，《民法典》第 155 条规定，无效的或者被撤销的民事法律行为自始没有法律约束力。本条第 2 款根据该条规定内容对《收养法》第 25 条第 2 款规定的文字表述进行相应调整，与无效法律行为溯及力的一般性规定内容一致，文字表述更加流畅，语言精练准确。

收养是一项法律行为，收养所引起的当事人身份地位及法律关系的变化首先取决于收养的效力。本条通过规定收养的实质生效要件与收养无效的情形，明确收养的效力及收养无效的溯及力。除根据法律的制订与废止，调整

所引用的法律依据之外，进一步完善收养生效与收养无效的相关规定内容，形成更加完整和体系化的收养无效制度，有利于准确界定收养各方当事人之间的权利义务关系。

【条文解读与法律适用】

一、有法律行为无效规定情形的收养行为无效

收养属于法律行为的一种，对收养行为效力的判断，应当适用《民法典》中有关法律行为效力的相关规定。《民法典》第一编中从法律行为的生效要件和无效情形两个角度规定法律行为的效力。《民法典》第143条规定法律行为的有效需具备行为人具有行为能力、意思表示真实和不违反强制性规定及公序良俗三项条件。该条规定同样适用于收养行为，不具备上述三项条件之一的收养行为无效。

此外，具有《民法典》第一编规定的法律行为无效情形的收养行为无效，《民法典》第一编中关于法律行为无效的规定主要包括如下条款：第144条、第145条中规定行为人不具备相应行为能力的法律行为无效；第146条规定以虚假的意思表示实施的法律行为无效；第153条规定了违反强制性规定和公序良俗的法律行为无效；第154条规定了恶意串通，损害他人利益的法律行为无效。上述条文规定的收养无效情形基本对应《民法典》第143条规定的收养生效要件欠缺的情形。收养在各方当事人之间引起身份关系的重大变化，对当事人利益有重大影响，收养人和送养人均应具备完全行为能力，否则收养无效。收养人的收养动机应纯正，收养的真实目的是在收养人与被收养人之间产生拟制直系血亲关系，收养人有收养子女、并与其形成法律上的父母子女关系的真实意愿。收养不得违反法律、法规的强制性规定，不得违反公序良俗。收养不得存在恶意串通，损害他人利益的情形。

二、违反关于收养的生效条件的收养行为无效

《民法典》收养一章第一节“收养关系的成立”规定了成立收养需具备的条件，不符合收养条件时收养不能成立，也不产生法律效力。这些生效条件包括收养各方当事人本身需符合的条件、生父母共同送养、夫妻共同收养、收养子女人数、异性收养的年龄差距等相关规定，不符合上述收养条件的收

养行为无效。《民法典》中还规定了收养成立的形式要件，收养应当向县级以上人民政府民政部门登记，未办理登记的收养不能成立，当然也不产生法律约束力。

三、收养无效具有溯及力

无效的收养行为自始没有法律约束力，是指因欠缺收养成立的要件，收养关系自始不能成立。各方当事人之间不产生父母子女关系，自始不享有或承担父母子女间的权利义务。收养无效的溯及力区别于收养解除的溯及力，收养无效的法律效果溯及既往，而收养解除不具有溯及力，收养解除的效果仅向未来发生法律效力。收养解除之前，收养合法成立及存续，各方当事人因收养享有的权利及履行的义务不因收养的解除而受到影响。

（张娜　撰写）

第六编 继 承

概 述

《民法典》继承编全编共4章45条。其中，第一章为“一般规定”，共7条，对继承法调整的法律关系、继承开始的时间、遗产的范围、办理继承的先后程序、继承或者遗赠的接受与放弃、继承权的丧失等作了规定；第二章为“法定继承”，共7条，对继承权平等原则、继承顺序、代位继承、丧偶儿媳或者女婿的继承权、同一顺序继承人继承遗产的原则、继承人以外的其他人可适当分给遗产、继承人之间处理继承问题的原则与渠道等作了规定；第三章为“遗嘱继承和遗赠”，共12条，对遗嘱处分财产的权利、遗嘱的形式及其要求、遗嘱的内容要求、遗嘱的撤回与变更、附义务的遗嘱与遗赠、遗嘱的无效等作了规定；第四章为“遗产的处理”，共19条，对遗产管理人的确定、遗产管理人的职责与权利、继承的通知、遗产的保管、遗产的分割、遗赠扶养协议及其权利义务、遗产归国家或者集体所有的条件、所欠税款或者债务的清偿等作了规定。①

《继承法》自1985年10月1日颁布施行以来，至今已有30多年，

① 吴高盛主编:《〈中华人民共和国继承法〉释义及实用指南》，中国民主法制出版社2015年版，第10页。

其间未作任何修订，仅有1985年9月11日最高人民法院出台的一部司法解释——《最高人民法院关于贯彻执行〈中华人民共和国继承法〉若干问题的意见》（以下简称《继承法司法解释》）对其规则予以细化。在此背景下，对《继承法》规则进行系统性修订，并根据社会发展现实需要对相关制度予以细化和增加，就显得尤为重要。《民法典》继承编转化了部分《继承法司法解释》的内容。[①] 与民法典其他分编相比，继承编对《继承法》的修订幅度较小，主要体现在对遗产范围的界定做了规定、完善了继承人丧失继承权的事由、扩大了法定继承人的范围、规定了打印遗嘱与危机情况下口头遗嘱的效力、规定了遗嘱效力顺位（删除公证遗嘱效力优先规则）、规定了遗嘱管理人制度、规定了转继承制度等方面。主要集中在以下21处进行修改完善：

第1119条为新增条款，规定本编调整的对象为继承民事法律关系。第1120条将“公民”修改为“自然人”。第1121条第2款为新增条款，规定互有继承权的数人在同一事件中死亡时，死亡先后的推定规则。第1122条采用“概括＋排除”式规定遗产范围。第1125条吸收了《继承法司法解释》的内容，将继承人宽恕制度纳入立法；新增一项丧失继承权的情形；新增丧失受遗赠权条款。第1128条新增被继承人兄弟姐妹的子女适用代位继承制度，扩大了法定继承人的范围；新增对代位继承人继承的遗产范围的规定，即代位继承人一般只能继承被代位继承人有权继承的遗产份额。第1133条将“公民”统一修订为“自然人”；第3款新增自然人可以将遗产赠与组织；新增第4款规定自然人可以依法设立遗嘱信托。第1136条新增打印遗嘱的形式及其具体规定。第1137条新增录音录像遗嘱的内容要求。第1140条将“无行为能力人、限制行为能力人”修改为“无民事行为能力人、限制民事行为能力人”；新增不能作为遗嘱见证人的兜底条款。第1142条将

---

① 陈甦主编：《中国社会科学院民法典分则草案建议稿》，法律出版社2019年版，第610页。

《继承法》规定的“撤销遗嘱”修改为“撤回遗嘱”，使其更契合通常定义，并与其他部门法的规定相匹配；废除公证遗嘱效力优先规则，切实尊重遗嘱人的真实意愿。第1145条为新增条款，规定遗产管理人的产生方式。第1146条为新增条款，规定对遗产管理人的确定有争议的，利害关系人可以向人民法院申请指定遗产管理人。第1147条为新增条款，规定遗产管理人的具体职责。第1148条为新增条款，规定遗产管理人因故意或者重大过失造成继承人、受遗赠人、债权人损害的，应当承担民事责任。第1149条为新增条款，规定遗产管理人的报酬请求权。根据权利与义务相一致原则，遗产管理人按法定或约定履行了相应的义务，应当获取与之相应的报酬。第1152条为新增条款，吸收了《继承法司法解释》规定的转继承制度。第1154条第2项中加入了受遗赠人丧失受遗赠权的规定。第1158条规定“自然人可以与继承人以外的组织和个人签订遗赠扶养协议”，适当扩大了扶养人的范围。第1159条规定税款缴纳、债务清偿与必留份，本条前部分“税款缴纳、债务清偿”是对《继承法》第33条的修改，“但书”内容系对《继承法司法解释》第37条之规定的部分采纳。第1163条规定多种继承方式并存时的债务清偿，当法定继承和遗嘱继承、遗赠共存时偿还债务的先后顺序，即先由法定继承人清偿应当缴纳的税款和债务，再由遗嘱继承人和受遗赠人履行该项义务。

（郭超群　撰写）

凡　例

全　称	简　称
《民法典各分编（草案）》（征求意见稿）	《继承编（草案）》（一审稿）
《中华人民共和国民法典继承编（草案二次审议稿）》（征求意见稿）	《继承编（草案）》（二审稿）
《中华人民共和国民法典（草案）》（征求意见稿）	《民法典（草案）》（征求意见稿）
《最高人民法院关于贯彻执行〈中华人民共和国继承法〉若干问题的意见》	《继承法司法解释》
《最高人民法院关于贯彻执行〈中华人民共和国民法通则〉若干问题的意见（试行）》	《民通意见》

第一章　一般规定

第一千一百二十二条　【遗产范围】遗产是自然人死亡时遗留的个人合法财产。

依照法律规定或者根据其性质不得继承的遗产，不得继承。

【法条链接】

《继承法》第3条

【立法背景】

《继承法》自1955年开始立法编纂，先后四次起草，历时长达30年，最终由第六届全国人民代表大会第三次会议通过，1985年10月1日起正式施行。《继承法》实施30多年以来，我国已实现从计划经济体制向社会主义市场经济体制的成功转轨，市场经济带来的私有财产种类扩大、内容增多以及对家庭、亲属关系潜移默化的影响，使得《继承法》第3条限定的遗产范围已经无法满足和适应社会经济生活的需要。①

与《继承法》相比，本条有两处改动：一是对被继承主体进行了文字性修改，即由"公民"修改为"自然人"，以使得其更契合通常定义，并与其他部门法的规定相匹配；二是采用"概括+排除"式规定遗产范围，将遗产范围概括规定为"自然人死亡时遗留的个人合法财产"，不再进行逐一列举，扩大了遗产范围，同时采用排除法对遗产范围进行限定：依照法律规定或者根据其性质不得继承的遗产，不得继承。

---

① 杨立新主编：《继承法修订入典之重点问题》，中国法制出版社2015年版，第16页。

【条文解读与法律适用】

一、遗产的概念和遗产范围的立法例

（一）遗产的概念

遗产是继承法律关系的客体。按照本条规定，遗产是指“自然人死亡时遗留的个人合法财产。依照法律规定或者根据其性质不得继承的遗产，不得继承”。

（二）遗产范围的立法例

继承制度是关于自然人死亡后财富传承的基本制度。扩大遗产范围是修订《继承法》的一个重要问题。随着生活水平的提高，人民群众的合法财产日益增多，家庭关系、财产关系亦发生了深刻变化，有关继承方式、遗产范围均应随之改变。《继承法》第3条通过列举和一个兜底条款，对遗产范围进行了较为严格的限定，而该条明确列举的遗产类型过少、范围过窄，一些重要的遗产并没有被涵盖在其中。

本条规定：“遗产是自然人死亡时遗留的个人合法财产。”对遗产范围用“概括+排除”式规定，改变了《继承法》第3条“概括+列举”式的立法方式，纠正了对遗产列举无论达到何等详尽程度，在财产类型日益增加和财产形式不断丰富的情形下，也无法涵盖遗产的全部范围，甚至可能发生法律属性争议的弊病。

《民法典》总则编规定，自然人合法的私有财产，可以依法继承。在此情况下，采取概括规定的方式划定遗产范围，只要符合财产性、私有性和时间性标准的财产，均可被纳入遗产范围，这样更能适应因社会和技术发展而不断产生的新的财产类型。[①] 同时，为避免挂一漏万，以及应对未来社会的发展，本条不再对遗产范围具体列举，从反面规定不得继承的权利义务。[②] 将依照法律规定或者根据其性质不得继承的事物排除在遗产范围之外。通过排除条款的设置使得立法更为周延。[③] 因此，本条采用“概括式+排除式”方式

---

① 陈甦主编：《中国社会科学院民法典分则草案建议稿》，法律出版社2019年版，第394页。

② 梁慧星主编：《中国民法典草案建议稿附理由（继承编）》，法律出版社2013年版，第21页。

③ 杨立新主编：《继承法修订入典之重点问题》，中国法制出版社2015年版，第223—224页。

对遗产范围进行立法，涵摄力更好，开放性更强，更能适应市场经济发展和社会生活变化的需求。①

二、遗产的含义

从遗产的概念中可以看出，法律上的“遗产”，包含4个方面的含义：②

一是遗产是自然人死亡时遗留下来的财产。只有当自然人死亡后，其民事主体资格丧失，遗留下来的财产，才能成为遗产。

二是遗产是自然人的个人财产。遗产只能是属于自然人生前个人所有的财产，国家的财产、集体的财产、他人的财产，都不能成为遗产。自然人个人与他人共有的财产，属于他人的份额，也不属于遗产范畴。

三是遗产是自然人的合法财产。遗产只能是自然人生前合法拥有的财产，不是自然人合法取得或者合法享有的财产，不能成为遗产。

四是不存在依照法律规定或根据性质不得继承的情形。如，与被继承人人身不可分割的人身权利、与被继承人人身有关的专属性债权债务和法律规定不得继承的其他财产均不是遗产。

三、需要注意的问题

（一）遗产的时间特定性

除了上述遗产概念及其含义中所包含的特点外，遗产还具有时间上的特定性的特点。所谓时间上的特定性，是指遗产只存在于由继承开始后到遗产处理结束前这个特定的时间范围之内。公民尚未死亡，其财产不能视为遗产；继承开始后，遗产由继承人依法继承后，已经成为继承人的财产，也不再属于遗产范畴。所以遗产只存在于一个特定的时段之内。③

（二）继承法对自然人合法财产继承权的保护

保护私有财产权是宪法原则，也是继承法的立法目的。继承权是私有财产权的合理合法的延伸。因此，修订《继承法》时，在制度设计上以最大限度保护私有财产为原则。具体而言，继承法对自然人合法财产继承权的保护

① 杨立新：《民法典继承编草案修改要点》，载《中国法律评论》2019年第1期。

② 吴高盛主编：《〈中华人民共和国继承法〉释义及实用指南》，中国民主法制出版社2015年版，第21页。

③ 吴高盛主编：《〈中华人民共和国继承法〉释义及实用指南》，中国民主法制出版社2015年版，第21页。

可以从以下几个方面来理解：

1. 被继承人只能是自然人。本条将《继承法》第3条规定的被继承主体由“公民”修改为“自然人”。值得注意的是，自然人与公民是两个存在联系又相互区别的概念。在内涵上，自然人是指依自然规律出生而取得民事主体资格的人，公民是指具有一国国籍并按该国宪法享受权利和承担义务的自然人，与自然人存在差异。在外延上，公民是指所有具有一国国籍的人，而自然人则是指一切具有自然生命形式的人，包括本国公民、外国公民和无国籍人。在使用的领域和表现的权利上，公民为宪法概念，多用于公法领域，表明一个人所享有的宪法和政治权利；而自然人为私法概念，使用在私法领域，体现一个人拥有的民事权利。此外，自然人的身份会伴随一个人的始终而不会丧失或改变，但公民身份是可以改变或者丧失的（如脱离一国国籍而加入另一国国籍）。两者之间的联系主要体现为，公民必须是自然人，而绝大部分自然人又具有公民身份。[①] 同时，国家、法人和其他社会组织也可以接受遗产，但不是基于继承权接受遗产，亦即不是以继承人身份承受被继承人的遗产。换言之，国家、法人和其他社会组织可以享受遗赠权，但没有继承权。

2. 我国继承法保护自然人合法财产的继承权。只有自然人生前并且合法的财产才能被作为遗产被继承。若系非法所得，则不能按照遗产继承规则处理。

3. 自然人合法财产的继承权受到法律保护，不得被侵害、干涉或剥夺。自然人的合法财产继承权受到侵犯，被侵犯的任何一方都可以向人民法院提起诉讼以求维护自身的合法权益。

4. 继承法保护的是自然人之合法财产权利得以继承，而非对其他权利得以继承的保护。继承法只对自然人死后所遗留的合法财产进行分配，而自然人生前的各种人身权利并不在可继承的范围，如荣誉权、署名权等。[②]

（郭超群　撰写）

---

① 谭启平主编：《中国民法学》（第二版），法律出版社2018年版，第89—90页。

② 法律出版社法规中心编：《中华人民共和国继承法文书范本：注解版》，法律出版社2011年版，第19—20页。

第一千一百二十五条 【继承权、受遗赠权的丧失和恢复】 继承人有下列行为之一的，丧失继承权：

（一）故意杀害被继承人；

（二）为争夺遗产而杀害其他继承人；

（三）遗弃被继承人，或者虐待被继承人情节严重；

（四）伪造、篡改、隐匿或者销毁遗嘱，情节严重；

（五）以欺诈、胁迫手段迫使或者妨碍被继承人设立、变更或者撤回遗嘱，情节严重。

继承人有前款第三项至第五项行为，确有悔改表现，被继承人表示宽恕或者事后在遗嘱中将其列为继承人的，该继承人不丧失继承权。

受遗赠人有本条第一款规定行为的，丧失受遗赠权。

【法条链接】

《继承法》第 7 条、第 22 条；《继承法司法解释》第 13 条

【立法背景】

与《继承法》第 7 条相比，本条既有修改，也有新增。其中第 1 款第 4 项系《继承法》第 7 条第 4 项修改而来，第 2 款系《继承法司法解释》第 13 条演化而来，第 1 款第 5 项、第 3 款均属于新增。具体修改为：一是将原来丧失继承权的 4 种情形增加为 5 种情形，二是扩大了对继承人宽恕制度的适用范围，三是增加了丧失受遗赠权制度。

在修订继承法时，多数专家、学者均认为在《继承法》第 7 条规定的 4 种丧失继承权的情形是合理的，应当保留，并应在此基础上新增 1 种丧失继承权的法定事由：以欺诈、胁迫手段迫使或者妨碍被继承人设立、变更或者撤回遗嘱，情节严重。

根据《继承法》及《继承法司法解释》的规定，导致继承权丧失的事由

中，除了遗弃和虐待被继承人外，其他事由均导致继承权的绝对丧失，即使被继承人愿意宽恕也不能恢复。当继承人实施了导致继承权丧失的事由时，剥夺其继承权既符合被继承人的利益，也代表了法律对此等不法行为的惩戒。但是如果被继承人在事发后明确表示愿意宽恕继承人，那么理应对其意思自治予以尊重，国家不便过度干预家事。因此，有必要适当扩大相对丧失继承权的范围，当被继承人明确表示宽恕继承人，且继承人确有悔改表现时，继承权应予以恢复。①

《民法典（草案）》（征求意见稿）规定了5种导致继承人丧失继承权的行为，并就其中3种行为规定了宽恕制度，即继承人实施了遗弃、虐待被继承人，伪造、篡改、隐匿或者销毁遗嘱，以欺诈、胁迫手段迫使或者妨碍被继承人设立、变更或者撤回遗嘱等行为时，被继承人表示宽恕或者事后在遗嘱中明确将其列为继承人的，该继承人不丧失继承权。征求意见时，有学者提出，既然继承权宽恕制度是对被继承人意愿的尊重，不应将“确有悔改表现”作为要件之一。而有关方面则提出，规定宽恕制度是必要的，但应当进一步严格限定条件，强调对确有悔改表现的继承人，才能予以宽恕。《民法典》继承编采纳应当严格限定宽恕制定的条件的意见，规定对确有悔改表现的继承人，才能予以宽恕。

【条文解读与法律适用】

一、继承权丧失的概念和含义

（一）继承权丧失的概念

继承权的丧失，又称为继承权的剥夺，是指依照法律规定，在发生法定事由时，剥夺继承人继承被继承人遗产的资格。

（二）继承权丧失的含义

1. 继承权的丧失是继承人继承遗产的资格的丧失，仅指客观意义上的继承权的丧失。

2. 继承权的丧失是依法剥夺继承人的继承资格，只要法定事由发生，继

---

① 陈甦主编：《中国社会科学院民法典分则草案建议稿》，法律出版社2019年版，第394页。

承人便丧失继承权，不以继承人的主观意志为转移。

3. 继承权的丧失是指发生法定事由，则取消继承人继承被继承人遗产的资格。只有当继承人对被继承人或者其他继承人实施继承法规定的某种犯罪行为或者其他严重违法行为时，继承人的继承权才会被依法取消。非有法定事由，非经法定程序，继承权不得被剥夺。

4. 被继承人在遗嘱中指定遗产由某继承人全部继承而使其他继承人不能继承遗产的，或者在遗嘱中指明某人不得继承的，都不属于继承权的丧失。

二、继承权和受遗赠权丧失的情形

1. 因故意杀害被继承人而丧失继承权。需具备两个构成要件：（1）继承人实施的是杀害被继承人的行为。（2）继承人主观上有杀害的故意。

2. 因争夺遗产杀害其他继承人而丧失继承权。这一行为的构成须具备两个要件：（1）继承人所杀害的是我国法律规定的法定继承人范围内的人。（2）杀害的目的在于争夺遗产。如果因其他原因而杀害则不构成丧失继承权的原因。

3. 因遗弃被继承人，或者虐待被继承人情节严重而丧失继承权。遗弃被继承人，是指继承人对没有劳动能力又没有生活来源或没有独立生活能力的被继承人拒不履行扶养义务。构成要件有二：（1）被遗弃对象是没有独立生活能力的被继承人。（2）继承人有能力扶养而拒不尽扶养义务。[①] 虐待被继承人，是指继承人在被继承人生前对其以各种手段进行身体上或精神上的摧残和折磨，如经常打骂、迫使其从事不能从事的劳动、限制其人身自由等。只有虐待被继承人情节严重的，才丧失继承权。

4. 因伪造、篡改、隐匿或者销毁遗嘱，情节严重而丧失继承权。伪造遗嘱，是继承人以被继承人的名义制作假的遗嘱。篡改遗嘱，是指继承人改变被继承人所立遗嘱的内容。它限制了被继承人生前对自己合法财产的处分。隐匿遗嘱，是指继承人故意隐匿被继承人所立遗嘱的行为，阻碍被继承人通过遗嘱所表示的真实意思的实现。隐匿遗嘱是新增的继承权丧失的情节，司法实践中有过继承人隐匿财产，其他继承人可以向法院起诉要求减少隐匿财产人其应继承的份额的情况，但不能因为该继承人存在上述错误行为而丧失

---

① 梁慧星主编：《中国民法典草案建议稿附理由（继承编）》，法律出版社2013年版，第15页。

继承权。而本条新增条文规定了隐匿遗嘱，情节严重的，继承人丧失继承权，对于该条款的规定，其实现有两个要件：一是实施了隐匿遗嘱的行为，二是情节严重。销毁遗嘱，是指继承人将被继承人所立的遗嘱完全破坏、毁灭。这是一种完全否定被继承人生前意愿的行为，是对被继承人生前对其财产处分权的一种剥夺。

以上 4 种行为违背了被继承人生前的真实意愿，往往是从利己的目的出发，为使自己多得或者独得遗产，侵害其他继承人的继承权，情节严重的则丧失继承权。

5. 因以欺诈、胁迫手段迫使或者妨碍被继承人设立、变更或者撤回遗嘱，情节严重而丧失继承权。本项规定系新增的丧失继承权的第 5 种情形。《继承法》第 22 条第 2 款规定，遗嘱必须表示遗嘱人的真实意思，受胁迫、欺骗所立的遗嘱无效。根据该规定，被继承人受胁迫、欺骗所立的遗嘱的法律后果是遗嘱无效，但未将其作为丧失继承权的事由予以规定，而遗嘱的效力与继承权丧失乃截然不同的两个制度，不能相互取代。本条新增加的内容认为，继承人以欺诈、胁迫手段迫使、妨害被继承人订立、变更或撤回遗嘱，妨害了遗嘱人的遗嘱自由行为，严重侵害了遗嘱人的遗嘱自由权，是对其他继承人的权利进行侵害的行为，使被继承人所立遗嘱违背其内心的真实意思，故将其认定为构成剥夺其继承权的法定事由。

三、继承权的绝对丧失与相对丧失

继承权的丧失分为相对丧失与绝对丧失。绝对丧失的继承权不得恢复，相对丧失的继承权可以经被继承人的宽恕而恢复。

本条第 2 款规定的内容就是相对丧失的继承权，继承权的丧失在一定条件下可以恢复，恢复的条件是被继承人宽恕且行为人确有悔改表现。通过被继承人对继承人的宽恕让其继承权得以恢复，这样做一方面有利于教育、帮助继承人认识和改正错误，促进家庭团结和谐，另一方面也是对被继承人意志的尊重。①

适用宽恕制度要满足两个要件：

1. 继承人有本条第 1 款第 3 项至第 5 项规定的行为，但是以后又确有悔

---

① 佟柔主编：《继承法教程》，法律出版社 1986 年版，第 70 页。

改表现。

2. 仅仅有悔改表现还不足以恢复继承人因法定事由而丧失的继承权，还必须具备被继承人表示宽恕或者事后在遗嘱中将其列为继承人这一条件。被继承人生前表示宽恕，应包括通过生前行为表示宽恕和以遗嘱表示宽恕，前者包括以口头、文字等明示表示，也包括以默示的方式，如双方关系改善、接受扶养、共同生活等。①

四、需要注意的问题

（一）对继承权和受遗赠权丧失的法定事由的把握

1. 故意杀害被继承人。这是一种严重的犯罪行为，不论其是否受到刑事责任的追究，都丧失继承权。对此，应注意三点：（1）因正当防卫而杀害被继承人的，不丧失继承权。但是，如果继承人防卫过当而构成杀人罪时，继承人应当丧失继承权。（2）凡是故意杀害被继承人的，不论是既遂还是未遂，均应确认其丧失继承权。（3）杀害，意思是剥夺生命。如果继承人对被继承人犯有故意伤害等其他犯罪行为的，也不能以故意杀害为由而剥夺其继承权。

2. 遗弃被继承人，或者虐待被继承人情节严重。（1）遗弃是一种置被继承人于危险境地而不顾的严重的不道德行为和违法行为，它不限于积极的行为，消极的行为也可以构成。只要实施了该行为，不管情节严重与否，均丧失继承权。（2）只有虐待被继承人情节严重的，才丧失继承权。至于情节严重的衡量标准，一般来说，可以从实施虐待行为的时间、手段、后果和社会影响等方面认定。如果继承人对被继承人的虐待具有长期性、经常性，并且手段比较恶劣，社会影响很坏，则可以认定为虐待情节严重。

3. 伪造、篡改、隐匿或者销毁遗嘱，情节严重；以欺诈、胁迫手段迫使或者妨碍被继承人设立、变更或者撤回遗嘱，情节严重。伪造、篡改、隐匿或者销毁遗嘱的，以欺诈、胁迫手段迫使或者妨碍被继承人设立、变更或者撤回遗嘱的继承人，只要未达到“情节严重”的程度，即不能随意剥夺其作为继承人的资格，其仍然可以以法定继承人或者遗嘱继承人的资格继承遗产。但是，继承人行使上述行为虽未达到情节严重的程度，并不意味着其可以按照法定继承与其他继承人平均分配遗产，应受惩戒并应根据该行为的性质、

① 张玉敏：《继承法律制度研究》，法律出版社1999年版，第70页。

后果酌情减少其应继承的遗产份额。

（二）继承权丧失的效力

继承权的丧失溯及至继承开始时发生效力，仅对特定的被继承人发生效力，对继承人的其他被继承人不发生效力。

（三）宽恕制度的适用范围有严格的限定

宽恕制度的适用严格限定为本条第1款第3项至第5项规定的行为。当继承人实施本条第1款第1项或第2项规定的故意杀害被继承人、为争夺遗产而杀害其他继承人的犯罪行为时，不论是既遂还是未遂，均应确认其丧失继承权。只要继承人行使了上述行为，即使被继承人采取了宽恕的方式通过遗嘱将遗产指定由该继承人继承，遗嘱仍然无效。本条第1款第1项或第2项属于绝对丧失的继承权，不得恢复继承权。

（郭超群　撰写）

第二章　法定继承

第一千一百二十八条　【代位继承】 被继承人的子女先于被继承人死亡的，由被继承人的子女的直系晚辈血亲代位继承。

被继承人的兄弟姐妹先于被继承人死亡的，由被继承人的兄弟姐妹的子女代位继承。

代位继承人一般只能继承被代位继承人有权继承的遗产份额。

【法条链接】

《民法典》第1129条；《继承法》第11条

【立法背景】

本条规定的是代位继承。与《继承法》第11条相比，本条的变动是：一是增加规定被继承人兄弟姐妹的子女适用代位继承制度，将被继承人的兄弟姐妹的子女即被继承人的侄、甥纳入了代位继承人的范围，扩大了法定继承人的范围，符合遗产流转规律的要求和我国继承传统。[①] 二是增加了代位继承人继承的遗产范围，代位继承人一般只能继承被代位继承人有权继承的遗产份额（而不是仅限定为父亲、母亲有权继承的遗产份额）。

因中国的具体国情和生活现实，特别是经过了30多年的独生子女政策实施，家庭亲属结构变得简单。《继承法》《继承法司法解释》仅规定被继承人的子女（第一顺序继承人）可作为被代位继承人，但忽视了在无第一顺序继

---

① 杨立新：《民法典继承编草案修改要点》，载《中国法律评论》2019年第1期。

承人之情形下，第二顺序继承人的代位继承问题。如此，尤其是对于独生子女一代来说，没有兄弟姐妹，可能会导致被继承人的兄弟姐妹死亡后无法定继承人继承遗产的现象，被继承人的遗产将归国家或集体经济组织所有。此种结果通常不符合被继承人的意愿，[①] 因此，为保障被继承人死亡后，能够有人继承其遗产，有必要适当扩大法定继承人的范围。[②] 将代位继承的范围扩展至第二顺序继承，更有利于保护被继承人及其家庭成员的利益。而且我国传统上也一直有侄子女继承的传统，这种扩张与传统习俗相符。[③]

【条文解读与法律适用】

一、代位继承和直系血亲的概念

（一）代位继承的概念

代位继承，是与本位继承相对应的一种继承制度，系法定继承中的一项重要制度，是法定继承的一种特殊情况。代位继承是指被继承人的子女先于被继承人死亡时，由被继承人子女的直系晚辈血亲代替先死亡的直系长辈血亲继承被继承人遗产的一项法定继承制度，又称为间接继承或承租继承。先于被继承人死亡的继承人，叫做被代位继承人，简称被代位人。代替被代位人继承遗产的人，叫做代位继承人，简称代位人。代位人代替被代位人继承遗产的权利，叫做代位继承权。

（二）直系血亲的概念

直系血亲，是指有直系关系的亲属，是与自己同一血缘的亲属。从自身往上数的亲生父母、祖父母（外祖父母）等均为直系长辈血亲。从自身往下数的亲生子女、孙子女、外孙子女均为直系晚辈血亲。

二、代位继承的构成条件

1. 须有被继承人的子女先于被继承人死亡这一法律事实。死亡包括自然

---

① 叶秀旻：《13 大亮点！民法典草案第五编继承之前世今生》，http://blog.sina.com.cn/s/blog_146ea96940102xnf8.html，最后访问时间：2020 年 3 月 7 日。

② 郭明瑞：《论继承法修订应考虑的因素》，载《四川大学学报（哲学社会科学版）》2018 年第 1 期。

③ 郭明瑞：《民法典编纂中继承法的修订原则》，载《比较法研究》2015 年第 3 期。

死亡和宣告死亡。宣告死亡应以人民法院的确定判决宣告的时间为死亡时间。继承人如果与被继承人同时死亡，互有继承权的人同时死亡，互不继承遗产，不会发生代位继承。

2. 须被代位人是被继承人子女及其直系亲属。被继承人的子女，包括非婚生子女、养子女、有扶养关系的继子女。丧偶儿媳对公婆，丧偶女婿对岳父、岳母尽了主要赡养义务的，无论其是否再婚，依据《民法典》第1129条规定作为第一顺序继承人时，不影响其子女代位继承。

三、转继承与代位继承的区别

除了代位继承这种比较特殊的继承方式外，在司法实践中，还有转继承。

所谓转继承，是指继承人在继承开始后实际接受遗产前死亡，该继承人的法定继承人代其实际接受其有权继承的遗产。转继承人就是实际接受遗产的死亡继承人的继承人。

转继承与代位继承相比，二者有明显的区别：

1. 继承人死亡的时间不同。转继承是继承人于被继承人死亡之后、遗产分割之前死亡。代位继承只能适用于被代位继承人先于被继承人死亡的情况下，即被代位人死于继承开始之前。

2. 继承发生的根据不同。转继承都是基于继承人后于被继承人死亡的事实而发生，它是两个相连的直接继承，后一个继承是前一个继承的延续。代位继承是基于继承人先于被继承人死亡，在被继承人死亡之时发生，属于一个间接继承。

3. 被转继承人和被代位继承人的范围不同。转继承中的被转继承人既可以是被继承人的子女，也可以是被继承人的其他第一顺序继承人或者第二顺序继承人。代位继承中的被代位继承人只能是被继承人的第一顺序继承人中的晚辈直系血亲，也就是被继承人的子女。被继承人的其他法定继承人先于被继承人死亡，也不适用代位继承。因此，被转继承人比被代位继承人的范围要广泛得多。

4. 参加继承的主体不同。转继承人不受直系与旁系血亲、长辈与晚辈亲属、血亲与姻亲等的限制。只要符合继承法的规定，都可成为转继承人。代位继承人只能是被代位继承人的晚辈直系血亲。

5. 适用的范围不同。转继承不仅适用于法定继承，而且也适用于遗嘱继承，因为在转继承中继承已经开始，只是继承人在没有取得财产所有权证明之前死亡，所以在这个过程中，继承人已取得了遗产共有权，所以转继承适用于法定继承，同时对遗嘱继承也具有适用性。代位继承的依据是法定继承，其不适用于遗嘱继承，因为在遗嘱继承中，一旦遗嘱继承人先于被继承人死亡的，则遗嘱失效，所以不会产生代位继承，遗产需要按法定继承进行处理。

6. 遗产所有权转移的方式不同。转继承是先后发生了两个继承法律关系，遗产所有权相继发生了两次转移。代位继承是代位继承人代替被代位继承人继承被继承人的遗产，是一个继承法律关系。遗产所有权只需经过一次转移，即由被继承人转移给代位继承人。

由于转继承是把先后发生的两个继承法律关系合并起来，遗产所有权形式上转移只发生一次，这在形式上与代位继承十分相似。因此，在实践中不能混淆，若误把转继承当作代位继承来处理，则会排除了晚辈直系血亲以外的其他合法继承人的继承权。

四、需要注意的问题

1. 本条扩大了一种法定继承人，即被继承人的兄弟姐妹先于被继承人死亡的，由被继承人的兄弟姐妹的子女代位继承，使侄子、侄女、外甥、外甥女成为代位继承人。

继承法规定法定继承人范围的大小，表面体现的是何种亲属才有权继承被继承人的遗产，实际表明的却是国家对自然人私人财产特别是被继承人财产的尊重程度。继承法规定的法定继承人范围越大，表明国家对私人财产以及自由支配私人财产的意志就越尊重。原因是，法定继承人范围越宽，可以继承被继承人遗产的继承人就越多，形成无人继承遗产的可能性就越小，私人财产被收归国家、集体所有的可能性就越小；反之，会造成更多的无人继承遗产，私人的遗产被充公的可能性就越大。①

2. 本条增加了代位继承人继承的遗产范围，代位继承人一般只能继承被代位继承人有权继承的遗产份额。《继承法》规定，代位继承人一般只能继承他的父亲或者母亲有权继承的遗产份额。随着《民法典》继承编扩展了代位继承的适用范围，该条也相应增加了代位继承人继承的遗产范围，而不是仅

---

① 杨立新：《民法典继承编草案修改要点》，载《中国法律评论》2019年第1期。

限定为父亲、母亲有权继承的遗产份额，变更为“代位继承人一般只能继承被代位继承人有权继承的遗产份额”。

3. 代位继承不受辈数的限制，但限为直系晚辈血亲，被继承人的直系晚辈血亲卑亲属中有子女、子女的子女（即孙子女、外孙子女）也可以代位继承。如孙子女、外孙子女也先于继承人死亡的，其曾孙子女、外曾孙子女可以成为代位继承人。

4. 代位继承只适用于法定继承，不适用于遗嘱继承。

（郭超群 撰写）

第三章　遗嘱继承和遗赠

第一千一百三十三条　【遗嘱处分个人财产】 自然人可以依照本法规定立遗嘱处分个人财产，并可以指定遗嘱执行人。

自然人可以立遗嘱将个人财产指定由法定继承人中的一人或者数人继承。

自然人可以立遗嘱将个人财产赠与国家、集体或者法定继承人以外的组织、个人。

自然人可以依法设立遗嘱信托。

【法条链接】

《继承法》第 16 条；《信托法》第 8 条、第 13 条

【立法背景】

与《继承法》第 16 条相比，本条既有修改，也有新增。具体修改为：一是将“公民”统一修订为“自然人”；二是第 3 款新增自然人可以将遗产赠与组织；三是新增第 4 款，规定遗嘱信托。

遗嘱信托是跨越《信托法》与《民法典》继承编的综合性法律制度，设立遗嘱信托应当同时符合二者的规定。《信托法》通过第 8 条“设立信托，应当采取书面形式。书面形式包括信托合同、遗嘱或者法律、行政法规规定的其他书面文件等。采取信托合同形式设立信托的，信托合同签订时，信托成立。采取其他书面形式设立信托的，受托人承诺信托时，信托成立”和第 13 条“设立遗嘱信托，应当遵守继承法关于遗嘱的规定。遗嘱指定的人拒绝或

者无能力担任受托人的，由受益人另行选任受托人；受益人为无民事行为能力人或者限制民事行为能力人的，依法由其监护人代行选任。遗嘱对选任受托人另有规定的，从其规定”完成了有关遗嘱信托的界定，即“委托人通过遗嘱这种法律行为设立信托”。但此前《继承法》没有就遗嘱信托进行规范，关于遗嘱信托制度中所存在的重要法律政策和法律制度问题，以及两法如何衔接的理论和实践问题等，均存在立法空白。改革开放以来，我国创造了巨额财富，人们关于财产布局越来越倾向于需要专业知识的投资领域。在财富传承方面，信托与保险是两大主要工具，是走向财富传承专业规划的重要一步。因此《民法典》继承编新增对遗嘱信托的规定，但与欧美国家发达的遗嘱信托制度相比，遗嘱信托制度在我国才刚刚起步，仍需要制定一系列的配套规定。

【条文解读与法律适用】

一、遗嘱信托的概念

遗嘱信托是指通过遗嘱这种法律行为而设立的信托，具体而言即委托人以立遗嘱的方式将财产进行规划和分配，包括交付信托后遗产的管理、分配、运用及给付等，详细订立在遗嘱中。等到遗嘱生效时，再将信托财产转移给受托人，由受托人依据信托的内容，即委托人遗嘱所交办的事项，管理处分信托财产。遗嘱信托又称“身后信托”，在遗嘱合法有效的前提下，遗嘱中指定的受托人承诺该委托的，由遗嘱形式设立的信托始得成立，因而区别于“生前信托+遗嘱”模式，即信托早已成立，大部分财产在委托人死后才通过遗嘱转入。

二、遗嘱信托的功能

通过遗嘱信托，可以根据委托人的意愿，妥善规划自己的财产，通过专业人员的建议给予专业知识及技术规划遗产配置以实现遗产的保值增值。此外，遗嘱信托作为信托的一种，当然具有信托制度灵活、便利的特点，委托人可以通过设立遗嘱信托创设多层次、多样化的分配传承方式以实现其意愿。对于家庭成员关系复杂，如多子女多次婚姻家庭，遗嘱信托可以避免一些财产纠纷和保护特定的家庭成员，单亲未成年子女的父母以及子女和其他近亲属有心智障碍的家庭，遗嘱信托可以防止父母离世后，子女或者其他心智障碍家庭成员无法得到有效的扶养和保护。

三、遗嘱信托的生效时间

遗嘱是设立信托的方式之一，但遗嘱与遗嘱信托应分而视之，遗嘱的生效与遗嘱信托的生效

不能等同。遗嘱作为单方法律行为，自被继承人死亡时生效。而遗嘱信托作为信托中的一种，应遵循信托法律的规定，自受托人承诺时成立。

（郭超群　撰写）

第一千一百三十六条　【打印遗嘱】打印遗嘱应当有两个以上见证人在场见证。遗嘱人和见证人应当在遗嘱每一页签名，注明年、月、日。

第一千一百三十七条　【录音录像遗嘱】以录音录像形式立的遗嘱，应当有两个以上见证人在场见证。遗嘱人和见证人应当在录音录像中记录其姓名或者肖像，以及年、月、日。

第一千一百四十条　【遗嘱见证人资格的限制性规定】下列人员不能作为遗嘱见证人：

（一）无民事行为能力人、限制民事行为能力人以及其他不具有见证能力的人；

（二）继承人、受遗赠人；

（三）与继承人、受遗赠人有利害关系的人。

【法条链接】

《继承法》第18条

【立法背景】

《民法典》继承编第1136条新增打印遗嘱这一法定遗嘱形式及其具体规

定。第 1137 条，一是新增录像形式的遗嘱，二是对于录音录像遗嘱，要求遗嘱人和见证人均应当在录音录像中记录姓名及年、月、日。第 1140 条是关于遗嘱见证人资格的限制性规定。《继承法》第 18 条规定，下列人员不能作为遗嘱见证人：（1）无行为能力人、限制行为能力人；（2）继承人、受遗赠人；（3）与继承人、受遗赠人有利害关系的人。本条与《继承法》第 18 条相比，有两处改动，一是将“无行为能力人、限制行为能力人”修改为“无民事行为能力人、限制民事行为能力人”，二是增加了不能作为遗嘱见证人的兜底条件：其他不具有见证能力的人。为确保遗嘱的真实性，有些遗嘱形式要求在立遗嘱的过程中要求有见证人参与，为保证见证人能够作出公正、真实的证明，需要对其主体资格作出一定要求。《继承法》《继承法司法解释》对此已有规定，本条在上述规定的基础上稍加修改而成。

【条文解读与法律适用】

一、打印遗嘱

为适应科学技术的发展，更符合当代人的书写习惯，第 1136 条在传统遗嘱方式的基础上增加了打印遗嘱方式。打印遗嘱主要存在两种情况：一种是立遗嘱人有阅读书写能力，自己用电脑书写打印或者不熟悉电脑操作，请他人用电脑书写打印，自己校阅签字；还有一种是立遗嘱人不认识字而且不熟悉电脑打印，请他人用电脑打印，听他人阅读解释后自己签字。

二、遗嘱见证人的概念

遗嘱见证人，是指为遗嘱人见证遗嘱的人，是证明遗嘱真实性的第三人。见证人证明的真伪直接关系着遗嘱的效力，关系到对遗产的处置。因此，遗嘱见证人必须是能够客观、公正地证明遗嘱真实性的人。根据《民法典（继承编）》的规定，代书遗嘱、打印遗嘱、录音录像遗嘱和口头遗嘱都必须有两个以上的见证人在场见证。

三、遗嘱见证人应具备的条件

遗嘱是遗嘱人单方处分其财产的法律行为，为了保证遗嘱的真实、有效、准确，避免在遗嘱执行时发生不必要的纠纷，法律才规定了遗嘱见证人。遗嘱见证人的任务是协助、证明遗嘱人设立遗嘱，因此遗嘱见证人必须具备一定的条件。①

1. 具有完全民事行为能力，对事物能够认识和判断自己行为的后果。

2. 本条规定了几类人员不能作为遗嘱见证人，其证明不具有见证的效力。

3. 与遗嘱人在遗嘱中所处分的遗产没有利害关系。

订立遗嘱之所以要有两个以上的见证人在场，其根本目的就在于保证遗嘱内容的真实性，防止他人擅自伪造、篡改、销毁遗嘱人所立的遗嘱。因此，合格的见证人就显得十分重要。

四、不能担任遗嘱见证人的主体

1. 无民事行为能力人、限制民事行为能力人以及其他不具有见证能力的人。无民事行为能力人不能辨认自己行为，不能以自己名义参加民事活动并享有民事权利和承担义务。限制民事行为能力人则是其民事行为能力受到限制，二者均不是完全民事行为能力人，不能参与订立遗嘱这类较复杂民事活动。如果他们在场，其见证不具有法律效力。二者均不是完全民事行为能力人，不能参与订立遗嘱这类较复杂的民事活动。如果他们在场，其见证不具有法律效力。本条还设置了一个兜底条款，排除了其他不具有见证能力的人作为见证人，例如有些人虽然具有完全的民事行为能力，但没有从事遗嘱见证活动的能力。

2. 继承人、受遗赠人。继承人、受遗赠人不能作为见证人的原因不在于其是否有民事行为能力，而在于他们与遗嘱有直接利害关系，有可能影响遗嘱人自愿表达其内心意志。一般来说，他们在场不利于遗嘱人毫无顾忌不受外界影响地按照自己的意愿处分财产。再者他们证明难以保持客观性和真实性。因此，法律明确规定继承人、受遗赠人不得作为遗嘱见证人。

3. 与继承人、受遗赠人有利害关系的人。与继承人、受遗赠人有利害关系的人，由于利益关系的影响，难以保证其证明的客观性、真实性，所以这些人也不能做遗嘱见证人。根据有关司法解释，继承人、受遗赠人的债权人、债务人，共同经营的合伙人，也应当视为与继承人、受遗赠人有利害关系，不能作为遗嘱见证人。

---

① 吴高盛主编：《〈中华人民共和国继承法〉释义及实用指南》，中国民主法制出版社2015年版，第65页。

五、需要注意的问题

关于遗嘱见证人，在理解上我们应当注意以下几方面的内容：

1. 见证人需要满足以下三个条件，才能作为遗嘱见证人，否则不能作为遗嘱见证人。

（1）遗嘱见证人应当是具有完全民事行为能力的自然人。《民法典》总则编规定，18 周岁以上的自然人为成年人，为完全民事行为能力人，可以独立实施民事法律行为。16 周岁以上的未成年人，以自己的劳动收入作为其主要生活来源的，视为完全民事行为能力人。因此，只有具备完全民事行为能力或者依法视为完全民事行为能力人才可以作为遗嘱见证人。

（2）遗嘱见证人应当是能够理解遗嘱的内容、懂得遗嘱所有文字的人。有些人虽然具有完全的民事行为能力，但没有从事遗嘱见证活动的能力。

（3）与继承人、遗嘱人没有利害关系。因为有利害关系的人更有可能受其利益的驱动而做不真实的证明。

2. 见证人的见证只能是现场见证。若见证人不在现场，则无法见证。现场见证的要求也限制了见证人的范围。

3. 除自书遗嘱外，代书遗嘱、打印遗嘱、录音录像遗嘱和口头遗嘱都必须有两个以上的见证人在场见证。

（郭超群 撰写）

第一千一百四十二条 【遗嘱的撤回、变更以及遗嘱效力顺位】

遗嘱人可以撤回、变更自己所立的遗嘱。

立遗嘱后，遗嘱人实施与遗嘱内容相反的民事法律行为的，视为对遗嘱相关内容的撤回。

立有数份遗嘱，内容相抵触的，以最后的遗嘱为准。

【法条链接】

《继承法》第 20 条

【立法背景】

本条规定了遗嘱的撤回和变更以及遗嘱效力顺位，是《继承法》第 20 条修改而来。一是将“撤销遗嘱”修改为“撤回遗嘱”，并对遗嘱的撤回作出相关释明以使得其更契合通常定义，并与其他部门法的规定相匹配；二是废除了公证遗嘱效力优先规则，尊重遗嘱人的真实意愿。

《继承法》《继承法司法解释》赋予公证遗嘱较其他形式遗嘱更强的效力，这并无合理性。这一规定所确立的遗嘱类型的效力以及遗嘱变更、撤回规则，并不是以确定被继承人的真实意愿为基准。因为只有在被继承人死亡时遗嘱才发生执行效力，在被继承人死亡前，被继承人可以随时依照其意愿撤回或变更其所设立的遗嘱。因此，被继承人立有数份遗嘱的，自应以有遗嘱能力时所设立的最后一份遗嘱为准。

在修订继承法时，有学者主张遗嘱自由是继承法的重要理念。如果机械规定公证遗嘱优先，在公证遗嘱和最后遗嘱发生冲突时，可能损害遗嘱自由。有的学者认为遗嘱人以何种形式设立遗嘱，是其自由。不论何种法定形式的遗嘱应具有同等效力，都是用以证明被继承人的真实意思表示的。规定公证遗嘱具有对抗一切遗嘱的效力，过于绝对化，特别是在被继承人作出了公证遗嘱后，没有能力或条件再次通过公正的方式立遗嘱撤销、变更公证遗嘱的情况下问题尤为凸显，因为不认可新立非公证遗嘱在某种程度上等于剥夺了被继承人遗嘱自由的权利。[①] 如立遗嘱人临终前想要修改公证遗嘱时，因情况危急，无法再次及时履行撤销公证遗嘱程序，立遗嘱人往往会通过口头遗嘱或书面遗嘱的方式表达生前的最终遗嘱意愿，但此前立法对公证遗嘱优先效力的规定就限制了立遗嘱人的意志自由，造成了违反遗嘱人意志的后果。同时，这也是对立遗嘱人变更、撤回遗嘱，遗嘱处分权的一种限制。因此，赋予公证遗嘱强于其他形式遗嘱的证明效力不符合尊重当事人意愿的私法自治原则的要求。[②]

---

① 王利明主编：《中国民法典草案建议稿及说明》，中国法制出版社 2004 年版，第 87 页。

② 郭明瑞：《论继承法修订应考虑的因素》，载《四川大学学报（哲学社会科学版）》2018 年第 1 期。

因此，为了尊重被继承人的意愿，防止出现限制被继承人遗嘱自由的可能性。本条规定“立有数份遗嘱，内容相抵触的，以最后的遗嘱为准”的遗嘱效力原则，废除了公证遗嘱效力优先规则，尊重了遗嘱自由的理念，适应当今公证制度改革，方便被继承人行使处分权。

【条文解读与法律适用】

一、遗嘱撤回、遗嘱变更的概念

遗嘱的撤回，是指遗嘱人在设立遗嘱后，又撤回了原来所立的遗嘱。

遗嘱的变更，是指遗嘱人在遗嘱设立后，对遗嘱内容的部分修改。

二、撤销与撤回的区别

本条采用精准化表述方式，将“撤销遗嘱”修改为“撤回遗嘱”。

在其他部门法中，撤销与撤回的定义存在区别，撤销的对象是已经发生效力的对象，撤回的对象则是尚未发生效力的对象。如在《民法典》合同编领域中，要约的撤回，是指要约人在要约生效之前，使要约不发生法律效力的行为；要约的撤销，则是指要约人在要约生效以后，受要约人发出承诺的通知之前，将该项要约取消，使得要约的法律效力归于消灭的意思表示。

具体到遗嘱行为上，遗嘱发生效力的时间节点为遗嘱人死亡，而此时及之后其不可能行使撤销行为。因此，《民法典》第 1142 条将其修正为撤回，更符合撤销与撤回的含义。①

三、撤回、变更遗嘱的方式

遗嘱人只要出于其本意，且符合法律规定，可以于遗嘱设立后的任何时间撤回、变更遗嘱，不需征得任何人的同意。

撤回、变更遗嘱的方式有：

1. 明示方式。遗嘱人以明确的意思表示撤回遗嘱，依法律规定的设立遗嘱的方法去行使。

2. 推定方式（默示），是指遗嘱人虽然未以明确的意思表示变更撤回遗

---

① 叶秀旻：《13 大亮点！民法典草案第五编继承之前世今生》，http://blog.sina.com.cn/s/blog_146ea96940102xnf8.html，最后访问时间：2020 年 3 月 7 日。

嘱，但法律根据遗嘱人的行为推定遗嘱人变更撤回了遗嘱。

遗嘱变更撤回的在于使原来遗嘱的内容不发生效力，而以变更撤回后的遗嘱内容为遗嘱人的真实意思表示。

四、需要注意的问题

备受争议的公证遗嘱的优先效力被重新审视，“公证”介入之行为仅能增强该遗嘱的“效力”，但这并不代表其能对抗遗嘱自由。本条删除了公证遗嘱效力优先的规定。根据此前的法律规定，其他形式的遗嘱不得撤销、变更公证遗嘱，亦即公证遗嘱效力最高，仅可依公证遗嘱撤销或变更。但《民法典》继承编则将此规定删除，即公证遗嘱不再具有效力上的优先性，其他遗嘱亦可撤销、变更公证遗嘱。在判定各份遗嘱之间的效力时，以最后订立的遗嘱为准。反观“时间在后”原则更能体现意思自治的民法精神，也更契合继承法遗嘱自由之理念。

（郭超群　撰写）

第四章 遗产的处理

第一千一百四十五条 【遗产管理人的选任】继承开始后，遗嘱执行人为遗产管理人；没有遗嘱执行人的，继承人应当及时推选遗产管理人；继承人未推选的，由继承人共同担任遗产管理人；没有继承人或者继承人均放弃继承的，由被继承人生前住所地的民政部门或者村民委员会担任遗产管理人。

【立法背景】

本条为新增条款，规定了遗产管理人的选任。

随着自然人私有财产的不断增加，遗产法律关系也变得日益复杂，因此有必要建立遗产管理人制度，确保遗产得到依法处理，保护遗产债权人、继承人以及受遗赠人等各方利害关系人的利益。《继承法》仅在第16条中笼统规定“公民可以指定遗嘱执行人”及第23条规定“继承开始后，知道被继承人死亡的继承人应当及时通知其他继承人和遗嘱执行人”，该法其他条文和《继承法司法解释》中并未涉及对遗嘱执行人的规定。遗嘱执行人在法律上的地位和权利义务并不明确，仅停留在学理探讨的层面上。而且由于遗产执行人与遗产保管人适用范围的狭窄等固有缺陷，在被继承人未立遗嘱以及无人承受遗产的情况下显得束手无策。遗产管理人制度与这两种制度有相似之处，但又不完全相同，它具有更为细化的主体范围，对遗产管理权利义务的规定具有法定性与确定性，对遗产处理事务的流程各个方面均有详细的安排，可以弥补遗产执行人与遗产保管人制度的不足，并且可以更有力地保护遗产债权人，显示出其制度的优越性。面对经济生活愈发丰富的社会现实，遗产管理人制度的重要意义不言而喻。①

考虑到遗产管理人的重要性，其选人规则理应得到完善。②《继承编（草案）》（一审稿）增设了遗产管理人制度，规定：继承开始后，遗嘱执行人为遗产管理人；没有遗嘱执行人的，继承人应当及时推选遗产管理人；继承人未推选的，由继承人共同担任遗产管理人；没有继承人或者继承人均放弃继承的，由被继承人生前住所地的民政部门担任遗产管理人。征求意见时，一些法学教学研究机构认为，规定遗产管理人制度有助于妥善管理、顺利分割遗产，更好地保护相关当事人的利益，建议进一步完善这一制度，对没有继承人或者继承人均放弃继承的，增加规定村民委员会也可以担任遗产管理人，同时对遗产管理人的职责予以补充细化。《继承编（草案）》（二审稿）采纳了上述建议，并将《继承编（草案）》（一审稿）第924条中的相关规定修改为“没有继承人或者继承人均放弃继承的，由被继承人生前住所地的民政部门或者村民委员会担任遗产管理人”。③

【条文解读与法律适用】

一、相关概念

遗产的管理，是对自然人死亡后所留遗产负责保存和管理的行为。自然人死亡后，为了保护其所留遗产不被损毁或散失，必须确定遗产管理人，对遗产进行管理。继承开始后，到遗产被最终分割、处理时止，必须对被继承人的遗产进行管理。

遗产管理人是依照法定或约定对被继承人的遗产进行妥善保存以及管理分配的自然人、法人或其他组织。

遗产管理人制度是为确保遗产得到妥善管理、进行顺利分割，更好维护继承人、债权人利益设立的。

---

① 张远：《论我国遗产管理人制度的构建》，吉林大学2018年法学硕士学位论文。

② 陈甦主编：《中国社会科学院民法典分则草案建议稿》，法律出版社2019年版，第422页。

③ 《民法典继承编草案二审：进一步完善继承制度》，https：//baijiahao. baidu. com/s？id = 1639204485234156601，最后访问时间：2020年3月7日。

二、能够担任遗产管理人的主体

本条规定了能够担任遗产管理人的5种主体：

1. 遗嘱指定的遗产管理人。遗嘱指定了遗嘱执行人的，被指定人即为遗产管理人。根据我国民法上的意思自治原则，在不违反法律的强制性规定的前提下，被继承人完全有权利按照自己的意愿选择一个或若干个人或者单位管理自己的遗产，如果被继承人在遗嘱中指定了遗嘱执行人，则应尊重其意思表示，由遗嘱执行人行使遗产管理的职责，除非被选择的遗产管理人因特定情形不能履行遗产管理职责，否则法律不应加以干涉。① 这不仅最大限度地尊重了被继承人的意志，也更有利于减少纠纷。

2. 继承人推选的遗产管理人。遗嘱未指定遗嘱执行人，或指定的遗嘱执行人无法履行管理义务的，继承人可以协商确定由继承人中的一人或者数人或者第三人担任遗产管理人。我国实行直接继承主义，继承开始后遗产所有权已归属继承人，当有数个继承人时，在遗产进行分割前，数个继承人对遗产是共同占有的状态，就遗产如何分割、分配、处分，继承人当然有权按照自己的意愿选择合适的主体管理遗产。从经济高效的角度考虑，这样设定更有利于快速确定最佳管理人，保证继承活动的有序进行。没有遗嘱执行人的，继承人应当及时推选遗产管理人，主要涉及以下四种情形：一是被继承人没有立遗嘱；二是遗嘱中缺少对遗产管理和遗嘱执行事项的指示；三是遗嘱中指定的遗产管理人欠缺管理资格；四是出现遗嘱无效或部分无效的情形。具体而言，当只有一个继承人时，其直接拥有了遗产的所有权，因此他是当然的遗产管理人，但他也可以委托律师等其他人进行遗产管理活动；当有多个继承人时，由全体继承人采用协商、投票等方式共同推选。

3. 继承人担任遗产管理人。继承人未推选的，由继承人担任遗产管理人。当继承人无法达成一致意见或迟迟不进行推选时，应由全体继承人共同担任遗产管理人，一起履行相关义务。因为继承人最了解被继承人的经济状况和遗产情况，拥有最真实可靠的信息，且大部分情形在被继承人死亡时直接存有遗产。在遗产较少、被继承人生前的民事法律关系简单的情况下，由继承

---

① 《浅议遗产管理人制度——兼评民法典之规定》，https：//www.sohu.com/a/256389254_820567，最后访问时间：2020年3月7日。

人作为遗产管理人还可以避免继承过程的复杂化和对司法资源的浪费。

4. 民政部门。没有继承人或者继承人均放弃继承的，由被继承人生前住所地的民政部门担任遗产管理人。民政部门作为了解当地实情且没有利害关系的第三人更能保证不偏不倚、公平地分配遗产。

5. 村民委员会。没有继承人或者继承人均放弃继承的，由被继承人生前住所地的村民委员会担任遗产管理人。由于被继承人生前住所地的村民委员会长期参与地区内家庭事务的调解，往往深得群众信任，并在实务中积累了大量的纠纷处理经验，当地村民委员会相对而言比较了解被继承人遗产的实际状况，对实地进行整理造册也比较方便。这些因素对于处理遗产相关事务十分有利，因此，这些基层群众性自治组织具有担任遗产管理人的资格。

三、遗产管理人与遗嘱执行人的区别

遗嘱执行人，是指有权按照立遗嘱人的生前愿望实现其遗嘱内容的自然人、法人或其他组织，可由一人或数人担任。

从目的和主要职责来看，遗产管理人和遗嘱执行人均是为了保障继承活动顺利进行、行使管理与分配的职责，均以中间人身份影响继承活动，区别在于：

1. 二者适用范围不同。遗产管理人适用范围更广，遗嘱执行人只在被继承人立有遗嘱时存在，而遗产管理人在没有遗嘱的法定继承以及无人继承的情形下也可以行使职责。

2. 二者产生的方式不同。遗嘱执行人是被继承人在遗嘱中指定或在遗嘱中委托他人指定，是遵循遗嘱人意志产生；遗产管理人产生的方式有几种：被继承人指定、继承人担任、继承人推选、民政部门或村民委员会担任。

3. 二者行为依据不同。遗嘱执行人在执行遗嘱内容时，其行为依据主要是遗嘱人立下的合法有效的遗嘱，而遗产管理人行为依据为法律规定，特别是在没有遗嘱时，应当按照法律对其权利义务的具体规定履行职责。

4. 二者的具体权利义务不同。由于遗嘱执行人的特殊性质，在不违反法律强制性规定前提下，具体权利义务均要遵照遗嘱指示，而遗产管理人的权利义务由法律明文规定，其所管理的财产范围相对于遗嘱执行人来讲更宽广。

四、遗产管理人与遗产保管人的区别

遗产保管人，是指持有被继承人的遗产并依法负责保管遗产的人。

遗产管理人与遗产保管人的区别在于：

1. 产生的时间不同。遗产保管人产生的时间可以是遗产分割前也可以是遗产分割后。继承开始后遗产分割前，一些人因存有遗产而成为遗产保管人（这部分人在继承开始前已经开始了保管行为），或经法院的要求而对遗产进行保管。遗产分割后，知道有继承人但无法通知时，经法院确定保管这部分财产的人亦可称为遗产保管人。而遗产管理人的存在时间为继承开始至遗产分割结束，即继承开始后被选任出来时开始履行职责，遗产处理完毕后终止任务。

2. 产生方式不同。遗产保管人最主要的产生方式为"持有遗产"这一事实，因此，成为遗产保管人具有一定的偶然性，只要在继承开始时持有遗产，则不问其存有遗产的缘由，自动成为遗产保管人。从这个意义上讲，成为遗产保管人是基于客观事实而被法律赋予的一项义务，与此义务伴生的才是保护遗产不被侵吞、争抢的权利。这一产生方式在继承伊始就将遗产置于义务人的保护之下，对保全遗产的完整性具有重要价值。但由于遗产数量与种类的庞杂，以及一些新型财产形式如各种证券、股权、网络虚拟财产等的出现，如果由产生具有偶然性的保管人一直负责遗产事宜，可能会由于遗产的分散以及保管人能力的不足，使继承活动陷入困境。而遗产管理人是经过一定的程序而产生，由被继承人指定、继承人担任或者法院选任产生，且其任职资格与程序有明确规定，能将分散的遗产集中于一处，也更有能力保存与管理遗产。

3. 主要职责具有明显差异，这是二者之间最大的不同。遗产保管人的主要职责只是对遗产临时保存，除此之外没有其他的义务，也不享有分割遗产、收取债券等权利，受遗赠人不可要求遗产保管人交付相应的遗赠，被继承人的债权人不可向遗产保管人要求清偿债务。而遗产管理人负有制作遗产清单、分割遗产、处理债权债务等职责，实施与管理遗产有关的其他必要行为，其职责范围明显广泛许多。

4. 遗产管理人制度的功能更为全面立体。遗产保管人虽然在保护遗产完整方面的作用毋庸置疑，但权责有限，功能存在局限。遗产管理人权利义务更为广泛，所以功能更为全面立体，在保全遗产、维护继承人等利害关系人的权益、保障交易安全、维持社会秩序方面更具优势。

综上，遗产管理人制度是对遗嘱执行人制度、遗产保管人制度的吸收与整合，是比这两种制度更为完善、内涵更加丰富的遗产处理机制。①

（郭超群　撰写）

第一千一百四十六条　【遗产管理人的指定】对遗产管理人的确定有争议的，利害关系人可以向人民法院申请指定遗产管理人。

【立法背景】

本条为新增条款，规定了对遗产管理人的确定有争议时的处理方法。遗产管理人当选之后，并非不可被更换，对遗产管理人的确定有争议时，利害关系人可以申请人民法院指定遗产管理人。本条增加规定遗产管理人有争议时对遗产管理人的更换制度，填补了立法欠缺。设立遗产管理人之目的在于保护遗产安全，维护被继承人、继承人以及其他利害关系人的权益。当发生争议时，赋予了利害关系人向人民法院申请指定遗产管理人的权利。

【条文解读与法律适用】

一、法院指定遗产管理人

《民法典》第1145条规定了能够担任遗产管理人的几种主体及其产生方式，本条更进一步规定了对遗产管理人的确定有争议的，利害关系人可以向人民法院申请指定遗产管理人。亦即根据第1145条规定产生的遗产管理人，并不是一成不变的，如果遗产管理的过程中，对遗产管理人的确定有争议的，利害关系人有权请求法院撤换。赋予了人民法院依申请指定遗产管理人的权利。

二、遗产管理人的选任顺序

首先，根据遗嘱继承优先的原则，如果有遗嘱执行人的，应由其直接担任遗产管理人。

---

① 张远：《论我国遗产管理人制度的构建》，吉林大学2018年法学硕士学位论文。

其次，如果没有遗嘱执行人或者其不能履行职责，则考虑到遗产的管理具有较强的私人属性，能否得到继承人的信任十分重要，因此应由全体继承人推举产生或共同担任。

再次，没有继承人或者继承人均放弃继承的，由被继承人生前住所地的民政部门或者村民委员会担任遗产管理人。

最后，如果存在特殊情况，利害关系人可以请求法院指定遗产管理人，以确保遗产法律关系的处理能够正常推进。①

三、本条适用的情形

本条规定在特定情形下经利害关系人申请，法院可以指定遗产管理人。这里的特定情形主要包括以下几种：

1. 没有继承人、继承人不确定或者继承人下落不明。

2. 继承人对于遗产管理人的选任不能达成一致。

3. 遗产管理人拒绝担任遗产管理人。

4. 遗产管理人怠于履行管理职责、因故意或者重大过失损害继承人或相关利害关系人的合法权益。

5. 继承人之间不和或者遗产继承状况比较复杂。

四、需要注意的问题

《民法典》第1145条已明确规定了担任遗嘱管理人的主体，如果遗产管理的过程中，对遗产管理人的确定有争议的，法院依利害关系人申请指定遗产管理人时，其范围不应超过第1145条的规定的范围。

（郭超群　撰写）

第一千一百四十七条　【遗产管理人的职责】 遗产管理人应当履行下列职责：

（一）清理遗产并制作遗产清单；

（二）向继承人报告遗产情况；

（三）采取必要措施防止遗产毁损、灭失；

---

① 陈甦主编：《中国社会科学院民法典分则草案建议稿》，法律出版社2019年版，第422页。

（四）处理被继承人的债权债务；

（五）按照遗嘱或者依照法律规定分割遗产；

（六）实施与管理遗产有关的其他必要行为。

【立法背景】

本条为新增条款，规定了遗产管理人的职责。

遗产管理人制度在继承法律体系中的作用不可小觑。自继承开始到遗产分割前的这一“真空时段”，由于遗产处于分散不集中的状态且最终权利归属未定，若缺少遗产管理人统一的保存与管理，会产生一系列问题。对遗产本身而言，可能会数量减少、价值减损甚至毁损灭失；对遗产利益相关人而言，则无法顺利实现自身权利，进而引发遗产纠纷。因此，为保障所有遗产免受不应有的损失，法律须对遗产的管理作出相应的规定，明确遗产管理人及其职责，以避免因遗产管理人的缺位或消极管理而损害遗产所有人及利害关系人的利益。[①] 从世界范围来看，许多国家和地区建立了完善的遗产管理人制度，并在实践中对保障遗产顺利分配、解决继承纠纷起到了重要作用。

《继承法》并无遗产清册制度，这与立法当时我国公民私人财产数量较少，财产关系较为简单的现实状况息息相关。然而，如今自然人私人财产数量和种类不断增多，财产关系也日益复杂，因此，有必要建立遗产清册制度，并将制作遗产清单作为遗产管理人的首要职责。[②] 同时，通过制作遗产清单，可以产生查清被继承人遗产状况，防止他人侵吞遗产，提示利害关系人等效果。

《继承编（草案）》（一审稿）征求意见时，有关方面建议对遗产管理人的职责予以补充细化。通过补充细化遗产管理人的职责，由遗产管理人积极管理遗产，可以使遗产保值增值，达到价值最大化，并促进公平、公正分配遗产。据此，《继承编（草案）》（二审稿）进一步完善了遗产管理人职责的

---

① 郭明瑞：《论继承法修订应考虑的因素》，载《四川大学学报（哲学社会科学版）》2018 年第 1 期。

② 陈甦主编：《中国社会科学院民法典分则草案建议稿》，法律出版社 2019 年版，第 423 页。

相关规定，要求遗产管理人应向继承人报告遗产情况，采取必要措施防止遗产毁损。[①]《民法典》继承编采纳了这一意见，规定遗产管理人应当履行清理遗产并制作遗产清单、保管遗产、处理债权债务、按照遗嘱或者依照法律规定分割遗产等职责。

【条文解读与法律适用】

一、遗产管理制度

遗产管理制度是指在继承开始后遗产交付前，有关主体依据法律的规定或有关机关的指定，以维护遗产价值和遗产权利人合法利益为宗旨，对被继承人的遗产实施管理、清算的制度。[②]

二、遗产管理人的职责

本条规定了遗产管理人应当履行的六项职责：

1. 清理遗产并制作遗产清单。随着社会经济的发展，遗产的种类和形式丰富多样，需要遗产管理人在管理遗产时，对遗产进行仔细的分类、处理，以便不同形态的资产能够得到更有效的保存，以便在交付遗产的时候避免损毁、灭失、贬值等情况的出现。因此，清理遗产、制作遗产清单是遗产管理人最重要的任务。[③] 继承开始后，遗产管理人应当负责及时清查遗产，制作遗产清册，以便于进行管理和移交遗产。遗产清册的编制，是防止遗产流失的重要措施，也是据以清偿遗产债务、执行遗赠、分配遗产的重要依据。遗产清册的内容主要应包括：被继承人生前所有的不动产、动产、知识产权、股权等财产的数量及价值；被继承人生前所享有的不具有人身专属性的债权；因被继承人死亡所获得的保险金、赔偿金、补偿金、抚恤金等；被继承人生前享有的受法律保护的网络虚拟财产等；被继承人生前所欠债务和应缴纳的税款；被继承人之丧葬费用及继承费用；其他被继承人财产上的负担；有争

---

① 《民法典继承编草案二审：进一步完善继承制度》，https：//baijiahao. baidu. com/s? id = 1639204485234156601，最后访问时间：2020 年 3 月 7 日。

② 武露：《民法商法化背景下遗产管理制度构建的价值选择》，载《河南财经政法大学学报》2017 年第 4 期。

③ 孙超：《论我国遗产管理人制度之构建》，南京师范大学 2017 年法律硕士学位论文。

议或诉讼过程中的债权债务。

2. 向继承人报告遗产情况。遗产管理人是对被继承人的遗产进行管理和处分的，因此，遗产管理人有义务通知继承人及其他有关人员，报告遗产的管理状况，遗产管理人为了隐匿、侵吞或争抢遗产而不为通知的，应依法承担相应的民事责任；管理人为继承人的，也可以减少其应继承的遗产份额。

3. 采取必要措施防止遗产损毁、灭失。遗产管理人应当履行管理职责，防止和排除对遗产的各种侵害，包括自然的侵害和人为的侵害。比如：第一，为保存遗产作出的处理遗产的行为，例如为防止遗产损坏或价值减少，对易腐易燃物品的及时处理行为，或为保护危旧房屋，与他人订立房屋修缮合同，以免房屋损毁；第二，对紧急债权、债务的处理和税款的清偿行为，防止因诉讼时效届满而造成损失等；第三，对被继承人生前已从事或正在进行的营业行为，为避免遗产的贬值或不正当减少，进行必要的管控，例如收取营业收益、维持生产等，均在遗产管理的必要权限之内；第四，遗产管理过程中，如果为了收取债权而有必要进行诉讼的，遗产管理人可以向法院提起诉讼。

4. 处理被继承人的债权债务。不管是遗嘱继承还是法定继承，都应该处理好债权债务关系。

5. 按照遗嘱或者依照法律规定分割遗产。遗产的分割涉及多方利益主体，而各方利害关系人均有自己的利益诉求，他们之间在遗产范围以及遗产的分配方式等方面易产生争议，而中立的遗产管理人可以公平有序地分配遗产，平衡各方利益。

6. 实施与管理遗产有关的其他必要行为。

三、需要注意的问题

（一）管理职责与保管职责的联系与区别

本条规定的是遗产管理人的管理遗产职责，而不是遗产保管职责。遗产保管之核心为保管，保管人仅对遗产负有保管之义务而不得为遗产之处置。而遗产管理则不仅包括对遗产的保管，还包括对遗产的清理等。因为继承开始后，遗产分割前，被继承人已经不能管理其财产，被继承人遗留的财产虽作为遗产转归继承人，但其最后的归属并未确定。因此，遗产管理人产生后，应当依照法律规定的权利与义务，积极对遗产进行管理。

（二）遗产清册的内容①

1. 遗产清册应当包含以下内容：被继承人生前所有的住房等不动产和动产权益、被继承人生前所有的动产和知识产权、被继承人生前所享有的债权、股权和其他有价证券、被继承人生前所负债务和税款。

2. 如何确定被继承人的遗产，恰当地区分遗产中的他人财产，是制作遗产清单的前提。这里主要有以下三个方面的问题：

（1）遗产与夫妻共有财产的区分。根据《民法典》婚姻家庭编的规定，夫妻在婚姻关系存续期间所得的财产归夫妻共同所有。因此，在确定遗产时，首先应从夫妻共有财产中分出一半归生存的配偶所有，剩下的一半才能作为被继承人的遗产。

（2）遗产与家庭共有财产的区分。在家庭成员中，如果除夫妻之外，还有父母、子女、兄弟姐妹等其他成员，则不仅会形成夫妻共有财产，还会形成家庭共有财产。在确定遗产时，也应当先将其他家庭成员的份额从家庭共有财产中分类出来，剩余的部分才能作为被继承人的遗产。

（3）遗产与其他共有财产的区分。对于合伙共有财产，当合伙人之一死亡时，应当将被继承人在合伙财产中的份额分出，列入其遗产范围。其份额，按出资比例或者协议约定的比例确定。若继承人愿意加入合伙，且其他合伙人同意继承人加入的，则不必分割合伙财产，只需确定继承人作为新合伙人的合伙财产份额即可。

（郭超群　撰写）

第一千一百四十八条　【遗产管理人的民事责任】遗产管理人应当依法履行职责，因故意或者重大过失造成继承人、受遗赠人、债权人损害的，应当承担民事责任。

① 梁慧星主编：《中国民法典草案建议稿附理由（继承编）》，法律出版社 2013 年版，第 157—158 页。

【法条链接】

《民法典》第 897 条、第 1145 条、第 1146 条、第 1147 条

【立法背景】

本条规定的是遗产管理人的民事责任，与《继承法》相比，属于新增内容。《继承法》制定之际，自然人的私有财产不仅数量少，且构成简单，自然人死亡后，其有哪些遗产是显而易见的，一般并无查清和管理上的困难，因此未将遗产管理人纳入法律规定之范畴。随着改革开放的深入，我国经济社会的发展日新月异，自然人的私有财产不仅量大而且种类繁多，不易查清和管理。而《继承法》的立法则相对滞后，仅就遗产的保管于第 24 条规定，存有遗产的人，应当妥善保管遗产，任何人不得侵吞或者争抢。按照这一规定，继承开始后，存有遗产的人为法律规定的遗产保管人，负有保管义务。存有遗产的法定保管人，既可能是继承人，也可能不是继承人。继承人存有遗产的，应当说其对遗产的保管既是义务也是权利，因为继承人对遗产应有管理权。但是，非继承人因存有遗产而负有保管义务，是基于占有而非因其对遗产有管理权。因此，非继承人对其占有的遗产的保管，只能是暂时的，并非履行遗产管理职责。鉴于此，为了维护遗产价值和遗产权利人合法利益，《民法典》继承编新增了遗产管理制度及相关法条。

本条是遗产管理制度中关于遗产管理人民事责任的规定，目的是防止遗产管理人在管理、清算、处理、分配遗产过程中滥用权利或消极管理，促使遗产管理人积极履职，尽到善良管理人的义务，以最大限度保障遗产的安全和维护遗产权利人合法利益。

【条文解读与法律适用】

一、遗产管理人的民事责任

本条规定遗产管理人因故意或者重大过失，造成继承人、受遗赠人、债

权人损害的责任承担问题。

根据该规定，继承开始后，遗产交付前，遗产管理人应根据《民法典》第 1147 条履行其职责。在履职过程中，因遗产管理人故意或者重大过失，导致遗产减少或未按法定继承的顺序、分配原则或未按遗嘱内容分配，导致继承人的权益受到损害；或未按遗赠内容进行分配，导致受遗赠人的权益受到损害；或在分配过程中未及时通知债权人参与、未按遗产债务清偿顺序、遗产分割与债务清偿的规则进行分配，致使债权人的债权受到侵害，并且遗产管理人的行为与损害结果具有因果关系；或遗产管理人违反约定，则遗产管理人应当承担与其行为相适应的民事赔偿责任。

二、遗产管理人承担民事责任的认定

在遗产管理过程中，既可能发生因遗产管理人积极或消极行为使遗产价值受损的状况，又可能出现遗产管理人管理不周，出现遗产造成他人损害的情况，还可能因遗产管理人积极或消极行为造成继承人、受遗赠人、债权人损害。此时，判断遗产管理人是否应为此承担责任，则应根据《民法典》合同编、《民法典》侵权责任编等法律的有关规定加以判断。

（一）归责原则

遗产管理人在管理遗产过程中因故意或重大过失造成遗产损失或他人损失时，应根据《民法典》侵权责任编一般归责原则，或根据《民法典》合同编一般归责原则，由遗产管理人自行承担责任。

（二）注意义务

遗产管理人对遗产进行必要的管理行为、经营行为和处分行为造成损害时，则应尽到善良管理人的注意义务。所谓善良管理人的注意义务，乃通常合理人的注意，系一种客观化或类型化的过失标准，即行为人应具其所属职业（如医生、建筑师、律师、药品制造者），某种社会活动的成员（如汽车驾驶人）或某年龄层（老人或未成年人）通常所具的智识能力。

（三）免责事由

遗产管理人在对遗产进行管理行为、经营行为和处分行为过程中，没有故意或重大过失造成遗产损失或他人损失时的处理，可考虑类推适用《民法典》第 897 条关于“保管期内，因保管人保管不善造成保管物毁损、灭失的，保管人应当承担赔偿责任。但是，无偿保管人证明自己没有故意或者重大过失的，不承担赔偿责任”的规定，只要遗产管理人能证明其在管理遗产过程中，尽到善良管理人的注意义务，忠实勤勉地执行法定或约定的职责和义务，没有故意或重大过失，就不对其管理、处分遗产不善造成的遗产毁损、灭失承担损害赔偿责任。

三、需要注意的问题

因遗产管理人产生的方式不同，遗产管理人可分为三类：一是法定遗产管理人；二是指定遗产管理人；三是约定遗产管理人。根据《民法典》第1145条的规定，被继承人生前指定产生（即约定产生）和法律规定产生（即法定产生）的，分别为约定遗产管理人和法定遗产管理人。根据《民法典》第1146条规定，法院指定产生的称为指定遗产管理人。

由于遗产管理人选任的依据多样性，在司法实践中，适用本条要注意依据相应的法律关系来判断遗产管理人是否承担责任、承担何种责任。

约定产生的遗产管理人，因遗产管理人的权利和义务受委托协议的约束，当出现遗产管理人因故意或者重大过失造成继承人、受遗赠人、债权人损害时，受损害方可以向遗产管理人主张违约责任，此时违约责任与侵权责任竞合。司法实务中法官应当向当事人释明，由当事人选择其中一种法律关系来主张权利，根据已选定的法律关系判定遗产管理人承担违约责任还是侵权责任。

法律规定产生和指定产生的遗产管理人，由于不存在委托协议约束，则直接按侵权法律关系来主张权利，依据侵权责任的构成要素和归责原则，判定遗产管理人承担损害赔偿责任。

（郭超群　撰写）

第一千一百四十九条　【遗产管理人的报酬请求权】遗产管理人可以依照法律规定或者按照约定获得报酬。

【立法背景】

本条规定的是遗产管理人的报酬请求权。与《继承法》相比，本条属于新增内容。

遗产管理人有无权利请求报酬，各国规定不一致。多数国家规定遗产管理人有权取得报酬。有少数国家和地区规定遗产管理人一职具有无偿性，不能索取报酬。依照国外立法，遗产管理人要承担相应的法律义务。在遗产管理人违反其法定义务时，还应当承担损害赔偿责任。[①]《民法典》继承编新增了遗产管理人制度，并在第 1147 条规定遗产管理人的具体职责，还在第 1148 条规定“遗产管理人应当依法履行职责，因故意或者重大过失造成继承人、受遗赠人、债权人损害的，应当承担民事责任”，按照权利与义务相一致原则，既然遗产管理人承担了相当的法定义务与责任，有必要赋予其取得报酬的权利。

规定遗产管理人的报酬请求权的意义在于：一方面，系权利与义务相一致原则在《民法典》继承编中的具体体现，以保持法律原则在《民法典》中的贯穿性和统一性；另一方面，促使遗产管理人积极履行自己在管理遗产过程中的义务，尽最大可能让被继承人生前的合法财产得以顺利继承和流转，避免继承人因遗产的流失和分配问题引发矛盾，从而有利于家庭和睦，进而促进社会和谐与稳定。

【条文解读与法律适用】

一、遗产管理人报酬请求权的产生依据

权利义务相一致原则是民事法律关系所必须遵循的法定原则。权利与义务二者同时产生，是相对应的一对范畴。没有权利，就没有义务；没有义务，也就没有权利。权利的实现要求义务的履行，义务的履行要求权利的实现。也就是说，公民享有权利需要条件，这个条件的实现依靠义务来创造，如果不履行义务，那么权利就失去了存在的基础。公民能够享有什么样的权利，就根据公民所尽的义务确定；同样，公民的义务，也是根据它所享有的权利确定。

《民法典》继承编新增遗产管理人制度，并在第 1147 条和第 1148 条规定了遗产管理人的具体职责和应承担的民事责任。那么遗产管理人在继承开始后，履行了法律规定的职责或约定的义务后，其理应享有依据法律规定或者

---

① 梁慧星主编：《中国民法典草案建议稿附理由（继承编）》，法律出版社 2013 年版，第 155 页。

按照约定获取报酬的权利。本条规定遗产管理人的报酬请求权，体现了权利义务相一致原则。

二、遗产管理人获得报酬的前提

1. 遗产管理人已履行了法定的职责和约定的义务。其中，法定遗产管理人、指定遗产管理人除履行《民法典》第 1147 条规定的遗产管理人应当履行的 6 项职责外，还应当履行第 1159 条规定的“分割遗产，应当清偿被继承人依法应当缴纳的税款和债务；但是，应当为缺乏劳动能力又没有生活来源的继承人保留必要的遗产”和第 1162 条规定的“执行遗赠不得妨碍清偿遗赠人依法应当缴纳的税款和债务”的职责和义务；而约定的遗产管理人在不违反法定职责的同时还应履行完约定的义务。

2. 遗产管理人不存在故意或者重大过失损害他人权利的情形。遗产管理人在管理遗产过程中，已尽到善良管理人的注意义务，忠实勤勉地执行法定或约定的职责和义务，不存在故意或者重大过失，造成继承人、受遗赠人、债权人的权益受到损害情形。

三、需要注意的问题

（一）遗产管理人可获得报酬的例外情形

当遗产管理人在管理遗产的过程中，出现以下情形时，尽管没有履行完毕管理和处分遗产的行为，但因其在此之前的管理行为，也可以获得相应报酬：一是故意或重大过失损害继承人、受遗赠人、债权人的利益；二是丧失行为能力；三是死亡。

值得注意的是，出现上述第一种情况时，遗产管理人在管理遗产过程中既付出了劳动，亦可能增加了遗产收益，但又因其管理行为损害继承人、受遗赠人、债权人的利益，从衡平双方利益、鼓励担任遗产管理人角度出发，可以在遗产管理人赔偿问题上考虑损益相抵原则的适用。所谓损益相抵又称损益同销，指赔偿权利人基于损害发生的同一赔偿原因获得利益时，应将所受利益从所受损害中扣除以确定损害赔偿的范围。它的法理依据有利益说和禁止得利说。禁止得利说具有普遍的适用性。这一学说认为，赔偿旨在填补损害，故赔偿应与损害大小一致，不可少也不能多，被害人不得因损害赔偿比损害事故发生前得到更多利益。因而，凡基于同一损害原因受有损害并受有利益，则被害人可主张的损害赔偿数额仅为损害与利益两者间的差额。利益大于或等于损害，则无损害可言，利益小于损害时，计算损害赔偿数额时则应扣除利益额。这样，既保护了与被继承人有利害关系人的权利，对于遗产管理人来说也比较公平。

（二）遗产管理人的酬金

本条规定的报酬获得的权利主体是遗产管理人，客体是遗产。在遗产分配过程中，可能会存在继承人、遗赠人或债权人对遗产管理人的报酬是否应当支付或支付比例、支付顺位有异议时，如何确定遗产管理人获取报酬的金额的问题。法律对此没有明确的规定，应当根据遗产管理人履行职责和义务的难易程度、付出的劳动量及被继承人财产所在地或居住地的同等工作量的工资水平作为参考依据。

（三）遗产管理人的报酬顺位

遗产管理人基于管理、分配被继承人的财产而产生报酬。遗产管理人在管理被继承人的财产过程中从事的工作，并非为某一方面或是单个权利主体服务，而是为与被继承人有利害关系的所有人服务，所以就其报酬的性质而言，并不是一般债权，应是一种共益费用。

既然是共益费用，就应从各利害关系人共同利益的客观载体——被继承人财产中优先支付。类似于《企业破产法》第 41 条“管理人执行职务的费用、报酬和聘用工作人员的费用为破产费用”和第 43 条第 2 款“债务人财产不足以清偿所有破产费用和共益债务的，先行清偿破产费用”的规定。因此，遗产管理人因管理和处分遗产的报酬，应从被继承人的财产中优先支付。

（郭超群　撰写）

第一千一百五十二条　【转继承】继承开始后，继承人于遗产分割前死亡，并没有放弃继承的，该继承人应当继承的遗产转给其继承人，但是遗嘱另有安排的除外。

【法条链接】

《民法典》第 230 条；《物权法》第 29 条；《继承法司法解释》第 52 条

【立法背景】

本条规定的是转继承制度，系将《继承法司法解释》第52条关于转继承的规定进行了转化。

大多数国家的继承法对转继承有明确的规定。我国《继承法》没有规定转继承问题，但《继承法司法解释》第52条规定，继承开始后，继承人没有表示放弃继承，并于遗产分割前死亡的，其继承遗产的权利转移给他的合法继承人。一些观点因此认为，转继承只是继承遗产权利的移转，而不是遗产的所有权的移转。也就是说，转继承的客体是被转继承人的继承权。然而《物权法》第29条规定，因继承或者受遗赠取得物权的，自继承或者受遗赠开始时发生效力。因此，有的观点认为，转继承移转的客体是被转继承人对于被继承人遗产的应继承份额的所有权，也就是遗产的所有权而非继承权。在继承法修订之时，存在上述两种争论观点，但通说认为，只要继承开始后被继承人没有放弃继承权的，就将成为遗产的共有人。因此，转继承本质上是两个继承关系的聚合，转继承人继承的不是被继承人的遗产，而是被转继承人的遗产。[①] 即继承一开始，继承人取得遗产的所有权，遗产分割只是一种认定或宣示，因此，转继承只是对遗产份额的再继承，而非继承权利的转移。[②] 故《民法典》采纳了第二种观点，在《民法典》第230条规定，因继承取得物权的，自继承开始时发生效力。

转继承所涉遗产的归属不仅属于继承法所要调整的对象，也要受到物权法的规制。因此，在制定转继承制度时，应以继承权为基础，结合物权制度，避免继承权的越位，并理顺转继承包含的两个法律关系，提高遗产流转效率。最终，《民法典》继承编以继承权为基础，转化了《继承法司法解释》第52条的规定，同时兼顾物权法的特殊规定，吸收转继承移转的客体是被转继承人对于被继承人遗产的应继承份额的所有权的观点，规定"继承开始后，继承人于遗产分割前死亡，并没有放弃继承的，该继承人应当继承的遗产转给

---

① 陈甦主编：《中国社会科学院民法典分则草案建议稿》，法律出版社2019年版，第416页。

② 梁慧星主编：《中国民法典草案建议稿附理由（继承编）》，法律出版社2013年版，第54页。

其继承人，但是遗嘱另有安排的除外”，进一步明确了转继承的法律行为之性质，防止出现法律间冲突、不统一的问题。

【条文解读与法律适用】

一、转继承的概念

转继承又称二次继承或者是再继承，是指继承人在继承开始后、遗产分割前死亡，其所应继承的遗产份额由其继承人承受的一项继承制度。[①]

实际接受遗产的继承人称为转继承人。于继承开始后遗产分割前死亡的继承人称为被转继承人。

二、转继承的特征

1. 只有在被继承人死亡之后，遗产分割之前，继承人也相继死亡，才发生转继承。

2. 只有继承人在前述的时间内死亡而未实际取得遗产，而不是放弃继承权。

3. 只能由继承人的法定继承人直接分割被继承人的遗产。

4. 转继承人一般只能继承其被转继承人应得的遗产份额。

5. 转继承人可以是被继承人的直系血亲，也可以是被继承人的其他法定继承人。

三、转继承应具备的条件

1. 被转继承人必须是继承人的法定继承人，转继承既适用于法定继承，也适用于遗嘱继承。

2. 被转继承人必须是在被继承人死亡之后，遗产分割之前死亡的继承人，这是适用转继承的必要条件。如果继承人在被继承人的遗产分割之后死亡，那么，该继承就只适用普通继承，而不适用转继承。

3. 被转继承人应当是生前没有表示放弃继承权或者没有丧失继承权的继承人，这是适用转继承的基本条件。如果继承人在生前已经表示放弃继承权或者丧失了继承权，那么，他的法定继承人就不能再享有转继承权。

---

① 梁慧星主编：《中国民法典草案建议稿附理由（继承编）》，法律出版社2013年版，第52页。

四、转继承与代位继承的区别

（参见本书关于《民法典》第1128条之解读）

五、需要注意的问题

在转继承的两个继承关系中，前一个继承法律关系继承人的确定以被继承人为出发点，后一个继承法律关系继承人的确定是以被转继承人为出发点，以他的合法继承人为转继承人。在转继承中，由于两个继承关系确定继承人的出发点不同，经常会出现某些人既是被继承人的合法继承人而享有继承权，又是转继承人而享有转继承权的情况。在实践中要注意分清两个不同继承关系的概念和条件。

（郭超群　撰写）

第一千一百五十八条　【遗赠扶养协议】自然人可以与继承人以外的组织或者个人签订遗赠扶养协议。按照协议，该组织或者个人承担该自然人生养死葬的义务，享有受遗赠的权利。

【法条链接】

《继承法》第31条；《老年人权益保障法》第36条

【立法背景】

本条规定的是遗赠扶养协议，系将《继承法》第31条修改而来。

遗赠扶养协议是我国继承法规定的在法定继承、遗嘱继承之外的一种继承方式，[①] 是一项具有中国特色的制度，是对我国民间长期存在的遗赠扶养协议实践经验的总结和肯定，在现实生活中具有重要意义。遗赠扶养协议是在五保供养协议基础上发展起来的，反映了一种社会关系。它是一种经济关系，也是双方之间的互助合作关系，更是一种扶助老弱病残的友爱精神的体现，

---

① 吴高盛主编：《〈中华人民共和国继承法〉释义及实用指南》，中国民主法制出版社2015年版，第102页。

具有社会保障和社会福利性质。遗赠扶养协议通过契约方式对需要扶养的老人提供法律保护，为我国养老问题提供了行之有效的解决途径，具有重要的制度价值。

《继承法》第31条规定，公民可以与扶养人签订遗赠扶养协议。按照协议，扶养人承担该公民生养死葬的义务，享有受遗赠的权利。公民可以与集体所有制组织签订遗赠扶养协议。按照协议，集体所有制组织承担该公民生养死葬的义务，享有受遗赠的权利。《老年人权益保障法》第36条已经将签订遗赠扶养协议的主体范围扩大到了“集体经济组织、基层群众性自治组织、养老机构等组织或者个人”。因此，本条吸收《继承法》第31条和《老年人权益保障法》第36条的规定，规定“自然人可以与继承人以外的组织和个人签订遗赠扶养协议”，对主体基本不作限制，适当扩大了扶养人的范围。扶养人范围的适度扩大，是中国与日俱增的养老压力背景下的必然趋势，有利于养老的多样化、社会化，可能会催生更多的养老形式、更多的养老机构，促进养老产业的大范围发展，减缓社会的养老压力。

【条文解读与法律适用】

一、遗赠扶养协议的概念和内容

遗赠扶养协议，是指自然人与个人或组织签订的有关扶养、遗赠的协议。按照遗赠所确立的受遗赠人的范围，遗赠扶养协议中的扶养人专指法定继承人以外的人。

遗赠扶养协议是遗产转移的一种方式，它是我国立法机关总结我国人民群众的实践经验创造出来的一种遗产处理方法。遗赠扶养协议是由遗赠人与扶养人，在意思表示一致的基础上达成的协议。它应以书面形式签订为宜。按照此协议，遗赠人享受被扶养的权利，承担将个人财产赠给扶养人的义务；扶养人承担遗赠人生养死葬的义务，享有取得被扶养人的遗产的权利。

遗赠扶养协议包括遗赠和扶养两方面的内容，遗赠内容应写明遗赠财产的名称、数量；扶养内容应写明提供扶养的具体内容和办法。协议双方应在协议上签名或盖章，并注明年、月、日。遗赠扶养协议一经签订，双方当事人必须认真遵守协议的各项规定，否则应承担违约责任。

二、遗赠扶养协议的特征

遗赠扶养协议与法定继承、遗嘱继承方式相比较，它具有优先的法律效力。

它的特征主要体现在：

1. 遗赠扶养协议的主体具有特殊性。遗赠扶养协议的主体为遗赠人和扶养人。遗赠人一方必须是自然人，现实中多为缺乏照顾的孤寡老人；扶养人为继承人以外的个人或组织，现实中多为孤寡老人的亲戚，双方之间以相互信任为确立关系的基础。

2. 权利义务明确，遗赠人的权利为接受扶养人的生活照顾及死后丧葬，义务为死后财产由扶养人继承；扶养人的权利为继承遗赠人的财产，义务为遗赠人提供生养死葬的照顾。

3. 遗赠扶养协议的客体是扶养行为和遗产，具有双重性。扶养行为是指扶养人对遗赠人生前的饮食起居要进行照料，对遗赠人的身后事也要进行妥善料理。遗产是指协议中约定由扶养人取得的财产，可以是遗赠人的全部遗产也可以是部分遗产。

三、遗赠扶养协议与赡养协议、委托赡养的区别

遗赠扶养协议与赡养协议的主要区别在于签订协议的双方关系不同。遗赠扶养协议是被扶养人与其法定继承人以外的其他人或者组织签订的协议。赡养协议当事人具有特定的亲属身份关系，赡养人与被赡养人属于父母子女关系或属于同胞兄弟姐妹关系。2011 年《婚姻法》修订后，赡养人与被赡养人扩大到祖父母、外祖父母与孙子女、外孙子女之间。

委托赡养是赡养协议的异化形式，它与遗赠扶养协议的根本区别在于财产继承权是否转移。遗赠扶养协议中原属于法定继承人的继承权发生转移或部分转移，继承权由原有继承人转移给协议扶养人。委托赡养中财产继承权并不发生变化，继承人仍需承担赡养责任，只是暂时将赡养行为委托给他人或组织。遗赠扶养协议与委托赡养的共同之处是不能因此而免除儿女的赡养义务。

四、需要注意的问题

（一）“生养死葬”

遗赠扶养协议通俗来说，就是对“生养死葬”的约定。我国对“生养死葬”并未具体规定，导致在实践中没有标准。

惯常来看，“生养”应以不低于当地的平均生活标准为准。这里有两种情况，一是需要扶助的老人生活水平低于当地平均标准，属于弱势群体才需帮扶，因此以当地平均生活为准即可，这是常见的情况；二是有一定财产，但生活能力低下，以不低于当地平均生活为标准，此类较少见。“死葬”应以尊重习俗、力求节俭的原则为准，除非老人有特殊要求，并且双方已达成合意。

（二）受遗赠的范围

受遗赠的范围以协议约定为准，可以是遗产人的全部遗产或者部分遗产，包括金钱、不动产、动产等。被扶养人对协议中指明的财产，在其生前可以占有、使用，但不能处分。如果遗赠的财产因此而灭失，扶养人有权要求解除遗赠扶养协议，并要求补偿已经支出的扶养费用。扶养人必须认真履行扶养义务。

（三）遗赠扶养协议的执行

遗赠扶养协议的执行期限一般较长，在此期间如果扶养人不尽扶养义务，或者以非法手段谋取被扶养人的财产，经被扶养人的亲属或有关单位请求，人民法院可以剥夺扶养人的受遗赠权。如果扶养人不认真履行扶养义务，致使被扶养人经常处于生活困难、缺乏照料的情况，人民法院可以酌情对遗赠财产的数额给予限制。如因一方反悔而使协议解除时，便发生两种法律后果：一是扶养人无正当理由不履行协议规定的义务，导致协议解除的，不能享受遗赠的权利。其已支付的扶养费用，一般也不予补偿。二是受扶养人无正当理由不履行协议，致使协议解除的，则应适当偿还扶养人已支付的扶养费用。

（郭超群　撰写）

第一千一百五十九条　【税款缴纳、债务清偿与必留份】分割遗产，应当清偿被继承人依法应当缴纳的税款和债务；但是，应当为缺乏劳动能力又没有生活来源的继承人保留必要的遗产。

【法条链接】

《继承法》第33条；《民事诉讼法》第180条；《继承法司法解释》第37条、第61条

【立法背景】

本条规定的是债务清偿。前部分“债务清偿”是对《继承法》第33条的修改，“但书”部分规定的必留份，系对《继承法司法解释》第61条的修改，并将其上升为立法。

《继承法》对遗产处理的顺序（尤其是遗产债务的清偿与遗产分割之间的先后顺序）没有作出明确的规定，导致实践中，常会出现遗产已经按照法定或遗嘱继承分割，而遗产债务尚未清偿的情况。虽然遗产债权人可以依法请求各继承人承担连带责任，但由于每个继承人仅以接受的遗产份额为限承担责任，遗产债权人不得不分别诉求各继承人承担遗产债务。这显然加重遗产债权人的负担，不利于对遗产债权人的保护。① 在现代社会生活中，遗产内容丰富、遗产债务复杂，先分割遗产后清偿债务的做法不利于继承纠纷的事先预防和圆满解决，故本条规定在遗产分割前必须先清偿债务。

虽然《继承法》对法定继承和遗赠必留份没有专门规定，但1985年发布实施的《继承法司法解释》第61条规定，继承人中有缺乏劳动能力又没有生活来源的人，即使遗产不足清偿债务，也应为其保留适当遗产，然后再按《继承法》第33条和《民事诉讼法》第180条的规定清偿债务。目前社会保障囿于其覆盖面与水准尚无法完全取代家庭担负起养老育幼的职责。因此，为维护社会利益和保护弱者，本条“但书”部分吸纳《继承法司法解释》第61条的精神，将其上升为立法。

【条文解读与法律适用】

一、必留份与债务清偿顺序

必留份是为保护缺乏劳动能力又没有生活来源的继承人利益而保留的遗产份额。

必留份基于“死后扶养说”，适用于对被继承人负有法定扶养义务的继承

---

① 梁慧星主编：《中国民法典草案建议稿附理由（继承编）》，法律出版社2013年版，第183页。

人，且对遗产有客观需要，同时具备“缺乏劳动能力”和“没有生活来源”两个条件。必留份立法初衷不在于限制遗嘱自由，而是为了减轻社会负担。背景是目前社会保障囿于其覆盖面与水准尚无法完全取代家庭担负起养老育幼的职责。

债务清偿顺序是指法律规定的对不同性质债权在分配时的先后次序。根据本条规定，在继承开始后，分割遗产前，不论是法定继承还是遗嘱继承或遗赠，均应当在扣除必留份的基础上，按照债务清偿顺序清偿完债务后，才能依据继承相关的分配原则将遗产分配给继承人或受遗赠人。

二、遗产债务

遗产债务是指被继承人死亡时尚欠的税款、债务及所应承担的负担。

从实践中发生的情况来看，主要包括以下几类：

1. 继承开始前存在的债务。(1) 被继承人生前依照我国税法规定应当缴纳的税费。(2) 因合同之债所欠下的债务。(3) 因侵权行为而应承担的损害赔偿。(4) 被继承人因不当得利而承担返还不当得利的债务。(5) 因无因管理而应补偿管理人的必要费用。

2. 继承开始后产生的共益费用及债务。共益费用及债务是指为了债务清偿与遗产分割的顺利进行以及为遗产管理、经营、处分等必须随时支付的费用或因此而产生的债务，涵盖管理变价和分配遗产的费用、遗产管理人执行职务的报酬和聘用工作人员的费用等。

3. 被继承人生前应承担的负担，即涉及生存利益必留份。

三、遗产债务的清偿顺位

在上述数种债务及负担中，遗产债务清偿的顺位为：

1. 从保障缺乏劳动能力又没有生活来源的继承人的生存权益出发，应当将必留份放在清偿的首位。

2. 开展遗产管理、经营、分配等活动的费用以及遗产管理人的报酬的共益费用。

3. 被继承人应当缴纳的税款。

4. 其他债务。应当坚持有偿债务优先于无偿债务、补偿性债务优先于惩罚性债务的原则清偿，而在同一种类的债务内部，应当按比例予以清偿。

总之，前一顺序债权全部清偿之前，后面顺序的债权不予分配。遗产不足清偿同一顺序债权的，按照比例分配。

四、需要注意的问题

1. 本条规定的必留份制度在司法实务中面临操作层面的不确定性，无论是在申请人资格的认定，还是财产份额的确定，现有规定所确立的标准都过于含糊。因此，实践中应注意：（1）必留份依据“缺乏劳动能力和没有生活来源”来确定资格过于抽象笼统，不利于操作。针对一些需要法律特殊保护的人群，结合我国继承法所确立的尊老育幼的原则，并且借鉴国外相关的立法例，可将下列人员视为当然的必留份权利人：未成年子女、70 周岁以上的父母，以及欠缺行为能力的成年子女、父母和配偶。（2）必留份数额确定。对于必留份数额的确定，考量的因素应当包括：必留份人的实际生活需要（经济情况与身体状况），遗产的多少及其性质（是否有利于分割），当地人均消费水平，遗嘱人的生前赠与行为等等。（3）必留份资格判定时间的确定。根据《继承法司法解释》第 37 条第 2 款的规定，“继承人是否缺乏劳动能力又没有生活来源，应按遗嘱生效时该继承人的具体情况确定”。

2. 在共益费用方面，丧葬费的性质颇有争议。有些学者认为，从尊重死者的角度考虑及死者安葬构成遗产清算的必要前提的角度考虑，都应当将丧葬费作为共益费用项目予以偿还。多数学者认为，依公序良俗，负担法定扶养义务的继承人，对被继承人生养死葬是该继承人应尽的义务，[①] 而且从保护债权人的角度考虑，丧葬费不属于共益费用，而是继承人应负担的个人债务，当然在遗产充足时也可由遗产支付，但若有证据证明继承人在被继承人死亡后购买墓穴是受被继承人生前委托的除外。[②]

（郭超群　撰写）

---

① 陈苇主持：《当代中国民众继承习惯调查实证研究》，群众出版社 2008 年版，第 107 页、第 288 页、第 428 页、第 521 页。

② 徐文文：《被继承人债务清偿纠纷审判实务若干问题探讨》，载《东方法学》2013 年第 4 期。

第一千一百六十三条 【多种继承方式并存的债务清偿】既有法定继承又有遗嘱继承、遗赠的，由法定继承人清偿被继承人依法应当缴纳的税款和债务；超过法定继承遗产实际价值部分，由遗嘱继承人和受遗赠人按比例以所得遗产清偿。

【法条链接】

《民法典》第 1159 条、第 1161 条；《继承法》第 33 条、第 34 条；《民通意见》第 88 条、第 177 条；《继承法司法解释》第 62 条

【立法背景】

本条规定的是多种继承方式并存时的遗产债务清偿规则，即继承主体共同继承遗产时，遗产债务的清偿规则。系对《继承法司法解释》第 62 条的修改，并将其上升为立法。

《继承法》第 33 条、第 34 条分别对法定继承和遗嘱继承的遗产债务清偿进行了规定，但对多种继承方式并存的遗产债务清偿没有规定。而《继承法司法解释》第 62 条规定，遗产已被分割而未清偿债务时，如有法定继承又有遗嘱继承和遗赠的，首先由法定继承人用其所得遗产清偿债务；不足清偿时，剩余的债务由遗嘱继承人和受遗赠人按比例用所得遗产偿还；如果只有遗嘱继承和遗赠的，由遗嘱继承人和受遗赠人按比例用所得遗产偿还。这一规定明确了多种继承方式并存的遗产债务清偿的先后顺序及清偿方式。

我国学者通说认为，遗产分割前的共有属于共同共有。其理由是：当死者有数个继承人时，其中任何继承人都不可能单独取得遗产的所有权，遗产只能为全体继承人共有，而且在遗产协商分割前，不能确定各继承人对遗产的份额，因此，在遗产分割前全体继承人对遗产的共有只能是共同共有。该观点的法律依据是《最高人民法院关于贯彻执行〈中华人民共和国民法通则〉若干问题的意见（试行）》（以下简称《民通意见》）第 88 条和第 177 条。有学者认为，共同继承遗产缺乏稳定、必然的共同关系。尤其多种继承方式并

存时，被继承人的亲属及受遗赠人之间不具有家庭共同生活关系，继承人及受遗赠人之间对遗产继承的性质与传统的共同共有应有区别，应认定为特殊的共同共有。特殊共同继承遗产规则与一般共同共有规则部分相悖，却与将共同继承遗产视为按份共有所形成的规则部分相一致。首先应确定继承人、受遗赠人对遗产属于共有，其次应确定是一种按份共有的共有关系，而其份额即为应继份。允许共同继承人享有应继份，表明共有遗产所体现的共同利益关系具有份额性。本条吸收多种继承方式并存时适用特殊共同继承遗产规则的观点，将《继承法司法解释》第62条部分修改，并上升为立法。

【条文解读与法律适用】

一、债务清偿原则

1. 概括继承原则。所谓概括继承原则，就是指在继承中的继承人在享受继承遗产权利的同时，还应承担相应的义务。根据《民法典》第1159条“分割遗产，应当清偿被继承人依法应当缴纳的税款和债务”的规定，继承遗产应当清偿被继承人依法应当缴纳的税款和债务。也就是说，不能只享受权利，不承担义务。《民法典》第1161条第2款规定，继承人放弃继承的，对被继承人依法应当缴纳的税款和债务可以不负清偿责任。当然，继承人放弃继承的，对被继承人依法应当缴纳的税款和债务，继承人愿意承担，也可以负偿还责任。①

2. 限定继承原则。所谓限定继承原则，就是指《民法典》第1161条第1款所称的“继承人以所得遗产实际价值为限清偿被继承人依法应当缴纳的税款和债务。超过遗产实际价值部分，继承人自愿偿还的不在此限”。这一原则是民法中公平原则在继承法中的具体体现。②

二、债务清偿规则

本条规定的是多种继承方式并存时的遗产债务清偿规则，即继承主体共

① 吴高盛主编：《〈中华人民共和国继承法〉释义及实用指南》，中国民主法制出版社2015年版，第106—107页。

② 吴高盛主编：《〈中华人民共和国继承法〉释义及实用指南》，中国民主法制出版社2015年版，第107页。

同继承遗产时，遗产债务的清偿规则。

1. 在法定继承人和遗嘱继承人、受遗赠人同时存在的情况下，先由法定继承人在所继承的遗产价值范围内承担清偿债务的责任。

2. 若法定继承遗产价值不足以清偿所有债务，再由遗嘱继承人和受遗赠人按双方获得遗产比例确定双方偿还债务各自承担的比例，在双方所获遗产的实际价值范围内偿还债务。

3. 法定继承人和遗嘱继承人都承担各自遗产份额内的有限责任。

三、共同继承的外部法律关系

共同共有是指每个共有人对共有财产不分份额地享有共同的权利，承担共同的义务。

按共同共有一般原理，作为债权人就债务可以向全体债务人要求清偿，也可以向任一个债务人要求清偿，这是因共同共有产生的连带责任的体现。但共同继承法律关系较复杂，其既有继承人与遗产债权人之间的关系，又有继承人内部的关系。作为债权人，在遗产分割前，其可就遗产全部主张权利，遗产分割后，虽遗产所有权已经发生转变，但其权利仍为遗产，而不能超出遗产的范围。在需要清偿共同继承人不知且遗产债权人于规定期限内未申报的债权情形下，因遗产债务的存在并非基于共同继承人的原因而是由被继承人自身原因导致，无论遗产是否分割都不应改变遗产债务应由被继承人遗产进行清偿的正确做法。如要求各共同继承人取得遗产而责其承担全部未清偿债务显失公平，也与现代民法的责任自负理念相悖。根据共同继承遗产特殊共同共有的特性，共同继承人对未清偿遗产债务自然应以分得遗产为限承担按份责任。由于法定继承、遗嘱继承和遗赠基于不同的原因产生和法律性质不尽相同，因此，本条设计的遗产债务清偿顺序充分尊重被继承人的意思自治，优先由法定继承人承担清偿责任，不足部分，从公平角度考量，由遗嘱继承人和遗赠人按所取得的遗产比例分担。本条规定的债务清偿顺序既尊重被继承人对财产的自由处分权，又充分保障了债权人权益和继承人、受遗赠人的权利。

四、需要注意的问题

多种继承方式并存时的共同遗产继承与普通的共同共有相比较，有一定的共通性，但也有其特性。清偿遗产债务应以被继承人的遗产为限，除共同继承人、受遗赠人自愿和协议对遗产债务承担连带责任外，部分继承人、受遗赠人无力清偿时，债权人没有理由向他们请求清偿所继承遗产份额外的数额。共同继承人偿还债务只需以已分得的遗产为限进行清偿，承担按份的有限责任而非连带责任。

（郭超群　撰写）

第七编　侵权责任

概　述

第七编侵权责任编共10章，95条。此次侵权责任编主要作出了以下修改和完善：

一、关于一般规定。一是在第1165条过错责任原则和第1166条无过错责任原则中强调造成“损害”这一要件，并将危及他人人身、财产安全的责任承担方式即第1167条的顺序调整，突出了侵权责任法作为损害赔偿法的功能，但是依然保留了停止侵害、排除妨碍等责任方式的表述，延续侵权责任法立法时大侵权的思维，使得不同责任方式的适用条件更加明确，在体系和逻辑上更为合理。二是确立“自甘风险”规则，第1176条规定自愿参加具有一定风险的文体活动，因其他参加者的行为受到损害的，受害人不得请求没有故意或者重大过失的其他参加者承担侵权责任。三是规定“自助行为”制度，第1177条规定，合法权益受到侵害，情况紧迫且不能及时获得国家机关保护，不立即采取措施将使其合法权益受到难以弥补的损害的，受害人可以在保护自己合法权益的必要范围内采取扣留侵权人的财物等合理措施，但是应当立即请求有关国家机关处理。四是明确了民法典与其他法律对免责或减责事由规定之间的关系问题。第1178条规定，本法和其他法律对不承担责任或者减轻责任的情形另有规定的，依照其规定。

二、关于损害赔偿。一是完善了人身权益被侵害的赔偿规则，对于侵害人身权益的损失计算方式上，第1182条赋予被侵权人一定程度的选择权。二是完善精神损害赔偿制度，第1183条规定因故意或者重大过失侵害自然人具有人身意义的特定物造成严重精神损害的，被侵权人有权请求精神损害赔偿。三是增加规定了故意侵害他人知识产权，情节严重的，被侵权人有权请求相应的惩罚性赔偿。四是完善了双方均无过错时的损失分担规则。第1186条规定，受害人和行为人对损害的发生都没有过错的，依照法律的规定由双方分担损失。增加了“依照法律的规定”这一要件，对适用条件进行了较为严格的限制。

三、关于责任主体的特殊规定。一是增加监护职责委托后的责任承担规定。二是完善了用人单位责任，第1191条明确了用人单位承担侵权责任后的追偿权问题。三是完善了个人劳务中的侵权责任制度，第1192条增加规定了接受劳务一方的追偿权问题和第三人侵权后的责任分配问题。四是增加规定了承揽法律关系中的侵权责任问题，第1193条规定承揽人在完成工作过程中造成第三人损害或者自己损害的，定作人不承担侵权责任。但是，定作人对定作、指示或者选任有过错的，应当承担相应的责任。五是完善细化了网络侵权责任的具体规定。第1195条和1196条明确了权利人通知规则和网络服务提供者的转通知规则，第1197条进一步完善了网络服务提供者承担连带责任的规定。六是完善了安全保障义务制度，第1198条扩大了违反安全保障义务侵权责任的适用范围，明确了安全保障义务人向第三人的追偿权。

四、关于产品责任。一是完善了流通后发现有缺陷的侵权责任制度。第1206条将“停止销售”明确作为生产者、销售者应该采取的补救措施之一，并明确生产者、销售者未及时采取补救措施或采取补救措施不力造成的扩大损失应承担侵权责任，同时规定了采取召回措施的情形下必要费用的负担问题。二是完善了产品责任惩罚性赔偿制度，

第1207条规定明知产品存在缺陷仍然生产、销售，或者没有依据前条规定采取补救措施，造成他人死亡或者健康严重损害的，被侵权人有权请求相应的惩罚性赔偿。

五、关于机动车交通事故责任。一是增加规定了挂靠运营以及未经允许驾驶他人机动车情形下的责任承担。二是进一步明确了盗抢情形下的责任承担，第1215条规定盗窃人、抢劫人或者抢夺人与机动车使用人不是同一人时，发生交通事故后属于该机动车一方责任的，由盗窃人、抢劫人或者抢夺人与机动车使用人承担连带责任。三是完善了逃逸情形下的责任承担，第1216条增加规定了逃逸情形下超过交强险限额部分如何赔偿的问题。四是增加规定了好意同乘的责任承担，第1217条规定，非营运机动车发生交通事故造成无偿搭乘人损害，属于该机动车一方责任的，应当减轻其赔偿责任，但是机动车使用人有故意或者重大过失的除外。

六、关于医疗损害责任。一是在第1222条第3项中增加规定遗失病历资料的，推定医疗机构有过错。二是增加了药品上市许可持有人承担责任的规定。三是完善了对患者知情权的保护。为了防止医疗机构拖延提供病历资料，第1225条规定患者要求查阅复制前款规定的病历资料的，医疗机构应当及时提供。四是完善了患者隐私权保护制度，在第1226条侵害患者隐私权责任承担中，增加了保护患者个人信息的规定。

七、关于污染环境和生态破坏责任。一是增加了“破坏生态”这一侵权形态。二是增加了认定责任份额的原因力判断因素，第1231条列举了污染物的种类、浓度、排放量，破坏生态的方式、范围、程度，以及行为对损害后果所起的作用等因素。三是增加规定了惩罚性赔偿责任，第1232条规定侵权人故意违反国家规定污染环境、破坏生态造成严重后果的，被侵权人有权请求相应的惩罚性赔偿。四是明确规定了生态环境损害的修复和赔偿规则。

八、关于高度危险责任、饲养动物损害责任以及建筑物和物件损害责任。一是加强生物安全管理，完善高度危险责任，第1239条明确占有或者使用高致病性危险物造成他人损害的，应当承担侵权责任。二是完善饲养动物损害责任，第1246条增加规定了对违反管理规定未采取安全措施的饲养人减轻责任的内容。三是完善不明抛掷物、坠落物损害责任，第1254条规定了物业服务企业等建筑物管理人应当采取必要的安全保障措施，承担违反安全保障义务的责任，防止此类行为的发生，规定了同时强调有关机关应当依法及时调查；完善了公共道路妨碍通行损害责任，第1256条规定，公共道路管理人不能证明已经尽到清理、防护、警示等义务的，应当承担相应的责任。

（高燕竹　撰写）

凡　例

全　称	简　称
《民法典各分编（草案）》（征求意见稿）	《侵权责任编（草案）》（一审稿）
《中华人民共和国民法典侵权责任编（草案二次审议稿）》（征求意见稿）	《侵权责任编（草案）》（二审稿）
《民法典侵权责任编（草案三次审议稿）》（征求意见稿）	《侵权责任编（草案）》（三审稿）
《中华人民共和国民法典（草案）》（征求意见稿）	《民法典（草案）》（征求意见稿）
《最高人民法院关于贯彻执行〈中华人民共和国民法通则〉若干问题的意见（试行）》	《民通意见》
《最高人民法院关于审理人身损害赔偿案件适用法律若干问题的解释》	《人身损害赔偿解释》
《最高人民法院关于确定民事侵权精神损害赔偿责任若干问题的解释》	《精神损害赔偿解释》
《最高人民法院关于审理利用信息网络侵害人身权益民事纠纷案件适用法律若干问题的规定》	《网络侵权司法解释》
《最高人民法院关于审理侵害信息网络传播权民事纠纷案件适用法律若干问题的规定》	《侵害网络传播权民事司法解释》
《最高人民法院关于审理商品房买卖合同纠纷适用法律若干问题的解释》	《商品房买卖合同司法解释》
《最高人民法院关于审理道路交通事故损害赔偿案件适用法律若干问题的解释》	《道路交通事故损害赔偿司法解释》
《最高人民法院关于审理医疗损害责任纠纷案件适用法律若干问题的解释》	《医疗损害责任司法解释》
《最高人民法院关于审理生态环境损害赔偿案件的若干规定（试行）》	《生态环境损害赔偿司法解释》
《最高人民法院关于审理环境民事公益诉讼案件适用法律若干问题的解释》	《环境民事公益诉讼司法解释》
《最高人民法院关于审理环境侵权责任纠纷案件适用若干问题的解释》	《环境侵权司法解释》

第一章　一般规定

第一千一百六十七条　【危及人身财产安全的责任承担方式】侵权行为危及他人人身、财产安全的，被侵权人有权请求侵权人承担停止侵害、排除妨碍、消除危险等侵权责任。

【法条链接】

《民法典》第1165条、第1166条；《侵权责任法》第6条、第15条、第21条；《第八次全国法院民事商事审判工作会议（民事部分）纪要》第7条

【立法背景】

本条相较于《侵权责任法》第21条规定，仅在文字上做了微调，将原来的“可以请求”改为“有权请求”，并无实质性修改。但是立法将本条置于第1165条过错责任原则以及第1166条无过错责任原则之后，有其深意。这一调整更加清晰地将第1165条、第1166条和本条作为一个体系，区分规定了侵权行为造成他人损害和侵权行为危及他人人身、财产安全两种不同情况下，不同的构成要件和责任方式。笔者认为，有必要对此进行阐述。对于这一问题的理解，需结合第1165条和第1166条，将此三条一并进行讨论。

在《侵权责任法》制定过程中，对于是否将停止侵害、排除妨碍、消除危险、返还财产作为侵权责任承担方式予以规定即存在较大争议。《侵权责任法》第15条最终采取了延续《民法通则》责任形式规定的方式，将这四种责任方式作为侵权责任承担方式予以了规定。此次《民法典》编纂过程中，亦有观点提出停止侵害、排除妨碍、消除危险等责任方式不属于侵权责任方式，

认为将停止侵害、排除妨碍、消除危险作为侵权责任方式，在权利效力、诉讼时效适用、过失要件和对权利人的保护等方面均存在不妥，应当回归传统民法，将侵权责任承担方式限定为损害赔偿，同时认可独立于侵权请求权的绝对权请求权。也有观点提出停止侵害、排除妨碍、消除危险等也应作为侵权责任承担方式，仅与损害赔偿的责任承担方式不同，其不以行为人的过错为要件。

通过目前三条的规定来看，《民法典》仍将停止侵害、排除妨碍、消除危险等作为侵权责任承担方式。但是《民法典》在第 1165 条和第 1166 条中强调并凸显造成“损害”这一要件，并将《侵权责任法》中的第 21 条内容的位置予以调整，使得不同责任方式的适用条件更加明确，在体系和逻辑上更为合理。

【条文解读与法律适用】

现实中，损害应为比较宽泛的概念，既包括已经存在的不利后果，即现实损害，也包括构成现实威胁可能造成不利后果的损害危险。为防止损害危险转化为现实损害，多部法律规定损害危险行为人应当承担相应责任。本条规定，侵权行为危及他人人身、财产安全的，被侵权人有权请求侵权人承担停止侵害、排除妨碍、消除危险等侵权责任。此处的“危及”，可以从三个方面理解：一是侵权行为正在实施和持续而非已经结束；二是侵权行为已经危及被侵权人的人身、财产安全而非不可能危及；三是侵权人作出侵权行为而非自然原因。[①]

本法第 1165 条第 1 款规定，行为人因过错侵害他人民事权益造成损害的，应当承担侵权责任。与《侵权责任法》第 6 条关于“行为人因过错侵害他人民事权益，应当承担侵权责任”的规定相比较，可以说，在侵权责任归责原则和一般侵权责任构成规则中明确规定了损害要件。而本条规定侵权行为危及他人人身、财产安全的，被侵权人即有权请求侵权人承担停止侵害、

---

① 杜万华主编：《〈第八次全国法院民事商事审判工作会议（民事部分）纪要〉理解与适用》，人民法院出版社 2017 年版，第 161 页。

排除妨碍、消除危险等侵权责任，并未要求侵权人具有过错，也没有要求造成实际损害，同时又明确停止侵害、排除妨碍、消除危险属于侵权责任形式。应当如何来理解？

笔者认为，归责原则解决的是责任成立的问题，而责任形式解决的是责任具体落实的问题。所以责任形式可以适用于多种归责原则下的侵权责任。因此，不能简单说过错责任原则和无过错责任原则不适用于停止侵害、排除妨碍、消除危险等预防性侵权责任形式。停止侵害、排除妨碍、消除危险，对应于各种侵权责任，它们既可以适用于过错责任、过错推定责任，也可以适用于无过错责任。《民法典》将停止侵害、排除妨碍、消除危险作为侵权责任形式予以规定，就是为了使得受害人能够获得更充分的救济。但是，根据本条规定，停止侵害、排除妨碍、消除危险责任形式适用时，并不要求侵权人具有过错，在发生侵害的情况下，行为人通常是有过错的，例如，在邻人的房屋旁边挖掘水井，这本身表明没有尽到对他人财产和人身的注意义务，但是，停止侵害请求权的行使，并不要求受害人证明此种过错。《第八次全国法院民事商事审判工作会议（民事部分）纪要》第7条明确规定："依据侵权责任法第二十一条的规定，被侵权人请求义务人承担停止侵害、排除妨害、消除危险等责任，义务人以自己无过错为由提出抗辩的，不予支持。"

适用停止侵害、排除妨碍、消除危险责任形式时，也不要求造成实际损害后果，这也是其特殊性所在。即使没有造成实际损害，但如果形成了损害发生的危险，或者侵权行为处于持续状态，责任人也要承担相应的责任，以避免可能出现的损害后果。

（高燕竹　撰写）

第一千一百七十六条　【自甘风险】自愿参加具有一定风险的文体活动，因其他参加者的行为受到损害的，受害人不得请求其他参加者承担侵权责任；但是，其他参加者对损害的发生有故意或者重大过失的除外。

活动组织者的责任适用本法第一千一百九十八条至第一千二百零一条的规定。

【法条链接】

《民法典》第1198—1201条

【立法背景】

本条为新增加内容，是关于自愿参加具有风险文体活动的法律后果的规定。在2009年制定《侵权责任法》过程中，对此就进行过深入讨论，专家认为应当确认这一免责事由，但立法机关认为自甘风险理论研究还不够深入，经验不够成熟，故未作规定。现实生活中，涉及自甘风险的纠纷案件时有发生，广西南宁市人民法院受理的中国驴友人身损害赔偿纠纷案和央视女编辑灵山自助旅游人身损害赔偿纠纷案，都涉及适用自甘风险规则的问题，也说明采用自甘风险为免责事由对于统一侵权法适用的重要性。[①] 在2018年11月的专家研讨会上，专家建议增设自甘风险规则，立法机关采纳了这个建议，因而在《侵权责任编（草案)》（二审稿）中增加规定了自甘风险规则。

草案二次审议稿第954条之一规定："自愿参加具有危险性的活动受到损害的，受害人不得请求他人承担侵权责任，但是他人对损害的发生有故意或者重大过失的除外；活动组织者的责任适用安全保障责任的规定。"[②] 在论证过程中，有观点提出，自甘风险规则的适用范围不宜过宽，应限定为体育比赛等具有一定风险的文体活动。同时，建议明确教育机构在组织这类活动时应当如何承担责任。立法机关采纳了这一意见，对上述"自甘风险"的规定作了修改：一是自愿参加具有一定风险的文体活动，因其他参加者的行为受到损害的，受害人不得请求其他参加者承担侵权责任，但是其他参加者对损害的发生有故意或者重大过失的除外。二是做了引致性规定，如果活动组织者为学校等教育机构，应当适用学校等教育机构在学生受到人身损害时的相关责任规定。

---

① 杨立新：《民法典侵权责任编草案二审稿的立法进展与完善》，载《上海政法学院学报》2019年第2期。

② 参考全国人民代表大会宪法和法律委员会关于《民法典侵权责任编（草案)》修改情况的汇报，2019年8月。

【条文解读与法律适用】

所谓受害人自甘冒险，是指受害人已经意识到某种风险的存在，或者明知将遭受某种风险，却依然冒险行事，致使自己遭受损害。①《民法典》此次增加规定自甘风险的法律后果，在理解和适用中应当注意以下几点：

一、自甘风险为侵权损害赔偿免责事由

根据权利的一般定义，权利人有权处分自己的权利。权利人自甘冒险，只要不违反法律和公序良俗，是行使权利的行为，在一般情况下，法律并未予以禁止。在受害人同意与自愿承担风险时，加害人的行为不具有违法性，不承担侵权责任。规定自甘风险规则的意义在于：一方面，有利于鼓励人们参与具有一定危险性的活动。在现实生活中，许多正常活动尤其是体育活动（如踢足球、拳击等），具有一定的危险性，容易发生伤害。如果一旦发生伤害事故，该活动的组织者或活动参与人就需要承担责任，如此不仅徒增纠纷，而且会使得人们望而却步，学校等机构也难以开展正常的对抗性较强的体育等活动。另一方面，有助于保障人们的行为自由，尤其是参与体育运动、旅游探险等活动的自由。按照草案上述规定，只要行为人没有故意或重大过失，就可以免责，这就使民众可以放心地从事这些活动，保障个人的行为自由。②司法实践中，因体育运动发生碰撞等纠纷案件时有发生，但损害责任如何承担，由于缺乏明确法律依据，裁判尺度不一，《民法典》明确规定自甘风险，对于此类纠纷案件的处理提供了依据。

二、适用要件

（一）适用领域为"具有一定风险的文体活动"

自甘冒险中的风险，并非日常生活中一般活动的风险，不能将自甘冒险制度的适用领域过于泛化，否则，受害人参与任何具有风险的活动都要自担风险，显然对其不公平。本条将自甘风险规则的适用范围或者领域确定为"具有一定风险的文体活动"。

---

① 王利明：《论受害人自甘冒险》，载《比较法研究》2019 年第 2 期。

② 王利明：《论受害人自甘冒险》，载《比较法研究》2019 年第 2 期。

其适用的典型领域是一些激烈的对抗性竞技比赛，如足球、橄榄球、拳击、赛车、赛马等，或其他没有对手但仍然具有超出正常危险的体育或游乐活动，如帆船、滑板、秋千、雪橇、碰碰车等，发生意外伤害往往是此类活动正常的内在风险。[①] 在受害人同意的情形下，受害人就损害的发生以及损害的性质等一般是知情的。也就是说，受害人知道了给自己造成的损害风险，并且愿意接受这种风险。

（二）受害人因自愿参加具有危险性的活动受到损害

“受害人自愿参加”是自甘风险规则适用的前提条件。所谓自愿，是指受害人是基于自主的意思而参与活动，并非在他人强迫或者胁迫下参加。受害人有自愿承担危险的明确表示或者可以推知的默示。明确表示承担危险的，须为文字或者口头表示。默示方式是指虽然没有通过口头或者文字明确表示接受，但是根据具体情形可以推定受害人有接受活动所带来的风险而参加该活动的意愿。

（三）因其他参加者的行为受到损害

本条规定，在自甘风险的情形下，因其他参加者的行为受到损害的，受害人不得请求其他参加者承担侵权责任。行为人的主体身份为其他参加者。自甘风险规则适用于具有一定风险的文体活动，也就是说，活动本身具有一定的风险，通常活动参加者互相之间存在对抗、冲撞等，参加者在对此种风险知情的情况下自愿参加。其他参加者虽然造成了受害人损害，但受害人自甘风险，在某种程度上，阻却了其他参加者行为的违法性。但是受害人甘愿冒的风险，应当限于活动本身所具有的正常范围内的风险，而不应过于扩大化，其他主体比如观众、活动组织者造成的损害，并不适用自甘风险规则。比如观众向球员扔酒瓶、活动组织者未尽安全保障义务，仍应以相关规定承担责任。

三、免责的例外情形——行为人故意或者重大过失

在行为人具有故意或重大过失的情形下，即便受害人自愿参加具有一定风险的文体活动，行为人仍应当负责。一方面，自甘冒险中，受害人所愿意承担的风险只是活动本身的正常风险，并不包括活动中他人故意或重大过失的侵害行为所带来的损害。故意或因重大过失侵权导致损害，已经不属于活

① 王竹主编：《民法典·侵权责任编编纂建议稿》，清华大学出版社2019年版，第98页。

动内在的危险，而是行为人借活动之机，故意或基于重大过失伤害他人。也就是说，在行为人故意或者重大过失的情形下，造成受害人损害的原因已经不完全是受害人所自愿承担的风险，此时，对于超出受害人自愿承担风险之外的原因所造成的损害，行为人仍应当承担责任。① 另一方面，行为人对其过错行为承担相应的责任，行为人故意实施侵权行为时，表明其具有主观恶意，具有明显的违法性，尤其是行为人具有故意或重大过失的情况下，其行为本身具有可非难性。如果允许行为人免责，显然不利于对其具有可非难性的行为进行惩罚。②

四、组织者的责任

本条规定自甘风险作为免责事由，是针对受害人因其他参加者的行为受到损害的，其他参加者可以受害人自甘风险为由进行免责抗辩。但是，在受害人自甘冒险遭受损害的情形下，活动的组织者也可能具有一定的过错。因此，即使受害人自甘冒险，也并非必然由受害人自己承受全部损失，活动组织者也可能需要承担一定的责任。本条规定，活动组织者的责任根据本法第 1198 条至第 1201 条的规定进行认定。

（高燕竹　撰写）

第一千一百七十七条　【自助行为】合法权益受到侵害，情况紧迫且不能及时获得国家机关保护，不立即采取措施将使其合法权益受到难以弥补的损害的，受害人可以在保护自己合法权益的必要范围内采取扣留侵权人的财物等合理措施；但是，应当立即请求有关国家机关处理。

受害人采取的措施不当造成他人损害的，应当承担侵权责任。

【法条链接】

《民法典》第 1176 条、第 1178 条

---

① 王利明：《论受害人自甘冒险》，载《比较法研究》2019 年第 2 期。

② 王利明：《论受害人自甘冒险》，载《比较法研究》2019 年第 2 期。

【立法背景】

权利救济方式大致分为公力救济和私力救济两种。在现代社会，原则上禁止自助。从维持社会秩序的角度来看，禁止自助是必要的。“如果认可私人随意通过自己的力量行使权利的话，实力强的人就会胜出，这样社会的秩序就会变得难以维持了。”[①] 但绝对禁止私力救济，有时难免对权利人保护不周。行为人在情况紧迫、来不及请求公力救济的情况下，采取自助措施以避免或减轻自己的财产或人身权利所受到的侵害，往往也能够得到社会观念的认可。

在本条制定过程中，亦存在不同观点。肯定说认为，自助行为作为私力救济的一种主要方式，其在弥补公力救济之难以及时保护权利人急迫需要以及高成本、低效率等缺陷上，作用显著，有助于公民的权利得到及时、切实的保护。[②] 否定说则认为，如果规定了自助，可能造成鼓励私力救济的后果，导致私力救济泛滥，不符合现代法治的精神。[③] 由于自助行为的模糊性，容易导致恃强凌弱乃至社会秩序的混乱。[④] 本条规定自助行为，允许将自助作为减轻或者免除行为人责任的抗辩理由，以弥补公力救济之不足，同时也对自助行为作出限制。

【条文解读与法律适用】

一、自助行为的适用条件

（一）合法权益受到侵害

成立自助行为，仅以保护自己的权利为限，为保护他人的权利，不能成立自助行为。[⑤] 为防止他人民事权益受到损害采取措施，可能构成正当防卫或

---

① 参见王泽鉴著：《民法总则》，中国政法大学出版社 2001 年版，第 562 页。

② 焦清扬：《民事自助行为的价值定位及其制度构建》，载《法学杂志》2014 年第 7 期。

③ 王利明著：《侵权责任法研究（上册）》，中国人民大学出版社 2010 年版，第 468 页。

④ 潘慧：《自助行为入典的法律风险及其防控》，载《四川文理学院学报》第 29 卷第 4 期。

⑤ 梁慧星著：《中国民法典草案建议稿附理由 侵权行为编·继承编》，法律出版社 2004 年版，第 28 页。

者紧急避险，法律后果依据相关规定确定。

（二）情况紧迫且不能及时获得国家机关保护

情况紧迫，意味着如果不立即采取措施将使合法权益遭受难以弥补的损害。实践中，如债务人变卖财物准备搭机潜逃，或在餐厅白吃白喝后，正欲乘车溜走时，得扣留其护照证件、拿走其汽车钥匙，此等行为虽侵害他人权利，亦可阻却违法。[①]

（三）在保护自己合法权益的必要范围内采取合理措施

采取自助行为，以必要为限度。此项要件的目的在于限制自助行为的内容和强度，避免恣意滥用，危害法律秩序。[②]《德国民法典》第229条规定："以自助为目的将物件押收、破坏或毁损者，或以自助为目的将有逃亡嫌疑的债务人施以扣留者，或对于义务人应容忍的行为，因其抗拒而加以制止者，若来不及请求机关援助，且非于当时为之，其请求权不得实行或实行显有困难时，不为违法。"《瑞士债法典》第52条第3款规定："为保全有权利的请求权之目的，自行保护者，如按其情形，不及请求官署救助，惟依自助得阻止请求之无效或其主张之重大困难时，不负赔偿义务。"[③] 本条规定，受害人可以在保护自己合法权益的必要范围内采取扣留侵权人的财物等合理措施，即对采取自助行为作出了限制，同时又较为弹性。实践中，需结合具体情况，判断必要合理的限度。

（四）应当立即请求有关国家机关处理

因为自力救济只是权宜之计，最终必须请求公权力的救济。所以，自助人要及时请求有关国家机关处理。例如，将扣押的财产送往法院或公安机关，请求适当的处理。[④] 行为人在实施自助行为之后，必须立即向有关机关申请援助，请求处理。行为人无故申请迟延，造成损害的还应负赔偿责任。行为人的自助行为如果不被有关国家机关事后认可，则必须立即停止侵害并对受害人负赔偿责任。[⑤]

---

① 参见王泽鉴著：《侵权行为法（第一册）》，中国政法大学出版社2001年版，第238页。

② 梁慧星著：《中国民法典草案建议稿附理由 侵权行为编·继承编》，法律出版社2004年版，第28页。

③ 王利明著：《侵权责任法研究（上册）》，中国人民大学出版社2010年版，第467—468页。

④ 参见周友军：《民法典中的违法阻却事由立法研究》，载《四川大学学报（哲学社会科学版）》2018年第5期。

⑤ 杨立新著：《侵权法论》，人民法院出版社2005年版，第263页。

二、法律后果

法律所规定的自助行为应为何种性质？存在不同的说法或者观点。梁慧星教授将之作为抗辩事由的一种，王利明教授亦认为其为一种抗辩事由，并作为减轻或者免除责任的事由。周友军教授则认为，应当为一种违法阻却事由。《侵权责任法》第三章为“不承担责任和减轻责任的情形”。本条并未如第1176条关于自甘风险，直接规定不得请求其他参加者承担侵权责任。但结合第1176条所规定的自甘风险的法律后果，以及第1178条规定本法和其他法律对不承担责任或者减轻责任另有规定的依照其规定的内容，笔者认为，自助行为应为不承担责任或者减轻责任的事由。如果符合了前述法律规定自助行为的要件，行为人可主张不承担责任。

但是，本条第2款同时规定，受害人采取的措施不当造成他人损害的，应当承担侵权责任。与防卫过当和避险过当的规则类似，如果自助人采取的自助措施不当而造成他人损害，受害人有权请求自助人承担侵权责任。

（高燕竹　撰写）

第一千一百七十八条　【优先适用特别规定】本法和其他法律对不承担责任或者减轻责任的情形另有规定的，依照其规定。

【法条链接】

《民法典》第1173—1177条、第1237—1240条、第1244—1246条；《民法总则》第180—184条；《侵权责任法》第70—71条；《产品质量法》第41条；《铁路法》第58条；《电力法》第60条；《海商法》第167条；《海洋环境保护法》第91条；《水污染防治法》第96条

【立法背景】

本条为新增条款。《民法典》侵权责任编关于不承担责任或者减轻责任情形的规定主要有：第1173条关于比较过失的规定，第1174条关于受害人故

意免责的规定，第1175条第三人侵权的规定，第1176条自甘风险以及第1177条自助行为的规定。《民法总则》第八章规定了不可抗力、正当防卫、紧急避险、紧急救助等免责事由。这些免责事由适用于一般过错侵权类型，并无异议。但是否全部适用于无过错侵权类型中，抑或是，在特殊侵权类型没有规定的，均不适用？该问题造成了司法实践的困惑。除此，其他法律还对不承担责任或者减轻责任的其他情形作出了规定，如何处理这些规定在适用上的关系，以便司法实践中操作和把握，是本条要解决的问题。

【条文解读与法律适用】

一、本法对免责或者减责事由有规定的情形

（一）本编无须重复《民法总则》的相关内容

《民法总则》是统领民法各编的总公因式，构成侵权编的一般规定。[①]《民法总则》第八章民事责任部分中，第180条关于不可抗力的规定，第181条关于正当防卫的规定，第182条关于紧急避险的规定，第183条关于见义勇为的规定以及第184条关于自愿紧急救助的规定，适用于侵权责任纠纷。因民法总则已经做出规定，从体系编排的角度，侵权编无需再做出重复规定。

（二）本编特殊侵权章节对减责或者免责事由有规定的情形

在适用无过错责任原则的案件中，行为人可以向法官主张法定的不承担责任或者减轻责任的事由。法律根据行为的危险程度，对适用无过错责任原则的不同侵权类型规定了不同的不承担责任或者减轻责任的事由。[②] 例如，本编第八章高度危险责任部分第1237条规定，民用核设施或者运入运出核设施的核材料发生核事故造成他人损害的，民用核设施的营运单位应当承担侵权责任；但是，能够证明损害是因战争、武装冲突、暴乱等情形或者受害人故意造成的，不承担责任。第1238条规定，民用航空器造成他人损害的，民用航空器的经营者应当承担侵权责任；但是，能够证明损害是因受害人故意造成的，不承担责任。第1239条规定，占有或者使用易燃、易爆、剧毒、高放

---

① 张平华：《民法典侵权责任编应处理好的三对关系》，载《财经法学》2018年第6期。

② 王胜明主编：《中华人民共和国侵权责任法释义》，法律出版社2010年版，第49页。

射性、强腐蚀性、高致病性等高度危险物造成他人损害的，占有人或者使用人应当承担侵权责任；但是，能够证明损害是因受害人故意或者不可抗力造成的，不承担责任。被侵权人对损害的发生有重大过失的，可以减轻占有人或者使用人的责任。第1240条规定，从事高空、高压、地下挖掘活动或者使用高速轨道运输工具造成他人损害的，经营者应当承担侵权责任；但是，能够证明损害是因受害人故意或者不可抗力造成的，不承担责任。被侵权人对损害的发生有重大过失的，可以减轻经营者的责任。第1244条规定，承担高度危险责任，法律规定赔偿限额的，依照其规定，但是行为人有故意或者重大过失的除外。第九章饲养动物损害责任部分，第1245条规定，饲养的动物造成他人损害的，动物饲养人或者管理人应当承担侵权责任；但是，能够证明损害是因被侵权人故意或者重大过失造成的，可以不承担或者减轻责任。第1246条规定，违反管理规定，未对动物采取安全措施造成他人损害的，动物饲养人或者管理人应当承担侵权责任；但是，能够证明损害是因被侵权人故意造成的，可以减轻责任。

上述规定属于本法对不承担责任或者减轻责任的情形的规定，应当依照其规定。

二、其他法律另有规定的情形

其他法律对不承担责任或者减轻责任的情形另有规定的，依照其规定。笔者梳理了其他法律对免责或者减责事由的规定。例如，《产品质量法》第41条规定，因产品存在缺陷造成人身、缺陷产品以外的其他财产损害的，生产者应当承担赔偿责任。生产者能够证明有下列情形之一的，不承担赔偿责任：（1）未将产品投入流通的；（2）产品投入流通时，引起损害的缺陷尚不存在的；（3）将产品投入流通时的科学技术水平尚不能发现缺陷的存在的。《铁路法》第58条规定，因铁路行车事故及其他铁路运营事故造成人身伤亡的，铁路运输企业应承担赔偿责任；如果人身伤亡是因不可抗力或者由于受害人自身的原因造成的，铁路企业不承担赔偿责任。《电力法》第60条还规定，因不可抗力引起电力事故，使电力运行给用户或者第三人造成损害的，电力企业不承担赔偿责任。《海商法》第167条规定，船舶发生碰撞，是由于不可抗力或者其他不能归责于任何一方的原因或者无法查明的原因造成的，碰撞各方互相不负赔偿责任。《海洋环境保护法》第91条规定，完全属于下列情形之一，经过及时采取合理措施，仍然不能避免对海洋环境造成污染损害的，造成污染损害的有关责任者免予承担责任：（1）战争；（2）不可抗拒的自然灾害；（3）负责灯塔或者其他助航设备的主管部门，在执行职责时的疏忽，或者其他过失行为。《水污染防治法》第96条规定，因水污染受到损害的当事人，有权要求排污方排除危害和赔偿损失。由于不可抗力造成水污染损害的，排污方不承担赔偿责任；法律另有规定的除外。水污染损害是由受害人故意造成的，排污方不承担赔偿责任。水污染损害是由受害人重大过失造成的，可以减轻排污方的赔偿责任。水污染损害是由第三人造成的，排污方承担赔偿责任后，有权向第三人追偿。

三、需要注意的问题

以往在司法实践比较困惑的问题是，在特殊侵权行为中如果没有明确列举某一免责事由，但是在《侵权责任法》第三章中有规定，此时该免责事由还能否适用于这一侵权行为？例如，《侵权责任法》第70条和第71条关于民用核事故责任、航空事故责任的规定中并未规定不可抗力是免责事由的，行为人可否援引《侵权责任法》第三章或者《民法总则》中对不可抗力的规定来主张免责呢？有学者认为，如果认可《侵权责任法》第三章关于免责事由的规定在法律没有例外规定的时候，可以适用于任何侵权行为，那么在特殊侵权行为中立法者只需要根据价值判断明确列出不适用的例外情形即可，没有必要去规定哪些情形下才能免责。而现在的立法模式是，在一些特殊的侵权行为如上述民用核事故责任和航空事故责任中，立法者又规定了单独的免责事由，这样实际上就意味着这种单独的对免责事由的规定排除了《侵权责任法》第三章关于免责事由的一般性规定。只有在民法典侵权编中明确规定“本法和其他法律对不承担责任或者减轻责任的情形另有规定的，依照其规定”，才能避免法律适用上的困境。[①] 根据该观点，本条已经解决了这个问题。

（高燕竹　撰写）

① 程啸：《民法典侵权责任编的体系结构及总则部分的完善》，载《财经法学》2018年第6期。

第二章 损害赔偿

第一千一百八十二条 【侵害人身权益造成财产损失的赔偿】 侵害他人人身权益造成财产损失的，按照被侵权人因此受到的损失或者侵权人因此获得的利益赔偿；被侵权人因此受到的损失以及侵权人因此获得的利益难以确定，被侵权人和侵权人就赔偿数额协商不一致，向人民法院提起诉讼的，由人民法院根据实际情况确定赔偿数额。

【法条链接】

《民法典》第1179条；《民法总则》第110条；《侵权责任法》第20条

【立法背景】

本条是由《侵权责任法》第20条修改而来，该条规定：“侵害他人人身权益造成财产损失的，按照被侵权人因此受到的损失赔偿；被侵权人的损失难以确定的，侵权人因此获得利益的，按照其获得的利益赔偿；侵权人因此获得的利益难以确定，被侵权人和侵权人就赔偿数额协商不一致，向人民法院提起诉讼的，由人民法院根据实际情况确定赔偿数额。”本条目前规定与之前规定相比，并未区分按照被侵权人因侵权行为受到的损失和侵权人因之获得的利益两种计算方式的顺序，而是规定“按照被侵权人因此受到的损失或者侵权人因此获得的利益赔偿”，赋予被侵权人选择权。换言之，在侵害他人人身权益造成财产损失的情形下，受害人既可以选择请求行为人按照实际损失赔偿，也可以选择请求行为人按照获利赔偿。笔者认为，允许受害人在两种赔偿计算方式中作出选择是科学可行的，能够更加充分地保护被侵权人的合法权益。

【条文解读与法律适用】

一、本条适用于侵害他人人身权益造成财产损失的情形

公民的人身权利是公民最基本的权利，包括的内容比较广泛，主要指人的生命权、健康权、身体权、姓名权、荣誉权、肖像权、名誉权、隐私权、监护权和人身自由等与人身直接有关的权利。侵害他人人身权益应当依法承担侵权责任。[①]《民法总则》第 110 条规定，自然人享有生命权、身体权、健康权、姓名权、肖像权、名誉权、荣誉权、隐私权、婚姻自主权等权利。法人、非法人组织享有名称权、名誉权、荣誉权等权利。立法基于经济社会发展实际，对于民事权利的类型采取开放式规定。法律明确规定为权利的，当然属于权利并受到侵权责任法保护，但是法律没有规定为权利但应当受到保护的，比如个人信息，同样属于民法保护的对象。随着社会、经济的发展，还会不断地有新的民事权益纳入侵权编的保护范围。

侵害他人人身权益可能造成财产利益损失以及非财产利益损失，比如侵害他人健康权，既可能导致医疗费、交通费等损失，还能造成误工费损失，导致残疾或者死亡的，还会导致未来收入的损失，这些都属于财产性损失。同时，可能造成精神痛苦等非财产性损失。本条规定的是造成财产损失时如何计算损失数额的问题。

二、按照被侵权人因此受到的损失或者侵权人因此获得的利益赔偿确定赔偿数额

侵害他人生命权、健康权、身体权等造成他人人身损害的，根据本法第 1179 条的规定，应当赔偿医疗费、护理费、交通费、营养费、住院伙食补助费等为治疗和康复支出的合理费用，以及因误工减少的收入。造成残疾的，还应当赔偿辅助器具费和残疾赔偿金；造成死亡的，还应当赔偿丧葬费和死亡赔偿金。

---

① 王胜明主编：《中华人民共和国侵权责任法释义》，法律出版社 2010 年版，第 101 页。

以侵权人所获利益为计算方式通常用于赔偿侵害姓名权、肖像权、名誉权、隐私权等非物质性人身权益造成财产损失的情况。比如说，在实践中经常会出现这样的情形，侵权人利用被侵权人的肖像、姓名、名誉谋取各种商业上的财产利益，有时候被侵权人能够证明侵权行为给自己造成的损失，但有时候被侵权人很难证明侵权人的行为究竟给自己造成了多少财产上的损失，但能够证明侵权人利用侵害他人人身权益获得的收益情况，本条明确规定将侵权人获得的利益作为计算财产损失的方式。

三、以上两种方式难以确定且协商不一致的，由人民法院根据实际情况确定赔偿数额

尽管前两种计算方式基本囊括了因侵犯人身权益造成财产损失计算的绝大多数情况，但是，实践中仍然存在通过被侵权人遭受的财产损失和侵权人获得的利益两个方式都无法确定财产损失数额的情况。此种情况下，首先尊重当事人之间的意思自治，能够协商一致则通过协商解决，无法协商一致的，立法者赋予司法者一定程度的自由裁量权，规定由人民法院根据实际情况确定赔偿数额，作为确定赔偿数额的兜底方式。

四、需要注意的问题

根据《侵权责任法》第20条规定，因侵权行为受到的损失和侵权人因之获得的利益两种计算方式是有先后顺序的，以侵权人所获利益的计算方式是以被侵权人受到损失计算方式的补充，即应先按照被侵权人的损失计算，用此方法计算无法得出结果时，再按照侵权人所受利益计算。但是根据修改后的规定，两种计算方式不再区分先后顺序，究竟是按照被侵权人因此受到的损失还是按照侵权人因此获得的利益赔偿计算，原则上交由原告即被侵权人在起诉时选择。这一修改解决了在实践中，侵权人所获收益数额更高，而只能按照被侵权人损失获得赔偿，导致侵权人在赔偿后尚可获利的问题。如果允许侵权人所获收益可以大于被侵权人所受损失，则会纵容侵权行为，与立法目的相悖。值得注意的是，由人民法院根据实际情况确定赔偿数额这一损失确定方式，具有补充性兜底性，在适用上与前两种方式是存在适用上的先后顺序的，即先按照被侵权人因此受到的损失以及侵权人因此获得的利益计算，根据前两种方式都难以确定的，再由人民法院根据实际情况确定赔偿数额。

（高燕竹　撰写）

第一千一百八十三条　【精神损害赔偿】侵害自然人人身权益造成严重精神损害的，被侵权人有权请求精神损害赔偿。

因故意或者重大过失侵害自然人具有人身意义的特定物造成严重精神损害的，被侵权人有权请求精神损害赔偿。

【法条链接】

《侵权责任法》第22条；《精神损害赔偿解释》第4条、第5条

【立法背景】

本条是由《侵权责任法》第22条修改而来。《侵权责任法》第22条规定："侵害他人人身权益，造成他人严重精神损害的，被侵权人可以请求精神损害赔偿。"由于人身权益并非仅仅自然人享有，法人的名誉权、名称权等遭受侵害的，能否要求精神损害赔偿的问题，在理论和实践中存在争议。本条第1款将《侵权责任法》第22条中的"侵害他人人身权益"修改为"侵害自然人人身权益"，明确了有权请求精神损害赔偿限于侵害"自然人"人身权益的情形，不包括侵害法人人格权益的情形。另外，本条吸收了《精神损害赔偿解释》第4条关于侵害具有人格象征意义的特定纪念物品情形下的精神损害赔偿的规定，并作出了调整和修改，作为第2款予以规定。

【条文解读与法律适用】

一、侵害自然人人身权益的精神损害赔偿

一是主体范围，即何种民事主体有权就其民事权益遭受的损害请求精神损害赔偿。由于法律上的"他人"不仅包括自然人，也包括法人、非法人组织等其他民事主体，况且人身权益也并非仅仅自然人享有，于是法人的名誉

权、名称权等遭受侵害的，能否要求精神损害赔偿，就成了问题。[①] 通过此次修改，本条明确侵害自然人人身权益的可以请求精神损害赔偿，不包括侵害法人人格权益的情况，法人的人格权益比如名称权、荣誉权、名誉权等遭到损害，通常会造成财产损失，但并不会像自然人一样，遭受严重精神痛苦。从损害赔偿的角度来看，企业法人人格所受损害本质上是财产上的损害，如其商业信誉丧失本质上即表现为现有财产的减少和可得利益的丧失，相应地，其损害赔偿救济也只能是财产损害赔偿中的所受损失和所失利益的赔偿。[②] 目前立场也是符合我国司法实践的，《精神损害赔偿解释》第 5 条规定，法人或者其他组织以人格权遭受损害为由，向人民法院起诉请求赔偿精神损害的，人民法院不予受理。

二是客体范围，即何种民事权益受损害时被侵权人可以请求精神损害赔偿。根据本条规定，精神损害赔偿的范围是侵害他人人身权益，侵害财产权益不在精神损害赔偿的范围之内。如前所述，人身权益包括生命权、健康权、姓名权、名誉权、肖像权、隐私权、监护权等。但并非只要侵害他人人身权益被侵权人就可以获得精神损害赔偿。本条规定，“造成他人严重精神损害”才能够获得精神损害赔偿，偶尔的痛苦和一般的不高兴、不愉快不能认为是严重精神损害。

一般来说，请求精神损害赔偿的主体应当是直接遭受人身权侵害的本人。受到他人侵害致残，或者名誉等人身权益受到他人侵害造成严重的精神损害的，可以请求精神损害赔偿。在我国司法实践中，对于因侵权导致死亡者的亲属是给予精神损害赔偿的。本法第 1181 第 1 款规定，被侵权人死亡的，其近亲属有权请求侵权人承担侵权责任。其中，赋予近亲属的请求权并没有明确排除精神损害赔偿。[③]

二、侵害具有人身意义特定物的精神损害赔偿

从精神损害赔偿的价值理念和调整功能出发，精神损害的赔偿范围限定在自然人的人身权益直接遭受侵害的情形，但在审判实践中，人民法院对财

---

① 程啸：《民法典侵权责任编的体系结构及总则部分的完善》，载《财经法学》2018 年第 6 期。

② 唐德华主编、最高人民法院民一庭编著：《最高人民法院〈关于确定民事侵权精神损害赔偿责任若干问题的解释〉的理解与适用》，人民法院出版社 2015 年版，第 22 页。

③ 王胜明主编：《中华人民共和国侵权责任法释义》，法律出版社 2010 年版，第 111—112 页。

产权遭受侵害导致财产所有人精神损害的特殊情形，也有判决支持当事人精神损害赔偿诉讼请求的若干判例。《精神损害赔偿解释》第 4 条规定，具有人格象征意义的特定纪念物品，因侵权行为而永久性灭失或者毁损，物品所有人以侵权为由，向人民法院起诉请求赔偿精神损害的，人民法院应当依法予以受理。这一规定在世界侵权责任法领域都属于先进性规定，经过 10 余年的司法实践，民法典将其吸收进来，上升为法律规定，具有重大价值。[①] 本条在司法解释该条规定的基础上，作了修改和调整。本条第 2 款规定，因故意或者重大过失侵害自然人具有人身意义的特定物造成严重精神损害的，被侵权人有权请求精神损害赔偿。司法实践中，应当对其具体适用予以准确把握：

首先，侵害的客体是对自然人具有人身意义的特定物。被侵害的财产须为特定物而非种类物。在一般的财产中，财产就是财产，不具有人身意义。但是，有些物品比如特定的具有纪念意义的物品，承载了人的感情或者精神寄托，则具有了精神利益或者人身意义。侵害一般的财产不会产生精神损害赔偿责任，只有侵害具有人身意义的特定物，才有可能构成精神损害赔偿责任。

其次，侵权人具有故意或者重大过失。原则上侵害物品造成的就是财产损失，这是一般社会公众都具有的合理认识，因此，所谓自然人具有人身意义的特定物品除了那些众所周知的被认为具有人身意义的物品如遗体、遗骨之外，绝大多数的这类特定物品的“人身意义”是不具备社会典型公开性的。也就是说，他人除了知道这是一个物品之外，不会知道该物品竟然还是具有特殊意义的特定物品。因此，为了避免给人们的合理行为自由造成不合理的限制，还有必要从主观上加以限制。[②]《侵权责任编（草案)》（一审稿）将侵权人的主观要件限制为“故意”，二审稿增加了“重大过失”的情形，对侵权人主观要件加以限制。

最后，须给被侵权人造成严重精神损害。侵害具有人身意义的特定物，须造成严重的精神损害，被侵权人方有权请求精神损害赔偿。至于何种情形

---

① 杨立新：《民法典侵权责任编草案二审稿的立法进展与完善》，载《上海政法学院学报（法治论丛)》2019 年第 2 期。

② 程啸：《民法典侵权责任编的体系结构及总则部分的完善》，载《财经法学》2018 年第 6 期。

为严重精神损害，则须裁判者在具体案件中予以把握。笔者认为，《精神损害赔偿解释》第4条所规定的“因侵权行为而永久性灭失或者毁损”，使得损失具有不可逆转性，司法实践中可作为认定考量的要素。

（高燕竹　撰写）

第一千一百八十四条　【财产被侵害损失计算方式】侵害他人财产的，财产损失按照损失发生时的市场价格或者其他合理方式计算。

【法条链接】

《侵权责任法》第19条；《著作权法》第49条；《商标法》第63条

【立法背景】

本条是由《侵权责任法》第19条修改而来。《侵权责任法》第19条规定，侵害他人财产的，财产损失按照损失发生时的市场价格或者其他方式计算。本条与之相比，由原来的“其他方式”修改为“其他合理方式”，在文字上并没有过多实质性的修改。但由于财产损失计算在实践中一直颇多争议。有观点认为，按照损失发生时的市场价格计算财产损失的价格，不符合完全赔偿原则，无法通过损害赔偿使得受害人处于倘若侵权行为没有发生时本应处的境地，提出以起诉时、判决时为计算时点等多种观点。此次修改虽然只是在文字上做了微调，但同时也传递了立法者认为财产损失确定应当符合合理原则的立法理念。

【条文解读与法律适用】

一、财产损失按照损失发生时的市场价格计算

所谓财产损失，是指侵权人实施的侵权行为造成了他人财产的价值或者使用价值的减少或者丧失。财产，包括动产、不动产以及财产权益。关于财

产被侵害造成的损失赔偿计算时间点的问题，在司法实践中，存在不同的看法：一是以损害发生时为标准。此种观点认为，损害何时发生，就从何时计算损害赔偿的数额。二是以被侵权人请求或者起诉时为准。三是以判决生效时为计算时点。此种观点认为，考虑到通货膨胀和物价上涨因素等，以判决生效时为准有利于更充分地保障受害人的利益。① 各种时间点的选择各有优缺点。第一种是以损失发生时为准。这种方法的优点是计算起来相对比较容易和具有较高的确定性，不会出现采用事后的其他方法时容易因人为因素导致赔偿额的变化；但缺点在于被侵权人获得的赔偿往往是事后的，因时间延迟可能客观上导致其得不偿失，甚至不能获得假设没有损害发生或者侵权人即时支付赔偿时被侵权人可以获得的相应孳息，而且当损失在一个相当长的时期内持续发生而同期市场价格变动较多时，计算起来也会很麻烦。第二种是以被侵权人请求或者起诉时为准。这种方法的优点是以被侵权人主张权利的时间点来计算，体现了对权利人的尊重和保护；但缺点是不利于鼓励被侵权人及时行使权利。第三种是以判决时为准。这种方法的优点是裁判作出时的市场价格相对容易查清认定，对双方当事人而言，市场价格的变化是因为双方争议的客观存在而出现的，不论届时价格上涨还是下跌，属于双方应当预见和承担的诉讼风险，相对较为公平；但缺点是诉讼程序自身亦有渐进性，也存在多个可供选择的时间点，具有一定的不确定性，实际上也难以做到实质公正。第四种是以侵权人实际支付时为准。这种方法更具有不确定性，对双方当事人而言，不仅难以说对谁会更有利，而且容易因价格计算问题再次引发争议。②

因侵权行为导致财产损失的，按照财产损失发生时的市场价格计算，也就是以财产损失发生之时该财产的市场价格为计算标准。被侵害的财产为新物且完全毁损灭失时，财产损失可以通过比较同类物在损失发生时的市场价格确定。在被侵害的财产为旧物时，确定财产损失时，需要考虑折旧因素，扣除折旧后按照财产残值确定财产损失。

---

① 王利明著：《侵权责任法研究》（第二版）上卷，中国人民大学出版社2016年版，第680页。

② 最高人民法院侵权责任法研究小组编著：《〈中华人民共和国侵权责任法〉条文理解与适用》，人民法院出版社2010年版，第147—148页。

二、其他计算方式

本条除了规定财产损失按照损失发生时的市场价格以外，还规定了按照其他合理方式计算，采取了开放式方式予以规定。

以财产损失发生时的市场价格计算是最常用的财产损失的计算方法，尤其适用于有体物的损害赔偿计算。但并非所有财产损失都适用这种计算方法。如果某种财产因无法进入市场流通或者缺乏交易市场而无法估算其价格，或者具有特殊意义比如祖传宝物，古董文物等，以财产损失发生时市场价格的计算方式则无法适用或者会导致利益失衡，此时则应当采用其他损失认定方式。比如像古董文物则可以通过专业的鉴定评估确定财产损失，有些情况下，还需要根据具体情况酌情认定。

另外，存在法律对某些财产损失确定方式另有规定的情况。比较典型的是关于侵害知识产权的财产损失计算的规范，分散于知识产权相关法律中。《著作权法》第 49 条规定，侵犯著作权或者与著作权有关的权利的，侵权人应当按照权利人的实际损失给予赔偿；实际损失难以计算的，可以按照侵权人的违法所得给予赔偿。赔偿数额还应当包括权利人为制止侵权行为所支付的合理开支。权利人的实际损失或者侵权人的违法所得不能确定的，由人民法院根据侵权行为的情节，判决给予五十万元以下的赔偿。《商标法》第 63 条第 1 款规定，侵犯商标专用权的赔偿数额，按照权利人因被侵权所受到的实际损失确定；实际损失难以确定的，可以按照侵权人因侵权所获得的利益确定；权利人的损失或者侵权人获得的利益难以确定的，参照该商标许可使用费的倍数合理确定。对恶意侵犯商标专用权，情节严重的，可以在按照上述方法确定数额的一倍以上五倍以下确定赔偿数额。赔偿数额应当包括权利人为制止侵权行为所支付的合理开支。第 3 款规定，权利人因被侵权所受到的实际损失、侵权人因侵权所获得的利益、注册商标许可使用费难以确定的，由人民法院根据侵权行为的情节判决给予五百万元以下的赔偿。《专利法》也对侵犯专利权的赔偿数额确定做出了规定。

如前所述，对于财产损失计算时点的确定，实践中一直存在争议，不同的时点各有优缺点，尤其涉及房产、股权、矿产等价格涨跌幅度较大的财产时，以何为时点确定财产损失对当事人的权益影响更为明显。笔者认为，本条规定的财产损失计算方式保留了开发性的特点，在价格涨跌明显的情况下，为了实现侵权法损失填平原则，司法可以结合案件具体情况，灵活运用多个时间点确定侵害财产所造成的财产损失，以实现公平合理，维护当事人合法权益。

（高燕竹　撰写）

第一千一百八十五条　【侵害知识产权的惩罚性赔偿责任】故意侵害他人知识产权，情节严重的，被侵权人有权请求相应的惩罚性赔偿。

【法条链接】

《民法典》第179条、1207条、第1232条；《商标法》第63条；《食品安全法》第148条；《消费者权益保护法》第55条

【立法背景】

本条为新增条款。我国高度重视对知识产权的保护，2015年《国务院关于新形势下加快知识产权强国建设的若干意见》提出，要加大知识产权侵权行为惩治力度，提高知识产权侵权法定赔偿上限，针对情节严重的恶意侵权行为实施惩罚性赔偿并由侵权人承担实际发生的合理开支。我国《商标法》第63条第1款规定："侵犯商标专用权的赔偿数额，按照权利人因被侵权所受到的实际损失确定；实际损失难以确定的，可以按照侵权人因侵权所获得的利益确定；权利人的损失或者侵权人获得的利益难以确定的，参照该商标许可使用费的倍数合理确定。对恶意侵犯商标专用权，情节严重的，可以在按照上述方法确定数额的一倍以上五倍以下确定赔偿数额。赔偿数额应当包括权利人为制止侵权行为所支付的合理开支。"依据该条规定，在行为人恶意侵害商标权且情节严重的情形下，受害人有权请求行为人承担惩罚性赔偿责任。在国家高度重视保护知识产权的大背景下，《民法典》对侵害知识产权的行为适用惩罚性赔偿作出了规定。

【条文解读与法律适用】

一、《民法典》规定侵害知识产权适用惩罚性赔偿的必要性

惩罚性赔偿是指当侵权人（义务人）以恶意、故意、欺诈等的方式实施加害行为而致权利人受到损害的，权利人可以获得实际损害赔偿之外的增加赔偿。其目的是通过对义务人施以惩罚，阻止其重复实施恶意行为，并警示他人不要采取类似行为。①

《民法典》第179条第2款规定：“法律规定惩罚性赔偿的，依照其规定。”《民法典》第1207条规定，明知产品存在缺陷仍然生产、销售，或者没有依据前条规定采取有效补救措施，造成他人死亡或者健康严重损害的，被侵权人有权请求相应的惩罚性赔偿。《民法典》第1232条规定，侵权人违反法律规定故意污染环境、破坏生态造成严重后果的，被侵权人有权请求相应的惩罚性赔偿。此外，还有两部法律也规定了惩罚性赔偿，分别是《食品安全法》第148条和《消费者权益保护法》第55条。

此次《民法典》将侵害知识产权适用惩罚性赔偿作出规定，具有其必要性和重要意义。应当看到，在知识产权侵权的情形下，惩罚性赔偿的适用具有比其他领域更为充分的理由。一是有利于规范市场主体行为，培育塑造知识产权意识和社会文化。长期以来，在知识产权领域，存在侵权成本低、维权成本高的现实状况，严重损害了知识产权所有人的利益，更为严重的是，知识产权侵权行为的泛滥，挫伤了自然人、法人或者其他组织投资创新的积极性。《民法典》对于知识产权领域惩罚性赔偿作出规定，法律位阶更高，能够引导市场规范运行，对于塑造良好的社会文化，具有战略性意义。二是有利于充分保护知识产权人合法权益。虽然《商标法》第63条对于侵犯商标专用权的行为规定了惩罚性赔偿，但是著作权法和专利法尚未对此作出明确规定，尤其随着经济社会的发展，还会涌现多种类型的知识产权，民法典本条规定相对于商标法、专利法等为上位法、一般规定，具有补充性功能。三是

---

① 李适时主编、张荣顺副主编：《中华人民共和国民法总则释义》，法律出版社2017年版，第559页。

由知识产权的特性所决定。知识产权不同于一般民事权利（尤其是物权）的特征就是其客体具有非物质性，从而导致了以下三个基本特性：第一，知识产权客体一旦被公之于众，在事实上即可脱离知识产权所有人的控制和管领，一般社会公众即可根据其意志掌控；第二，知识产权客体可以同时被任意多的人所利用，而不会发生冲突；第三，知识产权客体具有难以准确评估的价值。正是由于知识产权客体所具有的这三个基本特性，导致以下现象发生：知识产权客体公之于众后，就面临着随时随地被他人擅自使用的状态。[①] 这些特点，决定了在知识产权领域引入惩罚性赔偿制度具有更充分的理由。

二、惩罚性赔偿责任的适用条件

一是故意侵害他人知识产权。从惩罚性赔偿制度的功能定位和司法的价值导向上讲，惩罚性赔偿的主要目的在于惩罚有主观故意的侵权行为，并遏制这种侵权行为的发生。[②] 我国关于惩罚性赔偿的民事法律规定，均以行为人的主观故意、明知或者欺诈为前提，以体现其惩罚性和震慑目的。[③] 《商标法》第 63 条规定，对恶意侵犯商标专用权，情节严重的，可以在按照上述方法确定数额的一倍以上五倍以下确定赔偿数额。恶意与故意都是当事人有意识的主观意图，明知不应这样做而这样做。但是“恶意”一词的道德评价色彩更浓。本条使用了“故意”一词。

二是情节严重。主观故意针对行为人的主观状态，表明其行为的可责难性；情节严重则是从行为人的外在手段方式及其造成的后果等客观方面进行的考察，法律设置惩罚性赔偿的重要目的之一，是对情节严重的行为进行制裁。侵权人侵权行为持续时间较长，重复性侵权，或者给权利人造成的损失比较大等，都是判断行为人侵权“情节严重”的重要参考。[④]

三、本条与其他专门法的适用关系

由于本条规定了侵害知识产权的惩罚性赔偿规则，同时《商标法》等专

---

① 曹新明：《知识产权侵权惩罚性赔偿责任探析——兼论我国知识产权领域三部法律的修订》，载《知识产权》2013 年第 4 期。

② 王胜明主编：《中华人民共和国侵权责任法解读》，中国法制出版社 2010 年版，第 236 页。

③ 高燕竹：《关于食品安全法中惩罚性赔偿责任承担问题》，载《法律适用》2019 年第 12 期。

④ 参见王利明：《论我国民法典中侵害知识产权惩罚性赔偿的规则》，载《政治与法律》2019 年第 8 期。

门法律也做了规定，其适用关系如何？有学者认为，一方面，《民法典》确定的惩罚性赔偿为相关知识产权特别法提供了上位法依据，知识产权法的规定应当以该规定为基础，可以进行细化，但不能与该规定相冲突。另一方面，就知识产权法与民法典的关系而言，民法典是一般法，知识产权法是特别法，按照特别法优先于一般法的规则，在知识产权法有特别规定时，才应当适用该特别规定，只有在特别法没有规定时，才应当适用民法典的一般规则。[①] 另外，《民法典》作为上位法、一般法，具有补充性功能，在知识产权相关法律对某些类型权利未做规定时，则可结合具体情况适用《民法典》本条规定。

（高燕竹　撰写）

第一千一百八十六条　【双方均无过错时的损失分担】受害人和行为人对损害的发生都没有过错的，依照法律的规定由双方分担损失。

【法条链接】

《民法典》第 1190 条；《民法总则》第 183 条；《民法通则》第 132 条；《侵权责任法》第 24 条

【立法背景】

本条由《侵权责任法》第 24 条修改而来。《侵权责任法》第 24 条规定，受害人和行为人对损害的发生都没有过错的，可以根据实际情况，由双方分担损失。该条规定来源于 1986 年《民法通则》第 132 条，该条规定当事人对造成损害都没有过错的，可以根据实际情况，由当事人分担民事责任。该规则习惯被称为“公平责任”或者“公平原则”，《侵权责任法》出台后，又被

① 王利明：《论我国民法典中侵害知识产权惩罚性赔偿的规则》，载《政治与法律》2019 年第 8 期。

称为“公平分担损失规则”。由于该条规定过于概括，造成实践中被滥用，在司法实践中均引发了大量争议。广受热议的郑州“电梯劝烟案”中，一审法院根据公平原则判令被告补偿原告15000元。一审判决后引发了公众广泛关注。当事人上诉后，二审法院改判驳回原告诉讼请求。本条删除了《侵权责任法》第24条“根据实际情况”的规定，增加了“依照法律的规定”这一限制条件。

【条文解读与法律适用】[①]

一、公平责任并非独立的归责原则

对于公平责任原则是否一项独立的归责原则的问题，历来存在不同观点。肯定的观点认为，公平责任原则是我国民法公平原则的必然引申，是由民法所担负的保护公民和法人的合法权利的任务决定的，是市场发展的内在要求。该责任原则既不同于过错责任，也有别于严格责任，具有相当的特殊性、功能和自身独有的适用范围。从规则体系看，应当承认公平责任原则为一项辅助原则。反对的观点则认为，公平责任原则不能作为一个独立的归责原则，张新宝认为，公平责任原则作为归责原则，一是缺乏法律根据，《民法通则》第132条不是归责的原则，而是解决损害后果的承担问题；二是没有具体对象；三是从认识论上看，不符合思维过程的一般规律。[②] 杨立新教授则称，公平责任原则不能作为一个独立的归责原则，其曾经主张公平责任原则是一个归责原则，但后来改变了主张。[③]

笔者认为，我国侵权责任法归责体系应为二元论，即过错责任原则与无过错责任原则，是以过错责任为原则，以无过错责任为例外的归责体系。公平原则并非独立的归责原则，否则将会对现有规则体系造成破坏。但公平原则无疑是民事审判中应当坚持的原则，在分担损失中也应当秉持公平合理的原则和理念。

---

① 部分内容引自本条撰稿人高燕竹：《公平分担损失规则之理论与实证分析——以侵权责任法第24条为中心展开》，载《民事审判指导》总第73辑。

② 张新宝著：《中国侵权行为法》，中国社会科学出版社1998年版，第67—70页。

③ 杨立新著：《侵权法论》，人民法院出版社2005年版，第125页。

二、本条的适用条件

（一）适用范围

1. 主体范围。根据本条规定，受害人和行为人对损害的发生都没有过错的，依照法律的规定由双方分担损失。分担损失的双方主体应为“受害人”和“行为人”。对于受益人补偿类型的案件，可以援引其他法律规定比如《民法总则》第 183 条规定，不宜适用本条规定。

2. 不适用于无过错责任案件。有观点认为，无论是一般侵权案件还是无过错责任案件中，均可适用本条规定，理由在于法律并没有明确规定该条仅适用于一般侵权案件。笔者不赞同该种观点。在无过错责任案件中，不论行为人有无过错，行为人均需承担责任，对于行为人来说，该归责原则无疑是更为严苛的。此种情形下，行为人基于无过错责任仍无需承担责任的，就说明其行为不满足无过错责任的构成要件，例如没有侵害行为或者损害事实、侵害行为和损害事实之间缺乏因果关系或者具备其他抗辩事由。因此，此种类型案件中，通常亦不存在本条规定适用的空间。

（二）适用要件

1. 须有法律规定为依据。这一要件是本条此次作出的最重要的修改内容，将双方均无过错情况下的损失分担限制在有法律规定的情形，比如本法第 1190 条第 1 款规定，完全民事行为能力人对自己的行为暂时没有意识或者失去控制造成他人损害有过错的，应当承担侵权责任；没有过错的，根据行为人的经济状况对受害人适当补偿。有学者认为，既然将公平责任的适用限制在法律规定的情形，那么这种规定就只具有宣示意义，不如删掉。但该规定的意义并非单纯的宣示意义，而是在于：首先，该规定意味着双方均无过错时损失分担的适用属于法律保留事项；其次，该规定为未来其他法律规定损失分担的适用留下了余地，可以使今后其他的法律根据社会生活的实际需要确立相应的新的公平责任的适用情形。①

2. 受害人和行为人对损害的发生均没有过错。没有过错是本条规则适用的前提，否则，直接依据侵权编一般条款判决承担责任即可，此点尤须注意。其中包括行为人客观上无过错和不能确定行为人有过错的情况。在实践中，

---

① 参见程啸：《民法典侵权责任编的体系结构及总则部分的完善》，载《财经法学》2018 年第 6 期。

经常发生此种情况，即由于各方面的原因，原告难以就被告的过错问题进行举证。例如，交通事故中，交管部门无法认定过错方。

3. 须具有损害事实。分担损失的前提是存在损害，而且是现实的损害。一般来说，分担的损失主要是财产损失，即侵害人身、财产权益所造成的财产损失。因为分担损失的目的是衡平当事人之间的财产状况和财产损失，并对不幸的损失在当事人之间进行合理分配，努力恢复被破坏的财产利益的平衡。[①]

4. 加害人的行为与损害事实之间存在因果关系。在一般侵权案件中，均需具备损害事实、过错、加害行为与损害事实之间的因果关系的要件。本条仅对双方均无过错作出特别规定，并没有对因果关系要件作出例外性规定。另外一方面，从社会政策和效果考量，如果不要求具备因果关系要件，则人们对于行为的法律后果缺乏稳定的预期，将极大削弱法律制度的安全价值，导致人人自危。

三、需要注意的问题

避免赔偿和补偿的混淆。人民法院依据本条规定判令当事人分担损失，该损失的分担在性质上应为补偿，而非赔偿。行为人因不具有过错，缺乏侵权行为要件，不构成侵权。裁判文书在认定过程中应当进行充分阐释和说理，避免定性错误或者模糊处理，给当事人造成困扰。

（高燕竹　撰写）

---

① 王胜明主编：《中华人民共和国侵权责任法解读》，中国法制出版社2010年版，第282页。

第三章　责任主体的特殊规定

第一千一百八十九条　【监护职责委托后的责任承担】 无民事行为能力人、限制民事行为能力人造成他人损害，监护人将监护职责委托给他人的，监护人应当承担侵权责任；受托人有过错的，承担相应的责任。

【法条链接】

《民通意见》第22条；《人身损害赔偿解释》第1条

【立法背景】

与《侵权责任法》相比较，本条是新增的内容。此前司法实务中关于监护职责委托后，监护人和受托人承担责任的方式，主要适用《民通意见》第22条，该条规定："监护人可以将监护职责部分或者全部委托给他人。因被监护人的侵权行为需要承担民事责任的，应当由监护人承担，但另有约定的除外；被委托人确有过错的，负连带责任。"虽然《侵权责任法》对监护人的侵权责任有相应的规定，但是对监护职责委托后的侵权责任一直存在空白。

在制定《侵权责任编（草案)》时，部分委员和专家建议将《民通意见》第22条的规定吸收进来，但论证时对受托人的归责原则进行修改。按照之前《民通意见》第22条的规定，如果受托人未尽力履行监护职责确有过错，造成被侵权人的人身损害或者财产损害的，应当负连带责任。监护人与受托人就责任承担有内部约定的，可以按照约定处理。本条将监护人与受托人的法律关系回归到基于信任关系为基础的委托合同，双方建立委托关系。因此，受托人承担责任的方式，要结合具体的不同情形进行区分，而不是简单地定义为连带责任，这是本条最大的突破。一审稿采纳了上述建议，此后的二审稿、三审稿均未作改动，保留了本条的内容。

【条文解读与法律适用】

一、监护人的责任形态

本条规定，无民事行为能力人、限制民事行为能力人造成他人损害，即使监护人将监护职责委托给他人的，仍然由监护人承担侵权责任，而不是由受托人承担侵权责任。关于监护人侵权责任的性质，应当是替代责任，而不是自己的责任。即是说，无民事行为能力人、限制民事行为能力人实施了侵权行为，最终造成被侵权人的人身损害或者财产损害，但承担侵权责任的并不是行为人，而是行为人的监护人，是监护人代替行为人承担了侵权责任。这是典型的替代责任。此外，监护人侵权责任的替代责任，是为他人的行为承担损害赔偿责任，是一种对人的替代责任，要与为物件致人损害的对物的替代责任相区别。

二、监护人与受托人归责原则不同

我国监护人责任适用的归责原则，是过错推定原则，即从无民事行为能力人、限制民事行为能力人致人损害的事实中，推定其监护人未能善尽监督责任，具体表现为疏于教养、疏于监护或者疏于管理。这些都是监护人应当注意而未能注意，因而为过失的心理状态。同时以公平原则为补充，如果监护人确已尽监督职责，本应免除监护人的侵权责任，但是为了平衡当事人之间的利益关系，适用公平责任进行调整，减轻其侵权责任。

受托人责任适用的归责原则，是过错原则，即未尽力履行受托的监护职责确有过错。过错的证明应当由被侵权人承担，受托人本身不承担举证责任。

三、受托人承担责任的方式

《民通意见》第 22 条规定受托人承担连带责任，本条进行了相应的修改，表述为承担相应的责任。原因有以下几个方面：第一，监护人责任中监护人是第一位的责任人，即便监护人将监护职责部分或者全部委托给他人，并不意味着监护责任转移，监护人仍然需要承担监护责任。第二，实践中，一般亲属朋友等熟人才会委托履行监护职责，受托人往往都是无偿的，例如，监护人因出差外出，将被监护人委托给朋友同事帮忙照看，如果让受托人承担连带责任，对受托人而言实属苛刻和不公平。第三，即使受托人有过错，也不是一定要承担连带责任。除非可以认定受托人与监护人构成共同加害行为，即符合第1168条的情形，否则认定承担连带责任缺乏相应的法理基础。因此，受托人未尽监护职责存在过错，监护人和受托人应当按照无意思联络数人侵权中承担按份责任的法理，即第1172条的规定处理，由受托人承担相应的责任，监护人承担全部的责任。第四，对于受托人承担的部分责任，监护人和受托人其实是连带责任，只不过是部分的连带责任而已，并不是完全的监护人和受托人按份责任。

四、需要注意的问题

（一）被告的确定

《人身损害赔偿解释》第1条第3款规定："本条所称'赔偿义务人'，是指因自己或者他人的侵权行为以及其他致害原因依法应当承担民事责任的自然人、法人或者其他组织。"前文所述，监护人承担的是替代责任，故监护人应当是此处的赔偿责任主体，就是为他人的侵权行为承担责任的被告。当受托人存在过错时，受托人也会成为赔偿责任主体，与监护人成为共同被告，按照其过错程度承担相应的责任。

（二）实务操作中的差别

在司法实务中，很多法院将无民事行为能力人、限制民事行为能力人列为被告，而把监护人列为法定代理人的身份。但是在判决主文中，又判决监护人承担损害赔偿责任，列为被告的行为人并不承担任何责任。除非行为人有财产时，才判决行为人承担侵权责任或者判决行为人与监护人共同承担赔偿责任。该种实务操作没有真正领悟监护人的替代责任，需要予以纠正和注意。

（程立　撰写）

第一千一百九十一条 【用人单位责任】用人单位的工作人员因执行工作任务造成他人损害的，由用人单位承担侵权责任。用人单位承担侵权责任后，可以向有故意或者重大过失的工作人员追偿。

劳务派遣期间，被派遣的工作人员因执行工作任务造成他人损害的，由接受劳务派遣的用工单位承担侵权责任；劳务派遣单位有过错的，承担相应的责任。

【法条链接】

《民法总则》第 62 条；《侵权责任法》第 34 条

【立法背景】

本条是关于用人单位承担侵权责任及享有追偿权问题，最大的变化是增加了追偿权的规定。虽然《民法总则》第 62 条规定法定代表人因执行职务造成他人损害，由法人承担民事责任。法人承担民事责任后，可以向有过错的法定代表人追偿。但是第 62 条只规定了法定代表人一种情形，没有包含其他工作人员执行工作任务的侵权责任问题，在主体上不够全面和完备。而《侵权责任法》第 34 条，在主体上涉及用人单位所有工作人员，但对用人单位的追偿权没有提及。关于追偿权的问题，在起草制定《侵权责任法》时，就一直存在不同的观点：

第一种观点认为，应当将用人单位的追偿权在侵权编予以明确规定，原因为：首先，可以促使工作人员在工作中谨慎行事，认真对待自己的工作，减少侵权行为的发生；其次，可以明确界定追偿的范围，防止用人单位滥用追偿权，在某种程度上可能更有利于对工作人员的保护；最后，可以通过对主观恶意较大的工作人员进行追偿以起到制裁的作用，并在一定程度上弥补用人单位的损失。①

① 王胜明主编：《中华人民共和国侵权责任法释义》，法律出版社 2013 年版，第 191 页。

第二种观点认为，追偿权问题不宜在侵权责任法律关系中解决，理由为：第一，侵权责任主要解决对外责任的问题，用人单位和工作人员的内部责任可以通过协议等方式来约定。对于违反相关法律规定或者显失公平的约定，工作人员可以依法要求撤销或者确认该约定为无效。第二，如何确定用人单位追偿权的条件比较困难。如果规定在工作人员有故意的情形下可以追偿，那么是否意味着工作人员出现了重大过失就不能追偿，容易引发歧义；如果将追偿条件限制为工作人员“故意或者重大过失”，那么在一些情况下，可能范围又过宽，同时又排除了一般过失，使范围变窄。因为不同行业、工种的工作环境不同，有的行业具有一定的危险性或者与公众接触较多，容易引发事故；有的行业则安全性较强，或者具有封闭性，不易造成对他人的损害。总之现实中的情况错综复杂，很难以一个统一的标准来确定追偿权的条件。第三，目前我国职工工资水平还不太高，和用人单位相比，工作人员在劳动关系中属于弱者，在经济上处于劣势地位。如果对追偿权作出明确规定，有的用人单位可能利用该条规定，将本应承担的责任转嫁给工作人员。[①]

考虑到追偿权的问题比较复杂，《侵权责任法》最终采纳了第二种观点。而在制定本条时，部分专家认为，追偿权问题虽然现实中情况错综复杂，由人民法院在审判实践中根据具体情况处理，容易造成裁判尺度不统一，建议本条增加用人单位的追偿权。二审稿吸收采纳了上述建议，增加了“用人单位承担侵权责任后，可以向有故意或者重大过失的工作人员追偿”的相关规定，至此，本条关于用人单位侵权责任制度得以完善。

【条文解读与法律适用】

一、用人单位的责任形态

用人单位责任形态是替代责任，与其他替代责任一样，具有赔偿责任主体与行为人相分离的特点。在用人单位责任中，用人单位作为被告，对被侵权人承担责任。被侵权人不得向直接行为人请求赔偿，因为直接行为人不具有义务主体资格。

---

① 王胜明主编：《中华人民共和国侵权责任法释义》，法律出版社2013年版，第191—192页。

二、用人单位的归责原则

用人单位责任适用过错推定原则，即在工作人员致人损害的事实中，推定用人单位存在疏于选任、监督、管理的过错。如果采用无过错责任原则，用人单位无论有无过错均需承担赔偿责任，容易养成工作人员怠慢不负责任等不良习惯，使用人单位合法权益易受侵犯，不利于社会经济的发展。根据过错推定原则，实行举证责任倒置，由用人单位举证证明其已尽合理义务，实践中处理此类案件时应当加以准确把握。

三、用人单位的追偿权

用人单位承担侵权责任后，如果工作人员在执行工作任务时，存在故意或者重大过失，则用人单位对工作人员取得追偿权。工作人员应当对其故意或重大过失造成的损失进行赔偿，此时形成用人单位和工作人员之间一个新的赔偿追偿法律关系。本条对工作人员主观强调的是故意和重大过失，如果工作人员只是一般过失，则用人单位不能取得求偿权。

四、劳务派遣责任

在劳务派遣的法律关系中，存在两个合同关系。一个是劳务派遣单位与工作人员之间的劳动关系，一个是劳动派遣单位与用工单位之间的派遣合同关系。本条之所以规定由接受劳务派遣的用工单位承担侵权责任，原因在于工作人员是在用工单位的指挥、监督下，直接为用工单位进行劳动，用工单位是受益人也应当是第一责任人。只有当劳务派遣单位存在过错时，才承担与其过错程度相当的责任。

五、需要注意的问题

本条需要注意的是，只有工作人员执行工作任务时造成的损害，用人单位才有必要为其造成的损害负责。法院审查时，对于如何限定执行工作任务，应当以客观形态作为认定标准，即工作人员的客观行为与用人单位的指示要求相一致。例如，工作人员违反单位明令禁止规定、利用职务处理私事等行为，都不属于执行工作任务的范围，用人单位不承担侵权责任。

（程立　撰写）

第一千一百九十二条 【个人劳务责任】个人之间形成劳务关系，提供劳务一方因劳务造成他人损害的，由接受劳务一方承担侵权责任。接受劳务一方承担侵权责任后，可以向有故意或者重大过失的提供劳务一方追偿。提供劳务一方因劳务受到损害的，根据双方各自的过错承担相应的责任。

提供劳务期间，因第三人的行为造成提供劳务一方损害的，提供劳务一方有权请求第三人承担侵权责任，也有权请求接受劳务一方给予补偿。接受劳务一方补偿后，可以向第三人追偿。

【法条链接】

《民法典》第 1191 条；《人身损害赔偿解释》第 10 条

【立法背景】

本条是关于个人劳务条款的相关规定，在一审稿、二审稿、三审稿中，对应的条文都不尽相同，可见是反复斟酌修改的重要条文。其中，增加了两个方面的内容，一是接受劳务一方的追偿权问题，二是第三人侵权后的责任分配问题。这两个问题，在《侵权责任法》中均没有体现。

对提供劳务一方因劳务自己受到损害承担责任的问题，先后发生了两次变化。一审稿中，保留了《侵权责任法》相同的规定，“根据双方各自的过错承担相应的责任”。在二审稿时，有的部门、法学教学研究机构和社会公众提出，实践中，保姆等家政服务人员提供劳务的，接受劳务一方获得了利益。提供劳务一方在劳务过程中因此受到损害的，为体现公平原则，原则上应当由接受劳务的一方承担侵权责任；提供劳务的一方对损害的发生有过错的，可以相应减免接受劳务一方承担的责任。宪法和法律委员会经研究，建议将上述规定中的“根据双方各自的过错承担相应的责任”修改为“由接受劳务一方承担侵权责任；提供劳务一方有过错的，可以减轻或者免除接受劳务一方的责任”。[①] 在三审稿时，部分专家认为，提供劳务一方造成自己损害，一般自己也会有过失或过错，是否由接受劳务一方承担责任，应当实行过错责任原则，对各方而言更加公平。于是，最终本条确定了过错责任原则，规定为“根据双方各自的过错承担相应的责任”。

【条文解读与法律适用】

一、主体的限定

我国个人劳务责任的范围比较窄，本条仅限于个人与个人之间形成的劳务关系，“接受劳务一方”仅指自然人。个体工商户、合伙组织，即使采用的是雇工形式，由此因工作发生侵权纠纷，不适用本条的规定，而是按照本法第1191条用人单位责任的规定处理。当然，如何界定个人之间形成的劳务关系，还需要具体情况具体分析。例如，甲购买了一个防盗窗户，需要厂家上门安装服务，厂家安排员工乙到甲家里安装，结果在安装过程中将楼下的行人砸伤。那么此种情形表面上看起来是个人对个人，实际上适用用人单位责任，由乙所在的厂家承担侵权责任。

二、接受劳务一方承担责任的基础

个人劳务责任最主要的特征在于，接受劳务一方与提供劳务一方存在个人劳务关系。本条规定提供劳务一方因劳务造成他人损害的，由接受劳务一方承担替代赔偿特殊侵权责任，该种责任的基础，是提供劳务一方为接受劳务一方创造利益，提供劳务一方的行为等于是接受劳务一方行为的延伸，提供劳务一方的行为实质上就是接受劳务一方的行为。所以由接受劳务一方承担侵权责任符合法理，也符合公平原则。

三、个人劳务责任的归责原则

个人劳务责任应当与用人单位责任一样，实行过错推定原则。即在提供劳务一方致人损害的事实中，推定接受劳务一方存在疏于监督、管理的过错。在举证时，实行举证责任倒置，由接受劳务一方举证证明其已尽合理义务，

---

① 参考全国人民代表大会宪法和法律委员会关于《民法典侵权责任编（草案）》修改情况的汇报，2018年12月。

减轻被侵权人的举证责任。当接受劳务一方承担侵权责任后，如果提供劳务一方存在故意或重大过失的，接受劳务一方可以向提供劳务一方追偿，以实现其自身的合法权益。

四、提供劳务一方自身受到损害的责任分担

本条针对此情形，在立法时前后多次修改，最终确定根据双方各自的过错承担相应的责任。此处实际上是个人劳务关系中的工伤事故责任，但其规则又与一般的工伤事故责任规则不相同。因个人劳务关系基本上都是临时雇佣关系，原则上接受劳务一方都不给提供劳务一方购买工伤保险，无法进行工伤赔偿。所以，是否由接受劳务一方承担责任，实行过错责任原则。相应的责任应当与过错原则相适应，与原因力相适应。如果双方共同原因造成损害，则分别承担相应的责任；如果仅有一方过错导致，则由有过错的一方承担责任。

五、第三人致人损害的侵权责任

本条增加了因第三人行为造成提供劳务一方损害的责任承担问题，确立了“谁行为、谁侵权、谁负责”的原则。因第三人是直接侵权行为人，由第三人承担责任，符合公平原则下个人责任的价值。因侵权行为发生在提供劳务期间，提供劳务一方创造的劳动价值由接受劳务一方承受，但提供劳务一方往往没有工伤保险等保障，为充分保障提供劳务一方的合法权益，立法赋予其可以选择要求接受劳务一方承担责任，加大对提供劳务一方的保护力度。实际上，接受劳务一方并不是真正的侵权行为人，当接受劳务一方承担责任后，当然可以向第三人追偿。

六、需要注意的问题

在提供劳务一方致第三人损害中，由接受劳务一方承担替代责任，需处于特定的从事劳务活动状态。当提供劳务一方超出接受劳务一方的授权，如何确定侵权责任，司法实践中一般采用客观说。即以从事劳务活动的外在表现形态为标准，只要提供劳务一方的行为在客观上与接受劳务一方的指示要求一致，在利益上是维护接受劳务一方，就应当认定为从事劳务活动。

（程立　撰写）

第一千一百九十三条　【承揽责任】承揽人在完成工作过程中造成第三人损害或者自己损害的，定作人不承担侵权责任。但是，定作人对定作、指示或者选任有过错的，应当承担相应的责任。

【法条链接】

《人身损害赔偿解释》第 10 条

【立法背景】

本条是新增加的条款。此前《侵权责任法》没有对承揽关系中侵权行为作出明确规定。实践中发生此类纠纷，主要适用《人身损害赔偿解释》第 10 条的规定。此次《民法典》将《人身损害赔偿解释》第 10 条吸收进来，但对定作人指示责任又做了一定修改。《人身损害赔偿解释》第 10 条确定的是定作人指示过失责任，而《民法典》确定的是定作人指示过错责任，对定作人承担责任的主观形态予以调整。

【条文解读与法律适用】

一、承揽合同的特征

承揽合同是承揽人按照定作人的要求完成工作，交付工作成果，定作人给付报酬的合同。虽然承揽人进行工作需要提供劳务，但定作人所需要的并非承揽人完成工作的过程，而是承揽人完成的最终工作成果。承揽合同与劳务合同的区别在于：承揽合同的承揽人所交付的标的是工作成果，而劳务合同的劳动者交付的标的是劳动，定作人与承揽人之间不存在劳务关系。实践中，常见的承揽包括加工、定作、修理、改建、印刷、测试、检验等工作。

二、承揽人责任

承揽关系中发生的侵权行为分为两类：一是承揽人完成工作过程中对第三人造成损害的侵权行为，二是承揽人在完成工作过程中自己遭受人身损害。

无论上述哪种侵权行为，均由承揽人自行承担责任，定作人不承担侵权责任。由承揽人承担责任的理由在于，定作人根据承揽人的技术、设备、能力等方面的条件认定其能够完成工作来选择承揽人，定作人更注重的是特定承揽人的工作条件和技能，而不是其他一般人的工作条件和技能。因此，承揽人需要以自己的人力、设备和技术力量等条件独立地完成工作，故承揽人应承担取得该工作成果的风险，对工作成果的完成负全部责任。

三、定作人过错责任

本条规定定作人存在定作、指示或选任三种过错时，应当承担相应的责任。其中，定作的过错，是指定作物本身具有较高的危险性或者违法性；指示的过错，是指定作人对定作的方法、过程、工序等所作指示存在过错；选任的过错，是指定作人对承揽人的选择方面存在明显的过错，比如明知承揽人不具备相应的资质，仍然委托承揽人完成一定的工作成果。

当定作人存在上述三种过错的情况下，需要承担相应的责任。如果承揽人也存在相应的过错，则定作人与承揽人构成共同侵权，根据各自的过错程度，分别承担对应的责任。如果只有定作人存在过错，而承揽人没有过错，那么就应当认定为单一过错，则只由定作人承担与其过错相应的责任。

四、需要注意的问题

承揽关系中承揽人造成自己损害，定作人是否因过错的种类不同，即存在定作、指示或选任的不同过错，承担责任的结果是否有所不同呢？如果定作人存在指示上的过错，则让定作人承担与其过错相适应的责任，具有一定的合理性。因为定作人对承揽人存在指示时，其法律关系接近于雇佣关系，定作人承担责任的理论基础与雇主承担责任的相同。如果定作人仅仅存在定作或选任的过错，承揽人根据自己的意志完成工作成果，结果造成承揽人自己受到损害，应当属于自甘冒险，应当由承揽人自己承担责任。[①]

（程立　撰写）

---

① 王伯琦著：《民法债编总论》，台湾编译馆1962年版，第96页。

第一千一百九十四条　【网络侵权责任一般规则】网络用户、网络服务提供者利用网络侵害他人民事权益的，应当承担侵权责任。法律另有规定的，依照其规定。

【法条链接】

《民法典》第1195条、第1197条；《侵权责任法》第36条

【立法背景】

本条是在《侵权责任法》相关规定的基础上修改而来，共有以下两处修改：将《侵权责任法》第36条第1款单列出来作为一条，成为网络侵权责任的引领性条款；增加了"法律另有规定的，依照其规定"。

将网络侵权责任一般规则单独列为一条的方式不仅仅是立法形式上的改变，更进一步凸显了网络侵权责任立法逻辑的优化。在《侵权责任编（草案)》（一审稿）和《侵权责任编（草案)》（二审稿）中，本条的内容均与通知规则合并为一条，直到《侵权责任编（草案)》（三审稿）才将其单列为一条，并被《民法典》予以确定。将本条的内容单独条文化理顺了以下两对关系：第一，理顺了网络侵权责任一般规则与网络侵权责任"避风港原则"之间的关系。两者是完全不同的规则，本条规范的是网络用户、网络服务提供者的直接侵权行为，"避风港原则"规范的是网络用户利用网络实施侵权行为时，网络服务提供者在何种情况下需要与网络用户承担连带责任。[①] 前者是一种自己责任，当网络服务提供者进行直接侵权时不得适用"避风港原则"，后者则允许网络服务提供者在一定情形下免责。"将这两个不同的规则放在一个条文中规定，混淆了一般规则和避风港原则通知规则的区别，不符合法律设计的逻辑要求"，将网络侵权责任一般规则单独设置一个条文，则符合立法

---

① 王胜明主编：《中华人民共和国侵权责任法释义》，法律出版社2013年版，第212页。

的逻辑层次。① 第二，将本条作为网络侵权责任的引领性条款划清了一般的网络侵权责任与电子商务知识产权侵权责任等特殊网络侵权责任的界限，理顺了这种普通法和特别法之间的关系，清晰了法律适用界分，有助于司法机关正确确定侵权责任，保护好各方当事人的合法权益。②

增加“法律另有规定的，依照其规定”的内容增强了立法的严谨性。对于网络侵权行为，除本法对之进行规范外，另有《电子商务法》《消费者权益保护法》等特别法进行规范，后者对采取的必要措施、赔偿主体、赔偿责任等做出了一些特殊规定。因此，增加上述内容，重申特别法优于普通法的法律适用规则，更具严谨性。

【条文解读与法律适用】

一、本条的规范内涵

本条的规范对象即侵权主体包括网络用户和网络服务提供者，其中网络服务提供者既包括技术服务提供者，又包括内容服务提供者。内容服务提供者直接侵害他人民事权益的情形显而易见。对技术服务提供者而言，其一般不直接向网络用户提供信息，除在特殊情形下（本法第 1195 条和第 1197 条规定的情形）需对网络用户提供的信息侵犯他人民事权益承担责任外，其若主动实施攻击他人网络等直接侵权行为的，仍需承担侵权责任。③

本条保护的法益为民事权益，其范围较为广泛，但由于网络侵权方式的局限性，实际上不会对继承权、婚姻自主权等权益造成损害，实践中主要是利用网络侵害他人的人格权、知识产权、（虚拟）财产利益等。

二、本条的适用

本条仅对网络用户和网络服务提供者应承担侵权责任做出了原则性规定，在法律适用中需要具体判断两者的行为是否构成侵权行为，是否需承担侵权

---

① 杨立新：《民法典侵权责任编草案规定的网络侵权责任规则检视》，载《法学论坛》2019 年第 3 期。

② 杨立新：《民法典侵权责任编草案规定的网络侵权责任规则检视》，载《法学论坛》2019 年第 3 期。

③ 王胜明主编：《中华人民共和国侵权责任法释义》，法律出版社 2013 年版，第 211 页。

责任。网络侵权责任虽然被视为一种特殊的侵权责任类型，但该特殊性主要表现在侵权途径、消除损害的方式等，并不意味着该侵权行为在本质上异于一般的侵权行为。因此，对侵权责任构成要件的判断仍需遵循普遍的侵权法理，即满足侵权责任的一般构成要件——存在网络侵权的违法行为、对民事权益造成损害、违法行为与损害之间具有因果关系、行为人具有主观过错。此外，在构成要件的具体判断上，还应适用专门规范被侵害的特定权益的特别法。

三、需要注意的问题

本条规范的是网络用户和网络服务提供者直接进行的侵权行为，侵权行为人承担的是自己责任。由于网络服务提供者既包括技术服务提供者，又包括内容服务提供者，不同服务类型的网络服务提供者承担的侵权责任的性质、要件、范围及免责情形并不相同，因此应当区分其服务类型，分别进行法律适用。当其作为内容服务提供者直接实施了侵权行为时，应当适用本条规定承担自己责任，不能适用本法第 1195 条、第 1197 条，不得主张履行“通知—取下”程序后的免责事由。当其作为技术服务提供者时，则应区分其是主动实施侵权行为，还是仅为提供信息的网络用户提供接入、缓存等技术。对于前者而言，仍然应适用本条规定；对于后者而言，则应按照本法第 1195 条、第 1197 条的规定判断其是否可免责，如需承担责任则应进一步确定其承担侵权责任的范围。

（方颉琳　撰写）

第一千一百九十五条　【通知规则】网络用户利用网络服务实施侵权行为的，权利人有权通知网络服务提供者采取删除、屏蔽、断开链接等必要措施。通知应当包括构成侵权的初步证据及权利人的真实身份信息。

网络服务提供者接到通知后，应当及时将该通知转送相关网络用户，并根据构成侵权的初步证据和服务类型采取必要措施；未及时采取必要措施的，对损害的扩大部分与该网络用户承担连带责任。

权利人因错误通知造成网络用户或者网络服务提供者损害的，应当承担侵权责任。法律另有规定的，依照其规定。

【法条链接】

《民法典》第 1194 条、第 1197 条；《侵权责任法》第 36 条；《电子商务法》第 42 条；《侵害网络传播权民事司法解释》第 14 条；《网络侵权司法解释》第 6 条

【立法背景】

《侵权责任法》制定之后的十多年间，互联网快速发展，网络侵权行为越来越复杂。为了更好地保护权利人的利益，同时平衡好网络用户和网络服务提供者之间的利益，《民法典》在《侵权责任法》的基础上细化了网络侵权责任的具体规则。本条即在《侵权责任法》第 36 条第 2 款的基础上完善了通知规则的内容，具体而言包括以下几个完善之处：

第一，将行使通知权主体的称谓由“被侵权人”修改为“权利人”，增强了立法的严谨性。《侵权责任法》颁布实施后，对第 36 条第 2 款中“被侵权人”的用法有较多的批评意见，认为使用这个概念不妥。①“被侵权人”意味着侵权行为已经确定，网络用户利用网络实施侵权行为的侵权责任是已经确定的。既然是已经确定的，那么就应当是经过法院判决确认了侵权责任。②而这显然与本条规定的适用情境不符，将其称为“权利人”更加科学。

第二，明确了通知应当包含的内容，增强了本条的可适用性。通知内容是否完备、适当直接影响网络服务提供者采取措施的准确性、可行性，也将影响权利人的合法权益能否被及时保障。本条在总结国务院制定的《信息网络传播权保护条例》和《网络侵权司法解释》基础上明确通知的内容，有助于快速解决网络侵权纠纷。

第三，增加了“网络服务提供者接到通知后，应当及时将该通知转送相

---

① 杨立新：《民法典侵权责任编草案规定的网络侵权责任规则检视》，载《法学论坛》2019 年第 3 期。

② 杨立新：《〈侵权责任法〉规定的网络侵权责任的理解与解释》，载《国家检察官学院学报》2010 年第 2 期。

关网络用户”的规定，为反通知规则的适用奠定了制度基础。

第四，增加了网络服务提供者“根据构成侵权的初步证据和服务类型采取必要措施”的规定，明确了采取“必要措施”的考量因素。在立法过程中，有的常委委员、部门、企业和社会公众提出，网络服务提供者的类型多样，对侵权信息的产生、储存、处理等行为的控制程度也不完全一样，情况较为复杂，宜根据提供服务类型的不同，采取不同措施，使之具有针对性。故本条在《侵权责任编（草案）》（一审稿）和《侵权责任编（草案）》（二审稿）规定的基础上强调了网络服务提供者应根据具体服务类型针对性地采取必要措施。

第五，增加了错误通知的责任承担条款，防止权利人滥用通知权，且赔偿对象包括网络用户和网络服务提供者，有效保障了网络用户和网络服务提供者的合法权益。《信息网络传播权保护条例》和《网络侵权司法解释》中皆规定错误通知的赔偿对象为网络用户（或称服务对象）。在立法过程中，有代表委员提出，现实中滥用“通知/删除”程序进行不正当竞争的情形经常发生，不仅给网络用户造成损害，也造成网络服务提供者的流量损失和广告收入损失，对网络服务提供者的合法权益也应当加以保护。故本条在《侵权责任编（草案）》（一审稿）规定的基础上进行了完善。

【条文解读与法律适用】

一、本条的规范内涵

本条规定创设了“通知—取下”（也称“通知—删除”）程序，又被称为“避风港规则”，它有条件地免除了网络服务提供者对网络用户的直接侵权行为所应承担的间接侵权责任。本条中的网络服务提供者主要指技术服务提供者，不包括内容服务提供者。[①] 当其只是为网络用户提供技术支持，且在接到权利人通知后对网络用户的侵权行为具有放任的间接故意时，才需对损害的扩大部分承担责任。

通知权人为认为自己的权利受到网络侵害的主体，通知权的义务主体是网络服务提供者，其义务既包括将该通知及时转送相关网络用户，又包括及

---

① 杨立新、李佳伦：《论网络侵权责任中的通知及效果》，载《法律适用》2011 年第 6 期。

时采取必要措施制止侵权行为。通知的内容包括但不限于构成侵权的初步证据及权利人的真实身份信息，如还可以包含要求采取必要措施的网络地址或者足以准确定位侵权内容的相关信息、权属凭证等。

本条第2款规定的权利人发出错误通知的主观状态包括故意和过失。错误通知赔偿机制有效地平衡了网络用户、网络服务提供者、权利人之间的权益保障。其对网络用户的权益保障自不待言，同时还为网络服务提供者提供了双重保障。一方面，网络服务提供者不需因取下相关网络信息而对网络用户承担违约责任，[①] 从而减轻了其对采取必要措施的顾虑，同时网络服务提供者积极采取措施又将促进对真正受到侵害的权利人的保护；另一方面，其自身因取下相关网络信息而遭受的损失能够获得赔偿。本款关于错误通知法律责任的规定为一般规定，如其他特别法另有规定的，应当依照特别法的规定。如《电子商务法》第42条第3款区分通知错误与恶意发出错误通知，并对后者规定了加倍赔偿责任。

二、本条的适用

本条在适用中涉及两个不确定法律概念的判断：何为必要措施？如何判断网络服务提供者将该通知转送相关网络用户及采取必要措施是否及时？这两个不确定法律概念的认定结论直接决定网络服务提供者是否需承担侵权责任。

“必要”是法律适用过程中常见的、典型的不确定法律概念，需要结合其具体的适用情境进行判断。所谓必要，“就是能够避免侵权后果，且不限制他人的行为自由……超出这个界限的，构成新的侵权行为”。[②] 是否必要的判断应通盘考虑权利人、网络服务提供者和社会公众的利益，并遵循审慎、合理的原则，结合以下因素综合考虑：网络服务提供者所提供的技术服务的类型、“所侵害权利的性质、侵权的具体情形和技术条件”[③]。不同类型的技术服务

---

① 电子商务法起草组编著：《中华人民共和国电子商务法解读》，中国法制出版社2018年版，第209页。

② 杨立新：《〈侵权责任法〉规定的网络侵权责任的理解与解释》，载《国家检察官学院学报》2010年第2期。

③ 最高人民法院指导案例83号：威海嘉易烤生活家电有限公司诉永康市金仕德工贸有限公司、浙江天猫网络有限公司侵害发明专利权纠纷案。

提供者在接到权利人通知后所应承担的义务是不同的，“对于提供信息存储空间、搜索、链接服务的网络服务提供者，其在接到侵权通知后，应当对侵权信息采取删除、屏蔽、断开链接等必要措施；对于提供接入、缓存服务的网络服务提供者，其在接到侵权通知后，应当在技术可能做到的范围内采取必要措施，如果采取这些措施会使其违反普遍服务义务，在技术和经济上增加不合理的负担，该网络服务提供者可以将侵权通知转送相应网站”①。

对于是否及时的判断，我国司法机关在《侵权责任法》的适用过程中已经总结出一些行之有效的判断标准。《侵害网络传播权民事司法解释》第14条规定：“……是否及时，应当根据权利人提交通知的形式，通知的准确程度，采取措施的难易程度，网络服务的性质，所涉作品、表演、录音录像制品的类型、知名度、数量等因素综合判断。”《网络侵权司法解释》第6条规定：“认定……是否及时，应当根据网络服务的性质、有效通知的形式和准确程度，网络信息侵害权益的类型和程度等因素综合判断。”

三、需要注意的问题

应注意本条与第1194条、第1197条之间的适用关系，三者是并列的关系，分别适用于不同的情形。第1194条适用于网络服务提供者主动、直接侵权的情形；本条的适用情形为网络用户利用网络实施侵权行为，且网络服务提供者原本不知侵权行为，在接到权利人通知后才知道侵权行为的存在；第1197条的适用情形则为网络用户利用网络实施侵权行为，且网络服务提供者知道或应当知道侵权行为的存在。

（方颉琳　撰写）

第一千一百九十六条　【反通知规则】网络用户接到转送的通知后，可以向网络服务提供者提交不存在侵权行为的声明。声明应当包括不存在侵权行为的初步证据及网络用户的真实身份信息。

网络服务提供者接到声明后，应当将该声明转送发出通知的权利人，并告知其可以向有关部门投诉或者向人民法院提起诉讼。网

① 王胜明主编：《中华人民共和国侵权责任法释义》，法律出版社2013年版，第215页。

络服务提供者在转送声明到达权利人后的合理期限内，未收到权利人已经投诉或者提起诉讼通知的，应当及时终止所采取的措施。

【法条链接】

《电子商务法》第43条；《信息网络传播权保护条例》第17条

【立法背景】

本条为新增内容，是通知规则的重要补充制度。只规定通知规则，不规定反通知规则将导致权利人、网络用户、网络服务提供者之间的权益保护失衡。如果网络用户认为其不存在侵权行为，对其网络行为采取必要措施反而使其合法权益受到侵害，其理应有权向网络服务提供者提出声明，这符合程序正义的基本要求。

此前已有相关法律法规规定了反通知规则，国务院制定的《信息网络传播权保护条例》构建了完整的通知规则与反通知规则，《电子商务法》在《侵权责任法》的基础上增加了反通知规则。《民法典》新增反通知规则，在民事基本法的层面构建了完善的网络侵权责任规则的规范体系，意义重大。

对于网络服务提供者接到不存在侵权行为的声明后的等待期，立法中存在不同意见。《侵权责任编（草案）》（一审稿）、《侵权责任编（草案）》（二审稿）、《侵权责任编（草案）》（三审稿）均将其明确为十五日，有的专家学者、企业提出，“十五日”的期限过于绝对，建议修改为“合理期限”，以便于司法实践中根据具体案件情况确定期限。本条最终将等待期设定为“合理期限”。

【条文解读与法律适用】

一、本条的规范内涵

本条规定设定了有条件的、有限的“反通知—恢复”程序。有条件的、有限的意味着网络服务提供者在接到反通知后并不必然终止此前所采取的措施，而须等待期满后未收到权利人已经投诉或者提起诉讼的通知，才能终止所采取的措施，恢复相关网络信息。也即反通知并不具有当然的恢复效果。本条中的网络服务提供者同样主要指技术服务提供者，不包括内容服务提供者。

根据本条第 1 款的规定，网络用户有权向网络服务提供者提交不存在侵权行为的声明，网络用户可以提交该声明，也可以不提交该声明，是否提交声明不影响网络用户享有的通过提起诉讼等方式进行救济的权利，即提交不存在侵权行为的声明并非其行使其他救济手段的前置条件。声明的内容包括但不限于不存在侵权行为的初步证据、网络用户的真实身份信息，如还可以包含要求恢复的网络地址等。

根据本条第 2 款的规定，反通知权的义务主体是网络服务提供者，其义务既包括将该声明转送给发出通知的权利人，还包括告知权利人可以向有关部门投诉或者向人民法院提起诉讼。权利人收到该声明后如有异议不能再次启动通知程序，而须向网络主管部门、权利客体的管辖机关投诉，或者向法院提起诉讼。且其投诉或提起诉讼后应当通知网络服务提供者，否则合理期满后网络服务提供者将终止此前采取的措施。权利人在合理期限内投诉或提起诉讼并通知网络服务提供者，则网络服务提供者应当继续采取必要措施至投诉处理决定作出之时或法院裁判作出之时，并履行上述决定与裁判。

二、本条的适用

本条在适用中涉及两个不确定法律概念的判断：如何确定合理期限？如何判断终止所采取的措施是否及时？对于合理期限的确定，应当综合考虑权利人的类型、投诉或提起诉讼的能力、被侵害的权利的类型及可被恢复的程度、被采取措施的网络用户的权利是否具有时效性及时效性的长短等因素。对于是否及时的判断，应当综合考虑网络服务的性质、终止措施的难易程度、案涉网络用户和其他网络用户对该网络服务的依赖程度等因素。

三、需要注意的问题

本条对反通知效力的规定有别于此前有关法规的规定。《信息网络传播权保护条例》第 17 条规定：网络服务提供者接到服务对象的书面说明后，应当立即恢复被删除的作品、表演、录音录像制品，或者可以恢复与被断开的作品、表演、录音录像制品的链接，同时将服务对象的书面说明转送权利人。权利人不得再通知网络服务提供者删除该作品、表演、录音录像制品，或者断开与该作品、表演、录音录像制品的链接。即《民法典》在这一问题上改变了此前《信息网络传播权保护条例》的立场，延续了《电子商务法》的立场，将反通知的当然恢复效力变更为有条件的恢复效力。

权利人未在合理期限内投诉或提起诉讼仅导致网络服务提供者终止所采取的措施、恢复网络服务的法律后果，但权利人享有的实体权利以及投诉权、起诉权并不因合理期限的经过而灭失，在合理期满后只要符合法定投诉资格和起诉资格，仍能向有关部门投诉或向法院提起诉讼。

（方颉琳　撰写）

第一千一百九十七条　【网络服务提供者的连带责任】网络服务提供者知道或者应当知道网络用户利用其网络服务侵害他人民事权益，未采取必要措施的，与该网络用户承担连带责任。

【法条链接】

《民法典》第 1195 条、第 1198 条；《侵权责任法》第 36 条；《电子商务法》第 45 条；《侵害网络传播权民事司法解释》第 9 条、第 10 条、第 12 条；《网络侵权司法解释》第 9 条

【立法背景】

本条是在《侵权责任法》第 36 条第 3 款的基础上修改而来，将网络服务提供者与网络用户承担连带责任的主观要件由“知道”修改为“知道或应当知道”。这一修改明确了“知道”这个主观要件的内涵，结束了学术界长久以来的争论，也为司法适用提供了明确指引，增强了本条的可适用性。

此前对于“知道”是否包括“应当知道”这个问题存在不同看法。一种意见认为：“从法解释学角度来讲，‘知道’可以包括‘明知’和‘应知’两

种主观状态",[①] 有的学者则认为"知道"应当限于"明知",而不包括"应当知道"。[②]《网络侵权司法解释》明确区分"应知"和"明知",《网络侵权司法解释》则只针对"知道"作出了规范。理论界和实务界对此都可谓莫衷一是,这无疑给司法适用造成了一定的困难。2018 年出台的《电子商务法》第 45 条将电子商务平台经营者与侵权人承担连带责任的主观要件明确为"知道或者应当知道",在电子商务领域厘清了上述争论。《民法典》延续了《电子商务法》的规定,廓清了上述主观要件的内涵。

【条文解读与法律适用】

一、本条的规范内涵

美国法上有一条"红旗标准","红旗标准"意指"如果有关他人实施侵权行为的事实和情况已经像一面鲜亮色的红旗在网络服务商面前公然地飘扬,以至于网络服务商能够明显发现他人侵权行为的存在,则可以认定网络服务商的'知晓'"[③]。此时网络服务提供者应当主动采取必要措施,否则网络服务提供者实际上帮助了网络用户实施侵权行为,因此需要承担连带责任。

本条中的网络服务提供者主要指技术服务提供者,不包括内容服务提供者。网络服务提供者知道或应当知道网络用户利用其网络服务侵害他人民事权益的,应当采取删除、屏蔽、断开链接等必要措施,否则即需与该网络用户承担连带责任。

本条中网络服务提供者的连带责任为过错责任,即只有当网络服务提供者知道或应当知道网络用户侵权行为的存在而未采取措施,违反了一般性注意义务,因而在主观上存在故意或重大过失的情形下,才需承担连带责任。[④]之所以将网络服务提供者的责任定位为过错责任而非严格责任,主要是因为

---

① 王胜明主编:《中华人民共和国侵权责任法释义》,法律出版社 2013 年版,第 217 页。

② 例如,王利明:《侵权责任法研究(下卷)》,中国人民大学出版社 2018 年版,第 143 页。张新宝:《侵权责任法》,中国人民大学出版社 2010 年版,第 174 页。

③ 王迁:《论"信息定位服务"提供者"间接侵权"行为的认定》,载《知识产权》2006 年第 1 期。

④ 电子商务法起草组编著:《中华人民共和国电子商务法解读》,中国法制出版社 2018 年版,第 221 页。

网络服务提供者作为技术服务提供者每天面对海量信息，在技术上无法实现逐一审核，若令其承担无过错责任可能使其承担过重的义务，远超出其能够承受的范围，不仅危及网络行业的正常发展，最终将损害社会公共利益。①

二、本条的适用

本条适用的重点与难点在于如何认定网络服务提供者“知道”或“应当知道”网络用户侵权行为的存在，对“知道”或“应当知道”进行判断既不能过于严苛，又不能过于宽泛。若过于严苛显然不利于互联网环境下民事权益的保护；若过于宽泛，既可能变相课予网络服务提供者普遍的审查义务，加重其运营成本，阻碍互联网行业的发展，又可能促使其过度启动删除、屏蔽、断开链接等必要措施，妨碍网络用户权利的行使。

人民法院在司法实践中已经总结出一系列认定“知道”或“应当知道”的裁判基准。《侵害网络传播权民事司法解释》第9条规定了认定网络服务提供者是否构成应知的考量因素，第10条、第12条列举了网络服务提供者应知网络用户侵害信息网络传播权的情形。《网络侵权司法解释》第9条规定了认定网络服务提供者是否“知道”应当综合考虑的因素。

三、需要注意的问题

在把握网络服务提供者的过错时，不应将网络服务提供者的一般性注意义务理解为主动审查义务，即不应将其未对网络用户的行为进行审查认定为具有过错，对此《侵害网络传播权民事司法解释》第8条第2款、第3款明确规定：“网络服务提供者未对网络用户侵害信息网络传播权的行为主动进行审查的，人民法院不应据此认定其具有过错。网络服务提供者能够证明已采取合理、有效的技术措施，仍难以发现网络用户侵害信息网络传播权行为的，人民法院应当认定其不具有过错。”

本条与第1195条的关系为并列关系，两者分别适用于不同的情形。网络服务提供者自始即知道或应当知道网络用户的侵权行为的，适用本条规定，不得适用“避风港规则”，即不因采取必要措施而免责。网络服务提供者自始不知，经权利人通知后才知道网络用户的侵权行为的，适用第1195条的规定，其在接到权利人通知后及时采取必要措施的，不需承担侵权责任；未及

---

① 王胜明主编：《中华人民共和国侵权责任法释义》，法律出版社2013年版，第216页。

时采取必要措施的，对接到权利人通知后损害的扩大部分与该网络用户承担连带责任。

（方颉琳　撰写）

第一千一百九十八条　【安全保障义务及侵权责任承担】宾馆、商场、银行、车站、机场、体育场馆、娱乐场所等经营场所、公共场所的经营者、管理者或者群众性活动的组织者，未尽到安全保障义务，造成他人损害的，应当承担侵权责任。

因第三人的行为造成他人损害的，由第三人承担侵权责任；经营者、管理者或者组织者未尽到安全保障义务的，承担相应的补充责任。经营者、管理者或者组织者承担补充责任后，可以向第三人追偿。

【法条链接】

《民法典》第1198条；《侵权责任法》第37条

【立法背景】

与《侵权责任法》第37条规定相比，本条扩大了违反安全保障义务侵权责任的适用范围，安全保障义务人包括“宾馆、商场、银行、车站、机场、体育场馆、娱乐场所等经营场所、公共场所的经营者、管理者或者群众性活动的组织者”。同时补充规定了安全保障义务人在承担补充责任后对第三人的追偿权。在《侵权责任编（草案）》（二审稿）中，对“经营场所”与“公共场所”进行了区分，并且将“经营者”纳入安全保障义务人范围内。在《侵权责任编（草案）》（三审稿）中又进一步将“机场”“体育场馆”明确列入本条“经营场所”的范围中。对于安全保障义务人的追偿权，在二次及三次审议稿中均予以明确规定。

安全保障义务的概念在我国此前的其他法律中从未出现过，为了克服不作为侵权在侵权责任认定方面的困难，我国借鉴德国“交往安全义务”的概念，在《人身损害赔偿解释》第6条中引入这一概念并明确规定了安全保障义务：“从事住宿、餐饮、娱乐等经营活动或者其他社会活动的自然人、法人、其他组织，未尽合理限度范围内的安全保障义务致使他人遭受人身损害，赔偿权利人请求其承担相应赔偿责任的，人民法院应予支持。因第三人侵权导致损害结果发生的，由实施侵权行为的第三人承担赔偿责任。安全保障义务人有过错的，应当在其能够防止或者制止损害的范围内承担相应的补充赔偿责任。安全保障义务人承担责任后，可以向第三人追偿。赔偿权利人起诉安全保障义务人的，应当将第三人作为共同被告，但第三人不能确定的除外。”之后《侵权责任法》在总结司法实践经验的基础上，借鉴国外相关规定，对未尽到安全保障义务的侵权责任作出了明确规定，以立法形式对安全保障义务予以确认。

《侵权责任法》37条并未就安全保障义务人向第三人追偿的权利予以规定，客观上存在第三人通过隐匿、躲藏、转移财产等方式逃避责任，使得被侵害人转向安全保障义务人请求赔偿，进而使第三人在安全保障义务人承担的相应补充责任的范围内逃避承担责任的问题。《民法典》第1198条第2款，对安全保障义务人的追偿权明确规定，保证了安全保障义务人在对外承担补充责任后，对第三人可行使追偿权，平息了理论界和司法实践中对安全保障义务人是否有追偿权的争议。同时本条对安全保障义务的规定更加全面、更为公平合理，更有利于实现保护受害人的规范目的。

【条文解读与法律适用】

本条是关于经营场所、公共场所的经营者、管理者或者群众性活动的组织者未尽到安全保障义务的侵权责任的规定。

一、安全保障义务人及保护对象的范围

本条明确规定负有采取妥善措施保障他人安全的安全保障义务人包括以下两类人：

1. 宾馆、商场、银行、车站、机场、体育场馆、娱乐场所等经营场所、公共场所的经营者、管理者。经营场所包括以公众为对象进行商业性经营的场所，包括餐厅等亦属于经营场所；公共场所包括面向公众提供服务的场所，除了本条列举的这些场所外，码头、公园等也都属于公共场所。

2. 群众性活动的组织者。群众性活动，是指法人或者其他组织面向社会公众举办的参加人数较多的活动，如体育比赛活动，演唱会、音乐会等文艺演出活动，展览、展销等活动，游园、灯会、庙会、花会、焰火晚会等活动，人才招聘会、现场开奖的彩票销售等活动。

关于本条对安全保障义务的保护对象规定为“他人”，没有明确具体的范围，实践中哪些人属于保护对象应根据具体情况判断。

二、安全保障义务的内容

安全保障义务人必须实施一定的行为来维护他人的人身或者财产免受侵害：一是防止他人遭受义务人侵害的安全保障义务。即安全保障义务人负有不因自己的行为而直接使他人的人身或者财产受到侵害的义务。二是防止他人遭受第三人侵害的安全保障义务。即安全保障义务人负有的因自己的不作为而使他人的人身或者财产遭受自己之外的第三人侵害的义务，具体的义务内容既可能基于法律的明确规定，也可能基于合同义务，也可能基于诚实信用原则而产生。

三、未尽安全保障义务的责任承担与追偿权

鉴于第三人的行为对于造成的损害具有直接的、完全的原因力，违反安全保障义务的人的行为只具有间接的原因力，故在其承担了补充责任后行使追偿权具有正当性。在理解追偿权时应注意把握以下两点：

1. 根据本条第 1 款规定，安全保障义务人未尽到防止他人遭受义务人侵害的安全保障义务的，应当承担侵权责任。若安全保障义务人未尽到安全保障义务造成他人损害，且损害结果的发生并没有第三人的介入的情况下，安全保障义务人就应当自己承担全部侵权责任。

2. 根据本条第 2 款规定，安全保障义务人未尽到防止他人遭受第三人侵害的安全保障义务的，应当承担相应的补充责任，安全保障义务人承担补充责任后，可向第三人追偿。本款需要注意的是：首先，第三人与义务人承担责任有先后顺序。若第三人的行为是造成他人损害的直接原因，则应当首先由第三人承担侵权责任。在无法找到第三人或者第三人没有能力全部承担赔偿责任时，才由安全保障义务人承担侵权责任。如果第三人已经全部承担侵权责任，则安全保障义务人不再承担侵权责任。其次，安全保障义务人承担的补充责任是相应的补充责任。对于第三人没有承担的侵权责任，安全保障义务人不是全部承担下来，而是在其未尽到安全保障义务的范围内承担，即根据安全保障义务人未尽到的安全保障义务的程度来确定其应当承担的侵权责任的份额。最后，安全保障义务人在承担了补充责任后，有权在其承担责任的范围内向第三人行使追偿权。

（曾志　撰写）

第一千二百零一条　【教育机构的补充责任】无民事行为能力人或者限制民事行为能力人在幼儿园、学校或者其他教育机构学习、生活期间，受到幼儿园、学校或者其他教育机构以外的第三人人身损害的，由第三人承担侵权责任；幼儿园、学校或者其他教育机构未尽到管理职责的，承担相应的补充责任。幼儿园、学校或者其他教育机构承担补充责任后，可以向第三人追偿。

【法条链接】

《侵权责任法》第40条

【立法背景】

本条规定了第三人侵权造成损害的情形下教育机构承担补充责任，与《侵权责任法》相比，增加了一个条款，明确了教育机构承担补充责任后的追偿权，确立了“谁行为、谁侵权、谁负责”的原则，符合公平原则下个人责任的价值。

关于被侵权的主体，《人身损害赔偿解释》中使用的是“未成年人”，曾经也有专家学者在其建议稿中也使用的是“未成年人”，而本条使用的是“无民事行为能力人”和“限制民事行为能力人”，原因有以下两个方面：

第一，存在一些已经成年但是基于智力、精神健康等原因而被宣告为无民事行为能力人、限制民事行为能力人的学生。这些学生在特殊的教育机构

（如聋哑学校、特殊的技术学校）学习、生活期间受到人身损害或者侵害他人合法权益的，相应的教育机构也要承担侵权责任。

第二，存在虽未成年但是以自己的劳动收入作为主要生活来源的学生，这些学生被视为完全民事行为能力人，这些学生在校发生的侵权案件，则不适用特殊规定。

【条文解读与法律适用】

一、第三人侵权责任

本条所指第三人侵权责任，是指学生受到损害的事实，不是由于学校的过错，而是由于第三人的过错所引起，应当由第三人承担民事责任。此处的第三人，与教育机构不应当存在任何隶属关系。如果第三人是教育机构的工作人员，那教育机构就不能以第三人过错进行抗辩，而是应当对该工作人员的损害行为承担替代责任。所以，本条所指第三人，仅指无隶属关系的校外人员。第三人侵权责任适用过错责任原则，包括第三人故意和第三人过失，在举证责任分配中，由被侵权人承担第三人存在过错的举证责任。

二、教育机构承担补充责任

教育机构承担补充责任，需要具备三个条件：第一，损害事实由第三人的原因导致。如果损害事实由教育机构直接导致，则是一般的校园侵权损害赔偿责任，不适用本条的规定。第二，教育机构存在一定的过错，没有尽到合理的管理职责，例如，门卫设置把关不严、外人入校未审查证件、不及时制止伤害等。如果教育机构不存在过错，损害赔偿责任则完全由第三人承担，教育机构就不产生补充赔偿责任。第三，教育机构的过错与第三人的行为之间有着间接或者直接的因果关系。

教育机构承担补充责任的依据，在于其自身存在一定的过错，使本来可以避免或者减少的损害得以发生或者扩大。所以，教育机构应当为被侵权人向第三人求偿得不到赔偿，或者得不到完全赔偿而承担补充赔偿责任。教育机构承担“相应的”补充责任，是与教育机构过错程度和原因力相适应的。

三、第三人与教育机构的责任顺序

第一，当教育机构未尽到管理职责时，第三人的侵权责任和教育机构的补充责任有着先后顺序。首先由第三人承担侵权责任，在第三人下落不明时，或者第三人没有能力全部承担侵权责任时，才由教育机构承担侵权责任。如果第三人已经全部承担侵权责任，则教育机构不再承担侵权责任。

第二，教育机构承担的是相应的补充责任。对于第三人没有承担的侵权责任，教育机构不是全部承担下来，而是在其未尽到安全保障义务的范围内承担，即根据教育机构未尽到的管理职责的程度，进而来确定其应当承担的侵权责任份额。

四、教育机构的追偿权

本条第 2 款是新增加的，规定了教育机构承担补充责任后，可以向第三人追偿。实践中，经常会出现第三人下落不明无法查找，或者第三人自身条件不好赔偿能力不足等情况，即使应当由第三人承担第一顺位的侵权责任，但被侵权人却无法真正行使第一顺位的赔偿请求权。为了充分保障被侵权人的权益，这时被侵权人可以向作为教育机构的补充责任人请求赔偿。但教育机构补充责任的赔偿范围，并不是第三人不能赔偿的部分，而是“相应的”部分，即并不承担超出相应部分之外的赔偿责任。教育机构承担后，可以依法向第三人追偿。

五、需要注意的问题

本条限定的侵权场所为幼儿园、学校、其他教育机构。幼儿园，通常是指对三周岁以上学龄前幼儿实施保育和教育的机构。学校，是指国家或者社会力量举办的全日制的中小学、各类中等职业学校、高等学校。“其他教育机构”没有明确规定，辅导班、少年宫、聋哑学校以及电化教育机构等，均可纳入其中。实际上，侵权场所并不仅仅包括幼儿园、学校或其他教育机构的校内场所，现实中往往存在区域延伸的情形。例如，学校有接送的班车，在上下学途中班车上发生的侵权事件，应当以班车的门为限来作为判断标准。

本条对于时间限定为在学校学习、生活期间，现实中也有例外的情况。例如，学校组织学生集体外出春游，班主任未看管好学生，学生随意跑到马路上玩耍，不慎被私家车撞伤。对此，虽然学生所受侵权事件并不发生在学校的学习、生活期间，但此种情形也应认定为该时间段的延伸，适用本条的规定。

（程立　撰写）

第四章　产品责任

第一千二百零六条　【生产者、销售者应采取的补救措施及侵权责任承担】产品投入流通后发现存在缺陷的，生产者、销售者应当及时采取停止销售、警示、召回等补救措施；未及时采取补救措施或者补救措施不力造成损害扩大的，对扩大的损害也应当承担侵权责任。

依据前款规定采取召回措施的，生产者、销售者应当负担被侵权人因此支出的必要费用。

【法条链接】

《侵权责任法》第46条；《消费者权益保护法》第18条、第19条；《食品安全法》第53条

【立法背景】

与《侵权责任法》第46条相比，本条将“停止销售”明确作为生产者、销售者应该采取的补救措施之一，并就生产者、销售者未及时采取补救措施或采取补救措施不力造成的扩大损失应承担侵权责任予以确定。同时，在本条第2款补充规定了采取召回措施的情形下，生产者、销售者应当负担被侵权人因此支出的必要费用。在《侵权责任编（草案）》（二审稿）第981条对生产者、销售者召回缺陷产品的责任已作出规定的情况下，有的专委会委员和社会公众提出，为更好地保护被侵权人的权益，建议借鉴《消费者权益保护法》的相关规定，明确被侵权人因相关产品被召回支出的必要费用由生产

者、销售者负担。宪法和法律委员会经研究，建议采纳这一意见，故在本条中增加一款规定：依照相关规定采取召回措施的，生产者、销售者应当负担被侵权人因此支出的必要费用。[①]（《侵权责任编（草案）》（三审稿）第981第2款）。

关于本条规定的补救措施，《侵权责任法》第46条规定了对已经进入流通后发现缺陷产品的警示补救措施，《消费者权益保护法》第18条规定了经营者售出前的产品警示说明义务，二者分别从产品的售前与售后两个阶段最大限度地保护了用户、消费者的合法权益。而在第46条全面确立召回制度前，《食品安全法》第53条以法律形式明确规定了召回制度，《乳品质量安全监督管理条例》《食品召回管理规定》《儿童玩具召回管理规定》《药品召回管理办法》《缺陷汽车产品召回管理规定》等也以行政法规和部门规章的形式在相关行业领域作了产品召回的规定。鉴于本条规定的补救措施并不限于"警示"与"召回"，故根据司法实践经验将"停止销售"并列作为补救措施予以明确规定，实为本条的应有之义。同时，根据本条第1款的规定，在产品售出进入流通后才发现产品存在缺陷的情形下，生产者、销售者应当及时、合理、有效地采取停止销售缺陷产品，或向使用人发出警示、召回缺陷产品等补救措施，以防止损害的发生或者进一步扩大，若生产者、销售者怠于、不合理地采取补救措施而导致损害扩大的，应该就扩大的损害承担侵权责任。

根据《消费者权益保护法》第19条规定："经营者发现其提供的商品或者服务存在缺陷，有危及人身、财产安全危险的，应当立即向有关行政部门报告和告知消费者，并采取停止销售、警示、召回、无害化处理、销毁、停止生产或者服务等措施。采取召回措施的，经营者应当承担消费者因商品被召回支出的必要费用。"本条第2款参照上述条款规定生产者、销售者采取召回补救措施时，应负担被侵权人的必要费用，对最大限度保护被侵权人权益具有重要意义。

① 参考全国人民代表大会常务委员会副委员长王晨在第十三届全国人民代表大会第三次会议上所作关于《中华人民共和国民法典（草案）》的说明，2020年5月22日。

【条文解读与法律适用】

本条是关于产品投入流通后发现存在缺陷的，生产者、销售者应当及时采取停止销售、警示、召回等补救措施防止损害扩大及承担侵权责任，并且在召回措施中负担被侵权人支出的必要费用的规定。本条规定的主要目的是，明确生产者、销售者对产品跟踪服务的义务，要求生产者、销售者对投入流通后的产品不能撒手不管，应当跟踪服务，发现产品使用过程中存在缺陷的，应当及时采取补救措施。

一、补救措施的理解与扩大损害侵权责任的承担

根据本条第 1 款规定，对于产品售出已经进入流通后才发现产品存在缺陷，生产者、销售者应当采取停止销售、警示或者采取召回缺陷产品等补救措施。生产者、销售者可以根据产品的不同性能、特点、作用、缺陷的状况、损害发生的概率等情况采取这些具体措施的一项或者多项，以防止损害发生或者进一步扩大。

停止销售，是指生产者、销售者在发现提供的产品存在缺陷而该产品仍在销售时，那么生产者、销售者首先应当采取的措施是停止销售商品。

警示，是指对产品有关的危险或产品的正确使用给予说明、提醒，提请使用者在使用该产品时注意已经存在的危险或者潜在可能发生的危险，避免危险的发生，防止或者减少对使用者的损害。警示的作用有两个：一是告知使用者产品有危险，明示产品的缺陷；二是让使用者知道在使用该产品时如何避免危险的发生，以保证人身、财产的安全。此前，《消费者权益保护法》第 18 条规定了经营者在产品售出前的警示义务、第 19 条规定了产品进入流通阶段的警示义务。

召回，是指产品的生产者、销售者依法定程序，对其生产或者销售的缺陷产品以换货、退货、更换零配件等方式，及时消除或减少缺陷产品对公民人身和财产造成的危害的行为。召回是生产者、销售者将缺陷产品从流通环节中撤回，阻断可能发生的危害，与消除危险是有区别的，因此有观点认为，召回是产品责任的一种独立方式，是新生的、独特的侵权责任方式。

如果生产者、销售者对投入流通后发现存在缺陷的产品，不及时采取补

救措施或者采取补救措施不力造成损害扩大的，对扩大部分的损害也应当承担侵权责任。

二、生产者、销售者采取召回措施应承担必要费用

本条第 2 款补充规定了采取召回措施的情形下，生产者、销售者应当负担被侵权人因此支出的必要费用。需要注意的是，本条规定生产者、销售者应当承担的是因产品被召回支出的必要费用，并非被侵权人支出的所有费用。被侵权人配合生产者、销售者召回缺陷产品采取的方式和支出的费用应当是符合实际需要的必要费用。

（曾志　撰写）

第一千二百零七条　【产品侵权惩罚性赔偿】明知产品存在缺陷仍然生产、销售，或者没有依据前条规定采取有效补救措施，造成他人死亡或者健康严重损害的，被侵权人有权请求相应的惩罚性赔偿。

【法条链接】

《民法典》第 1206 条；《侵权责任法》第 47 条

【立法背景】

与《侵权责任法》第 47 条相比，本条补充规定了明知产品存在缺陷却未依照第 1206 条的规定采取补救措施造成人身伤亡损害的，被侵权人有权请求相应的惩罚性赔偿。为了充分发挥侵权惩罚性赔偿的救济、惩罚与威慑作用，我国在立法上适当扩大了惩罚性赔偿的适用范围，本条有关产品侵权责任的惩罚性赔偿规定即是如此，扩大了承担惩罚性赔偿的范围，对于投入流通领域的产品存在缺陷的没有及时采取补救措施造成人身伤亡损害的，也需要承担惩罚性赔偿责任。

惩罚性赔偿也称示范性的赔偿或报复性的赔偿，是指加害人给付受害人超过其实际损害数额的一种金钱赔偿，通过在补偿性赔偿之外所给予额外赔偿的方式以达到惩罚和遏制严重侵权行为的目的。惩罚性赔偿制度源于英美法，比较典型的是美国，为了遏制大公司制造和销售不合格甚至危险产品，美国大多数州都将惩罚性赔偿用于产品责任。然而这一制度与大陆侵权法奉行补偿性原则不同，故大陆法系国家和地区对惩罚性赔偿的认可度不高。具体到我国，关于在《民法典》中是否规定惩罚性赔偿有不同意见。有观点认为，侵权责任作为民事责任，损害赔偿应坚持填平原则，应将惩罚性赔偿制度规定在《民法典》以外。另有观点认为，可以根据我国国情适当地引入惩罚性赔偿制度，并将惩罚性赔偿制度纳入《民法典》，从适用类型、程序、赔偿范围等方面对惩罚性赔偿制度进行合理限制。并且我国现行的《消费者权益保护法》《食品安全法》《商品房买卖合同司法解释》等法律及司法解释对惩罚性赔偿已有规定。经研究认为，在《民法典》中构建惩罚性赔偿制度具有正当性与必要性。从我国实际情况看，恶意侵权行为屡有发生，在适当的范围和条件下对这些恶意侵权人施以惩罚性赔偿，有利于遏制恶意侵权行为的发生。

【条文解读与法律适用】

本条是关于产品侵权惩罚性赔偿的规定。惩罚性赔偿的主要目的不在于弥补被侵权人的损害，而在于惩罚有主观故意的侵权行为，并遏制这种侵权行为的发生。从赔偿功能上讲，其主要作用在于威慑，不在于补偿。虽然从个案上看，被侵权人得到了高于实际损害的赔偿数额，但从侵权人角度来看，这种赔偿能够提高其注意义务，从而避免类似情况再次发生。

一、适用产品侵权惩罚性赔偿的条件

本条规定将惩罚性赔偿严格限制在产品责任的范围内，而且以“明知产品存在缺陷”的主观要件和“造成他人死亡或者健康严重损害”的侵权损害后果把惩罚性赔偿进一步限定在严重产品责任之内。判定是否适用产品责任的惩罚性赔偿，应注意把握以下要件：

1. 侵权人具有主观故意。即生产者、销售者明知是缺陷产品仍然生产或者销售，或者在产品投入流通后明知产品存在缺陷未采取措施的主观状态。

“明知”指的是侵权人对产品存在缺陷有着明确的、确定的认知状态，包括故意追求或者放任损害后果的发生，需要注意本条所指的“明知”不包括“应知”或者“推定知道”。此外，需要明确的是，本条的责任主体即侵权人为生产者和销售者，不包括产品的运输人和仓储人等其他主体。而被侵权人具体应包括直接或者非直接购买产品的受害人以及死亡受害人的近亲属。

2. 要有损害事实及后果。惩罚性赔偿的适用，要求产生被侵权人死亡或者健康严重损害的后果。被侵权人必须首先证明已经发生了实际损害，此外损害后果必须是“造成他人死亡或者健康严重损害”的侵权损害后果，侵权人承担的是严重产品责任，而非一般侵权责任。

3. 侵权行为与损害后果之间有因果关系。即被侵权人的死亡或者健康严重受损害是因为侵权人生产或者销售的缺陷产品，或者是没有依据第 1206 条规定采取补救措施造成的。在请求惩罚性赔偿的案件中，被侵权人不仅需要证明损害的发生，还要证明该损害是由行为人的行为导致的。

只有同时完全符合本条规定的惩罚性赔偿责任的构成要件，才能判定侵权人应承担惩罚性赔偿责任。

二、需要注意的问题

为防止滥用惩罚性赔偿，避免被侵权人要求的赔偿数额畸高，本条还限定了惩罚性赔偿的适用范围，即被侵权人或死亡受害人的近亲属有权在被侵权人死亡或者健康受到严重损害的范围内请求“相应”的惩罚性赔偿，除此之外的其他损害不得适用惩罚性赔偿，例如被侵权人的财产损害。本条未规定惩罚性赔偿具体的量定标准，这里的“相应”，主要指被侵权人要求的惩罚赔偿金的数额应当与侵权人的恶意相当，应当与侵权人造成的损害后果相当，与对侵权人威慑相当，具体赔偿数额由人民法院根据个案具体判定。

（曾志　撰写）

第五章　机动车交通事故责任

第一千二百一十一条　【挂靠运营的责任主体】以挂靠形式从事道路运输经营活动的机动车，发生交通事故造成损害，属于该机动车一方责任的，由挂靠人和被挂靠人承担连带责任。

【法条链接】

《道路交通事故损害赔偿司法解释》第 3 条

【立法背景】

本条是关于机动车挂靠从事道路运输经营发生交通事故，责任主体及责任形式的规定。与《侵权责任法》及《道路交通安全法》相比，本条属于新增内容，对机动车挂靠运营发生交通事故的责任主体及连带责任形式作出了规定。本条来源于《道路交通事故损害赔偿司法解释》，属于审判实践经验的立法转化。

【条文解读与法律适用】

一、本条仅适用于挂靠运营

挂靠在实践中较为普遍，因挂靠形成的纠纷也并不少见。有观点认为，挂靠是我国社会经济发展特定历史阶段的产物，其肇端是国家在法律、政策上存在很多对私营经济、个体经济的限制性规定或者禁止性规定，一些个体工商户、个人合伙及私营企业，为了进入特定行业，不得已与某些国有企业或集体企业签订挂靠协议，以该企业的名义从事生产经营活动。但也有观点指出，挂靠是商业实践的需要，与法律或政策限制无必然联系，它只不过是由挂靠方使用被挂靠企业的经营资格和凭证等进行经营活动，并向被挂靠企业缴纳挂靠费用的一种经营形式，并非必须对其作出否定性评价。在此意义上，将挂靠定义为名义出借更为妥当，即将商号或名义使用权部分或全部让与他人的行为。从比较法的角度看，多数国家的法律承认名义出借的合法性，并在法律上明确规定了名义出借的法律效力和法律责任。在日本民法典的修订过程中，有学者也专门提出增加名义出借的相关规范。可见，挂靠问题并非我国的独特现象。

机动车挂靠，其原因和性质亦多种多样，本条仅限于从事道路运输经营的机动车挂靠行为。这是因为，机动车挂靠在实践中的表现较为复杂，并非都为运输经营。比如，在大多数城市实施购买机动车摇号政策的情况下，不少个人和单位借用他人名义购买机动车。这种挂靠行为，与挂靠运输经营的风险明显不同。一些观点认为，借用他人名义购买机动车，如果发生交通事故，出借名义或身份的人，存在过错，应当与实际所有人共同承担连带责任。基于连带责任的法定性和约定性，以及出借名义之人的非控制性和非行使收益性，我们倾向于认为，本条不适用于该种情况。该种情况应参照适用出借、租赁机动车的规定。

所谓机动车挂靠运营，一般指没有运输经营权的个人或单位为了运输经营，将机动车挂靠于具有运输经营权的公司，从而以该公司名义对外进行运输经营。这种情况下，实际的车主经运输企业同意，以运输企业名义从事道路运输经营活动，其中车主就是挂靠人，运输企业为被挂靠人。虽然实践中，有观点主张，应区分有偿和无偿挂靠。我们认为，本条对此未作例外性规定，有偿或无偿挂靠不影响本条的适用。

二、挂靠人和被挂靠人承担连带责任的理论依据

《民法典》第 178 条对连带责任作出了规定，其中第 3 款规定“连带责任，由法律规定或者当事人约定”。挂靠运输经营承担连带责任的理论依据，有多个角度的阐释。

（一）共同侵权责任

挂靠运输经营承担连带责任的理论依据，一种角度是共同侵权。机动车交通事故责任属于侵权责任。在本编侵权责任中，延续侵权责任法的规定，规定了共同侵权的连带责任。所谓共同侵权，指二人或二人以上实施侵权行为导致同一损害后果，包括共同故意或共同过失的主观共同侵权，以教唆、帮助为特征的拟制共同侵权，以及共同危险行为等。

由于运输行业具有高度危险性，故需要行政许可。《道路运输条例》明确规定，从事客运或货运经营，应具备一定条件并申请取得道路运输经营许可。道路经营运输许可证不得转让、出租。道路运输企业允许他人挂靠，是一种变相转让、出租的行为。对此，交通运输部门多次明确“坚决清理和取缔运输车辆挂靠经营”及“禁止挂靠经营”。[①] 司法实践中，这一行为违反了强制性行政法规，应当否定其效力。

允许挂靠运输经营的行为不仅违反了强制性行政法规，具有不法性，被挂靠人允许挂靠人使用其名义，造成危险的扩大，放任风险的发生，主观上对风险发生亦存在明显的过错。而挂靠人明知自己不具有运营资质，挂靠他人名义运营，对风险的发生主观上同样具备明显过错。并且，其作为机动车使用人，对事故的发生是当然的责任主体。虽然在造成损害的过错上，挂靠人与被挂靠人可能并不相同。但二者之间相互明知，共同实施非法行为，两者的过错相互结合造成事故发生，符合共同侵权的要件。故被挂靠人应当与挂靠人承担连带责任。

（二）雇主替代责任

挂靠运输经营连带责任的另一角度是雇主替代责任。本编在侵权责任主体部分专门规定了雇主替代责任。根据该规定，用人单位的工作人员因执行工作任务造成他人损害的，由用人单位承担侵权责任。在机动车挂靠运营发生交通事故时，存在两个法律关系，对内是挂靠关系，对外是侵权关系。在外部关系中，机动车交通事故的被侵权人是第三人。对第三人而言，从法律外观上，被挂靠人是运营车辆的所有权人，从事道路运输经营的具体使用人只是其工作人员，因此承担责任的主体应当是该运输企业即被挂靠人。在非挂靠运营时，运输企业尚且要承担责任，若该运输企业因允许他人挂靠而免除责任，显然有悖公平原则。因此，对被侵权人，无论是否存在挂靠，该运

① 参见交通部《道路运输业发展规划纲要（2001—2010年）》第3条第3项，《道路旅客运输及客运站管理规定》第5条。

输企业都应承担责任。同时，挂靠运营毕竟不同于日常的出借、租赁，使用人挂靠的目的在于以他人名义从事道路运输运营，并非被挂靠人的工作人员，根据机动车使用人承担责任的一般原则，作为风险控制和利益享有的主体，其也应对外承担责任。

（三）社会利益衡量

机动车道路运输经营不同于一般的机动车出行，使用频率、事故率、损害后果都相对较高。以保障公共安全为目的，必须从源头上予以管控，实施严格的准入制度，保证运营人的风险管理能力，保证第三人的权利可以得到及时救济。为了实现这一公法目的，私法也应通过利益衡量，保障行政管制的有效运行。

三、需要注意的问题

（一）关于诉讼主体

由于被挂靠人与挂靠人对外系承担连带责任，实体权利和程序权利上，受害人既可以要求被挂靠人承担责任，也可以要求挂靠人承担责任。但实践中，挂靠关系并非公之于众，受害人难以知悉挂靠的存在与否。受害人仅起诉被挂靠人承担责任的，受害人无需证明被挂靠人和挂靠人之间的内部关系。作为名义运营人，被挂靠人当然承担赔偿责任。若被挂靠人提出挂靠关系予以抗辩，请求追加挂靠人为共同被告的，原则上应征求原告即受害人的意见，受害人不同意追加为被告的，从有利于查明事实及挂靠人与被挂靠人之间纠纷一并解决的角度，可以追加挂靠人为第三人。也有观点认为，根据《人身损害赔偿解释》第5条的规定，即便当事人不申请追加或者拒绝追加的，也应依职权追加为共同被告。这一种观点的理论依据在于，共同侵权诉讼为必要的共同诉讼。我们认为，《民法典》第178条明确规定，二人以上依法承担连带责任的，权利人有权请求部分或者全部连带责任人承担责任。共同侵权责任并非必要共同诉讼，而是学者所主张的类似共同诉讼，即如果当事人选择一同起诉或被诉的，法律关系对全体共同诉讼人必须合一确定，不得为不同的判决。此外，从诉讼法上的基本原则出发，我们也应当尊重当事人的诉讼权利及意思自治，因此追加为第三人更为合适。

（二）关于内部追偿

根据《民法典》第178条的规定，连带责任人对外承担责任之后，相互之间可以相互追偿。本条对相互之间的追偿未作规定，并非意味着承担对外责任的挂靠人和被挂靠人之间不得追偿。不予规定的原因，更主要的在于《民法典》第178条已经对追偿问题做出了规定，无特殊规定的，应适用该条之规定。也有观点认为，内部追偿的情况较为复杂，特别是当事人可能有特殊约定。我们认为，挂靠运营的情形下，由于道路运输经营禁止挂靠行为，挂靠协议因违反法律强制性规定，当属于无效。挂靠协议之间关于对外承担责任的约定也应无效。否则，挂靠人和被挂靠人仍可以借由挂靠协议实现规避法律效果。

（丁广宇　撰写）

第一千二百一十二条　【擅自驾驶的责任主体】未经允许驾驶他人机动车，发生交通事故造成损害，属于该机动车一方责任的，由机动车使用人承担赔偿责任；机动车所有人、管理人对损害的发生有过错的，承担相应的赔偿责任，但是本章另有规定的除外。

【法条链接】

《道路交通事故损害赔偿司法解释》第2条

【立法背景】

本条是关于未经允许擅自驾驶他人机动车发生交通事故的责任主体的规定。与《侵权责任法》及《道路交通安全法》相比，本条属于新增内容，对未经允许擅自驾驶他人机动车发生交通事故的责任主体作出了规定。本条来源于《道路交通事故损害赔偿司法解释》，属于审判实践经验的立法转化。

【条文解读与法律适用】

一、关于本条的适用范围

所有人、管理人与驾驶人不一致时的责任主体，侵权责任法有多条予以了规范。例如出借、出租，交付但尚未办理过户，以及盗抢等。除这些情形，仍存在所有和使用分离的情形。

本条针对的是未经允许驾驶的行为，即擅自驾驶。本条虽然用擅自驾驶对规范目的作出限定，但擅自驾驶包含的情形仍然较多。为此，对于已经有所规定的特殊情形，本条明确予以了排除，即“本章另有规定的除外”。比如，盗抢这样一种擅自驾驶由于已经单独规定，就在排除之列。

实践中，有的擅自驾驶情形与其他情形难以区别。比如偷开有时难以与盗窃相区别。对此，通常应从主观与客观两个方面予以区分。主观上，擅自驾驶并不以占有机动车为目的，而盗窃则在于非法占有。客观上，盗窃不会归还，而擅自驾驶在驾驶完毕后一般会归还。当然，偷开性的擅自驾驶，在事后也存在丢弃的情况。

二、关于擅自驾驶人的责任

擅自驾驶当属机动车所有人、管理人与使用人分离。本条延续使用人承担责任的一般规则，仍规定由机动车使用人承担责任。理由除自己责任、运行支配和运行利益之外，根据举轻明重的规则，在出租、出借等基于所有人的意思而使用他人机动车时，使用人尚且需要承担主要赔偿责任，未经所有人同意的擅自驾驶，使用人更应承担赔偿责任。

三、关于机动车所有人、管理人的责任

擅自驾驶符合机动车所有人、管理人与使用人分离，但又与租赁、出借造成的分离明显不同。这一不同主要体现在分离的原因及所有人、管理人对分离使用的主观态度上。根据擅自驾驶人与机动车所有人、管理人的关系，可以将擅自驾驶分为三种形态。一是特定关系下的擅自驾驶，比如亲戚、朋友；二是基于合同或授权占有但未经允许的擅自驾驶，比如维修人员；三是缺乏直接联系的完全陌生的人的擅自驾驶。这三种情况下，特定关系人的擅自驾驶可能并不违背当事人意思，或使用行为的合法性可以获得追认，但后两者，违背所有者、管理人的意思，在发生交通事故的情况下难以获得追认。

从上述造成分离的不同原因结合所有人、管理人的主观状态，在擅自驾驶时，评价机动车所有人、管理人的责任和过错，应当依序把握以下几个原则。

第一，擅自驾驶情形下，机动车所有人、管理人的责任为按份责任。本条规定的相应赔偿责任，针对的是机动车所有人、管理人对于造成擅自驾驶及事故发生的过错，这一过错并不具有共同侵权的特征，机动车所有人、管理人仅在原因力的程度上承担一定的按份责任。

第二，擅自驾驶情形下，机动车所有人、管理人的过错主要表现为对妥善管理义务的违反。在出租、出借机动车的情形下，所有人、管理人基于自己的意思交付机动车于第三人，对危险的发生具有预见性，对使用人的驾驶能力负有审查的义务，对出借机动车的性能负有维护的义务。违反这些义务，构成出租、出借人的过错。但擅自驾驶时，所有人、管理人无从了解擅自驾驶人的情况，不具有甄选的条件。擅自驾驶人在什么条件、什么情况下使用机动车，机动车所有人、管理人也无法预见，要求其确保机动车适于驾驶也缺乏合理性。当然，若机动车处于日常使用过程中，本身就因维护不当而存在缺陷，而事故发生原因又系机动车缺陷造成时，机动车所有人、管理人仍应对此承担相应责任。

第三，擅自驾驶情形下，机动车所有人、管理人对特定关系人负有更严格的注意义务。当擅自驾驶人是机动车所有人、管理人的家庭成员、朋友、同事等特定关系人时，所有人、管理人随意弃置车辆和车钥匙的，应当认为其在保管车辆上存在过错。发生事故时，应当比陌生人擅自驾驶承担相应更多的责任。

四、需要注意的问题

实践中可能出现雇员或工作人员的擅自驾驶行为，涉及替代责任与本条的关系。有观点认为，如果雇员或工作人员的擅自驾驶与工作任务无关，则应适用本条的规定，由使用人承担责任。所有人、管理人的过错在于未能进行有效管理和车辆妥善保管。我们认为，在区分工作任务时，仍应坚持司法实践中的客观主义标准，即便擅自驾驶未经授权，但如果客观上表现为履行职务或与履行职务有内在联系，应认定为与工作任务有关，应当适用替代责任。此外，还应当根据工作性质、工作岗位，考虑擅自驾驶是否属于单位能够预见并可以避免的风险。比如擅自驾驶人本身就是用人单位司机，其未经许可擅自驾驶单位车辆，即便其用途为私人目的而非为单位利益，但该风险属于可以预见、可以避免的风险，且外观上受害人也无从判断其是否为执行工作任务，此种情况下根据客观主义标准，应适用替代责任。

实践中，还有未成年人擅自驾驶的情形，若该未成年人为限制民事行为能力或者无民事行为能力人，根据监护责任的规定，行为人不再是责任主体，监护人应当承担监护责任。

（丁广宇 撰写）

第一千二百一十五条 【盗抢的责任主体】盗窃、抢劫或者抢夺的机动车发生交通事故造成损害的，由盗窃人、抢劫人或者抢夺人承担赔偿责任。盗窃人、抢劫人或者抢夺人与机动车使用人不是同一人，发生交通事故造成损害，属于该机动车一方责任的，由盗窃人、抢劫人或者抢夺人与机动车使用人承担连带责任。

保险人在机动车强制保险责任限额范围内垫付抢救费用的，有权向交通事故责任人追偿。

【法条链接】

《侵权责任法》第52条；《机动车交通事故责任强制保险条例》第22条；《道路交通事故损害赔偿司法解释》第16条

【立法背景】

本条是关于盗抢机动车发生交通事故的责任主体的规定。本条在《侵权责任法》第52条的基础上，进一步对盗抢人与使用人分离时的责任主体和责任形式作出了补充。

【条文解读与法律适用】

一、机动车所有人、管理人责任的免除

机动车被盗抢，也将发生所有、管理与使用分离的情形。但该分离，并非基于机动车所有人、管理人的过错或意愿而发生。诚如此前已经阐释的风险控

制理论，机动车被盗抢，机动车所有人、管理人非因自己意愿，也非自己过错脱离了对机动车的控制，对此后的交通事故既无法预见也无法预防，对交通事故的发生不存在过错。自然不应承担责任。因此《最高人民法院关于被盗机动车辆肇事后由谁承担损害赔偿责任问题的批复》以及《侵权责任法》都明确规定了机动车被盗抢发生交通事故，机动车所有人、管理人不承担赔偿责任。

实践中，机动车发生交通事故，所有人、管理人主张盗抢免责的，应注意严格审查相关证据，确认盗抢的相关事实。已经进入刑事程序的，应根据先刑后民原则，通过刑事程序中对证据的认定与固定，查明肇事机动车是否属于盗抢。

二、盗抢人与使用人的责任

《侵权责任法》第52条规定，盗抢机动车造成交通事故的，由盗抢人承担赔偿责任。这是因为，一般而言，盗抢机动车具有即时性、紧迫性，盗抢人即为驾驶人。盗抢人对机动车的行驶与风险具有控制力，对损害后果应承担责任。

然而，盗抢人与使用人往往并不一致。此时，应当由谁承担责任，侵权责任法并未明确规定。根据机动车使用人承担责任的一般原则，在盗抢人与驾驶人不一致的情况下，驾驶使用盗抢车辆的人，对发生交通事故造成的损害应当承担责任。但若仅由使用人承担责任，不法盗抢机动车的人反而不承担责任，既不符合公平原则，也不符合风险控制理论。此外，盗抢人以触犯刑法之行为，非法控制他人机动车，并允许他人驾驶车辆，是造成风险和事故的直接原因。况且，一般而言，盗抢人与驾驶人对车辆为被盗抢皆为明知，驾驶被盗抢车辆也通常为继续进行不法行为。因此，本条在侵权责任法的基础上规定，由盗抢人与使用人共同承担连带责任，既符合使用人承担责任的一般原则，也能更好地惩戒盗抢行为人。

三、保险人的追偿权及赔付范围

本章延续《道路交通事故损害赔偿司法解释》第16条的规定，对交强险先行赔付做出了规定。在机动车被盗抢期间肇事发生交通事故，为保障受害人的权利，保险公司仍需要在交强险限额内垫付抢救费用。当然，对保险人究竟是否仅垫付抢救费用，还是仍应在交强险限额内对他人的人身伤亡和财产损失先行赔付，存在争议。一种观点认为，本条第2款的规定与《机动车交通事故责任强制保险条例》第 22 条相一致，而第 22 条明确规定，盗抢期间肇事的，保险公司对受害人的财产损失不承担赔偿责任。其中的财产损失应做广义理解，包括人身伤亡导致的死亡赔偿金和残疾赔偿金。此外，本条及《机动车交通事故责任强制保险条例》第 22 条都规定的是垫付抢救费用而非支付抢救费用，说明保险公司承担的并非终局性赔偿责任。这不同于交强险的先行赔付。

另一种观点认为，盗抢发生肇事的情形下，保险公司在交强险限额内仍应赔偿受害人的人身伤亡。因为本条第 2 款的要旨在于明确，保险公司垫付费用后，有向责任人即盗抢人和使用人追偿的权利。不宜依据该款，判断保险公司的赔偿范围。特别是，《道路交通事故损害赔偿司法解释》第 18 条，针对无驾驶资格和醉酒驾驶，明确规定交强险应予以赔付。

我们倾向于认为，盗抢后造成交通事故的，交强险不应仅限于垫付抢救费用。理由在于以下几个方面：第一，交强险的目的在于公益而非商业盈利，应当优先保障受害人权利。第二，交强险免责的唯一事由是受害人故意，无论机动车的过错和责任大小，只要并非受害人故意造成自身伤亡和财产损失，交强险应当赔付。第三，在未发生盗抢的情况下，交强险尚且需要赔付受害人的损失，若因盗抢而免除其赔付责任，对无辜的受害人缺乏公平性，有违交强险的目的和价值。

（丁广宇　撰写）

第一千二百一十六条　【逃逸的赔偿责任】机动车驾驶人发生交通事故后逃逸，该机动车参加强制保险的，由保险人在机动车强制保险责任限额范围内予以赔偿；机动车不明、该机动车未参加强制保险或者抢救费用超过机动车强制保险责任限额，需要支付被侵权人人身伤亡的抢救、丧葬等费用的，由道路交通事故社会救助基金垫付。道路交通事故社会救助基金垫付后，其管理机构有权向交通事故责任人追偿。

【法条链接】

《侵权责任法》第 53 条；《道路交通安全法》第 17 条、第 70 条、第 75 条、第 98 条

【立法背景】

本条是关于驾驶人逃逸后，有关赔偿如何承担的问题。《侵权责任法》第 53 条虽然规定了逃逸的赔偿问题。但在驾驶人虽然逃逸，能够查明交强险的情况下，若交强险限额仍然不足以支付抢救费用、丧葬费用的，该条有明显漏洞。本条在《侵权责任法》第 53 条的基础上，增加了超过交强险限额部分如何赔偿的规定。

【条文解读与法律适用】

根据《道路交通安全法》第 70 条的规定，发生交通事故，车辆驾驶人应立即停车，保护现场，抢救受伤人员，并迅速报告交通警察或者公安机关交通管理部门。因抢救受伤人员变动现场的，应当标明位置。但实践中，有机动车驾驶人为逃避责任，可能出现逃逸的情况，造成短时间难以查明肇事的具体机动车，使被侵权人的救济陷入困境。为达到抢救伤者，保障非机动车、行人人身安全的目的，本条针对此种情况作出了规定。

一、关于立法的变化情况

对于机动车肇事抢救费用如何支付，《道路交通安全法》第 75 条作出了规定。该规定是机动车交通事故发生后，抢救费支付的一般原则。根据该条，医疗机构对交通事故中的受伤人员应当及时抢救，不得因抢救费用未及时支付而拖延救治。对于抢救需要支付的费用，肇事车辆参加机动车第三者责任强制保险的，由保险公司在责任限额范围内支付抢救费用。如果抢救费用超过责任限额的，或者机动车未参加机动车第三者责任强制保险，或者机动车肇事后逃逸，由道路交通事故社会救助基金先行垫付部分或者全部抢救费用，

道路交通事故社会救助基金管理机构有权向交通事故责任人追偿。此处的抢救费用一般指，医疗机构按照《道路交通事故受伤人员临床诊疗指南》，对生命体征不平稳和虽然生命体征平稳但如果不采取处理措施会产生生命危险，或者导致残疾、器官功能障碍，或者导致病程明显延长的受伤人员，采取必要的处理措施所发生的医疗费用。①

机动车肇事后逃逸，与一般性的机动车肇事造成的损害后果有所差异。根据机动车能否查明以及参保交强险的情况，肇事后逃逸的后果，大致可以分为三类：一是机动车驾驶人驾车逃逸，难以查明是具体肇事的机动车辆；二是肇事机动车没有参保机动车交强险；三是抢救费用超过机动车交强险限额。《侵权责任法》第53条在《道路交通安全法》的基础上，着重对前两种情况，即机动车驾驶人驾车逃逸，导致机动车不明以及肇事的机动车没有参加机动车强制保险的情形，规定了需要支付被侵权人人身伤亡的抢救、丧葬等费用的，由道路交通事故社会救助基金先行垫付全部费用。该条并未对超过较强险限额如何处理作出规定。虽然，对该条的理解上，应当结合《道路交通安全法》第75条的一般性规定进行解读。但由于该条专门规范逃逸后的赔偿问题，实践中，难免出现不同的观点。对此，本条进一步明确，肇事逃逸的机动车参加了强制保险的，强制保险先行赔付后仍不足以支付被侵权人人身伤亡的抢救、丧葬费用的，由道路交通事故社会救助基金先行垫付全部费用。

二、关于追偿的问题

道路交通事故社会救助基金垫付抢救和丧葬等费用后，其管理机构有权向交通事故责任人追偿。能够查明机动车，但因超出交强险责任限额进行垫付的，在机动车所有人、管理人和使用人明确的情况下，救助基金管理机构可以按照本章关于责任主体的规定追偿。

但若虽查明机动车，而机动车投保人未投保交强险，从而发生道路交通事故社会救助基金垫付的，其管理人可向哪些责任人追偿。我们认为，此时的责任人不应限定于侵权人，而应指所有的赔偿责任主体。首先，按照本章

① 全国人大常委会法制工作委员会编：《中华人民共和国侵权责任法释义》（第2版），法律出版社2013年版，第301—303页。

规定承担侵权责任的所有人、管理人或使用人当然是可以被追偿的主体。其次，未履行法定投保交强险的投保义务人也应是被追偿的责任主体。

《道路交通安全法》第 17 条明确规定，国家实行交强险制度。第 98 条规定，机动车所有人、管理人未按照国家规定投保交强险的，应承担相应的行政责任。上述规定，为机动车所有人、管理人设定了投保交强险的法定义务。未投保交强险，具有不法性，也侵害了他人民事权益。交强险制度上与侵权责任并未直接挂钩，目的在于实现广泛的社会保障功能。一般认为，发生交通事故后，在交强险范围内不区分机动车是否存在过错，实行交强险先行赔付原则。当然，按照目前的交强险制度，交强险限额划分为无责限额和有责限额，在机动车无责时，在无责限额内先行赔付。机动车有责任的，不再区分责任大小，由交强险在有责限额范围内全额赔付。投保人未投保交强险，实际上剥夺了被侵权人获得先行赔付的权利。在我国保险制度上，工伤保险与交强险设计较为类似，都具有重要的社会保障属性。工伤保险条例第 62 条针对未投保的责任规定，未参加工伤保险的职工发生工伤的，由该用人单位按照工伤保险待遇项目和标准支付费用。秉持相同的理念，《道路交通事故损害赔偿司法解释》第 19 条规定，未依法投保交强险的机动车发生交通事故造成损害，当事人请求投保义务人在交强险责任限额范围内予以赔偿的，人民法院应予支持。因此，未履行法定投保义务的投保义务人属于本条规定的责任人。

还需注意的是，在未投保交强险发生垫付时，并非只有投保义务人系可以被追偿的责任人。侵权赔偿主体在交强险范围内是连带责任人，超出交强险范围的部分，由侵权赔偿主体作为责任人。侵权赔偿责任人承担连带责任的依据为《道路交通事故损害赔偿司法解释》第 19 条第 2 款。其理由在于，被侵权人不能获得交强险赔付的原因由投保义务人和侵权行为人共同造成。侵权行为人未能注意机动车是否投保交强险或者明知未投保交强险而进行驾驶行为，对损失的造成与投保义务人具有共同过错。

（丁广宇　撰写）

第一千二百一十七条 【好意同乘的赔偿责任】非营运机动车发生交通事故造成无偿搭乘人损害，属于该机动车一方责任的，应当减轻其赔偿责任，但是机动车使用人有故意或者重大过失的除外。

【法条链接】

《民法典》第121条、第823条；《道路交通安全法》第76条

【立法背景】

本条是关于好意同乘发生交通事故时的赔偿责任的规定。本条是新增条款，对好意同乘的归责原则和免责事由作出了专门规定。好意同乘交通事故的损害赔偿责任，在《侵权责任法》制定过程中未能形成一致意见，故未作规定。实践中，搭乘现象大量存在，交通事故造成损害，采取何种归责原则，无偿性的友情行为是否可以成为减轻损害的事由，需要予以明确。本条总结了司法实践经验，对此作出了规定。

【条文解读与法律适用】

不同学者对好意同乘有不同的定义。根据好意同乘的共识性基本特征，好意同乘，指驾驶人基于善意互助或友情帮助而允许他人无偿搭乘的行为。比如顺路捎带朋友、同事，应陌生人请求搭载陌生人等。无偿性、利他性、非拘束性是好意同乘的重要特征。

一、关于好意同乘的性质

学说上，好意同乘的性质存在利他合同、无因管理及情谊行为三种观点。继而，大的范畴上，好意同乘交通事故损害赔偿的观点可以分为债（包括合同之债和无因管理之债）及情谊行为两大阵营。

所谓无因管理，是指没有法定的或者约定的义务，为避免他人利益受损失而进行管理的行为。由于无因管理是为他人利益而进行，为平衡不干涉他

人事务与鼓励社会互助之间的关系，鼓励善行，提倡义举，弘扬社会道德风尚，传统民法形成了无因管理制度，并将无因管理行为作为债的发生依据。我国《民法典》第 121 条对无因管理做出了规定，赋予管理人请求受益人偿还因管理行为而支出的必要费用的权利。

所谓利他性合同，指单纯为他人设定利益的合同。按照《法国民法典》第 1105 条规定，“契约之一方当事人纯属无代价给予另一方利益时，此种契约为恩惠契约”。利他性的合同多为无偿合同。不过，无偿合同并非绝对无偿，主要是指当事人一方享有合同规定的权益无须向对方支付一定的对价，或虽作出给付，但与其享有的权益相比，该给付不具有对价意义的合同。赠与合同、无偿保管合同即属于此类合同。由于合同的无偿性，与一般有偿合同相比，无偿合同对合同主体的注意义务要求较低。比如，无偿保管合同中，保管人只在故意和重大过失的情况下，才对保管物的毁损灭失承担责任，否则即可免责。而在有偿合同中，保管人对因其过失造成保管物毁损灭失的，应负全部赔偿责任。无偿合同对纯获益的合同主体资格要求也较为宽松。比如，对于纯获利益的无偿合同，限制行为能力人和无行为能力人即使未取得法定代理人同意，也可以订立。[①] 与有偿合同相比，无偿合同在合同成立的要件、债权人的保护等方面也有区别。比如，赠与合同，多为实践性合同等。

情谊行为，又称好意施惠，是指为增进与他人间情谊而作出不受法律拘束的利他行为。与利他性合同和无因管理不同，纯粹的情谊行为是一种特殊的社会行为，具有更多的社交属性和道德属性，当事人可以自主决定是否进行，无法律的强制要求，不具有法律约束力。情谊行为肇端于德国的民事判例，无偿性及不受拘束性是情谊行为的典型特征。比如，请他人做客，约定了时间地点，此种约定无法律上的约束力，即便事后爽约，也不会产生损害赔偿的请求权。

区分情谊行为和具有法律约束力的债的标准，分为主观说与客观说。主观说认为，两者取决于行为人是否具有受法律约束的意思。“一个含有情谊或施惠因素的行为，只有给付者在作出给付行为时有意使该行为获得法律上之拘束，引起法律上之效果，且接受人在接受此行为时也有此意，则应以法律

---

① 王利明著：《合同法研究 第一卷》（第三版），中国人民大学出版社 2015 年版，第 24 页。

行为的角度来评价此行为。”客观说认为，行为人在作出情谊行为时通常不会考虑其行为要受到或将会受到法律约束，从而无法从主观上对此进行区分。该种观点主张，应当从客观上的无偿性、经济性及风险性予以区分。比如，在无偿性方面，需要综合行为的整体和背景，类似宾馆免费叫醒客人的服务，看似无偿但整体判断则属有偿的行为。再比如风险性方面，有一个德国著名的“摸彩共同体案”。该案中，甲乙丙丁戊五人约定组成一个摸彩共同体，甲每周收齐购买彩票的费用并购买特定的彩票。有一次甲忘记购买那组特定彩票而错失中大奖，导致五人损失 10550 马克。乙丙丁戊起诉要求甲赔偿。德国联邦最高法院认为，由于甲无偿履行该事务，对于一个理性人来说，在没有事先明确责任分配且该行为存有过高的经济风险的情况下，可以推定该行为不具有受法律约束之意思，应为情谊行为。

好意同乘的性质，相应也产生不同观点。认为好意同乘系利他性合同法律关系的主要理由在于，《民法典》第 823 条适用于免票乘客或承运人许可搭乘的无票旅客。该条包含了无偿性的利他合同。好意同乘与承运人的无偿搭乘无本质区别，应当适用该规则。根据该条规定，承运人应当对运输过程中旅客的伤亡承担赔偿责任。

认为好意同乘系无因管理的理由在于，无因管理人与驾驶人一样，都是无约定或法律义务而对他人事务施加管理的行为。两者都是一种对他人的帮助，应当适用相似的规则。

我们认为，好意同乘与合同法律关系的重要区别在于，双方之间并无受法律约束的意思表示。而承运人免费搭乘乘客，依然应当按照约定履行相应的安全送达义务。好意同乘与无因管理也显著不同，后者单方意思表示即可完成，并可请求支付费用。而前者需要双方共同的意思表示，无报酬请求权。

从社会实践来看，好意同乘，是为他人无偿提供搭乘帮助的行为，行为多发生于个人与个人之间，生活中大量存在。好意同乘无营利目的，不追求报酬，旨在互帮互助，应当积极倡导。从法律效力上，允诺提供无偿搭乘的人出于善意，并无受法律拘束的意思。其初始同意，而后无论基于何种考虑或原因发生变更，不应承担法律责任。相对于利他合同及无因管理，好意同乘作为情谊行为，更有助于形成互帮互助的良好风气，增进社会成员的相互信任。否则，若任何提供无偿搭乘的行为人，事先必须考虑行为后果，不利于鼓励人与人彼此间的互助。

二、关于好意同乘的归责原则

好意同乘作为情谊行为，并非法律行为，通常情况下，民法不会介入，亦不发生合同上的请求权。但若发生侵权行为，造成搭乘者人身或财产损害，提供搭乘的机动车使用人，是否应当承担侵权责任，适用何种归责原则，何种情况可以减轻责任，侵权责任法未做规定，理论观点存在争议，各地司法实践也缺乏一致性。

随着实践的发展以及社会生活发生的变化，公共交通更为便捷，快车等服务得到认可和规范，曾经大量存在的黑车现象大为改观，好意同乘的辨识度更为明显，一些曾经影响好意同乘规范的社会治理因素已经不同。机动车的大量增加，自驾造成的交通拥堵日益严重，不少城市出台各种政策鼓励同乘。有的专家学者甚至提出进入主城区应当有搭乘，否则应缴纳拥堵费。这种情况下，好意同乘的现象更为普遍。“一种法律秩序在何时、什么条件下将已发生的损失转由他人承担，这取决于很多因素，特别是取决于在该社会中占主导地位的思维方式和传统习惯。”重新研究和制定好意同乘规则的时机已经成熟。

首先，关于好意同乘适用过错责任的理由。就我国立法体系而言，过错原则是侵权行为适用的一般原则。除非法律有明确的规定，才能适用无过错原则，不能随意扩大无过错原则的适用范围。从《道路交通安全法》的立法本意来看，第 76 条将交通事故中的机动车一方评价为物理上的强者，机动车一方对于非机动车一方、行人所承担的责任要比机动车之间的责任更为严格。而机动车一方的驾驶人和乘车人之间，并非不对等关系，理应适用一般侵权规则，即适用过错责任原则。

从比较法的角度，在美国，大多数的州立法将无偿搭载他人而发生交通事故的归责原则认为是驾驶者的过失责任。汽车客人法首先是在 1927 年新墨西哥州通过的州立法，该部立法区分乘客和客人，为好意同乘的归责原则设定了统一标准。车主只有实施了超过一般过失的严重不当行为，达到严重、极度轻率或故意造成客人人身损害时才对客人承担责任。不过，1985 年，美国得克萨斯州最高法院在判决中认为，没有适当理由区别乘客和客人。过错责任并不会对人们助人为乐的行为造成阻碍。而且，由于强制汽车险的存在，也不会让汽车使用人有过重负担。荷兰、比利时、日本等不少国家对好意同乘也采取了无过错责任，但其原因也在于，强制保险涵盖了车上人员的损害。而我国的交强险并不包含车上人员。若过分强调保护搭乘人的利益，由提供搭乘的驾驶人对搭乘者承担无过错责任，对提供帮助的驾驶人科以重责，势必严重影响行为人的决策，抑制好意同乘行为发生，有违社会的善良风俗和公平原则。而且，在好意同乘交通事故中，驾驶人与搭乘者处于同一空间，搭乘人受到损害的同时，驾驶人一般情况下也可能遭受严重损害。没有交强险的保障，提供利他性帮助行为的驾驶人无异于雪上加霜，甚至是不能承受之重，这样的结果有悖公平。因此，对好意同乘适用过错责任，才能有助于一方面减少乃至避免“好心办坏事”现象的发生，另一方面也能将情谊行为引导到一个健康运行的轨道上来，推动人与人之间的相互关爱。

其次，关于好意同乘减轻责任的理由。大多数理论主张，好意同乘自身构成减责事由。德国学者认为，此种情况下，当事人有可推断的默示减轻的意思。从我国《民法典》中的无偿性合同的规则来看，其中，保管合同规定，如果发生损害，无偿保管人的赔偿责任因为其行为的无偿性可得以减轻。上述规定是针对有法律拘束力的合同法律关系，根据举重以明轻的原则，属于社会层面的不受法律调整范围的好意同乘造成责任承担问题的，当然也可以减轻供乘者的赔偿责任。另外，在我国提倡建立和谐社会环境下，好意同乘是人与人之间互帮互助建立和谐人际关系的表现，如果发生在好意同乘中的侵权责任必须全面赔偿，则不符合我国社会伦理价值观，也不利于鼓励他人助人为乐。然而，若行为人具有侵权的故意或重大过失，则不能仅以好意同乘作为减责事由。比如，驾驶人的过错行为除了一般安全注意义务，还可能存在违反道路交通安全法的严重行为。比如，不具备驾驶资格或有不得驾驶车辆情况的违法驾驶人免费搭乘他人，就是严重过错。此种情况下，不能适用减轻归责。

（丁广宇　撰写）

第六章　医疗损害责任

第一千二百一十九条　【患者知情同意权与医疗机构告知义务】 医务人员在诊疗活动中应当向患者说明病情和医疗措施。需要实施手术、特殊检查、特殊治疗的，医务人员应当及时向患者具体说明医疗风险、替代医疗方案等情况，并取得其明确同意；不能或者不宜向患者说明的，应当向患者的近亲属说明，并取得其明确同意。

医务人员未尽到前款义务，造成患者损害的，医疗机构应当承担赔偿责任。

【法条链接】

《侵权责任法》第 55 条、第 56 条；《医疗损害责任司法解释》第 4 条、第 5 条、第 17 条；《医疗机构管理条例实施细则》第 88 条

【立法背景】

本编第六章医疗损害责任部分与 2009 年《侵权责任法》第七章医疗损害责任部分相比，条文数上没有增删，仍是 11 条，仅对部分条文进行了修改完善：一是第 1219 条将实施手术、特殊检查、特殊治疗时医疗机构应当承担说明义务并取得患者或者患者近亲属“书面同意”，修改为“明确同意”，同时将“不宜向患者说明”修改为“不能或者不宜向患者说明”。二是在第 1222 条第 1 款第 3 项中增加一项内容，遗失病历资料的，推定医疗机构有过错。三是第 1223 条医疗产品责任中，将“消毒药剂”修改为“消毒产品”，增加了药品上市许可持有人承担责任的规定。四是在第 1226 条侵害患者隐私权责

任承担中，增加了保护患者“个人信息”的规定，同时删除了《侵权责任法》第62条“造成患者损害”的表述。除此之外，还对个别条文表述进行了修改，在第1222条和第1224条，为了表述严谨，将原来侵权责任法中的“患者有损害”修改为“患者在诊疗活动中受到损害”；为了防止医疗机构过分拖延提供病历资料，在第1225条，将“患者要求查阅复制前款规定的病历资料的，医疗机构应当提供”，修改为“患者要求查阅复制前款规定的病历资料的，医疗机构应当及时提供”。在第1228条，为了表述更全面，在第2款增加了“侵害医务人员合法权益的”，应当承担法律责任。

2009年12月26日，全国人大常委会通过了《侵权责任法》。该法第七章“医疗损害责任”对社会高度关注的医疗损害问题作了较为全面的规定，确立了以过错责任为主，兼有过错推定和无过错责任的归责体系，同时终止了医疗损害责任的举证责任倒置规则，统一了医疗侵权行为的法律适用，消灭了实践中医疗事故损害赔偿与其他医疗损害赔偿在鉴定机制、法律适用、赔偿责任等方面的“二元化现象”，使医疗损害责任制度走向统一化，一元化。[①] 为了正确审理医疗损害责任纠纷案件，进一步推动构建和谐的医患关系，2017年12月13日，最高人民法院发布《医疗损害责任司法解释》，进一步明确了医疗损害纠纷范围，并将医疗美容纠纷纳入医疗损害纠纷范畴；明确了患者的举证证明规则，并对医疗损害鉴定作出全面规定；对医疗损害责任承担规则作出规定，并明确了医疗产品责任中的惩罚性赔偿规则等。[②]《侵权责任法》关于医疗损害责任的专章规定和《医疗损害责任司法解释》构成了较为完整的医疗损害责任体系，为我国卫生与健康事业的改革发展、保障人民健康、构建和谐医患关系、加快推进健康中国建设提供了有力司法保障。因此，在此次起草民法典的过程中，《侵权责任法》医疗损害责任部分争议不大，基本把第七章整体挪移了过来，仅对少部分条文进行了修改。

医疗损害责任，是指医疗机构及其医务人员在诊疗过程中因过失造成患者人身损害或者其他损害，医疗机构应当承担的以损害赔偿为主要方式的侵

---

① 陈现杰主编：《中华人民共和国侵权责任法条文释义与精析》，中国法制出版社2010年版，第192页。

② 沈德咏、杜万华主编：《最高人民法院医疗损害责任司法解释理解与适用》，人民法院出版社2018年版，第29页。

权责任。第一，医疗损害责任发生在诊疗活动中，在其他场合不能发生这种侵权责任。所谓诊疗活动，是指医疗机构及其医务人员借助医学知识、专业技术、仪器设备及药物等手段，为患者提供紧急救治、检查、诊断、治疗、护理、保健、医疗美容等维护患者生命健康所必需的活动的总和。第二，医疗损害责任是因患者人身等权益受到损害而发生的责任，主要是因患者生命权、健康权、身体权等权益受到损害而发生的责任，包括精神损害赔偿责任。第三，医疗损害责任的行为主体是医务人员，而不是其他人员。不具有医务人员资格的，即使发生损害，也不认为是医疗损害责任。第四，医疗损害责任的责任主体是医疗机构，且须为合法的医疗机构，主要指从事疾病诊断、治疗活动的医院、卫生院、疗养院、门诊部、诊所、卫生所（室）以及急救站等机构。除此之外，不属于医疗机构。第五，医疗损害责任是典型的替代责任，造成患者人身损害的行为人是医务人员，但其并不直接承担赔偿责任，而是由造成损害的医务人员系属的医疗机构承担赔偿责任。只有医疗机构在自己承担了赔偿责任之后，对于有过失的医务人员才可以行使追偿权。第六，民法典将医疗损害责任分为五个基本类型，主要是违反告知义务的侵权行为、违反诊疗义务的侵权行为、因使用有缺陷医疗产品而导致的侵权行为、违反保密义务的侵权行为、因实施过度医疗导致的侵权行为等。

《侵权责任法》第55条规定需要实施手术、特殊检查、特殊治疗时医务人员特殊的告知义务，并要求取得患者或者近亲属的书面同意。这种书面形式的要求主要是为了固定证据，避免发生纠纷，且在发生纠纷后便于查明案件事实和解决纠纷。但是，这并不意味着，有证据证明的口头同意就不能认定为患者或其近亲属的同意。患者知情同意的根本在于意思表示，而不在于意思表示的形式。只要有证据表明有患者或其近亲属同意，患者的知情同意权即得到实现。应当说，《侵权责任法》规定书面同意的要求是倡导性规范，而非强制性规范。但是在实践中，发生了不少争议，有些患者以为只要没有书面同意，即使有证据表明有患者或其近亲属明确同意了，医疗机构也要承担责任，给审判实践带来了混乱，引起广大医务工作者的强烈不满。特别是在现代化信息手段日益发达的今天，电子邮件、电子信息、微信语音、视频资料等可能比书面同意更具证明力，因此，为了弥补法律规定的漏洞，本次民法典对本条做出修改，将“书面同意”改为“明确同意”。

《侵权责任法》第55条规定还明确，不宜向患者说明的，应当向患者的近亲属说明。实践中，除了“不宜”说明的情况可能还有“不能”向患者说明的情况，如患者处于昏迷状态，或者一时的言语障碍无法正确表达意思，但又不属于《侵权责任法》第56条规定的实施紧急救治措施情况下无需取得患者或者近亲属意见的情况，此时，取得患者近亲属的同意就可以了，因此，民法典从完善条文表述的角度，将“不宜说明”改为“不能或者不宜说明”。

【条文解读与法律适用】

一、条文解读

本条是关于患者知情同意权与医疗机构告知义务的规定。患者知情同意权与医疗机构告知义务是对应的权利与义务，知情同意权分为知情和同意两项内容，告知义务是为了保障患者的知情和同意。从历史上看，告知义务是作为告知同意理论的重要内容而发展起来。告知同意理论是指，为了尊重患者的自由决定权，在实施侵袭性医疗行为前，医务人员应该向患者提供患者行使自己决定权所需的医学情报。根据该理论，告知义务是基于患者的自由决定权产生的，是医疗机构对患者应承担的法定义务，医疗机构违反该义务的构成侵权。本条根据诊疗活动的不同，将告知义务区分为两个层次的内容，这两个层次有不同的告知要求，相应的，患者的知情同意权内容也不尽相同。①

第一个层次的告知是一般诊疗活动中的告知，这种诊疗对于患者通常不存在可能性伤害，因此告知方式简单，简要说明即可，通常也不强调患者的同意。这一点在国外也是惯例，即在一般医疗过程中惯常实施的不具有严重损伤后果的医疗行为，如常规注射、用药等，不需要向患者详尽说明。但这并不是说常规医疗不需要患者的同意，而是采取患者不反对即视为患者同意的调整方法。这种情况下，如患者明确表示不同意相关的医疗措施，医疗机构应当尊重患者自身的处分权。也就是说，这一层次的告知同样对应的是患者的知情同意权，也需要患者的同意，只是通常要求不那么高而已。

---

① 参见陈现杰主编：《中华人民共和国侵权责任法条文释义与精析》，中国法制出版社2010年版，第195页。

第二个层次的告知是实施手术、特殊检查、特殊治疗活动中的告知。这种医疗行为在治疗患者的同时，可能对于患者产生较大的伤害，医疗的风险性也强，患者所要负担的医疗费用也高，因此告知方式规范，要求医疗机构应当全面及时告知，要向患者说明病情、医疗措施、医疗风险、替代医疗方案等情况。同时，对于患者知情同意有很高的要求，患者应当给予书面同意或者明确同意。与第一个层次告知中的患者默示同意规则不同，这个层次的告知采取的是患者的明示同意规则，两者的知情同意方式显然不同。那么，何谓特殊检查、特殊治疗？《医疗机构管理条例实施细则》第 88 条规定，特殊检查、特殊治疗，是指具有下列情形之一的诊断、治疗活动：(1) 有一定危险性，可能产生不良后果的检查和治疗；(2) 由于患者体质特殊或者病情危笃，可能对患者产生不良后果和危险的检查和治疗；(3) 临床试验性检查和治疗；(4) 收费可能对患者造成较大经济负担的检查和治疗。

与第二个层次的告知相联系的是告知主体的例外。即在存在不能或者不宜向患者告知的情况时，应告知其近亲属并取得近亲属的同意。之所以产生这种例外，是因为告知义务的制度目的是保护患者的利益，而在出现不能或者不宜告知的情况时如告知，反倒可能导致患者在心理上无法承受，进而加剧病情恶化和妨害治疗，因此这时要采取间接告知的方式，告知患者的近亲属并取得其明确同意。

二、法律适用

在实务中，对于一般医疗行为的告知内容较为简单，应当告知患者病情、准备采取的医疗措施、如何服药、服药或输液应注意什么事项、医疗措施可能产生的效果等等。确定告知义务内容的疑难主要是在需要实施手术、特殊检查、特殊治疗的情况。按照通常认识，这种情况下的告知内容主要包括：治疗前医疗信息的告知、治疗过程中的告知、转医或转诊的告知、出院阶段的告知以及其他内容的告知。医务人员的具体告知方式有：(1) 同意书。对重要的医疗事项，应采取同意书的方式。如手术知情同意书和麻醉知情同意书。(2) 病历记载。对患者比较重要的医疗信息，在说明之外，并应当有记载。(3) 口头告知。但注意应能够证明。

医务人员未尽告知义务，显然会对患者行使知情同意权造成妨碍，但并不当然构成侵权。是否构成侵权，要看是否符合侵权构成要件。单就医务人员未尽告知义务本身，应当已经具备过错和违法行为两个要件，但要构成侵权，还需具备损害后果和违法行为与损害后果之间的因果关系。本条就此明确，医疗机构未尽告知义务须造成损害后果，才构成侵权和承担赔偿责任。实践中为进一步明确这一问题，《医疗损害责任司法解释》第 17 条规定，医务人员违反《侵权责任法》第 55 条第 1 款规定义务，但未造成患者人身损害，患者请求医疗机构承担损害赔偿责任的，不予支持。

实践中还要注意，根据《医疗损害责任司法解释》第 5 条，患者要求医疗机构承担违反告知义务的责任的，应当按照医疗损害责任举证证明责任的一般规则，提交就医疗机构违反告知义务侵权责任构成要件事实相应的证明。具体来说，患者应当提供到该医疗机构就诊的证据、受到损害的证据，医疗机构或者医务人员有过错的证据，以及诊疗活动与损害之间具有因果关系的证据。当然，医疗机构未尽到说明义务本身及因果关系问题都涉及专业判断，且对于患者而言属于消极事实，可能患者因专业知识、举证能力等客观原因无法举证，对此可以适用《医疗损害责任司法解释》第 4 条第 2 款，通过申请鉴定的方式来解决。

实践中，为防止患者滥用知情同意权，也必须尊重医务人员的自由裁量权。向患者告知的内容、对象、时机和方式上，医务人员有一定的选择权，如对一些意志薄弱的患者会产生有害后果的信息，患者已知的信息，明显轻微不会对患者知情同意权造成损害的信息等。① 但是，目前少数医疗机构将告知范围扩大，将医疗过错纳入风险告知和知情同意范围，试图以患者对医疗过错知情同意来减免其责任。应当说，这是不正确的做法。告知义务的立足点是保护患者利益和妥当在患者与医疗机构之间划分医疗风险，而医疗过错是不属于医疗风险的。上述做法将告知义务的立足点变成了保护医疗机构不承担医疗过错责任，侵害了患者的基本人身和财产权益，不能产生减免医疗机构责任的法律效果。医疗机构因过错导致患者损害的，应承担损害赔偿责任。

最后，患者的知情同意权也是有限制的，实践中，主要有以下几个方面：一是患者对知情同意权拒绝或者放弃的，医务人员不承担侵权责任。二是传

---

① 最高人民法院侵权责任法研究小组编著：《〈中华人民共和国侵权责任法〉条文理解与适用》，人民法院出版社 2010 年版，第 402 页。

染病病人必须接受强制治疗，无权拒绝。比如，根据《传染病防治法》及其实施办法，对新冠肺炎患者进行强制治疗，对于疑似患者和密切接触者进行强制隔离，都无需征得其本人和家属的同意，在采取一些治疗措施时也无需征得其本人或家属同意。三是对严重精神障碍者进行强制治疗，无需征得其本人同意，也无需征求其法定代理人意见。四是对吸食、注射毒品成瘾人员实行强制治疗时，无需征得其本人同意。

（姚宝华　撰写）

第一千二百二十二条　【医疗机构的过错推定】患者在诊疗活动中受到损害，有下列情形之一的，推定医疗机构有过错：

（一）违反法律、行政法规、规章以及其他有关诊疗规范的规定；

（二）隐匿或者拒绝提供与纠纷有关的病历资料；

（三）遗失、伪造、篡改或者违法销毁病历资料。

【法条链接】

《民法典》第 1224 条；《侵权责任法》第 6 条、第 58 条、第 60 条；《医疗损害责任司法解释》第 6 条；《医疗机构病历管理规定（2013 年版）》第 14 条、第 29 条；《医疗事故处理条例》第 9 条

【立法背景】

2002 年 4 月 1 日实施的《最高人民法院关于民事诉讼证据的若干规定》（已被修改）第 4 条规定，医疗损害诉讼适用举证责任倒置规则。这一规定不当加重了医疗机构的责任，一定程度上激化了医患关系，引起了医务界的强烈反对。《侵权责任法》关于医疗损害责任的规定中，对举证责任倒置规则进行了限制，改变了原来的过错推定规则，采用了“谁主张，谁举证”一般原则。即在一般情况下，对于医疗机构的过错由患者举证证明。同时在第 58 条

明确规定三种例外情形下可以推定医疗机构存在过错。这一规定有效遏制了患者的滥诉行为，减少了实践中存在的过度医疗和防御性医疗，最终下降所有患者的平均医疗费用。可以说该条在实践中，取得了预期效果，本次民法典立法过程中，对该条文进行了完善，主要有两个方面，一是将“患者有损害”修改为“患者在诊疗活动中受到损害”，当事人依据本章提起的医疗损害之诉，必须是在诊疗活动中受到的损害，之所以做此修改，仅仅是为了使文字表述更加严谨。同样，《民法典》第1224条也是将《侵权责任法》第60条中的“患者有损害”修改为“患者在诊疗活动中受到损害”。二是在本条第1款第3项是增加“遗失”病历资料推定医疗机构有过错的情形。《侵权责任法》第58条第2、3项规定医疗机构伪造、篡改、销毁、隐匿或者拒绝提供与纠纷有关的病历资料的，可以直接推定医疗机构有过错，但这些都属于医疗机构故意实施的行为，而对于遗失病历资料的过失行为是否推定医疗机构有过错没有明确，虽然实践中，大多数情况下，人民法院根据立法精神对于遗失病历或者违法销毁病历的推定医疗机构有过错，但毕竟这是立法上的漏洞，因此，此次民法典立法对这一漏洞进行了填补。

【条文解读与法律适用】

一、条文解读

本条是关于推定医疗机构有过错的三种情况的规定。[①] 根据本条规定，如果医疗机构违反法律、行政法规、规章以及有关其他诊疗规范的规定，或者有遗失、伪造、篡改、违法销毁、隐匿、拒绝提供病历资料等行为的，可以直接推定医疗机构有过错。

第一，医疗机构违反法律、行政法规、规章以及其他有关诊疗规范的规定，可以直接推定医疗机构有过错。这是利用违法推定过失的法理直接证明医疗机构及医务人员具有过错。[②] 这一规定可以有效地保护患者的利益。《民

---

① 结合《民法典》第1218条、第1223条及本条的规定，关于医疗损害赔偿的归责原则，在一般情况下是适用过错责任原则，特殊情况下采取严格责任原则和过错推定原则。

② 王利明主编：《中国民法典学者建议稿及立法理由（侵权行为编）》，法律出版社2005年版，第266页。

法典》保留了《侵权责任法》的该款规定。随着医疗精细化的发展，越来越多的法律法规针对医务人员的行为提出了法定注意义务的要求，相当多的诊疗规范也对医务人员的行为准则提出了要求，由此逐渐产生了过失推定规则，即医务人员的医疗行为只要违反了上述法定注意义务及行为准则，就被认为是有过失的，此时违法就被推定为过失。①

第二，医疗机构遗失、伪造、篡改、违法销毁、隐匿或者拒绝提供与纠纷有关的病历资料的，可以直接推定医疗机构有过错。病历资料对于查明医疗损害赔偿纠纷案件的事实具有非常重要的意义。实践中，除了拔错牙、手术时左右不分等少数情形外，判断医疗机构是否有过错，基本上要依赖于医疗鉴定，而进行医疗鉴定不可或缺的就是病历资料。关于病历资料，《医疗损害责任司法解释》第 6 条第 1 款明确，《侵权责任法》第 58 条规定的病历资料包括医疗机构保管的门诊病历、住院志、体温单、医嘱单、检验报告、医学影像检查资料、特殊检查（治疗）同意书、手术同意书、手术及麻醉记录、病理资料、护理记录、医疗费用、出院记录以及国务院卫生行政主管部门规定的其他病历资料。《医疗机构病历管理规定（2013 年版）》第 14 条规定，医疗机构应当严格病历管理，任何人不得随意涂改病历，严禁伪造、隐匿、销毁、抢夺、窃取病历。《医疗事故处理条例》第 9 条规定，严禁涂改、伪造、隐匿、销毁或者抢夺病历资料。而在一些诉讼中，医疗机构为了逃避责任而伪造、篡改、销毁、隐匿或者拒绝提供与纠纷有关的病历资料的行为时有发生。为了遏制这一现象，《侵权责任法》在 58 条明确规定，医疗机构伪造、篡改、销毁、隐匿或者拒绝提供与纠纷有关的病历资料的，推定医疗机构有过错。上述规定，都是规定医疗机构基于故意情况下实施的行为，对于医疗机构因过失行为导致的病历资料丢失，则没有明确规定。实践中，有医疗机构主张病历由于保管不善等原因丢失，认为不属于伪造、篡改、销毁、隐匿或者拒绝提供与纠纷有关的病历资料的情形，要求不承担责任。实际上，《侵权责任法》的立法原意是对于应当由医疗机构保管的病历资料，医疗机构应当提供，如果拒绝提供或者无法提供的，则推定医疗机构有过错。根据这一立法精神，《医疗损害责任司法解释》在第 6 条第 2 款明确，患者依法向人

① 陈现杰主编：《侵权责任法条文释义与精析》，中国法制出版社 2010 年版，第 203 页。

民法院申请医疗机构提交由其保管的与纠纷有关的病历资料等，医疗机构未在人民法院指定期限内提交的，人民法院可以依照《侵权责任法》第8条第2项规定推定医疗机构有过错，但是因不可抗力等客观原因无法提交的除外。此次民法典立法过程中，增加了遗失病历资料应推定医疗机构有过错的条款，进一步完善了该条立法。实践中，除因不可抗力等客观原因无法提交的以外，只要医疗机构未在人民法院指定期限内提交病历资料的，人民法院可以依照本法第1222条第3项规定推定医疗机构有过错。《民法典》将《侵权责任法》的“销毁病历”修改为“违法销毁病历”，实际上仅是为了表述严谨，因为根据《医疗机构病历管理规定（2013年版）》第29条的规定，门（急）诊病历由医疗机构保管的，保存时间自患者最后一次就诊之日起不得少于15年；住院病历保存时间自患者最后一次住院出院之日起不少于30年。也就是说，15年或30年后销毁病历是合法的，由于一般医疗纠纷均发生在就诊或住院后一两年之内，少有发生在15年或30年之后，因此，加上违法两字仅是文字表述的需要。

第三，本条规定的“过错推定”是不允许被推定人以反证予以推翻的推定。现代法律中有两种推定，一种是许可被推定人以反证推翻的推定，另一种是不允许被推定人以反证推翻的推定。本条规定的“推定医疗机构有过错”属于哪种情况，有不同看法。对此，宪法和法律委员会、全国人大常委会法工委认为，按照侵权责任法的立法思想，违反有关诊疗规范，或者隐匿有关病历资料甚至伪造、篡改、销毁有关病历资料，这类行为本身即是过错。对此，人民法院应当直接根据“违反有关诊疗规范，或者隐匿有关病历资料甚至伪造、篡改、违法销毁有关病历资料”的事实，认定医疗机构有过错，既不应要求患者一方证明医疗机构有过错，也不得许可医疗机构举证证明自己无过错。时任法工委主任胡康生明确指出，《侵权责任法》第58条的“推定医疗机构有过错”，不同于《侵权责任法》第6条第2款的“过错推定”，该推定是“直接认定”，是“不可推翻的过错推定”。[①] 在民法典的立法过程中，该条立法精神亦未改变。

---

① 参见沈德咏、杜万华主编：《最高人民法院医疗损害责任司法解释理解与适用》，人民法院出版社2018年版，第88页。

二、需要注意的问题

在实务中，需要注意以下几个问题：

第一，根据本条规定，有法定三种情形之一的，推定医疗机构有过错。因此，首先需要证明该三种情形之一的存在，才可以推定过错的存在。在医疗损害责任诉讼中，人民法院首先需要查明是否存在上述三种情形，当这些情形能够被证实后，过错的推定也就理所当然。

第二，根据本条第 2 项规定，医疗机构在诉讼中必须提供与纠纷有关的病历资料，否则将被推定过错的存在。因此，医疗机构在诉讼中必须主动向法院提供完整的病历，以避免对其产生不利的后果。

第三，因为本条的推定是“直接认定”的推定，如果能够证明三种情况的存在，则人民法院应当直接推定医疗机构有过错。但实践中，根据本条第 3 项规定，医疗机构不得遗失、伪造、篡改或者违法销毁病历资料。那么，在诉讼中，可能双方当事人就医学文书的真实性和完整性发生争议，比如就病历中记载的事项及签名的真实性发生争议，也就是说对于是否有伪造、篡改病历行为并不是显而易见，此时，一般需要借助鉴定来判断真伪。同样，由于本条第 1 项的规定，双方当事人在诉讼中可能会就病历资料的内容发生争议，即根据病历的记载来判定医疗机构是否存在违反法律、行政法规、规章、诊疗规范的情况。同样，除非显而易见的情况，否则，法官也需要借助鉴定来判断真伪。那么，需要确定鉴定程序的启动问题。笔者认为，原则上双方都可以要求提起鉴定，如果双方都不提起，人民法院可以依职权委托鉴定对相关情况予以查明。

（姚宝华　撰写）

第一千二百二十三条　【医疗产品损害责任】因药品、消毒产品、医疗器械的缺陷，或者输入不合格的血液造成患者损害的，患者可以向药品上市许可持有人、生产者、血液提供机构请求赔偿，也可以向医疗机构请求赔偿。患者向医疗机构请求赔偿的，医疗机构赔偿后，有权向负有责任的药品上市许可持有人、生产者、血液提供机构追偿。

【法条链接】

《侵权责任法》第 59 条

【立法背景】

《侵权责任法》第 59 条规定了医疗产品责任和输入不合格血液的责任，对医疗机构、医疗产品生产者、血液提供机构适用严格责任的规定，只要发生损害，即应当承担损害赔偿责任。2019 年新修订的《药品管理法》和新通过的《疫苗管理法》正式引入了药品上市许可人（Marketing Authorization Holder，HAH）制度，药品上市许可人制度是一种将上市许可与生产许可相分离的管理模式，在这种机制下，上市许可和生产许可相互独立，上市许可持有人可以将产品委托给不同的生产商生产，药品的安全性、有效性和质量可控性均由上市许可人对公众负责。MAH 制度是国际较为通行的药品上市、审批制度，是一项与世界接轨的制度，具有一定的制度优势，可在一定程度上缓解“捆绑”管理模式下出现的问题，从源头上抑制制药企业的低水平重复建设，提高新药研发的积极性，促进委托生产的繁荣，从而促进我国医药产业的快速发展。《民法典》为了和《药品管理法》《疫苗管理法》有效衔接，在本条对药品上市许可人的责任作出明确规定。另外，本条将《侵权责任法》的“消毒药剂”修改为“消毒产品”，使表述更为准确，因为根据《消毒管理办法》，消毒产品包括消毒剂、消毒器械（含生物指标物、化学指示物和灭菌物品包装物）、卫生用品和一次性使用医疗品。

【条文解读与法律适用】

本条是关于医疗产品责任的专门规定，理解本条主要从产品损害责任概念、归责原则和责任承担三个方面去掌握。

一、医疗产品损害责任的概念

本条是关于医疗产品损害责任的规定。所谓医疗产品损害责任，是指医疗机构在医疗过程中使用有缺陷的药品、消毒产品、医疗器械等医疗产品，或者输入不合格的血液，因此造成患者人身损害的，医疗机构或者药品上市许可持有人、医疗产品的生产者、血液提供机构所应当承担的侵权赔偿责任。①

由于药品、消毒产品、医疗器械也属于产品，因此，比照民法典关于产品责任的规定，本条规定，因药品、消毒产品、医疗器械的缺陷，或者输入不合格的血液造成患者损害的，患者可以向药品上市许可持有人、生产者或者血液提供机构请求赔偿，也可以向医疗机构请求赔偿。② 医疗机构赔偿后，有权向负有责任的药品上市许可持有人、生产者或者血液提供机构追偿。

二、医疗产品损害责任的归责原则

关于医疗产品损害责任的归责原则。梁慧星教授认为，医疗产品缺陷致损，虽然构成侵权，但应该适用《产品质量法》的规定。③ 杨立新教授认为，医疗产品损害责任采应适用产品责任的一般原则，即无过错责任原则。④ 此外，还有学者认为，生产者的产品责任是过错责任，而不是无过错责任。⑤ 2007 年《侵权责任法》明确，医疗产品责任采用无过错责任原则。根据该原则，只要医疗产品给患者造成了损害，上述责任主体就应承担侵权责任，即有损害就有赔偿。

三、医疗产品损害的责任承担

本条沿用《侵权责任法》第 59 条，仅规定了因药品、消毒产品、医疗器械的缺陷，或者输入不合格的血液造成患者损害时，患者可以向药品上市持有人、生产者或者血液提供机构请求赔偿，也可以向医疗机构请求赔偿。医疗机构赔偿后，有权向负有责任的药品上市许可持有人、生产者、血液提供机构追偿。但是没有具体规定药品上市持有人、医疗产品的生产者、血液提供机构与医疗机构之间如何承担责任。笔者认为，应当按照以下原则确定责

---

① 杨立新：《中国医疗损害责任制度改革》，载《法学研究》2009 年第 4 期。

② 有观点认为，在一般情况下，医疗机构并非药品等医疗产品的销售者，药品等出现问题理应由生产厂家负责，医疗机构也是受害者。《侵权责任法》之所以规定医院要承担连带责任，是从保护患者弱势群体及风险分担的角度考虑。由医疗机构向生产厂家索赔，更容易提供依据和理由，要证明生产厂家有过错，医院证明比较有利，且向厂家追偿也更容易。参见《医疗侵权责任立法研讨》，载《中国医院法治》2009 年第 1 期。

③ 梁慧星：《医疗损害赔偿案件的法律适用问题》，载《人民法院报》2005 年 7 月 6 日。

④ 杨立新：《中国医疗损害责任制度改革》，载《法学研究》2009 年第 4 期。

⑤ 王成：《论医疗损害侵权行为归责原则的配置》，载《证据科学》2009 年第 3 期。

任的承担。

对于因药品、消毒产品、医疗器械缺陷造成患者损害的，有以下几种情况。一是药品、消毒产品、医疗器械本身存在缺陷，医疗机构在采购产品时存在过错，比如，采购药品时，未严格把关，或者通过非法途径获得药品。这时候，医疗机构和医疗产品的生产者或提供者以及药品上市持有人，均应当承担赔偿责任。二是药品、消毒产品、医疗器械本身存在缺陷，医疗机构强制指定患者使用缺陷医疗产品，造成患者损害的，医疗机构和医疗产品的生产者及药品上市持有人应当共同承担赔偿责任。三是药品、消毒产品、医疗器械本身存在缺陷，但医疗机构在采购产品时，已经尽到了足够的注意，但仍然未能发现产品存在的缺陷。此时，应当由产品的生产者和药品上市持有人承担赔偿责任，医疗机构不应当承担责任。医疗机构先行承担责任的，有权向医疗产品的生产者和药品上市持有人追偿。四是医疗机构使用缺陷医疗产品致患者损害，无法确定缺陷医疗产品的生产者或者提供者，或者药品上市持有人的，应当由医疗机构承担赔偿责任。五是医疗机构本身就是缺陷医疗产品的生产者，即医疗机构使用自己生产的缺陷医疗产品致患者损害的，则应当由医疗机构承担赔偿责任。

对于输血感染造成患者损害的，也要区分不同情况。输血感染是指输入不合格血液即被病菌污染了的血液。血液一般是由血站提供给医疗机构，然后由医疗机构输入患者体内。如果血液是由血站提供的，按照《献血法》第10条的规定，血液质量的监测是由血站来完成的，医疗机构对血站提供的血液不再进行检查，但必须进行核查。如果医疗机构尽到了核查义务但仍未发现血液不合格的，应当由血液提供机构即血站承担赔偿责任。医疗机构先行承担责任的，有权向血液提供机构追偿。如果医疗机构未尽此等核查义务，就认为其有过失，应当与血站共同承担赔偿责任。

四、药品上市持有人制度

2016年6月6日，国务院办公厅印发《药品上市许可持有人制度试点方案》，在北京、天津、河北、上海、江苏、浙江、福建、山东、广东、四川10省（市）开展为期两年半的试点工作。试点行政区域内的药品研发机构或者科研人员可以作为药品注册申请人，提交药物临床试验申请、药品上市申请，申请人取得药品上市许可及药品批准文号的，可以成为药品上市许可持有人。

试点方案借鉴和吸纳了国际先进经验，改变药品批准文号与生产企业捆绑的模式，明确上市许可持有人资质依申请获得，强化申请人与上市许可持有人责任主体地位，允许跨试点区域委托生产，简化技术转让与受托生产企业审批，体现“质量源于设计”的药品质量全生命周期控制理念。经过两年半的试点，取得明显成效，激发了药物创新积极性，优化了资源配置，重塑并促进了我国药品产业发展。[①] 在试点基础上，2019 年新修订的《药品管理法》和新通过的《疫苗管理法》正式引入了药品上市许可人制度，该制度成为新《药品管理法》确定的药品管理基本制度、核心制度。

关于药品上市许可持有人的法律地位。一般说来，药品上市许可持有人的法律地位被视同生产者，或者表见生产者。根据《药品管理法》第 49 条第 2 款的规定，标签或者说明书应当注明上市许可持有人及其地址、生产企业及其地址等内容。《药品管理法》第 38 条规定，药品上市许可持有人为境外企业的，应当由其指定的在中国境内的企业法人履行药品上市许可持有人义务，与药品上市许可持有人承担连带责任。《药品管理法》第 30 条第 3 款规定，药品上市许可持有人的法定代表人、主要负责人对药品质量全面负责。

关于药品上市许可持有人的权利义务。药品上市许可持有人依法承担药品全生命周期的管理责任，但不一定由其承担全部的法律责任。《药品管理法》第 30 条第 2 款规定，药品上市许可持有人应当依照《药品管理法》规定，对药品的非临床研究、临床试验、生产经营、上市后研究、不良反应监测及报告与处理等承担责任。其他从事药品研制、生产、经营、储存、运输、使用等活动的单位和个人依法承担相应责任。《药品管理法》第 39 条规定，中药饮片生产企业履行药品上市许可持有人的相关义务，对中药饮片生产、销售实行全过程管理，建立中药饮片追溯体系，保证中药饮片安全、有效、可追溯。

五、需要注意的问题

（一）医疗产品损害赔偿纠纷案件被告的确定

在实践中，由于患者很难了解到医疗产品生产者的具体情况，而医疗机

---

① 董阳：《药品上市许可持有人制度改革的政策分析——以上海市试点经验为例》，载《中国食品药品监管》2019 年第 1 期。

构因为合同关系和自身行业的性质等，对医疗产品生产者的情况更为清楚，根据本条规定，为了方便受害患者获得赔偿，患者既可以起诉医疗产品的生产者或者血液提供机构请求赔偿，也可以起诉医疗机构请求赔偿，还可以同时起诉医疗机构和缺陷产品的生产者或者血液提供机构。为了明确这一点，《医疗损害责任司法解释》规定，因医疗产品的缺陷或者输入不合格血液受到损害，患者请求医疗机构，缺陷医疗产品的生产者、销售者或者血液提供机构承担赔偿责任的，应予支持。医疗机构承担赔偿责任后，向缺陷医疗产品的生产者、销售者或者血液提供机构追偿的，应予支持。因医疗机构的过错使医疗产品存在缺陷或者血液不合格，医疗产品的生产者、销售者或者血液提供机构承担赔偿责任后，向医疗机构追偿的，应予支持。

实践中，可能存在缺陷医疗产品、输入不合格血液和医疗机构过错诊疗责任行为共同造成患者同一损害的情形，此时应当依据《医疗损害责任司法解释》第22条的规定确定责任承担，对于缺陷医疗产品与医疗机构的过错诊疗行为共同造成患者同一损害的，患者可以请求医疗机构与医疗产品的生产者或者销售者承担连带责任；医疗机构或者医疗产品的生产者、销售者承担赔偿责任后，向其他责任主体追偿的，应当根据诊疗行为与缺陷医疗产品造成患者损害的原因力大小确定相应的数额。输入不合格血液与医疗机构的过错诊疗行为共同造成患者同一损害的，参照适用前述规定。《民法典》施行后，有药品上市持有人的情况下，也应当参照适用上述规定。

（二）关于举证责任分配

《侵权责任法》规定医疗产品责任适用无过错原则，受害人无需证明生产者及销售者的过错，此无争议，但是对于产品是否有缺陷及因果关系的举证责任究竟由谁承担，则存有争议。此次民法典对此问题没有明确。《医疗损害责任司法解释》对此做了规定，患者依据《侵权责任法》第59条规定请求赔偿的，应当提交使用医疗产品或者输入血液、受到损害的证据。患者无法提交使用医疗产品或者输入血液与损害之间具有因果关系的证据，依法申请鉴定的，人民法院应予准许。医疗机构，医疗产品的生产者、销售者或者血液提供机构主张不承担责任的，应当对医疗产品不存在缺陷或者血液合格等抗辩事由承担举证证明责任。显然，司法解释采纳了“谁主张、谁举证”的规则，同时又对患者一方作出必要的举证责任缓和。这一点实践中要特别注意。

（三）关于缺陷医疗产品的惩罚性赔偿责任

《民法典》第1207条规定，明知产品存在缺陷仍然生产、销售，或者没有依据前条规定采取补救措施，造成他人死亡或者健康严重损害的，被侵权人有权请求相应的惩罚性赔偿。医疗产品也是产品，也应当适用产品责任的惩罚性赔偿规则，但是民法典并没有规定相应的惩罚性赔偿性损害赔偿标准，《医疗损害责任司法解释》参照《消费者权益保护法》第55条第2款的规定，将患者视同消费者予以保护，同时基于医疗机构公益性考虑，将医疗机构排除在承担惩罚性赔偿责任的主体之外，明确规定了医疗产品存在缺陷仍然销售，造成患者死亡或者健康严重损害，患者请求生产者或者销售者赔偿损失及二倍以下惩罚性赔偿的，人民法院应予支持。根据该条司法解释，《民法典》正式施行后，有此情形，患者同样也可以请求药品上市持有人赔偿损失及二倍以下惩罚性赔偿。

（四）关于协商赔偿的运用

我们认为，因药品、消毒药剂、医疗器械的缺陷，或者输入不合格的血液造成患者损害的，患者向医疗机构请求赔偿的，医疗机构可以要求生产者或者血液提供机构协商赔偿。也就是说，在发生上述损害情形时，为避免相对漫长的诉讼程序，患者可以选择非诉讼的维权方式。即患者可以直接与医疗机构接触，要求医疗机构承担赔偿责任。此时，由于产生损害的根源在于生产者生产了有缺陷的医疗产品，因此，为了提高效率、节约成本，医疗机构可以要求医疗产品的生产者或者血液提供机构协商赔偿。实践中，在许多情况下，医疗产品的生产者或者血液提供机构包括药品上市持有人考虑与医疗机构的长期合作关系等因素，主动向患者承担了赔偿责任。

当然，如果患者不愿意与医疗机构和解或者患者未能与医疗机构达成和解协议，患者有权依据本条的规定直接将医疗机构诉至法院要求赔偿。在诉讼中，如果患者仅起诉医疗机构的，医疗机构可以向法院申请追加药品上市持有人、医疗产品的生产者或者血液提供机构为共同被告。

（姚宝华　撰写）

第一千二百二十六条 【患者隐私权和个人信息保护】 医疗机构及其医务人员应当对患者的隐私和个人信息保密。泄露患者的隐私和个人信息，或者未经患者同意公开其病历资料的，应当承担侵权责任。

【法条链接】

《民法典》第1034条、第1183条、第1226条；《侵权责任法》第62条；《执业医师法》第22条、第37条；《护士条例》第18条；《医疗机构病历管理规定（2013年版）》第6条

【立法背景】

随着信息社会的发展，自然人的个人信息保护问题日益凸显。《民法典》在人格权编第六章，专门对隐私权和个人信息保护做出规定。在第1034条明确，自然人的个人信息受法律保护。个人信息是以电子或者其他方式记录的能够单独或者与其他信息结合识别特定自然人的各种信息，包括自然人的姓名、出生日期、身份证件号码、生物识别信息、住址、电话号码、电子邮箱地址、行踪信息等。个人信息中的私密信息，同时适用隐私权保护的有关规定。在就医过程中，患者必须向医疗机构提供基本的个人信息，由于医疗保险制度的推广，使得医疗机构通过患者医保卡掌握了海量的公民个人信息，同时，医疗机构掌握患者具体的就医情况，也就掌握了公民的大量个人隐私，因此，《民法典》第1226条在保护患者隐私权的基础上增加了保护患者个人信息的规定。

本条与《侵权责任法》第62条相比，有一个重大变化，《侵权责任法》第62条要求造成患者损害的，医疗机构和医务人员才承担侵权责任，而《民法典》本条则删去了“造成患者损害”的规定。意味着本条责任构成上发生变化，医疗机构和医务人员只要有泄露患者的隐私和个人信息，或者未经患者同意公开其病历资料的行为，就应当承担侵权责任。另外，承担侵权责任

的方式不仅限于损害赔偿，还有消除危险、排除妨碍、赔礼道歉、恢复名誉等方式，因此，为了表述的严谨，删去了“造成患者损害”表述也是应有之义。

【条文解读与法律适用】

本条是关于患者隐私权和个人信息保护的规定。根据本条规定，医疗机构及其医务人员应当对患者的隐私和个人信息保密。泄露患者隐私和个人信息，或者未经患者同意公开其病历资料，应当承担侵权责任。

一、患者的隐私与个人信息

在医疗活动中，患者为治疗疾病而需要向医生如实陈述病史及诊断疾病所需的个人信息，在一定情况下还应接受对其隐私部位进行的以诊断和治疗为目的的医学检查。患者的隐私和个人信息就是指患者在就诊过程中向医师公开的，但不愿让其他人知道的个人信息、私人活动或私有领域，包括所有能够特定患者个人的信息。① 这些信息主要包括：（1）患者的一般个人信息，如家庭住址、电话号码、工作单位、年龄、籍贯、经济状况等；（2）患者的既往史如疾病史、家族史、生活史、婚姻史、生育史等；（3）患者身体的隐秘部位及通过诊疗探知或查明的心理生理缺陷；（4）患者的病名及病情；（5）血液、精液、血型等特殊检查的报告单。

所谓患者隐私权，是指患者对上述与医疗相关的个人信息所享有的不被他人了解、观看、拍摄、公开和干涉的一种人格权利。患者隐私权具有与一般隐私权不同的自身特性。第一，患者隐私权的客体侧重于患者与医疗相关的个人信息。第二，患者隐私权的义务主体具有特殊性，即对患者隐私权负有保护义务主要限于医疗机构及医务人员。第三，患者在医疗过程中处于治疗疾病的目的更愿意透露与自己疾病相关的任何信息，使得患者的隐私权更容易受到侵害。②

---

① 刘兰秋、王力红、张英：《试论临床教学基地患者隐私权的限制与保护》，载《中国卫生法制》2008 年第 5 期。

② 陆俊杰：《患者隐私权的法理解读及其合理保护》，载《中国卫生法制》2007 年第 2 期。

二、对患者隐私权和个人信息的保护

关于道德层面的约束。患者与医务人员之间存在一定的信任、依赖关系。出于治疗疾病所需，患者必须将前述隐私和个人信息向医务人员公开，这是患者基于其隐私支配权而作出的对隐私权的有限放弃。医务人员因治疗疾病所获知患者的个人信息，以及在患者的知情同意前提下对患者的身体隐秘部位实施医学检查具有正当性，并不构成对患者隐私权的侵犯。但是，医务人员的职业道德规范要求，医务人员应对患者履行忠实、勤勉的义务，除认真负责的诊治外，必须尊重患者的人格权，保守医疗秘密。当前，尊重患者的人格权利，为患者保守医疗秘密，实行保护医疗，不泄露患者隐私已成为我国广大医务人员必须遵守的职业道德规范。

关于法律规范层面的保护。对于患者的隐私权保护，我国立法也对上述职业道德规范加以确认，使其上升为法律规范。例如，《执业医师法》第22条规定，医师在执业活动中应当关心、爱护、尊重患者，保护患者的隐私。第37条规定，医师在执业活动中，泄露患者隐私，造成严重后果的，由县级以上人民政府卫生行政部门给予警告或者责令暂停6个月以上1年以下执业活动；情节严重的，吊销其执业证书；构成犯罪的，依法追究刑事责任。《护士条例》第18条规定，护士应当尊重、关心、爱护患者，保护患者的隐私。《医疗机构病历管理规定（2013年版)》第6条规定，医疗机构及其医务人员应当严格保护患者隐私，禁止以非医疗、教学、研究目的泄露患者的病历资料。

基于上述规定，《侵权责任法》在62条前半段规定，医疗机构及其医务人员应当对患者的隐私保密，但患者的隐私与个人信息的范围既有不同，又有交叉，此次民法典立法过程中，为了强化对个人信息的保护，人格权编第六章专门对隐私权和个人信息保护做出规定，相应的在医疗损害责任部分，本条也做出相应修改，增加了对患者个人信息保护的内容。

三、侵犯患者隐私权和个人信息的法律责任

如前所述，医务人员应当尊重患者的隐私，保守患者的医疗秘密。因科研、教学需要利用医学文书及有关数据的，需经患者同意，且不得泄露患者隐私。这是医务人员对患者所承担的一项义务。为保障该义务落到实处，本条后半段规定，泄露患者隐私和个人信息，或者未经患者同意公开其病历资

料，应当承担侵权责任。

侵犯患者隐私权和个人信息的法律责任主要是民事责任。根据《民法典》的规定，承担侵权民事责任的方式主要有：停止侵害，排除妨碍，消除危险，返还财产，恢复原状，修理、重作、更换，继续履行，赔偿损失，支付违约金，消除影响、恢复名誉，赔礼道歉。在这几种责任形式中，侵犯隐私权和个人信息的民事责任主要适用停止侵害、赔礼道歉和赔偿损失。停止侵害很好理解，以下主要介绍赔礼道歉和赔偿损失这两种方式。一是赔礼道歉，赔礼道歉是侵犯隐私权和个人信息的民事责任的一种有效方式。赔礼道歉可以采用公开方式进行，也可以采用非公开方式进行。法律上并没有规定赔礼道歉的具体方式，主要取决于受害人的选择。就侵犯患者隐私权和个人信息的赔礼道歉来说，不公开赔礼道歉的效果更好，例如采取当事人面对面的方式、信函的方式。如果以公开的方式，将可能造成对患者隐私权二次损害和个人信息的再次泄露。二是赔偿损失，由于侵犯患者隐私权和个人信息的结果主要是给受害人造成精神损害，因此，赔偿损失主要是按照本法第 1183 条和《精神损害赔偿解释》等规定进行的赔偿。但是个人信息还有特别之处，如医务人员将掌握的患者个人信息出卖给相关机构，患者有权要求医务人员和相关机构及时删除，并承担侵权责任。

四、需要注意的问题

第一，关于适格的被告。医疗损害赔偿案件中，一般情况下是以医疗机构为被告，但也有个别情况下可能以医务人员为共同或单独被告。本条中，如果医务人员利用工作之便窃取了患者的个人信息并非法出卖给相关机构或个人，此时，原则上应当以医务人员为被告，当然如果医疗机构有过错的，可以将其列为共同被告。如果是医务人员利用对患者诊疗过程中知悉的患者隐私，在微博、微信等网络平台上传播，此时已经是个人行为，与医疗机构无关，应当仅列该医务人员为被告。

第二，关于医疗机构或医务人员承担赔偿损失的问题。虽然本条删除了侵权责任法“造成患者损害”的表述，体现了对于患者隐私和个人信息保护从严的立法趋向，但《民法典》第 1183 条第 1 款规定：“侵害自然人人身权益造成严重精神损害的，被侵权人有权请求精神损害赔偿。”《精神损害赔偿解释》第 8 条规定：“因侵权致人精神损害，但未造成严重后果，受害人请求赔偿精神损害的，一般不予支持，人民法院可以根据情形判令侵权人停止侵害、恢复名誉、消除影响、赔礼道歉。因侵权致人精神损害，造成严重后果的，人民法院除判令侵权人承担停止侵害、恢复名誉、消除影响、赔礼道歉等民事责任外，可以根据受害人一方的请求判令其赔偿相应的精神损害抚慰金。”因此，我们认为，对于侵犯患者隐私权和个人信息的，损害赔偿责任的承担，仍以造成“严重后果”为要件，“严重后果”的认定，可以采用两种方式进行，一是患者本身的精神痛苦情况，如精神抑郁、神态反常、生活失调甚至导致精神方面的疾病等；二是医疗机构或医务人员泄露及散布隐私的情况，主要包括，多少人知晓了该隐私，这些人与患者的关系如何，侵权人的动机、手段、情节以及所造成的社会影响等。

（姚宝华　撰写）

第七章　环境污染和生态破坏责任

第一千二百二十九条　【无过错责任】因污染环境、破坏生态造成他人损害的，侵权人应当承担侵权责任。

【法条链接】

《民法典》第 294 条、第 1165 条、第 1166 条、第 1234 条；《侵权责任法》第 6 条、第 7 条、第 65 条；《环境保护法》第 64 条；《环境噪声污染防治法》第 2 条

【立法背景】

本条与《侵权责任法》第 65 条“因污染环境造成损害的，污染者应当承担侵权责任”规定相比较，有两处重大的修订。一是原因行为处增加了“破坏生态”这一侵权形态，二是将“造成损害”更改为“造成他人损害”，明确本条为环境侵权私益诉讼的实体法依据。

《侵权责任法》仅规定了污染环境这一种侵权形态，多数环境法学者均认同环境侵权应包括污染环境和破坏生态两种侵权形态。污染环境和破坏生态是既有重合又有区别的两个概念。两者的共同之处在于侵权行为结果上均导致环境质量发生不利变化，区别在于环境污染的核心特征为“过度排放”，而生态破坏的核心特征为“过度索取”。2014 年《环境保护法》第 64 条借鉴国际私法转致的立法技术，明确将破坏生态这一侵权形态与污染环境一道纳入《侵权责任法》的调整范围，规定“因污染环境和破坏生态造成损害的，应当依照《侵权责任法》的有关规定承担侵权责任”。《民法典》起草过程中曾用

"损害生态环境"这一概念来涵盖污染环境和破坏生态，但这与学界通说及《环境保护法》的规定不相一致，故本条改用"因污染环境、破坏生态造成他人损害的"的表述。

《侵权责任法》第65条规定的"造成损害"，是仅指自然人、法人或者非法人组织的人身、财产损害，还是包括生态环境自身的损害，存在争议，这关涉到环境民事公益诉讼以及生态环境损害赔偿诉讼的实体法依据。此次侵权责任编根据侵害对象是自然人、法人或非法人组织的人身、财产权益还是生态环境，在本条以及第1234条分别规定了无过错责任原则和过错责任原则，构建了环境侵权领域的两元归责体系，为司法实践提供了明确的法律适用依据。

【条文解读与法律适用】

一、损害人身、财产权益的环境侵权行为实行无过错责任

本条规定损害人身、财产权益的环境侵权行为的归责原则为无过错责任，并明确了相应的责任构成要件，包括污染环境、破坏生态行为，损害后果以及行为与损害后果之间的因果关系等三要件。实践中主要争议在于合规排放，即排污行为符合污染物排放标准、污染物总量控制指标等技术标准能否作为侵权人不承担责任的抗辩事由，这涉及违法性与过错的关系以及违法性能否作为环境侵权责任构成要件的问题。应该说，随着过错责任的客观化，以及违法推定过失的发展，对客观的行为违法和主观的心理状态，已经很难进行区分，因而在过错中应当吸收违法。[①] 并且，本章第1165条、第1166条关于过错责任、无过错责任的规定与《侵权责任法》第6条、第7条规定相比并无实质变化，而《侵权责任法》第6条第1款实际上采纳了以过错吸收违法性的制度选择。在减轻或免除责任的事由规则中排斥了违法性要件，严格责任的制度设计更强调否定违法性要件。[②] 据此，违法性并非环境侵权的独立责任构成要件，且已为过错所吸收，由于损害人身、财产权益的环境侵权实行无过错责任，故是否合规排放不能作为确定侵权人是否承担民事责任的依据，

---

① 王利明：《侵权行为法研究（上卷）》，中国人民大学出版社2004年版，第347页。

② 王利明：《我国〈侵权责任法〉采纳了违法性要件吗?》，载《中外法学》2012年第1期。

侵权人以合规排放为由主张不承担责任的，人民法院不予支持。

二、本条适用的例外情形

1. 相邻污染侵害纠纷。《民法典》物权编第294条规定："不动产权利人不得违反国家规定弃置固体废物，排放大气污染物、水污染物、土壤污染物、噪声、光辐射、电磁辐射等有害物质。"该条调整的是相邻关系中环境污染行为。与本条规定不同，第294条是以过错作为责任构成要件，两者之间存在规范冲突。根据全国人大法工委对《物权法》第90条（内容与《民法典》物权编第294条相关）的解释，居民之间生活污染适用过错责任，主要由《物权法》规定的相邻关系解决，而企业生产污染等污染环境的适用无过错责任，主要由《侵权责任法》《环境保护法》等相关法律调整。据此，应对《民法典》第294条作目的性限缩性解释，即将其适用范围限缩在相邻关系中因个人、家庭生活排放污染发生的纠纷。因个人或者家庭生活之外的相邻不动产权利人实施的环境污染行为，主要是指因自然人、法人或非法人组织在生产经营过程中排放固体废物、大气污染物、水污染物、噪声、光、电磁波辐射等有害物质给他人造成损害的，仍应适用本条规定。

2. 噪声及光污染。《环境噪声污染防治法》第2条第2款规定："本法所称环境噪声污染，是指所产生的环境噪声超过国家规定的环境噪声排放标准，并干扰他人正常生活、工作和学习的现象。"噪声污染实质上属于相邻不动产权利人之间排污行为，但其与《民法典》第294条规定有区别，《环境噪声污染防治法》并没有区分因生活排放的噪声，还是因生产经营活动排放的噪声，也就是对于所有的噪声污染案件，过错均是责任构成要件。由此可见，《环境噪声污染防治法》和本条规定之间存在规范冲突，依据特别法优先于一般法的适用原则，噪声污染纠纷应优先适用《环境噪声污染防治法》的规定，将过错作为责任构成要件。此外，最高人民法院颁布的第128号指导性案例对于光污染损害也是采与噪声污染一样的过错归责原则。

3. 劳动者在职业活动中因污染遭受损害发生的纠纷适用《职业病防治法》《工伤保险条例》等法律法规的规定，不适用本条规定。

三、需要注意的问题

关于环境侵权构成要件的举证责任问题。环境侵权行为的被侵权人应当对环境侵权行为、损害后果以及行为与损害后果之间具备关联性承担举证责任，侵权人则应对法律规定的不承担责任或者减轻责任的情形及其行为与损害之间不存在因果关系承担举证责任。需要注意的是，被侵权人对侵权行为与损害后果之间的因果关系仅承担初步的举证责任，侵权人就侵权行为与损害后果之间不存在因果关系承担的则是高度盖然性的证明责任。

（王展飞　撰写）

第一千二百三十一条　【数人侵权责任份额的确定】两个以上侵权人污染环境、破坏生态的，承担责任的大小，根据污染物的种类、浓度、排放量，破坏生态的方式、范围、程度，以及行为对损害后果所起的作用等因素确定。

【法条链接】

《民法典》第 1168 条、第 1172 条、1233 条、第 1234 条；《侵权责任法》第 11 条、第 12 条、第 67 条

【立法背景】

本条是关于数个侵权人共同或者分别实施污染环境、破坏生态行为给他人造成损害情形下应如何确定责任份额的规定。本条与《侵权责任法》第 67 条“两个以上污染者污染环境，污染者承担责任的大小，根据污染物的种类、排放量等因素确定”规定相比较，有两处重大的修订。一是原因行为处增加了“破坏生态”这一侵权形态；二是增加了认定责任份额的原因力判断因素，从仅列举“污染物的种类、排放量”两个因素更改为“污染物的种类、浓度、排放量，破坏生态的方式、范围、程度，以及行为对损害后果所起的作用”等因素。《民法典》起草过程中曾规定“污染物的种类、排放量，以及行为对损害后果所起的作用”，鉴于该规定仅列举了环境污染行为的原因力考量因素，对于生态破坏情形则未作规定，有失周延，故本条增加了“破坏生态的方式、范围、程度”等因素。

【条文解读与法律适用】

一、数人共同侵权和分别侵权

数人环境侵权包含两种不同类型的侵权形态，即数人共同侵权和分别侵权。共同侵权和分别侵权的区别，在于共同侵权中数个侵权人对损害结果具有共同过错，包括共同故意和共同过失。分别侵权中数个侵权人并无共同过错，只是各个侵权行为偶然结合致同一受害人遭受同一损害。[①] 根据《民法典》第 1168 条规定，共同侵权人需承担连带责任。数人分别侵权的责任方式包括连带责任和按份责任。

二、本条属于数个侵权人内部责任份额的划分规则

《侵权责任法》施行以来，学界和司法实践中对于《侵权责任法》第 67 条规定属于数个侵权人外部责任承担规则还是内部责任承担规则存在较大争议。一种意见认为，《侵权责任法》第 67 条是该法第 12 条在环境侵权领域的具体化。因此，数人分别排污时，应依据《侵权责任法》第 67 条规定，对外一律承担按份责任；另一种意见认为，《侵权责任法》第 67 条并没有对数人环境侵权属于共同侵权还是分别侵权做出明确定性，数人分别排污时，首先应依据《侵权责任法》第 11 条以及第 12 条的规定确定污染者对外承担连带责任还是按份责任。对此，《环境侵权司法解释》依据体系解释和目的解释原则，采纳了第二种意见，即《侵权责任法》第 67 条仅是关于数个侵权人内部责任份额的划分规则，数个侵权人之间属于连带责任还是按份责任应依据责任构成和责任方式的其他条文予以确定。该司法解释征求意见时全国人大法工委亦表示赞同，认为该意见符合《侵权责任法》的立法精神。[②] 据此，在数人分别侵权纠纷审理中，首先应根据《民法典》侵权责任编“一般规定”相关条文确定各侵权人系承担连带责任还是按份责任，再依据本条确定各侵权人承担连带责任后的内部责任份额划分，或者确定各侵权人承担按份责任

---

① 王利明：《侵权行为法研究（上卷）》，中国人民大学出版社 2004 年版，第 686 页。

② 沈德咏主编：《最高人民法院环境侵权责任纠纷司法解释理解与适用》，人民法院出版社 2016 年版，第 48—49 页。

时的责任份额。

三、划分责任份额的具体标准

对于数人侵权责任份额的划分，系依据过错程度和原因力作为划分依据。在过错责任中要更多地根据过错程度来决定责任范围，在无过错责任中，主要通过比较原因力来确定责任范围。[①] 本条采用列举加兜底的表述方式，其中，“行为对损害后果所起的作用”属概况性描述，表明本条适用的划分标准系依据原因力规则，同时对环境污染和破坏生态两种侵害形态所涉及的主要考量因素做了列举，环境污染包括“污染物的种类、浓度、排放量”，生态破坏包括“破坏生态的方式、范围、程度”。除此之外，虽然在针对损害人身、财产权益提起的环境私益诉讼中，是否合规排放并不影响侵权责任的构成，但在当前推进固定污染源排污许可证全覆盖的改革背景下，在划分数个排污者的责任份额时，应将排污企业是否属于无证排放以及是否存在超标、超总量排放的情形作为重要考量因素，这既能起到鼓励合规排放的作用，也符合公平原则。当然，对于无法区分原因力大小的，根据第 1172 条规定，由各侵权人平均承担责任。

四、需要注意的问题

1. 本条条文顺序虽在第 1234 条即生态环境修复责任条款之前，但该规定不仅适用于针对人身、财产权益损害提起的诉讼，也可作为针对生态环境损害提起的诉讼中划分各侵权人责任份额的依据。

2. 关于数人共同或者分别侵权与第三人侵权的区别。《民法典》第 1233 条规定了因第三人过错污染环境、破坏生态导致他人损害的情形，明确在此情形下被侵权人享有起诉侵权人或者第三人的选择权，且侵权人在承担责任后可向第三人追偿。该条适用范围应仅限于污染环境、破坏生态导致他人损害系因第三人过错造成的情形，如因第三人与污染者共同或者分别实施污染环境、破坏生态行为造成的损害，应适用包括本条在内的数人共同或者分别侵权的相关规定。据此，第 1233 条规定的第三人并非污染源的控制与排放者，而是对污染源实施破坏行为从而导致环境污染或者生态破坏的行为人。

（王展飞　撰写）

---

① 王利明：《侵权行为法研究（上卷）》，中国人民大学出版社 2004 年版，第 614 页。

第一千二百三十二条　【惩罚性赔偿】侵权人违反法律规定故意污染环境、破坏生态造成严重后果的，被侵权人有权请求相应的惩罚性赔偿。

【法条链接】

《民法典》第 179 条、第 1185 条、第 1207 条、第 1229 条；《环境保护法》第 63 条

【立法背景】

本条是关于环境私益诉讼中适用惩罚性赔偿制度的规定。本条属于新增条款，在《民法典》立法过程中，对于在环境污染和生态赔偿责任中增加规定惩罚性赔偿制度意见较为一致，但对于惩罚性赔偿制度的适用范围以及赔偿幅度方面存在较大争议。关于惩罚性赔偿制度的适用范围，是限于生态环境遭受损害的情形，还是因污染环境、生态破坏造成人身、财产损害的情形，抑或两者皆适用，换言之，惩罚性赔偿是适用于环境私益诉讼，还是环境公益诉讼和生态环境损害赔偿诉讼，抑或两者都可适用。尽管现有条文规定为“被侵权人有权请求相应的惩罚性赔偿”，并将该条列为第 1232 条且位居规定环境公益诉讼的条文之前，似乎仅适用于环境私益诉讼，但是从全国人大常委会法工委主任沈春耀在十三届全国人大常委会第五次会议初审民法典各分编草案所作的说明“为落实党的十八届三中全会提出的‘对造成生态环境损害的责任者严格实行赔偿制度’要求，贯彻党的十九大报告提出的‘要加大生态系统保护力度’的决策部署，结合 2017 年中共中央办公厅、国务院办公厅联合印发的《生态环境损害赔偿制度改革方案》，草案修改完善了生态环境损害赔偿责任制度：……草案规定，侵权人故意违反国家规定损害生态环境的，被侵权人有权请求相应的惩罚性赔偿”，以及全国人大常委会副委员长王晨在第十三届全国人民代表大会第三次会议《关于〈中华人民共和国民法典（草案）〉的说明》“贯彻落实习近平生态文明思想，增加规定生态环境损害

的惩罚性赔偿制度，并明确了生态环境损害的修复和赔偿责任”中阐明的立法目的看，一是惩罚性赔偿制度可以适用于生态环境遭受损害的情形，目前环境法学界的主流观点也是持此说。二是关于惩罚性赔偿的具体标准问题。一种观点认为惩罚性赔偿责任涉及民事主体的基本财产权利，应在立法层面予以明确，以防法官恣意，另一种观点则认为鉴于现有立法对于惩罚性赔偿的计算方式、额度均各不相同，没有形成统一标准，目前不宜规定，具体标准可留待将来司法实践继续探索。最终本条与民法典其他惩罚性赔偿制度的规定一样，对于赔偿具体标准均未做规定。

【条文解读与法律适用】

惩罚性损害赔偿是损害赔偿的一种，与补偿性损害赔偿相对，是指当被告以恶意、故意、欺诈或放任之方式实施加害行为而致原告受损时，原告可以获得除实际损害赔偿金之外的损害赔偿。[①] 惩罚性赔偿是源自英美法系的一项特殊民事赔偿制度。由于大陆法系在民事赔偿领域实行同质补偿原则，因此这一制度至今仍未被大陆法系国家所普遍接受。在《民法典》施行前，《消费者权益保护法》《食品安全法》《劳动合同法》《商品房买卖合同司法解释》等法律和司法解释中已经规定了惩罚性赔偿制度。《民法典》第 179 条明确将惩罚性赔偿列为民事责任方式一种，该条第 2 款规定：“法律规定惩罚性赔偿的，依照其规定。”据此，惩罚性赔偿只能适用于法律有明确规定的侵权类型。《民法典》分编中，除本条规定外，还在第 1185 条知识产权侵权及第 1207 条产品责任中规定了惩罚性赔偿制度。

一、环境侵权惩罚性赔偿的构成要件

环境侵权中要适用惩罚性赔偿，必须同时具备主观要件、行为要件和后果要件。

（一）主观要件

即侵权人主观上存在故意。本章第 1229 条规定环境私益诉讼实行无过错归责原则，但根据本条规定，主观要件是环境侵权诉讼中适用惩罚性赔偿的

---

① 张新宝、李倩：《惩罚性赔偿的立法选择》，载《清华法学》2009 年第 4 期。

构成要件。惩罚性赔偿主要是针对恶意的、在道德上具有可非难性的行为而实施的特殊法律救济措施，故只有那些主观过错较为严重的行为才能适用惩罚性赔偿。过错包括故意和过失，本条将主观要件限定于故意这一情形，对一般过失并不适用。有疑问的是重大过失能否适用。重大过失是指法律和道德对行为人提出较高的注意要求，行为人不仅未能按此种标准行为，而且连一般的普通人都能尽到的注意都没尽到。① 虽然自罗马法以来，许多大陆法国家采纳了“重大过失等同于故意”的规则，但重大过失仍属于过失的范畴，且行为人是出于重大过失还是故意，对归责和确定责任范围会产生影响，故在本条已明确将主观要件限定于故意的情况下，不宜再将重大过失列入其中。

（二）行为要件

即违反法律规定污染环境、破坏生态。与本章第 1229 条未将行为的违法性作为责任构成要件不同，本条明确规定行为人实施的污染环境、破坏生态行为需“违反法律规定”，反面言之，行为人实施的污染环境、破坏生态行为没有违反法律规定的，不能适用惩罚性赔偿。此处的法律规定主要是指以保护生态环境为目的的行政管制法律法规以及环境质量标准、污染物排放标准等强制性技术标准。侵权人有《环境保护法》第 63 条规定的四种行为之一，可以认定为侵权人故意违反法律规定污染环境、破坏生态，即同时具备了主观要件和行为要件。该四种行为包括：（1）建设项目未依法进行环境影响评价，被责令停止建设，拒不执行的；（2）违反法律规定，未取得排污许可证排放污染物，被责令停止排污，拒不执行的；（3）通过暗管、渗井、渗坑、灌注或者篡改、伪造监测数据，或者不正常运行防治污染设施等逃避监管的方式违法排放污染物的；（4）生产、使用国家明令禁止生产、使用的农药，被责令改正，拒不改正的。

（三）结果要件

即造成严重后果。侵权人故意违反国家规定实施的污染环境、破坏生态行为，必须造成严重后果的，方可适用惩罚性赔偿。造成严重后果的情形主要包括造成他人死亡或者健康严重受损，以及生态环境遭受严重损害的情形。本条虽未将财产损害明确排除在外，但财产损害赔偿原则上适用填平原则，

---

① 王利明著：《侵权行为法研究（上卷）》，中国人民大学出版社 2004 年版，第 487 页。

不宜适用惩罚性赔偿。

二、需要注意的问题

关于惩罚性赔偿的具体标准问题。《民法典》侵权责任编未做规定，为给法官审理案件提供明确指引，防止裁量恣意导致赔偿数额畸轻畸重，下一步有必要通过司法解释对惩罚性赔偿的计算基数、赔偿幅度范围以及确定惩罚性赔偿的相关衡量因素等问题做出明确规定。

（王展飞　撰写）

第一千二百三十四条　【修复生态环境责任】违反国家规定造成生态环境损害，生态环境能够修复的，国家规定的机关或者法律规定的组织有权请求侵权人在合理期限内承担修复责任。侵权人在期限内未修复的，国家规定的机关或者法律规定的组织可以自行或者委托他人进行修复，所需费用由侵权人负担。

【法条链接】

《民法典》第 179 条、第 1235 条；《民事诉讼法》第 55 条、第 252 条；《环境保护法》第 58 条 ；《海洋环境保护法》第 89 条 ；《生态环境损害赔偿司法解释》第 12 条；《环境侵权司法解释》第 14 条

【立法背景】

本条是关于修复生态环境责任以及代履行修复责任的规定。本条属于新增条款。为了贯彻环境法损害担责的基本原则，体现环境资源生态功能价值，本条以及第 1235 条在吸收环境民事公益诉讼和生态环境损害赔偿诉讼实践经验的基础上，结合中办、国办《生态环境损害赔偿制度改革方案》相关规定，建立了生态环境损害的修复和赔偿制度，被侵权人应对受损的生态环境进行修复，生态环境无法修复的，则实施货币赔偿，用于替代修复。

【条文解读与法律适用】

一、修复生态环境责任实行过错归责原则

生态环境损害是一种不同于传统人身、财产损害的新的损害类型。所谓生态环境损害，根据《生态环境损害赔偿制度改革方案》规定，是指因污染环境、破坏生态造成大气、地表水、地下水、土壤、森林等环境要素和植物、动物、微生物等生物要素的不利改变，以及上述要素构成的生态系统功能退化。本章针对生态环境损害和人身、财产损害建立了双轨归责体系，即因污染环境、破坏生态造成人身、财产损害的，适用无过错归责原则，造成生态环境损害的，则适用过错归责原则，具体表现为本条规定行为人承担修复生态环境责任的前提为其污染环境、破坏生态行为需“违反国家规定”。这主要是考虑到生态环境具备自然修复的能力，在环境容量和资源承载能力允许的范围内进行排污和开发建设，通常不会造成环境污染和生态破坏，同时，国家依照法律规定实行排污许可证制度，对合规排放行为予以保护，有利于调动企业合法经营的积极性，也有利于维护法律的尊严和行政机关的公信力。

二、修复生态环境责任的请求权主体

本条将修复生态环境责任的请求权主体明确为国家规定的机关或者法律规定的组织。针对生态环境遭受的损害，现有法律和司法解释共规定了四种救济途径：一是根据《民事诉讼法》第55条第1款和《环境保护法》第58条规定，由社会组织提起的环境民事公益诉讼；二是根据《民事诉讼法》第55条第2款规定，由人民检察院提起的环境民事公益诉讼；三是根据《海洋环境保护法》第89条第2款规定，针对破坏海洋生态、海洋水产资源、海洋保护区，给国家造成重大损失的，由行使海洋环境监督管理权的部门代表国家对责任者提出的损害赔偿诉讼；四是根据《生态环境损害赔偿制度改革方案》以及《生态环境损害赔偿司法解释》规定，由省级、市地级人民政府及其指定的部门或机构，或者由受国务院委托行使全民所有自然资源资产所有权的部门提起的生态环境损害赔偿诉讼。本条中“国家规定的机关”包含哪些主体，尚不明确。鉴于现有针对生态环境损害提起的四种诉讼类型均只有程序法依据，没有实体法依据，且其诉讼目的均是维护环境公共利益，有必

要为该四种诉讼建立统一的请求权基础，故本条“国家规定的机关”宜包括人民检察院、生态环境损害赔偿诉讼以及海洋环境损害赔偿诉讼中的起诉主体。

三、修复生态环境与恢复原状的关系

《民法典》第179条规定的民事责任方式中，只有恢复原状，没有修复生态环境，故本条规定的修复生态环境责任方式应为恢复原状责任方式在生态环境领域的细化和具体体现，其责任判断标准、责任内容、履行方式等都与恢复原状本质相同，只是更多体现环境法的整体主义思维、风险预防和公众参与原则等理念和制度，是民事责任方式的延续，而非创设。①

四、修复生态环境的责任主体和实施主体

修复生态环境主体包括了责任主体和实施主体。责任主体始终是侵权人，但根据侵权人是否自行修复将实施主体分为侵权人和第三人，换言之，修复实施方式包括侵权人自行修复和代履行两种情形。首先，侵权人可以自行修复，也可以委托第三方修复。其次，在侵权人没有能力履行、明确拒绝履行或者怠于履行的情况下，人民法院可以委托第三人代履行，费用由侵权人承担，这与《民事诉讼法》第252条规定相契合。代履行的主体视环境公益诉讼和生态环境损害赔偿诉讼而不同。在环境民事公益诉讼中，鉴于社会组织通常不具备实施修复的能力，代履行的主体原则上不包括社会组织，而是委托给有资质的第三方机构实施；在生态环境损害赔偿诉讼中，为充分发挥相关行政主管部门和机构的专业优势，《生态环境损害赔偿司法解释》规定具体修复工作依法由省级、市地级人民政府及其指定的相关部门、机构组织实施。此外，为了防止因污染者的意愿及能力因素导致生态环境迟迟不能得到治理和修复，不论是侵权人自行修复还是采取代履行方式，人民法院在判决侵权人承担修复生态环境责任的同时，一并确定侵权人不履行修复义务时应承担的修复费用。

五、需要注意的问题

《环境损害鉴定评估推荐方法（第Ⅱ版）》将受损生态环境修复区分为环境修复与生态恢复阶段。所谓生态环境修复费就是在环境修复阶段与生态恢

---

① 王旭光、魏文超、刘小飞、刘慧慧：《〈最高人民法院关于审理生态环境损害赔偿案件的若干规定（试行）〉的理解与适用》，载《人民司法》2019年第34期。

复阶段所发生的费用，即《民法典》第1235条第4项规定的“清除污染、修复生态环境费用”。《生态环境损害赔偿司法解释》第12条第2款明确生态环境修复费用包括制定、实施修复方案的费用，修复期间的监测、监管费用，以及修复完成后的验收费用、修复效果后评估费用等。需要注意的是，相比《环境民事公益诉讼司法解释》中修复生态环境费用的规定，该解释增加了“修复效果后评估费用”，展现了司法对于修复方案未能完全实现受损生态环境恢复到基线水平情况的考虑。如出现生态环境修复方案实施完毕后经评估存在没有完全恢复的情况，则需采取补充性恢复措施，对该部分修复费用，国家规定的机关或者法律规定的组织可另诉主张。

（王展飞 撰写）

第一千二百三十五条 【侵权人应承担的损失和费用的范围】违反国家规定造成生态环境损害的，国家规定的机关或者法律规定的组织有权请求侵权人赔偿下列损失和费用：

（一）生态环境受到损害至修复完成期间服务功能丧失导致的损失；

（二）生态环境功能永久性损害造成的损失；

（三）生态环境损害调查、鉴定评估等费用；

（四）清除污染、修复生态环境费用；

（五）防止损害的发生和扩大所支出的合理费用。

【法条链接】

《民法典》第1234条

【立法背景】

本条是关于侵权人应承担的损失和费用范围的规定。与《民法典》第1234条相同，本条也属于为完善生态环境损害责任新增的条款。

【条文解读与法律适用】

一、侵权人需承担的损失和费用

本条详细列举了侵权人需要承担损失和费用的范围，结合《民法典》第1234条规定，应依据受损生态环境是否能够修复，对侵权人应承担的损失和费用做区分规定，这也与《生态环境损害赔偿司法解释》的规定相契合。

（一）受损生态环境能够修复的情形

侵权人应承担生态环境修复责任，侵权人拒绝修复、没有能力或怠于修复的，人民法院可委托第三方代为履行，由此产生的修复费用由侵权人承担，该修复费用对应的就是本条4项规定的“清除污染、修复生态环境费用”。同时，侵权人还需承担本条第1项规定的“生态环境受到损害至恢复原状期间服务功能丧失导致的损失”，即服务功能损失，或称之为期间损害。《环境损害鉴定评估推荐方法（第Ⅱ版）》第4.12条将期间损害定义为生态环境损害发生至生态环境恢复到基线状态期间，生态环境因其物理、化学或生物特性改变而导致向公众或其他生态系统提供服务的丧失或减少，即受损生态环境从损害发生到其恢复至基线状态期间提供生态系统服务的损失量。生态环境服务功能包括供给服务（如提供食物和水）、调节服务（如调节气候、控制洪水和疾病）、文化服务（如精神、娱乐和文化收益）以及支持服务（如维持地球生命生存环境的养分循环）等。[①] 服务功能损失即在生态环境损害开始到修复完成期间上述功能的全部丧失或部分丧失。

（二）受损生态环境无法修复的情形

侵权人应就本条第2项规定的“生态环境功能永久性损害造成的损失”承担赔偿责任。所谓永久性损害，根据《环境损害鉴定评估推荐方法（第Ⅱ版）》第4.13条规定，是指“受损生态环境及其服务难以恢复，其向公众或其它生态系统提供服务能力的完全丧失”。需要注意的是，永久性损害包括以下两种情况：一是囿于现有的科学技术手段，客观上修复不能；二是虽然技

① 最高人民法院环境资源审判庭编著：《最高人民法院关于环境民事公益诉讼司法解释理解与适用》，人民法院出版社2015年版，第305—306页。

术上有修复的可能，但修复工程的成本远远高于受损生态环境的生态服务功能价值，亦属于难以恢复。

(三) 受损生态环境无法完全修复的情形

受损生态环境无法完全修复，是指受损生态环境部分可以修复、部分不能修复的情况，侵权人需同时承担可修复部分的修复义务以及支付可修复部分在修复期间的生态环境服务功能损失；不可修复部分，则需支付永久性损害造成的损害赔偿金。

(四) 应急处置费用

应急处置费用，就是本条第 5 项规定的“防止损害的发生和扩大所支出的合理费用”。突发环境事件发生后，在实施生态环境修复前，还存在环境险情排除的事故应急阶段。根据《环境损害鉴定评估推荐方法（第Ⅱ版）》4.6 条规定，应急处置费用是指突发环境事件应急处置期间，为减轻或消除对公众健康、公私财产和生态环境造成的危害，各级政府与相关单位针对可能或已经发生的突发环境事件而采取的行动和措施所发生的费用。上述应急处置费用的支出主体或者其委托的机构可以就支出的费用请求侵权人承担相应的赔偿责任。

(五) 生态环境损害调查、鉴定评估等费用

环境民事公益诉讼和生态环境损害赔偿诉讼具有很强的专业性、技术性，对于污染物质、因果关系的认定，以及修复方案、修复费用和损害数额的确定等专门性问题通常需要从专业技术角度作出评判，由此产生的生态环境损害调查、鉴定评估等费用，也应由侵权人承担。

二、需要注意的问题

修复费用和赔偿资金的缴纳、管理和使用是生态环境损害修复和赔偿制度的核心问题，关系到制度功能目标的实现。修复费用和赔偿资金的缴纳、管理和使用，应视环境民事公益诉讼和生态环境损害赔偿诉讼而有所不同。(1) 在环境民事公益诉讼中，修复费用和赔偿资金应当用于修复被损害的生态环境，其他环境民事公益诉讼中败诉原告所需承担的调查取证、专家咨询、检验、鉴定等必要费用，也可以酌情从上述款项中支付。人民法院不能直接判决被告向原告支付修复费用和赔偿资金，对该部分款项的受领主体，法律和司法解释没有明确规定，目前各地做法也不尽一致。(2) 对于生态环境损

害赔偿诉讼，根据《生态环境损害赔偿制度改革方案》规定，赔偿义务人造成的生态环境损害无法修复的，其赔偿资金作为政府非税收入，全额上缴同级国库，纳入预算管理，赔偿权利人及其指定的部门或机构根据磋商或判决要求，结合本区域生态环境损害情况开展替代修复。但《生态环境损害赔偿制度改革方案》及《生态环境损害赔偿司法解释》对于生态环境可以修复情形中的修复费用和赔偿资金的缴纳、管理和使用未作规定。对此，可以将其与环境民事公益诉讼中的资金一并统筹考量，通过设立统一的专门资金账户或者基金，最大限度地保障修复、赔偿资金真正用于受损生态环境的修复和区域环境服务功能的总体提升。

（王展飞　撰写）

第八章　高度危险责任

第一千二百三十七条　【民用核设施损害责任】民用核设施或者运入运出核设施的核材料发生核事故造成他人损害的，民用核设施的营运单位应当承担侵权责任；但是，能够证明损害是因战争、武装冲突、暴乱等情形或者受害人故意造成的，不承担责任。

【法条链接】

《民法典》第1244条；《侵权责任法》第70条、第72条；《核安全法》第2条、第5条、第11条、第79条、第80条、第86条

【立法背景】

本条是关于民用核设施致害责任的规定。本条系在《侵权责任法》原有条文的基础上做出了部分修改。《核安全法》第11条规定："任何单位和个人不得危害核设施、核材料安全。公民、法人和其他组织依法享有获取核安全信息的权利，受到核损害的，有依法获得赔偿的权利。"该条规定填补了核损害无专门法律予以规定的空白。《侵权责任法》第70条规定："民用核设施发生核事故造成他人损害的，民用核设施的经营者应当承担侵权责任，但能够证明损害是因战争等情形或者受害人故意造成的，不承担责任。"

首先，本条增加了运入运出核设施的核材料发生事故这一侵权行为。随着社会的发展，核能的利用领域不断扩大，核能危险也不断扩大，且这种危险源不局限于核设施，核材料的储存等也是诱发核事故的原因，故将除民用核设施之外的核材料的储存、运送等情形也纳入本条适用的范围。除了民用

核设施本身在运营期间造成损害外，因运营核设施的需要而运输核材料的，也属于高度危险责任调整的范畴。

其次，本条将经营者改为运营单位。修改理由有二：一是原规定使用“经营者”突出了民用核设施的商事属性，但是与其他单行法律、行政法律和规章的用语不一致。《核安全法》第5条明确“核设施营运单位对核安全负全面责任”。此次修改与《核安全法》以及其他规范核设施和核材料使用的单行规定保持一致。[①] 二是民用核设施并不限于营利性的使用，有些民用核设施是用于科学实验等非营利性用途的。故将核侵权的责任主体明确为运营单位更为妥当。

再次，免责事由增加列举“武装冲突”以及“暴乱”两种情形。原规定“战争等”的表述属于开放性规范，在免除核经营者等责任问题上不宜作出不确定的范围规定，本条参考了《国务院关于核事故损害赔偿责任问题的批复》第6条的规定，即“对直接由于武装冲突、敌对行动、战争或者暴乱所引起的核事故造成的核事故损害，营运者不承担赔偿责任”，做出修改。

【条文解读与法律适用】

一、本条调整主体包括核设施以及核材料

《核安全法》第2条明确了该法的调整范围，其中指出，在中华人民共和国领域及管辖的其他海域内，对核设施、核材料及相关放射性废物采取充分的预防、保护、缓解和监管等安全措施，防止由于技术原因、人为原因或者自然灾害造成核事故，最大限度减轻核事故情况下的放射性后果的活动，适用《核安全法》。因此，产生高度危险的核设施以及核材料都是高度危险侵权行为的调整对象。核设施指：（1）核电厂、核热电厂、核供汽供热厂等核动力厂及装置；（2）核动力厂以外的研究堆、实验堆、临界装置等其他反应堆；

---

① 经营者，在《民用核设施安全监督管理条例》中被称作“营运单位”，在《关于核事故损害赔偿责任问题的批复》中被称作“营运者”，其实质含义相同，均指“依法取得法人资格，营运核电站、民用研究堆、民用工程实验反应堆的单位或者从事民用核燃料生产、运输和乏燃料贮存、运输、后处理且拥有核设施的单位”。参见张新宝著：《侵权责任法》（第四版），中国人民大学出版社2016年版，第287页。

（3）核燃料生产、加工、贮存和后处理设施等核燃料循环设施；（4）放射性废物的处理、贮存、处置设施。核材料指：（1）铀－235材料及其制品；（2）铀－233材料及其制品；（3）钚－239材料及其制品；（4）法律、行政法规规定的其他需要管制的核材料。[①] 以上核设施之外的核材料，如教学、医疗、科研、工农业生产应用的核材料，不属于专门的核设施。如果致害，应当归入高度危险物品致人损害责任的范畴，不属于本法调整的范围。

二、本条承担责任的主体是核设施的运营单位

《民法典》公布前，《侵权责任法》第70条在责任主体上使用了“经营者”的概念，除了依法取得法人资格营运核设施的单位外，也包括从事核燃料生产、运输的单位。修改后的条文将经营与运输予以区分，明确核设施的运行包括核材料的生产、运输、储存，以及核废料的处理等多个环节。解决了在适用该条时，依照《侵权责任法》的字面含义，排斥其他主体的责任的情形。审判实践出现其他主体生产、运输、储存等过程中确已构成侵权，援引过错责任的一般条款的情形。例如，运输者在运输核材料的过程中导致了损害，援引《侵权责任法》第72条的规定，要求其承担高度危险物致人损害的责任，但不能援引该法第70条的规定。[②] 根据《核安全法》第5条规定，“核设施营运单位对核安全负全面责任。为核设施营运单位提供设备、工程以及服务等的单位，应当负相应责任。”明确了核设施责任由运营单位全面负责。同时也明确了为运营单位提供设备、工程和服务单位的责任承担方式。

三、归责原则

随着科技的进步和对核能的广泛利用，传统的过错责任无法解决对于较高科技含量的设施进行操作或者对具有一定危险性的物件运输时，即使行为人主观上没有过错，也可能带来灾难性后果的情形。高度危险行为的无过错责任应运而生，并逐渐被各国接受。核损害适用无过错责任的理论依据，主要有以下三种学说：一是风险说。企业经营某项事业而获取利益，应当承担

---

① 《民用核设施安全监督管理条例》第2条和《放射性污染防治法》第62条也规定，我国民用核设施主要包括4种：（1）核动力厂（核电厂、核热电厂、核供汽供热厂等）；（2）其他反应堆（研究堆、实验堆、临界装置等）；（3）核燃料生产、加工、贮存及后处理设施；（4）放射性废物的处理和处置设施等。

② 王利明著：《侵权责任法研究（下卷）》，中国人民大学出版社2011年版，第563—565页。

因风险导致损害而产生的责任。二是公平说。在发生损害的情况下，应当根据公共利益权衡冲突双方的利益，以公平地分配损失。三是遏制说。由事故原因的控制者承担责任，可以促使其积极采取防范措施，尽量遏制事故的发生。[①] 现在也被《民法典》重申。

四、免责事由

本条规定了以下几种民用核设施的经营者的免责情形：第一，如果民用核设施或者运输材料的运营单位证明核损害全部或部分是由于受害人故意造成的，法院根据法律规定，可以全部或部分地免除运营单位对受害人所受损害给予赔偿的义务。第二，如果民用核设施或者运输材料的运营单位能够证明损害是直接由于战争、武装冲突、暴乱等行为所引起的核事故所造成的，经营者不承担任何责任。

五、需要注意的问题

核设施引发的高度危险责任与环境污染、生态破坏侵权责任的竞合。核事故、核泄漏或是平常的核利用都可能伴随着污染的威胁，都关系到社会公众的生命、财产、健康等基本权利问题。《核安全法》第 79 条、第 80 条、第 86 条规定，在运营过程中，核设施或者核材料导致环境污染的，责令限期采取治理措施消除污染，逾期不采取措施的，指定有能力的单位代为履行，所需费用由污染者承担。该法并未明确相应的民事责任如何承担。此时，人民法院需要结合《民法典》侵权责任编第七章环境污染和生态破坏责任部分，对核设施或者核材料泄漏造成人身、财产损害的，依照本条规定认定责任，同时结合本法第 1244 条的规定，适用民用核设施致害责任限额的规定。但是对于造成生态环境损害的，应当依据其损害大小认定行为人承担的民事责任，无责任限额的规定。

（刘慧慧　撰写）

① 最高人民法院侵权责任法研究小组编著：《〈中华人民共和国侵权责任法〉条文理解与适用》，人民法院出版社 2010 年版，第 485—486 页。

第一千二百四十条　【高空、高压、地下挖掘、高速轨道运输工具损害责任】从事高空、高压、地下挖掘活动或者使用高速轨道运输工具造成他人损害的，经营者应当承担侵权责任；但是，能够证明损害是因受害人故意或者不可抗力造成的，不承担责任。被侵权人对损害的发生有重大过失的，可以减轻经营者的责任。

【法条链接】

《民法典》第 345 条、第 1239 条、第 1252 条、第 1258 条；《侵权责任法》第 73 条；《电力法》第 3 条；《供电营业规则》第 51 条

【立法背景】

本条来源于《侵权责任法》第 73 条的规定，主要为了规范从事高空、高压、地下挖掘活动和使用高速轨道运输工具致害责任。本条与《侵权责任法》的规定相比，仅有一处修改，即对于减轻责任的条件由“过失”限缩为“重大过失”。主要考虑是，本条规定的高度危险责任都与机械的使用有关，一般产生的损害较大，对人身的伤害较重，被侵权人与机械相比，具有一定弱势。原规定对被侵权人的一般过失也可以减轻侵权人的责任，实际减轻了经营者使用或者运营大型机械的注意义务，不利于对弱者的保护。

【条文解读与法律适用】

一、高空

高空活动，是指超过通常高度进行的活动。何谓高空或者超过通常高度，在实践中应作具体把握。审判实践中，很多案件参考 GB/T3608－2008《高处作业分级》[①] 的国家标准规定对是否属于高空作业作出判断。比如在建筑物顶

---

① 凡在有可能坠落的高处进行施工作业，当坠落高度距离基准面在 2m 或 2m 以上时，该项作业即称为高处作业。

端的广告牌上进行作业、擦拭高层住宅的玻璃外层等均可以认定为此处的高空活动。对于驾驶吊车吊取高处物品作业，虽然吊臂可能有三四十米高，但是驾驶员在地面驾驶，不属于高空活动。此处的高空“活动”既可以是工业性活动，也可以是非工业性活动，即可以是自然人偶尔为之的活动，不必非得是企业的组织性、持续性行为。[①] 高空活动的责任主体是活动的经营者，这里主要是实际从事该行为的人。如果行为人使用机械开展高空活动，受雇于某经营者，则应当由经营该项业务的人承担雇主责任。

二、高压

以高于正常压力标准制造、储藏、运送电力、液体、煤气、蒸气等气体，因高压作用造成他人损害的，所有人、占有人或者管理人应当承担民事责任[②]。审判实践中发生的涉及高压的高度危险责任纠纷，主要集中于输电线造成中电人身伤亡领域。司法实践中关于高压触电的案件非常多，许多案件的争议点是责任承担主体究竟是哪个“经营者”。在电力行业的实践中，把从事高压电力线路的建设、施工、检修等称“作业”，把正常输电称为“运行”。由于认识不同，导致“同案不同判”，相似的案件有的法院判决由输电经营者承担，有的判决由高压设施的所有人承担。《电力法》第3条第2款规定：“电力事业投资，实行谁投资、谁收益的原则。”原电力工业部发布的《供电营业规则》第51条规定：“在供电设施上发生事故引起的法律责任，按供电设施产权归属确定。”从产权收益角度看，应当是投资电力事业的企业单位承担电力事故责任。从产权角度看，《电力法》规定的产权主体是电力企业。《最高人民法院关于审理触电人身损害赔偿案件若干问题的解释》（已失效）规定为“电力设施产权人”。该司法解释虽已废止，但其有关高压电致损责任主体的确定是准确的。审判实践中应当从产权角度分析经营者身份。

三、地下挖掘

一般认为，地下挖掘是在地表下向下一定深度进行挖掘的行为，[③] 包括进

① 最高人民法院侵权责任法研究小组编著：《〈中华人民共和国侵权责任法〉条文理解与适用》，人民法院出版社2010年版，第506页。

② 杨立新著：《侵权损害赔偿》，法律出版社2016年版，第437页。

③ 王胜明主编：《中华人民共和国侵权责任法解读》中国法制出版社2010年版，第367页。

行掘进，构筑坑道、隧道，构筑地铁等具有高度危险的施工活动。[①] 城市化进程中，可利用土地面积越来越少，建设逐步向地下空间发展。尤其是地铁等高速运输工具的兴起，大大加速对地下空间的利用。本法第 345 条也规定："建设用地使用权可以在土地的地表、地上或者地下分别设立。"在地下设立建设用地使用权必然涉及对地下空间的挖掘。该种责任主体是经营者，这里主要是实际从事该行为的人。

需要注意的是，有几种情形不属于地下挖掘高度危险责任范畴，第一，地下挖掘形成了建筑物或者构筑物或者其他设施倒塌造成的损害，不属于本条适用范围。要适用本法第 1252 条的规定，即建筑物、构筑物或者其他设施倒塌造成他人损害的，由建设单位与施工单位承担连带责任，但是建设单位与施工单位能够证明不存在质量缺陷的除外。主要原因是地下挖掘即使会形成建筑物，在形成前才属于地下挖掘行为，在形成后已经成为建筑物或者构筑物，地下挖掘行为已经停止。此时的责任承担要适用过错推定责任，即地下挖掘的建设施工单位是否有设置或者管理上的缺陷导致损害的发生。第二，在浅层地表所为的挖掘活动也不属于此处所谓的地下挖掘活动。因此，一般的挖坑、修缮安装地下设施的行为仍属于地面施工责任，应适用本法第 1258 条关于地面施工责任的规定。第三，山体滑坡、落石造成人身、财产损害的情形，是否属于地下挖掘责任要根据具体案情分析。如果可以确定是由于地下挖掘行为造成震动，最终引起山体滑坡或者落石，则可以适用。

四、高速轨道运输工具

高速轨道运输工具是沿着固定轨道行驶的交通工具，一般包括铁路、地铁、轻轨、磁悬浮、有轨电车等在固定轨道上行使的车辆。责任主体是运行运输工具的单位，如地铁公司、铁路公司等。对于铁路事故来说，不仅包括列车运行过程中发生的人身财产损害，也包括列车向外投掷物品或者坠落物件造成的人身财产损害。

五、归责原则与免责事由

本条的归责原则是无过错责任。即在责任构成上，不考虑行为人的过错要件，只要具备违法行为、损害事实和因果关系，即构成侵权责任。

---

① 杨立新著：《侵权损害赔偿》，法律出版社 2016 年版，第 437 页。

只有被侵权人对损害发生有“重大过失”的情况下，可以减轻责任人的赔偿责任。这是本条的重大修改。高度危险物的危险性较高，造成的损害对人民群众生命健康和财产损害影响较大，因此本条将减轻责任情形限制在“重大过失”，一般过失不能减轻责任。对于何谓“重大过失”，要结合运营者是否尽到了注意义务，受害人的行为是否超出一般对该运营行为注意的理解，受害人的行为与自身人身财产损失之间是否具有一定的因果关系以及因果关系的程度等因素具体判断。当然，如果行为人故意造成损害的，应当属于减轻责任的情形。

六、需要注意的问题

（一）区分高度危险责任与环境污染责任

实践中有大量交通事故致车载危险品泄漏引起的环境污染责任纠纷，部分法院在适用法律过程中对是否存在环境污染与道路交通事故责任、高度危险责任等相关责任的竞合问题有分歧。我们认为，对于机动车交通事故造成危险化学品等其他危险物品泄漏的，要按照机动车交通事故责任、高度危险责任中的第1239条的规定，结合环境污染和生态破坏责任处理。不适用本条的规定。

（二）区分交通事故与高度危险责任

对于不涉及危险物品的机动车交通事故是否存在责任竞合的问题，根据《道路交通安全法》第119条第5项，“‘交通事故’，是指车辆在道路上因过错或者意外造成的人身伤亡或者财产损失的事件”。本法第1236条虽然规定：“从事高度危险作业造成他人损害的，应当承担侵权责任”，但从本章规定来看，已经将产品责任、机动车交通事故责任、动物致害责任及物件损害责任分章与高度危险责任并列规定，所以本法高度危险责任的范围，限于以上单独规定的危险责任形态之外的其他高度危险责任，故机动车交通事故纠纷不属于高度危险责任纠纷。

（刘慧慧　撰写）

第一千二百四十四条　【赔偿限额】承担高度危险责任，法律规定赔偿限额的，依照其规定，但是行为人有故意或者重大过失的除外。

【法条链接】

《民法典》1237 条、第 1238 条、第 1240 条；《侵权责任法》第 77 条

【立法背景】

本条是关于高度危险责任赔偿限额的规定。高度危险责任涉及的行业领域属于我国国民经济的重要支柱或者关键行业，行业的发展不仅关系到人民群众生存发展，也关系到我国的国家安全和军事利益。而且这些运营单位基本都是国有企业，对于承担高度危险责任的运营单位规定限额赔偿制度，从立法上尽可能地兼顾承运人和旅客的利益，是世界许多国家对高度危险责任立法的一致态度。限额赔偿制度是法律赋予高度危险责任相关责任人在特定情形下的法定特权。它是指在上述损害发生的情况下，如果致损事由符合法律相关规定，则各运营设施相关责任人可以依据法律的规定，将自己的赔偿责任限制在一定范围内的法律制度。

【条文解读与法律适用】

一、赔偿责任限制的规定

高度危险责任属于无过错责任及不论行为人对损害的发生是否具有过错，责任人都应当承担高度危险责任。唯一的免责条件是法律的规定。即单行法规定对于高度危险行为可以免除责任的，从该规定。但从保护受害人的角度出发，单行法对于该类行为免除责任的规定也是非常谨慎的，避免高度危险行为带来严重的后果。对于高度危险责任的赔偿是否应当具有限制，各国法律均有规定。一般认为，应当由相应的限额。比如《关于核损害的民事责任

的维也纳公约》第5条规定管理人的赔偿责任可以由装置国限制为每一核事件不得少于五百万美元。从现行关于高度危险责任赔偿限额的规定来看，除了《民用航空法》《铁路法》等单行立法外，《铁路交通事故应急救援和调查处理条例》《国内航空运输承运人赔偿责任限额规定》《国务院关于核事故损害赔偿责任问题批复》等规范性法律文件都对不同类型的高度危险责任设置了赔偿限额。[①]

二、加害人有无过错对赔偿限额的影响

一般对于适用无过错责任原则的侵权行为，不考虑加害人是否有过错，也应当承担侵权责任。根据《侵权责任法》第77条规定，“承担高度危险责任，法律规定赔偿限额的，依照其规定”。在确定赔偿责任范围的时候，无论加害人对损害的发生是否具有过失，都因为实行无过错责任原则，承担相同的赔偿责任。有的观点认为，侵权法中，加害人过错对确定赔偿责任范围是有重大影响的。[②] 无过错的加害人在无过错责任原则下要承担赔偿责任，有过错的加害人在无过错责任原则下要承担更重的赔偿责任。这种赔偿责任轻重的区别，体现的是法律对主观心理状态不同的加害人的谴责和制裁的不同程度要求。也只有这样，才能够体现侵权法的公平与正义。[③]《民法典》制定过程中，针对司法实践的反应和理论界的呼吁，立法机关吸纳了这种观点。

---

① 根据《铁路交通事故应急救援和调查处理条例》规定，在铁路运输中，乘客受到伤害时，可以获得铁路运输企业的损害赔偿金。《铁路法》第58条规定：“因铁路行车事故及其他铁路运营事故造成人身伤亡的，铁路运输企业应当承担赔偿责任；如果人身伤亡是因不可抗力或者由于受害人自身的原因造成的，铁路运输企业不承担赔偿责任。”对乘客的人身损害赔偿适用无过错责任原则，但此种赔偿是有最高限额的。根据国务院《铁路交通事故应急救援和调查处理条例》第33条的规定：“事故造成铁路旅客人身伤亡和自带行李损失的，铁路运输企业对每名铁路旅客人身伤亡的赔偿责任限额为人民币15万元，对每名铁路旅客自带行李损失的赔偿责任限额为人民币2000元。”航空运输中，依据《国内航空运输承运人赔偿责任限额规定》第3条规定：“国内航空运输承运人应当在下列规定的赔偿责任限额内按照实际损害承担赔偿责任，但是《民用航空法》另有规定的除外：（一）对每名旅客的赔偿责任限额为人民币40万元；（二）对每名旅客随身携带物品的赔偿责任限额为人民币3000元；（三）对旅客托运的行李和对运输的货物的赔偿责任限额，为每公斤人民币100元。”同时，《民用航空法》第129条亦对国际航空运输承运人的赔偿责任限额进行了规定。在民用航空运输事故中，旅客受到伤害时除了可以依法取得保险金外，还可以获得承运人所应给付的概括性赔偿金。在民用航空运输事故中，依据《民用航空法》第132条规定，受害人如能举证证明航空运输中的损失系因承运人或者其受雇人、代理人的故意或者明知可能造成损失而轻率地作为或者不作为造成的，则承运人的赔付金额将不受最高赔偿额的限制。

② 张新宝著：《侵权责任构成要件研究》，法律出版社2008年版，第438页。

③ 杨立新著：《侵权损害赔偿》，法律出版社2016年版，第441页。

三、需要注意的问题

对于高度危险作业，特别法、行政法规或者规章规定限额赔偿的，受害人选择适用无过错责任原则的，应当适用限额赔偿规则。如果受害人主张行为人对损害的发生存在故意或者重大过失，要承担相应的举证责任，可以突破责任限制的束缚，确定加害人承担全部赔偿责任。行为人有故意或者重大过失作为减轻责任的条件，同时要结合其他条文理解。比如本法第 1237 条、第 1238 条以及第 1240 条均要与本条对应起来，对于高度危险责任中的特殊类型，在承担责任限额的条件下，均将行为人故意或者重大过失作为对限额的例外情形。这样主要考虑对行为人从事高度危险作业或者运营高度危险交通工具科以更高的注意义务，反向要求行为人更谨慎地开展危险作业等运营工作，从而促进对社会公众人身财产的保护。

（刘慧慧　撰写）

第九章 饲养动物损害责任

第一千二百四十六条 【未采取安全措施的损害责任】违反管理规定，未对动物采取安全措施造成他人损害的，动物饲养人或者管理人应当承担侵权责任；但是，能够证明损害是因被侵权人故意造成的，可以减轻责任。

【法条链接】

《侵权责任法》第79条；《治安管理处罚法》第75条

【立法背景】

《侵权责任法》第79条规定："违反管理规定，未对动物采取安全措施造成他人损害的，动物饲养人或者管理人应当承担侵权责任"。本条增加了但书关于减轻责任的内容，明确能够证明损害是因被侵权人故意造成的，可以减轻责任。本条与前条具有特别法与一般法的关系，是对违反管理规定未履行危险源监督义务饲养人侵权责任的特别规定。

【条文解读与法律适用】

一、"违反管理规定"的认定

为规范饲养动物的行为，保护合法权益，美化生活环境，法律法规对饲养动物作了相当丰富和完备的规定。这里的所谓"管理规定"泛指以民法和行政法名义在国家层面和地方层面颁布的关于饲养动物的各类法律法规的总称。据不完全统计，与饲养动物有关的法律法规数量较大、内容繁复，部门规章达到240余部，地方性法规达1000余部，涉及动物管理内容的法律法规及规范性文件均属于本法所称的“管理规定”。[①]“违反管理规定”系对行为的考察，而非对主观状态的评价，不应从主观上判断是否系故意或者过失违反，而是应当从行为产生了违反管理规定的实际效果作出评判。

二、“未对动物采取安全措施”的认定

“未对动物采取安全措施”是指饲养人未按照饲养动物的管理规定及时有效采取安全措施履行对动物的监督型作为义务。这一要件与“违反管理规定”具有表里关系，即只有未对动物采取安全措施在实质上对被侵权人制造了法禁止风险的行为，才是“违反管理规定”的行为；相应的，“违反管理规定”应做实质解释，只有那些在实质上违反了对饲养动物监督型作为义务，对被侵权人制造了法禁止风险的行为，才属于“违反管理规定”的行为，当然也必然满足“未对动物采取安全措施”的要求。例如，未对动物进行必要的安全约束，在居民区饲养烈性犬只，将动物带入公共场所等，均属于“未对动物采取安全措施”。又如，饲养人未对动物进行人类疾病防疫，有可能传播侵害人类的传染病，属于“未对动物采取安全措施”，但饲养人仅仅未对动物进行动物传染病的防疫，不可能传播侵害人类的传染病，则不属于“未对动物采取安全措施”。可见，“未对动物采取安全措施”应紧紧围绕对他人合法权益制造法禁止的风险进行理解和认定。

三、本条的责任减免事由

与《侵权责任法》第79条规定相比，本条增加规定了减轻责任事由。根据本条规定，动物饲养人或者管理人能够证明损害是因被侵权人故意造成的，可以减轻民事责任，但不能免除民事责任。这样规定的主要考虑是：第一，及时回应实践需要，减轻了在受害人故意情况下动物饲养人和管理人的责任。实践中，公众对于受害人故意情况下，饲养人和管理人仍需要全额承担未采

---

① 在国家层面，如全国人大常委会制定颁布的《渔业法》对渔业养殖做了相关规定；《侵权责任法》第十章规定了饲养动物损害责任；《治安管理处罚法》第75条对饲养动物作了处罚规定；农业部制定颁布《动物防疫条件审查办法》。除此以外，各地人大或政府针对饲养动物出台了地方性法规或规范性文件。例如，北京市人大常委会制定颁布《北京市养犬管理规定》、西安市人大常委会制定颁布《西安市限制养犬条例》、山东省人民政府制定颁布《山东省畜禽养殖管理办法》。

取安全措施的动物致害责任有不同的认识。司法实践也有部分观点认为，应当对动物饲养人和管理人的责任进行平衡与矫正，运用公平原则适当减轻其责任。《民法典》吸收该类观点，增加了减免责任事由。第二，严格规范适用。本条并未将该情形作为动物饲养人和管理人免除责任的情形。毕竟动物饲养人和管理人违反规定，未采取安全措施在先，其行为对受害人损害原因力更大。如果其未违反规定，采取了安全措施，比如，用狗绳牵狗，将大型犬拴在笼子中等方式进行饲养，采取了合法的安全措施，对公众有一定的保护作用，受害人即使故意进行挑逗，受到伤害也会较小。第三，对于受害人过失造成损害，不能减轻动物饲养人和管理人的责任。如果饲养人和管理人按照管理规定采取了安全措施，无论被侵权人故意还是重大过失，都可以按照第 1245 条的规定，不承担或者减轻责任。但如果饲养人和管理人有违法性在先，则不能对被侵权人过分苛责，无论是一般过失还是重大过失，都不能成为动物饲养人和管理人不承担责任或者减轻责任的情形。

四、需要注意的问题

本条是关于饲养人或管理人违反管理规定未采取安全措施致他人损害的特别规定。第 1245 条规定是饲养动物致害侵权的一般归责原则。两条之间具有一般法与特殊法的法条竞合关系，应适用特别法优先的法理，即本条应优先适用。

此外，在适用本条时应注意举证责任的分配问题。适用本条被侵权人的举证责任与适用前条的举证责任有所不同，被侵权人除了需要举证证明损害事实、损害结果及损害事实与损害结果之间的因果关系之外，还需证明动物饲养人或管理人违反了相关管理规定及未对动物采取必要的安全措施。如前所述，“违反管理规定”与“未对动物采取安全措施造成他人损害”具有表里关系，证明前者与后者实际上是有机统一的。根据证据法原理，证明不存在某种事实，应采用推定的方式，换言之，只要被侵权人有证据证明饲养人或管理人违反了管理规定并制造了法禁止的风险，便足以认定饲养人或管理人未对动物采取必要的安全措施。

（刘慧慧　撰写）

第十章　建筑物和物件损害责任

第一千二百五十二条　【建筑物、构筑物等倒塌、塌陷损害责任】建筑物、构筑物或者其他设施倒塌、塌陷造成他人损害的，由建设单位与施工单位承担连带责任，但是建设单位与施工单位能够证明不存在质量缺陷的除外。建设单位、施工单位赔偿后，有其他责任人的，有权向其他责任人追偿。

因所有人、管理人、使用人或者第三人的原因，建筑物、构筑物或者其他设施倒塌、塌陷造成他人损害的，由所有人、管理人、使用人或者第三人承担侵权责任。

【法条链接】

《民法通则》第126条；《侵权责任法》第85条、第86条；《人身损害赔偿解释》第16条

【立法背景】

建筑物、构筑物等倒塌损害责任在《民法通则》中已有规定，该法第126条明确规定："建筑物或者其他设施以及建筑物上的搁置物、悬挂物发生倒塌、脱落、坠落造成他人损害的，它的所有人或者管理人应当承担民事责任，但能够证明自己没有过错的除外。"2001年颁布的《最高人民法院关于民事诉讼证据的若干规定》第4条第1款第4项规定："建筑物或者其他设施以及建筑物上的搁置物、悬挂物发生倒塌、脱落、坠落致人损害的侵权诉讼，

由所有人或者管理人对其无过错承担举证责任。”① 《人身损害赔偿解释》第16条规定，道路、桥梁、隧道等人工建造的构筑物因维护、管理瑕疵致人损害的，适用《民法通则》第126条的规定，由所有人或者管理人承担赔偿责任，但能够证明自己没有过错的除外；因设计、施工缺陷造成损害的，由所有人、管理人与设计、施工者承担连带责任。随着近年来工业化、城市化的加速发展，“豆腐渣”工程以及由此引发的多起造成极为严重后果的房屋、桥梁倒塌事件引起了社会各界的广泛关注。《侵权责任法》制定时，在吸收前述法律和司法解释规定的基础上，考虑到当时各地屡次出现的建筑物倒塌事件及其对民生的重大影响，把《民法通则》第126条一分为二，将建筑物等脱落、坠落的损害责任规定在第85条，同时增加了第86条专门规定建筑物等倒塌的损害责任。

《民法典》编纂中，许多学者建议恢复《民法通则》的规定模式，将建筑物等倒塌、脱落、坠落三种情形的损害责任合并规定在一条中。最终《民法典》沿用了《侵权责任法》的规定模式，但针对理论及实务界提出的适用争议和问题，对第1252条做出了五点修改。一是增加了致害情形，除倒塌外，增加了塌陷情形。二是明确了归责原则，在“由建设单位与施工单位承担连带责任”之后增加了“但是建设单位与施工单位能够证明不存在质量缺陷的除外”的表述，明确建筑物、构筑物等倒塌、塌陷损害责任的归责原则为过错推定，结束了长期存在的第1252条究竟是严格责任还是过错推定责任之争。三是明确了“其他责任人”的界定，将第2款中的“其他责任人”修改为“所有人、管理人、使用人或者第三人”，解决了因《侵权责任法》第86条第1款及第2款中均规定了“其他责任人”而导致的责任主体交叉和不明确的问题。四是明确了第1252条两个条款之间的适用关系，因第1款中增加了“质量缺陷”的表述，明确了建筑物等因建设施工质量缺陷而发生倒塌、塌陷的损害责任适用第1252条第1款规定，建筑物等因其他原因而发生倒塌、塌陷的损害责任适用第2款规定。五是调整了条文顺序，对调了《侵权责任法》第85条和第86条的顺序，将建筑物等倒塌、塌陷的损害责任规定

---

① 该司法解释2019年10月已修订，因《侵权责任法》已吸收了该条规定，2019年修订该司法解释时此条规定已删除。

在第1252条，作为建筑物和物件损害责任一章中的第一条，将建筑物等脱落、坠落的损害责任调后至第1253条规定，紧接着在第1254条规定建筑物抛掷物、坠落物损害责任，从而增强了建筑物损害责任三个条文之间的逻辑性，便于法律的理解和适用。

【条文解读与法律适用】

一、建筑物、构筑物等倒塌、塌陷损害责任的归责原则

依据第1252条第1款规定，建筑物、构筑物或者其他设施倒塌、塌陷造成他人损害的，采过错推定的归责原则，建设单位、施工单位可以通过举证建筑物等不存在质量缺陷来证明自己没有过错。如果建设单位、施工单位不能完成这一举证责任，则认定其有过错；如果其能够成功证明，则认定其没有过错，从而不承担侵权责任。建筑物等倒塌、塌陷的原因往往是多方面的，司法实践中应注意原因力规则的适用。如倒塌、塌陷系由两个以上的原因造成，须考量各个不同原因对于损害的发生或者扩大所产生的作用力，从而确定责任的归属。[①] 一个典型的例子是，《最高人民法院关于处理涉及汶川地震相关案件适用法律问题的意见（二）》第8条规定，因地震灾害引起房屋垮塌、建筑物或者其他设施发生倒塌，造成他人损害的，所有人或者管理人不承担民事责任。前述规定仅适用于地震系建筑物等倒塌的唯一原因的情形。如果地震只是建筑物等倒塌的原因之一，甚至不是主要原因，而是由于工程质量本身存在缺陷所致，则建设单位与施工单位不能以不可抗力来主张免责。此时应根据具体案件中，各方的过错程度以及原因力，合理确定责任分担。

二、建设单位与施工单位的连带责任及其对其他责任人的追偿权

依据第1252条第1款规定，建筑物、构筑物或者其他设施因质量缺陷发生倒塌、塌陷致人损害的第一责任人为建设单位与施工单位。建设单位是建设工程的业主和发包人，对建设工程的质量负责，应当依法组织竣工验收，经验收合格后方可交付使用。施工单位包括建设工程的承包人、分包人、转包人和实际施工人，但不包括个人。个人借用有资质的建筑施工企业名义施

---

① 杨立新著：《侵权责任法》，法律出版社2010年版，第577页。

工并因施工质量问题引发倒塌、塌陷事故的，应当首先由借用资质的企业承担责任，其后再由其向直接责任人追偿。存在违法转包、分包、挂靠等情形下，各个施工单位均对受害人承担连带责任，合法与非法仅影响发包人和承包人之间的内部关系。[①] 建设单位与施工单位之间为连带责任，受害人既可以请求建设单位承担侵权责任，也可以请求施工单位承担侵权责任，还可以请求两者共担责任。如工程质量缺陷是由建设单位、施工单位自身的过错和原因造成，则其承担的是直接和终局责任。如质量缺陷是由其他责任人的过错造成，则建设单位、施工单位承担的是垫付责任，其实际赔偿后有权向其他责任人进行追偿。此处的“其他责任人”包括勘察单位、设计单位、监理单位以及除此以外的责任人，例如《建筑法》第 79 条规定的对不符合施工条件的建筑工程颁发施工许可证或者对不合格的建筑工程出具质量合格文件或按合格工程验收的有关部门。[②]

三、所有人、管理人、使用人或者第三人的直接责任

建筑物、构筑物或者其他设施非因质量缺陷发生倒塌、塌陷致损的责任主体，主要是所有人、管理人、使用人，也包括除此以外对倒塌、塌陷负有责任的第三人，如装修人等。与第 1252 条第 1 款适用的是建筑物等因施工阶段的质量缺陷而发生倒塌、塌陷的情形不同，第 2 款适用的是建筑物等在交付使用后因管理、维护缺陷而发生倒塌、塌陷的情形，如建筑物年久失修、业主擅自改变承重结构而倒塌、塌陷等。

（朱婧　撰写）

第一千二百五十四条　【不明抛掷物、坠落物损害责任】禁止从建筑物中抛掷物品。从建筑物中抛掷物品或者从建筑物上坠落的物品造成他人损害的，由侵权人依法承担侵权责任；经调查难以确定具体侵权人的，除能够证明自己不是侵权人的外，由可能加害的建筑物使用人给予补偿。可能加害的建筑物使用人补偿后，有权向侵权人追偿。

---

① 张新宝，吴婷芳：《物件致人损害责任的再法典化思考》，载《现代法学》2017 年第 3 期。

② 王胜明主编：《中华人民共和国侵权责任法释义》，法律出版社 2013 年版，第 469—471 页。

物业服务企业等建筑物管理人应当采取必要的安全保障措施防止前款规定情形的发生；未采取必要的安全保障措施的，应当依法承担未履行安全保障义务的侵权责任。

发生本条第一款规定的情形的，公安等机关应当依法及时调查，查清责任人。

【法条链接】

《民法典》第1198条、第1253条；《侵权责任法》第87条

【立法背景】

不明抛掷物、坠落物损害责任在由《侵权责任法》正式确立以前，法律及司法解释中并无相关规定。实践中，建筑物不明抛掷物、坠落物致人损害的情形时有发生，比较典型的有“重庆烟灰缸案”“济南菜板案”和“深圳玻璃案”等。为统一法律适用，《侵权责任法》在比较借鉴典型案例裁判规则的基础上，于第87条规定：“从建筑物中抛掷物品或者从建筑物上坠落的物品造成他人损害，难以确定具体侵权人的，除能够证明自己不是侵权人的外，由可能加害的建筑物使用人给予补偿。”该规定对于填补被侵权人的损失，实现社会公平正义，合理分散损失，促进社会和谐稳定，维护社会秩序具有重要意义。①

《民法典》编撰中，一些业内人士建议进一步明确各方责任，采取分层次、全方位手段解决高空抛物坠物问题，及时完善高空抛物坠物治理规则，彰显法律公平正义，更好地保护人民群众的生命财产安全。宪法和法律委员会认为，要从根本上解决这一问题，需要综合施策，做到多管齐下，共同发力。② 在吸收各方意见基础上，《民法典》对《侵权责任法》第87条内容予

---

① 王胜明主编：《中华人民共和国侵权责任法释义》，法律出版社2013年版，第477—478页。

② 杜文明：《民法典侵权责任编草案：高空抛物要明确责任》，http：//politics. people. com. cn/n1/2019/0822/c1001 -31311285. html，最后访问时间：2020年3月31日。

以保留，并在综合施策的指导思想下，对相关规则进行了补充和完善。第1254条作为建筑物和物件损害责任一章中改动最大的条款，其修订主要体现在五个方面：一是增加“禁止从建筑物中抛掷物品”的规定，表明了令行禁止的态度，被誉为此次修改的最大亮点。“无论是有意还是失手，都坚决不允许，这不是一般的道德问题，而是法律问题，必须承担法律责任。”这是全国人大常委会委员的共识。① 二是在可能加害的建筑物使用人的补偿责任规定中增加了“由侵权人依法承担侵权责任”及“经调查”的限定，明确抛掷物、坠落物损害的首要责任人是侵权人，只有在经调查难以确定具体侵权人的情况下，才发生可能加害的建筑物使用人的补偿义务。三是增设可能加害的建筑物使用人追偿权的规定，“可能加害的建筑物使用人补偿后，有权向侵权人追偿”。四是增设第2款，规定“物业服务企业等建筑物管理人应当采取必要的安全保障措施防止前款规定情形的发生；未采取必要的安全保障措施的，应当依法承担未履行安全保障义务的侵权责任”，确立了物业服务企业及其他建筑物管理人对不明抛掷物、坠落物损害的安全保障义务和责任。《民法典》草案第三次审议时，有的专家学者、单位建议规定“建筑物管理人”主要是指物业服务企业以明确责任主体，宪法和法律委员会经研究采纳了这一意见。② 五是增设第3款，规定“发生本条第一款规定的情形的，公安等机关应当依法及时调查，查清责任人”，针对高空抛物坠物事件处理的主要困难是行为人难以确定的问题，强调公安机关及其他有关机关的依法及时调查义务。

【条文解读与法律适用】

一、可能加害的建筑物使用人的补偿责任及追偿权

不明抛掷物、坠落物致人损害的责任主体有二，一是侵权人，二是可能加害的建筑物使用人，前者适用的是过错责任，后者适用的是公平责任。可能加害的建筑物使用人补偿义务的适用前提是经有关机关调查，难以确定具

---

① 《十三届全国人大常委会第十二次会议审议多部法律草案》，载《人民日报》2019年8月23日，第07版。

② 参考全国人民代表大会常务委员会副委员长王晨在第十三届全国人民代表大会第三次会议上所作关于《中华人民共和国民法典（草案）》的说明，2020年5月22日。

体侵权人。“难以确定具体侵权人”中的“难以”应理解为“不能”，并具有“客观不能”和“当时不能”双重含义。“客观不能”，是指经过有关机关调查不能找到具体侵权人，或者受害人的举证证明无法达到诉讼法上确定具体侵权人的标准。“当时不能”，是指承担责任时尚不能确定具体侵权人，事后发现具体侵权人，不影响可能加害的建筑物使用人的事先补偿义务。[①] 此外，在高楼坠物致人损害的情况下，第 1254 条与第 1253 条在适用上存在交叉，因为实践中很难界定掉落的烟灰缸、花盆、菜板究竟属于抛掷物、坠落物还是搁置物。通说认为，该两条的区别在于能否确定坠落物品的归属和具体侵权人，能则适用第 1253 条，不能则适用第 1254 条。

可能加害的建筑物使用人，是侵权行为发生时建筑物的实际使用人，且从物理方位、抛掷物或坠落物致害的具体情形等方面判断，对受害人有致害的可能性。可能加害的建筑物使用人可以通过“证明自己不是侵权人”而获得免责，此处采用了举证责任倒置。这一免责应理解为个别免责，而非全体建筑物使用人的免责，后者只发生在有证据确定具体侵权人的情形之下。通常来说，可能加害的建筑物使用人仅证明自己没有过错是不足够的，而应举证证明以下几种情形：损害发生时其不在建筑物内、所处位置无法实施加害行为、即使实施加害行为也无法使抛掷物或坠落物到达发生损害的位置、不占有致害物品等。[②] 可能加害的建筑物使用人之间为按份责任，而非连带责任，具体份额应根据案件具体情况确定；难以确定责任大小的，平均承担补偿份额。被侵权人不能要求某一个或一部分可能加害的建筑物使用人补偿其全部的损害，可能加害的建筑物使用人按照自己应承担的份额对被侵权人进行补偿后，也不能向其他可能加害的建筑物使用人追偿。[③] 但是，事后发现具体侵权人的，已经承担补偿责任的建筑物使用人可以向侵权人行使追偿权，受害人亦有权就其未能获得完全赔偿的损失部分向侵权人主张权利。

二、建筑物管理人的安全保障义务和责任

本条第 2 款规定了建筑物管理人的安全保障义务和责任。建筑物管理人

---

① 王竹：《论建筑物抛掷物、坠落物致害道义补偿责任——兼论建筑物抛掷物、坠落物强制责任保险制度的建立》，载《政法纵论》2010 年第 5 期。

② 杨立新著：《侵权责任法》，法律出版社 2010 年版，第 588 页。

③ 王胜明主编：《中华人民共和国侵权责任法释义》，法律出版社 2013 年版，第 476 页。

作为公共场所的管理者，对进入小区物业范围内的人具有防护义务和警示义务，其义务来源于《民法典》第1198条规定的安全保障义务。未采取必要的安全保障措施的，应当依法承担未履行安全保障义务的侵权责任，这一责任为不作为侵权责任和过错责任。通过督促物业服务企业等建筑物管理人承担应尽的管理义务和社会责任，促使其采取必要的预防和警示措施、安装监控设备、购买责任保险等，有利于减少高空抛物、坠物行为的发生，协助查清具体侵权人，强化对受害人的救济，尽可能避免难以确定具体侵权人的情形出现以及由社会分担损失。可能加害的建筑物使用人与未尽安全保障义务的建筑物管理人之间为按份责任，建筑物管理人应承担与其过错相适应的侵权责任，在受害人的损害总额减去该侵权责任份额后，方是可能加害的建筑物使用人承担补偿义务的范围。①

三、公安等机关的依法及时调查义务

本条第3款强调了公安等机关的依法及时调查义务。公安机关作为治安行政和刑事司法的专门机关，对于高空抛物坠物造成损害后果的，应当依法立案调查，对责任人依法给予治安管理处罚；构成犯罪的，应当依法追究刑事责任。一方面，这一规定能够督促公安等机关采取现场勘测、痕迹鉴定等科技手段进行调查，有利于查清具体侵权人，避免有关机关以属于民事侵权为由将查明责任强加给受害人；另一方面，在确实不能查清加害人的情形下，公安等机关的调查结论可以作为“难以确定具体侵权人”的证明，从而有效解决高楼抛物致人损害的归责难题。②

（朱婧　撰写）

第一千二百五十六条　【公共道路妨碍通行损害责任】在公共道路上堆放、倾倒、遗撒妨碍通行的物品造成他人损害的，由行为人承担侵权责任。公共道路管理人不能证明已经尽到清理、防护、警示等义务的，应当承担相应的责任。

---

① 曹险峰：《侵权法之法理与高空抛物规则》，载《法制与社会发展》2020年第1期。

② 王利明：《论高楼抛物致人损害责任的完善》，载《法学杂志》2020年第1期。

【法条链接】

《侵权责任法》第 89 条；《道路交通安全法》第 119 条；《公路法》第 2 条

【立法背景】

公共道路妨碍通行损害责任在《侵权责任法》出台之前，并无相关法律和司法解释规定。随着公共交通事业的迅猛发展，维护公共道路安全和通畅的司法保护需求不断增加。《公路法》和《道路交通安全法》既规定了损坏、污染公路和影响公路畅通的行为人的法律责任，也规定了道路交通主管部门的管理维护义务及处罚职权。司法实践中，争议集中在行为人无法确定或者行为人无赔偿能力的情况下，未尽管理职责的公共道路所有人和管理人应否承担责任。对此，最高人民法院公报刊载的多个案例均持肯定态度。如王烈凤诉千阳县公路管理段人身损害赔偿案（1989 年）① 认为，道路两旁的物件致人损害的，应由对道路两旁物件具有管理及保护责任的单位或个人承担赔偿责任。又如江苏省南京市江宁县东山镇副业公司诉江苏省南京机场高速公路管理处损害赔偿案（1999 年）② 明确，高速公路管理处未及时清除散落物导致交通事故的，应承担赔偿责任。再如范茂生等诉淮安电信分公司淮阴区电信局、淮安市淮阴区公路管理站人身损害赔偿纠纷案（2008 年）③ 认定，物的所有人或管理人因维护、管理瑕疵致人损害应承担赔偿责任，除非其能够证明自身无过错。在前述公共道路管理法律、法规及妨碍通行物致害典型案例的基础上，《侵权责任法》正式确立了公共道路妨碍通行损害责任，该法

---

① 载《最高人民法院公报》1990 年第 2 期（总第 22 期），裁判法院陕西省宝鸡市中级人民法院，裁判日期 1989 年 8 月 14 日。

② 载《最高人民法院公报》2000 年第 1 期（总第 63 期），裁判法院江苏省南京市中级人民法院，裁判日期 1999 年 8 月 24 日。

③ 载《最高人民法院公报》2011 年第 11 期（总第 181 期），裁判法院江苏省淮安市中级人民法院（原江苏省淮阴市中级人民法院），裁判日期 2008 年 9 月 8 日。

第 89 条规定："在公共道路上堆放、倾倒、遗撒妨碍通行的物品造成他人损害的，有关单位或者个人应当承担侵权责任。"

《民法典》编纂中，对第 1256 条的修订体现在三处：一是对于公共道路妨碍通行损害责任的责任主体没有再采用"单位或者个人"的表述，因为《民法总则》中已明确民事主体为自然人、法人及其他非法人组织。二是明确了具体的责任主体，并区分侵权行为人与公共道路管理人分别规定了不同的责任范围，行为人承担的是完全赔偿责任，公共道路管理人承担的是相应的责任。三是明确了归责原则，行为人只要在公共道路上从事了堆放、倾倒、遗撒妨碍通行物品的行为造成他人损害即应承担侵权责任，公共道路管理人不能证明已经尽到清理、防护、警示等义务时方应当承担相应的责任。

【条文解读与法律适用】

一、公共道路妨碍通行损害责任的构成要件

（一）致害行为发生在公共道路上

公共道路妨碍通行损害责任针对的是在公共道路上发生的侵权责任。《道路交通安全法》第 119 条第 1 项界定，道路是指公路、城市道路和虽在单位管辖范围但允许社会机动车通行的地方，包括广场、公共停车场等用于公众通行的场所。《公路法》第 2 条界定，公路包括公路桥梁、公路隧道和公路渡口。公共道路既包括机动车道，也包括非机动车道和人行道，其认定核心在于是否允许不特定社会公众通行。在单位、小区等管辖范围内且不允许社会公众通行的私人道路所发生的损害责任不适用第 1256 条规定。

（二）存在堆放、倾倒、遗撒妨碍通行物的致害行为

公共道路妨碍通行损害责任的致害方式为在公共道路上堆放、倾倒、遗撒物品，影响他人对该公共道路正常、合理的使用。妨碍通行物既可以是固体，如在公共道路上非法设置路障、晾晒粮食、倾倒垃圾等；也可以是液体、气体，如运油车将石油泄漏到公路上、非法向道路排水、热力井向道路散发出大量蒸气。[①]

---

① 王胜明主编：《中华人民共和国侵权责任法释义》，法律出版社 2013 年版，第 480—481 页。

(三) 致害行为与损害结果之间具有因果关系

损害既包括人身伤害，也包括财产损害，且与堆放、倾倒、遗撒妨碍通行物的行为之间存在引起与被引起的关系。需要注意的是，公共道路妨碍通行损害责任实行过错推定，但并不是因果关系推定，因果关系的存在仍然是被侵权人需要举证证明的基础事实。

(四) 侵权行为人或公共道路管理人具有过错

公共道路的使用关系到社会公众的利益，在道路上堆放、倾倒、遗撒妨碍通行的物品，将会给行人和车辆的安全造成不合理的危险。公共道路妨碍通行损害责任虽为特殊侵权责任，但仍然是以过错为基础的。其中，对公共道路管理人实行过错推定，其不能举证证明已经尽到清理、防护、警示等义务的，应当对妨碍通行物造成的损害承担相应的责任。而对于堆放、倾倒、遗撒妨碍通行物品的行为人采何种归责原则，立法没有明确，理论和实务中存在过错责任说[①]、过错推定责任说[②]、无过错责任说[③]等不同观点。立法和司法机关的主流观点认为，行为人只要在公共道路上实施了堆放、倾倒、遗撒的行为，即应认定为有过错，应当对所造成的损害承担侵权责任。[④]

二、公共道路妨碍通行损害责任的责任主体和责任承担

公共道路妨碍通行损害责任的责任主体具有多元性。对此，《侵权责任法》第 89 条仅采取了“有关单位或者个人”的模糊表述，没有明确其具体指向。全国人大法工委的释义称，“有关单位或者个人”，主要是指堆放、倾倒、遗撒妨碍通行物的单位或者个人，但是也不完全排除对公共道路负有管理、维护义务的单位或者个人的责任。[⑤] 司法实务中的主流观点认为，公共道路妨碍通行损害责任的责任主体有二，包括堆放、倾倒、遗撒行为人和公共道路管理部门。《民法典》在总结立法和司法实践经验的基础上，于第 1256 条明确规定公共道路妨碍通行损害责任的主体既包括堆放、倾倒、遗撒妨碍通行

---

① 参见王胜明：《〈侵权责任法〉实施疑难问题专家学者纵横谈》，载《法律适用》2011 年 10 月。

② 参见王利明著：《侵权责任法研究》下卷，中国人民大学出版社 2011 年版，第 742—743 页。

③ 参见程啸著：《侵权责任法》，法律出版社 2015 年版，第 647 页。

④ 王胜明：《〈侵权责任法〉实施疑难问题专家学者纵横谈》，载《法律适用》2011 年 10 月。

⑤ 王胜明主编：《中华人民共和国侵权责任法释义》，法律出版社 2013 年版，第 481 页。

物品的行为人，也包括未尽清理、防护、警示等义务的公共道路管理人。

第1256条区分侵权行为人与公共道路管理人分别规定了不同的责任范围。堆放人、倾倒人、遗撒人对其堆放、倾倒、遗撒行为所造成的损害承担完全赔偿责任。公共道路管理人承担相应的责任，其责任范围应根据过错程度和原因力大小具体确定。适用中需注意的是，第1256条并未规定公共道路管理人的责任为补充责任，即公共道路管理人承担责任并不以堆放、倾倒、遗撒行为人不能确定或者无赔偿能力为前提条件。受害人可以同时请求侵权行为人与公共道路管理人承担责任，也可以选择要求其中的一方承担责任。

（朱婧　撰写）

图书在版编目（CIP）数据

民法典重点修改及新条文解读／江必新主编．—北京：中国法制出版社，2020.6（2020.11重印）
ISBN 978-7-5216-1047-5

Ⅰ.①民… Ⅱ.①江… Ⅲ.①民法-法律解释-中国
Ⅳ.①D923.05

中国版本图书馆 CIP 数据核字（2020）第 076704 号

策划编辑 马 颖
责任编辑 王雯汀 宋 平 靳晓婷 侯 鹏　　封面设计 李 宁

民法典重点修改及新条文解读
MINFADIAN ZHONGDIAN XIUGAI JI XINTIAOWEN JIEDU

主编/江必新
经销/新华书店
印刷/三河市紫恒印装有限公司
开本/710 毫米×1000 毫米 16 开　（上下册）总印张／71.75 字数／949 千
版次/2020 年 6 月第 1 版　2020 年11月第 3 次印刷

中国法制出版社出版
书号 ISBN 978-7-5216-1047-5　（上下册）总定价：268.00 元

北京西单横二条 2 号
邮政编码 100031　传真：010-66031119
网址：http://www.zgfzs.com　**编辑部电话：010-66034242**
市场营销部电话：010-66033393　**邮购部电话：010-66033288**

（如有印装质量问题，请与本社印务部联系调换。电话：010-66032926）